KNAUR⊛

VAL McDERMID

1989

WAHRHEIT ODER TOD

Ein Fall für Journalistin Allie Burns

Aus dem Englischen
von Kirsten Reimers

KNAUR ✦

Die britische Originalausgabe erschien 2022
unter dem Titel »1989« bei Little, Brown Book Group, London.

Besuchen Sie uns im Internet:
www.knaur.de

Aus Verantwortung für die Umwelt hat sich die Verlagsgruppe
Droemer Knaur zu einer nachhaltigen Buchproduktion verpflichtet.
Der bewusste Umgang mit unseren Ressourcen, der Schutz unseres
Klimas und der Natur gehören zu unseren obersten Unternehmenszielen.
Gemeinsam mit unseren Partnern und Lieferanten setzen wir uns
für eine klimaneutrale Buchproduktion ein, die den Erwerb von
Klimazertifikaten zur Kompensation des CO_2-Ausstoßes einschließt.
Weitere Informationen finden Sie unter: www.klimaneutralerverlag.de

MIX
Papier aus verantwor-
tungsvollen Quellen
FSC
www.fsc.org
FSC® C014496

Deutsche Erstausgabe Juli 2023
Knaur Taschenbuch
© 2022 Val McDermid
© 2023 der deutschsprachigen Ausgabe Knaur Verlag
Ein Imprint der Verlagsgruppe
Droemer Knaur GmbH & Co. KG, München
Alle Rechte vorbehalten. Das Werk darf – auch teilweise –
nur mit Genehmigung des Verlags wiedergegeben werden.
Redaktion: Peter Hammans
Covergestaltung: ZERO Werbeagentur, München
Coverabbildung: mauritius images/The Color Archives/Alamy.com
Illustration im Innenteil: Mehaniq/Shutterstock.com
Satz: Adobe InDesign im Verlag
Druck und Bindung: GGP Media GmbH, Pößneck
ISBN 978-3-426-52984-3

2   4   5   3   1

Für Jo zum 20. Geburtstag.
Keine Sorge, alles wird gut.

Im Rückblick erscheinen mir die 1980er-Jahre als eine
echt fürchterliche, grottenschlechte Zeit.

Pete Burns

Wenn ich mich an die 1980er-Jahre zurückerinnere,
muss ich mich immer kneifen. Habe ich das alles wirklich getan?

Cynthia Payne

Prolog

Endlich hatte sich das Wetter geändert. Erst als sich seine Schultern lösten, merkte er, wie angespannt er gewesen war. Er hatte nur eine Woche Urlaub, und als die Tage dahintröpfelten und immer nur weitere atlantische Stürme brachten, hatte er schon befürchtet, er müsse seinen Plan aufgeben. Doch schließlich hatte am vierten Tag der Wind nachgelassen, sodass ein Segeltörn möglich war. An einem kalten blauen Morgen lichtete er den Anker in der Tobermory Bay, startete den Motor, tuckerte in die Fahrrinne und steuerte in Richtung Nordwest.

Der Wind kam aus südwestlicher Richtung. Ungefähr Stärke vier, schätzte er. Das war nicht perfekt, aber er setzte die Segel so, dass er den Wind möglichst optimal nutzen konnte, und richtete sich auf eine rund vierstündige Segeltour an Coll vorbei nach Ranaig ein. »Segel« war dabei das entscheidende Wort. Den Motor wollte er nur so sparsam wie möglich nutzen, damit nicht nachzuvollziehen war, wie weit er gefahren war.

Das Boot, das er für eine Woche in Tobermory gemietet hatte, besaß eine gewisse Ähnlichkeit mit einer Wanne, aber man gewöhnte sich schnell daran, und es war gut geeignet fürs Einhandsegeln. Die Dünung des Meeres war nicht ohne, manchem wäre wohl etwas mulmig zumute gewesen. Aber er hatte vor der nordwalisischen Küste segeln gelernt und hatte der Irischen See bei jedem Wetter getrotzt. Auf einem kleinen Boot bei gutem Wetter allein zu segeln, schreckte ihn nicht besonders.

Der Wind flüsterte in den Segeln, und der Bug teilte zischend das Wasser, doch beides unterbrach ihn nicht in seinen Gedanken. Er hatte Monate darauf verwendet, sich zu überlegen, wie er Wallace Lockhart töten würde. Plan über Plan hatte er entwickelt und wieder verworfen, bis er bei seinen Nachforschungen endlich auf eine Lösung gestoßen war. Sie passte zu dem, was er konnte, umfasste eine gewisse poetische Gerechtigkeit, und sie barg den wunderbaren Vorteil, dass kein Alibi notwendig war. Ein Mann würde sterben, aber der Zeitpunkt ließ sich nicht vorhersagen. Wann immer Lockhart das Zeitliche segnete, wäre sein Racheengel weit entfernt. Der einzige Wermutstropfen war, dass Lockhart, wenn er im Sterben lag, nicht wissen würde, für welche seiner Grausamkeiten er aus dem Leben scheiden musste.

Am frühen Nachmittag holte er die Segel ein und fuhr mithilfe des Motors in die Bucht auf der atlantischen Seite von Ranaig ein. Hinter dem kleinen Gezeitenkraftwerk, das die Insel mit Energie versorgte, gab es einen verwitterten Holzsteg, an dem er sein Boot festmachte. Er nahm seinen großen Rucksack und kletterte an Land. Als er festen Boden unter den Füßen hatte, atmete er tief ein. Die Luft roch nach Salz und Seetang – und sonst nichts. Er war allein auf der Insel. Er wusste, dass die Hauswirtschafterin und der Bodyguard nur anwesend waren, wenn der Inseleigner sich angekündigt hatte. Doch in dieser Woche sagte er als Zeuge vor einem parlamentarischen Ausschuss aus. Und wenn er nicht selbst befragt wurde, behielt er seine Konkurrenten genau im Blick.

Dem Eindringling würde sich niemand in den Weg stellen.

Ein kaum sichtbarer Fußpfad führte die Bucht hinauf bis zu einem asphaltierten Weg, der den Hubschrauberlandeplatz mit dem Haus verband. Er war breit genug für den Golfwagen, der im Carport auf der Rückseite des Hauses geparkt war, auf drei Seiten durch Balken in Blockhausbauweise vor dem Wetter geschützt. Er überquerte den Weg und näherte sich dem Carport querfeldein. Unter seinen Schritten federte das Machair, jenes typische Gemisch aus Muschelsand und Torf, das durchsetzt war mit heimtückischen Mulden aus nassem Torf, die nur darauf lauerten, ihm die Stiefel von den Füßen zu saugen.

Im Schutz des Carports überprüfte er die Positionen der Sicherheitskameras. Der Herr und Meister der Insel war offensichtlich überzeugt, dass es auf Ranaig nicht besonders gefährlich war: Die Kameras waren fest installiert und überblickten weitläufig das Gelände samt dem Weg. Doch bestimmte Ecken hatten sie nicht im Blick.

Dennoch holte er eine Sturmhaube aus seinem Rucksack und zog sie über. Danach Handschuhe. Es folgte eine Teleskopleiter aus Aluminium, die gerade lang genug war, um ihn in Reichweite der Regenrinne zu bringen. Diese war aus Gusseisen und fest in Mauerwerk und Traufsims verankert mit kräftigen Schrauben, die dafür gemacht waren, den Unwettern zu trotzen, die vom Meer heraufzogen. Zum Schluss schob er sich eine Plastiktüte mit klumpigem Inhalt über das Handgelenk.

Vorsichtig zog er die Leiter aus und lehnte sie gegen die Wand. Danach streifte er die Stiefel ab, erklomm die Sprossen und zog sich schnaufend vor Anstrengung aufs Dach hinauf. Er kroch über das Dach, bis er das erste der bodentiefen Erkerfenster erreicht hatte. Mit der geballten Faust schlug er fest gegen das Fenster. Erste Risse zeigten sich, und er schlug erneut zu. Dieses Mal brach das Glas, das Fenster hatte ein Loch, das groß genug war, um hindurchzugreifen und es zu entriegeln. Es gab dem Wind nach und schwang auf, und er schob sich über den Sims in ein Schlafzimmer.

Mit Bedacht trat er über die Scherben hinweg, öffnete die Einkaufstüte und ließ eine tote Möwe auf den Teppich gleiten, die er tags zuvor am Strand aufgelesen hatte. Würden Lockharts Leute sie entdecken, wäre die nächstliegende Schlussfolgerung, dass die Möwe bei einem Sturm durch das Fenster gekracht war. Das kam vor. Zugegebenermaßen nicht oft. Aber es kam vor.

Offenbar befand er sich in einem Gästezimmer. Gut ausgestattet, doch unpersönlich. Der Mann trat auf den Flur hinaus und öffnete die nächste Tür. Ein weiteres Gästezimmer. Er ging den Flur hinunter, und sobald er die Tür am anderen Ende geöffnet hatte, wusste er, dass er die Schlafräume des Hausherrn gefunden hatte. Gewaltige Panoramafenster führten hinaus aufs Meer und eröffneten einen weiten Blick auf kleine Inseln und große Berge. Es musste grandios sein, mit diesem Ausblick aufzuwachen.

Er interessierte sich jedoch nicht für das Schlafzimmer, sondern für das Bad. Die Idee für seinen Plan hatte er nach der Lektüre eines Interviews mit dem Besitzer der Insel im *Condé Nast Traveller Magazine* gehabt. Dort gab es die Rubrik »Die wichtigsten Reisebegleiter: Was ich auf Reisen immer dabeihabe«. Unter den Dingen, die seine Zielperson nannte, waren auch Vitamintabletten. »Maßgeschneidert für seine Bedürfnisse von einem der führenden Schweizer Naturheilkundler.« Daneben ein Foto von mehreren dunkelgrünen Gelkapseln. Selbst auf dem kleinen Bild war gut zu erkennen, dass sie aus zwei ineinandergesteckten, zylinderförmigen Hälften bestanden.

Das Bad war ungefähr so groß wie das Wohnzimmer des Eindringlings. Eine Wanne, die bequem einen sehr kräftigen Mann und eine Menge Wasser fassen konnte; eine separate Doppelduschkabine. Eine Toilette, ein Bidet und zwei Waschbecken. Warum ein einzelner Mann zwei Waschbecken brauchte, war ihm zwar unverständlich, aber was wusste er schon von einem solchen Luxusleben. Er öffnete den Badezimmerschrank und entdeckte dort zwischen Toilettenartikeln und verschiedenen Arzneimitteln – unter denen sich zu seiner großen Befriedigung auch drei Präparate zur Behandlung von Hämorrhoiden fanden –, was er gesucht hatte.

Er schraubte den Deckel des Tablettenfläschchens auf und holte eine Kapsel heraus. Sie waren dunkelgrün, damit ihr Inhalt durch Sonnenlicht nicht wirkungslos werden konnte, so hatte es im Artikel gestanden. Seiner Tasche entnahm er eine Phiole mit weißem Pulver. Äußerst vorsichtig trennte er die beiden Hälften der Gelkapsel voneinander und schüttete ihren Inhalt in das nächstgelegene Waschbecken. Dann ersetzte er die Vitamine durch das weiße Pulver und schob die Kapsel wieder zusammen. Er verglich sie mit den anderen im Fläschchen und war zufrieden mit dem Resultat. Dann verschloss er es und stellte es an exakt denselben Platz zurück. Mit ein wenig Wasser reinigte er das Waschbecken, um jegliche Spuren des Vitaminpulvers zu beseitigen.

Zurück ging es, wie er gekommen war: durch das Schlafzimmer, über den Flur, durch das Fenster. Dieses von außen wieder zu verriegeln, war ein bisschen schwierig, doch er bekam es hin. Dann über das Dach zur Leiter, die Füße wieder in die Stiefel und zurück zum Boot. An Bord streifte er Handschuhe und Sturmhaube ab. Irgendwo auf dem Rückweg würde er sie im Meer entsorgen, ebenso die Leiter.

Erst jetzt erlaubte er es sich, zu entspannen. In seinem Rucksack befand sich eine Halbliterflasche guten polnischen Wodkas, von dem er sich nun ein wenig eingoss. Er hob ihn in einem stillen Toast, kippte ihn in einem Zug hinunter und überlegte dann, wie er am besten nach Tobermory zurückkäme.

Er wusste nicht, wann das Zyanid seine Zielperson erwischen würde. Doch es war letztlich nur eine Frage der Zeit.

1

Es nieselte beständig aus den niedrig hängenden Wolken, die farblich zum Schieferdach der Gemeindekirche von Dryfesdale und deren ausgewaschenen Sandsteinmauern passten. Die Welt war monochrom vor Trauer.

Guter Einstieg, dachte Allie Burns und hasste sich sofort für diesen Gedanken. Sie hatte noch vor Sonnenaufgang bei der Kirche sein müssen, um dem Rest der Weltpresse beim Gedenkgottesdienst für die Opfer des Lockerbie-Attentats eine Nasenlänge voraus zu sein. Nur so hatte sie den Hauch einer Chance, einen vernünftigen Exklusivbericht zu schreiben, der noch für die Sonntagsausgabe aktuell sein würde. Der Haupteingang der Kirche war noch verschlossen gewesen, darum hatte sie zwischen den verwitterten Grabmälern aus Sandstein auf der Lauer gelegen, bis der Lieferwagen eines Blumenhandels den Zufahrtsweg hinaufgezockelt kam. Nun schlängelte sie sich durch die Grabsteine hindurch zur Kirchenfront. Eine Frau mittleren Alters in einem Nylonoverall unter der Regenjacke kämpfte mit einer eindrucksvollen Anzahl an Trauerkränzen.

»Ich helfe Ihnen«, sagte Allie. Sie wartete die Antwort nicht ab, sondern fasste sofort mit an.

»Gott sei Dank. Sind Sie von der Kirche?«, wollte die Frau wissen.

Die korrekte Antwort hätte gelautet: »Nein, ich bin die für den Norden zuständige Nachrichtenredakteurin des *Sunday Globe.*« Doch Allie entschied sich für die weniger problematische Erwiderung: »Ich konnte einfach nicht mit ansehen, wie Sie sich abmühen.«

Gemeinsam entluden sie den Lieferwagen und verfrachteten den Blumenschmuck durch eine unauffällige Seitentür ins Kircheninnere. Mit einem schnellen Blick registrierte Allie die spar-

15

tanische Einrichtung, die für die Church of Scotland so typisch war: die einfachen Holzbänke, den schlichten Altar und die Kanzel aus heimischen Steinquadern. Die Empore darüber hatte ein Tonnendach, dessen Paneele im Kontrast zu den weißen Rippen in einem unerwarteten Rosa gestrichen waren. Im hinteren Teil der Kirche saß mit gesenktem Kopf ein Junge.

»Oje«, sagte Allies neue Freundin. »Das muss der arme kleine Kerl sein, der seine Mutter, seinen Vater und seinen Bruder verloren hat.«

Allie wusste genau, wen sie meinte. Er war bei einem Freund zum Tischtennisspielen gewesen. Als es den Pan-Am-Flug 103 aufgrund einer von Terroristen gezündeten Bombe über der schottischen Kleinstadt zerrissen hatte, hatten Teile des Flugzeugwracks acht Häuser zerstört. Eines davon war das Zuhause der Familie des Jungen gewesen. Vier Tage vor Weihnachten.

Nun hatte sie einen noch besseren Einstieg.

Bevor sie etwas erwidern konnte, eilten zwei gehetzt wirkende bullige Männer in dunklen Anzügen durch die Seitentür. Sie warfen der Floristin einen flüchtigen Blick zu und konzentrierten sich dann auf Allie, die sich durch ihren gegürteten schwarzen Regenmantel und das modische Schuhwerk verriet.

»Wer sind Sie?«

Allie lächelte gewinnend. Sie hob die Hände und streckte den beiden Männern die Handfläche entgegen. »Bin schon weg«, entgegnete sie.

Der Jüngere der beiden war schneller, als er aussah. Eine Hand schoss vor und ergriff ihren Arm. »Nicht so schnell. Was machen Sie hier?«

»Nichts Schlimmes. Ich bin von der Presse«, seufzte sie. »Ich bin gerade erst eingetroffen, und diese Dame hier sah so aus, als könnte sie Hilfe gebrauchen.« Mit ihrer freien Hand griff sie in ihre Tasche und holte den Presseausweis von der National Union of Journalists hervor. »Ich geh ja schon, wenn Sie mich einfach …« Mit einem Nicken deutete sie auf die Finger, die sie gepackt hielten.

»Sie dürfen hier nicht rein«, schnappte der Mann. »Haben Sie keinen Anstand? Dies ist ein Gedenkgottesdienst, keine Pressekonferenz.« Er ließ sie los. »Verschwinden Sie und mischen Sie sich unter den Rest des Gesindels.«

Allie rang sich ein Lächeln ab. Lass dir niemals anmerken, dass du eingeschüchtert bist, egal ob dein Gegenüber zu den Guten oder den Bösen zählte. Auf dem Weg nach draußen nickte sie der Floristin zu, deren Gesichtsausdruck nicht verriet, was sie dachte.

Während sie in der Kirche gewesen war, war rundherum alles abgesperrt worden, ganz wie Allie es vermutet hatte. Die Scharen von Polizisten waren nicht weiter überraschend, denn die Premierministerin wie auch der US-Botschafter würden am Gottesdienst teilnehmen. Nicht zu vergessen die siebenhundert Trauergäste aus der Stadt und der Umgebung.

Allie entdeckte den abgetrennten Pressebereich; Dutzende von Reportern und Fotografen wurden von einer zusätzlichen Absperrung zurückgehalten. Für sie war da nichts zu holen. Heute war Mittwoch, und die Einzelheiten der Trauerfeier würden von den Journalisten, die für die Tageszeitungen darüber berichteten, viele Male beschrieben werden. Mit etwas Glück bliebe ihr Exklusivbericht bis Sonntag aktuell. Aber es konnte nicht schaden, sich ein bisschen umzusehen. Darum gesellte sie sich nicht zu den anderen Pressevertretern, sondern mischte sich unter die wachsende Menge, die im Regen auf den Bürgersteigen die Hauptstraße säumte. Sie fand einen Platz, der einen guten Blick auf das Hauptportal der Kirche bot, zog einen faltbaren Regenschirm aus ihrer Umhängetasche und ließ ihn aufschnappen.

Die Trauergäste begannen einzutreffen. Manche hatten weiße Nelken dabei, andere Blumensträuße und Gebinde. Viele konnten die Tränen nicht zurückhalten. Allie konnte sich vorstellen, wie tief Schock und Trauer sitzen mussten. Die Katastrophe, die 270 Menschenleben gefordert hatte, lag gerade einmal zwei Wochen zurück, viel zu kurz, als dass der Schutzwall der reflexhaften Verleugnung hatte durchdrungen werden können. Wäre Rona eine derjenigen gewesen, die ohne jede Vorwarnung das Leben verloren hatten, hätte Allie es wohl kaum hinbekommen, auch nur aufrecht zu stehen, geschweige denn, vor den Augen der Weltöffentlichkeit in eine Kirche zu gehen.

Doch zum Glück hatte sie keinen Verlust zu betrauern, auch wenn sie im Ort unterwegs gewesen war in jener Nacht, als das Flugzeug auseinandergebrochen war und Trümmer und Körperteile auf die Stadt und die umliegenden Felder herabgeregnet waren; als sich die Straßen in Feuerströme verwandelt hatten. Allie war über herumliegende Nieten gestolpert und hatte sich das Bein an einem schartigen Stück Metall aufgerissen. Sie hatte die Luft eingeatmet, die von entsetzlichen Brandgerüchen unterschiedlichster Art erfüllt gewesen war, hatte mit Anwohnern gesprochen, die kaum einen Satz herausgebracht hatten. Es war ihr nah gegangen, doch sie hatte kein Recht, heute zu trauern. Mitgefühl, Mitleid, Zorn, ja. Aber keine Trauer.

Erst jetzt fiel ihr auf, dass zum ersten Mal seit zwei Wochen keine Rotoren zu hören waren. Die Militärhubschrauber, die bislang die Umgebung systematisch nach Wrackteilen absuchten, waren am Boden geblieben, vermutlich aus Respekt. Auch auf den Straßen war kein Verkehr. Stattdessen hatte sich Stille schwer auf die Stadt gelegt. Allie hatte noch nie in einer so schweigsamen Menschenmenge gestanden. Es gab keine Gespräche um sie herum, keine Spekulationen, wer wohl am Gottesdienst teilnehmen würde. Nicht einmal die Attentäter wurden mit Verachtung überzogen, auch keine Mutmaßungen über die Drahtzieher hinter dem Attentat ausgetauscht. Nur das sanfte Tröpfeln von Regen auf Regenschirmen war zu hören.

Doch als die Prominenz eintraf, durchlief ein Murmeln die Menschenmenge. Die Premierministerin und ihr Mann, der Oppositionsführer, der US-Botschafter, mehrere weniger bekannte Politiker. Und direkt dahinter der unverwechselbare massige Körper von Wallace »Ace« Lockhart. Über eins achtzig groß, mit kräftigen Beinen, auf denen der massige Rumpf eines aus der Form geratenen Schwergewichtsboxers thronte. Der Zeitungsmogul war gewandet in einen zweireihigen schwarzen Mantel mit Zobelbesatz. Abgerundet wurde dies mit dem unvermeidlichen Homburger. Allie war überzeugt, dass er ihn nur trug, weil er dadurch Churchill entfernt ähnlich sah, besonders wenn er eine seiner Cohiba Esplendidos rauchte.

Das war so typisch für Ace Lockhart. Er drängte sich in eine Veranstaltung, auf der er nichts zu suchen hatte, nur wegen der bizarren Effekthascherei, die ihm eigen war. Ace Lockhart – der alleinige Grund für all ihre aktuellen Probleme. Als wäre der Tag noch nicht hart genug, kam hier der Henker, um sie einen Kopf kürzer zu machen.

Sie erwog, sich aus dem Staub zu machen, bevor die Trauergäste die Kirche verlassen würden. Nur um ihren Chef nicht ein zweites Mal an diesem Tag sehen zu müssen. Auch jetzt versuchte sie, sich zu verbergen. Doch bevor sie eine Lücke in der Menge hinter sich entdecken konnte, hatte er den Kopf in ihre Richtung gedreht, als ob ihr giftiger Blick magnetische Kräfte hätte. Ihre Blicke trafen sich, und sie wusste, vor ihm vom Schauplatz zu verschwinden würde mehr Ärger einbringen, als es wert war. Wenn sie eines in all den Jahren in testosterongeschwängerten Redaktionsräumen überregionaler Zeitungen gelernt hatte, dann, niemals einem Fiesling auch noch Öl ins Feuer zu gießen.

Und sie hatte genug von Ace Lockhart mitbekommen, um zu wissen, was für ein Fiesling er sein konnte. Sie war sehr glücklich mit der Leitung des Investigativressorts des *Sunday Globe* gewesen, als Lockhart im Kielwasser von Rupert Murdochs Triumph über die Druckergewerkschaften die Globe-&-Clarion-Gruppe gekauft hatte. Lockhart hatte verkündet, Investigativjournalismus sei eine Verschwendung von Geld – zu viel Zeitaufwand für zu wenig Erfolg. Denn Erfolg maß er nur in Geld; Respekt oder die Anerkennung als moralische Instanz zählten für ihn nicht. Außerdem hatte er beschlossen, dass sich auch die Berichterstattung für die nördliche Region nicht lohnte. Lockhart hatte deshalb alle Journalisten außer Allie, zwei Fußballredakteuren und einem Fotografen gefeuert. Was an Arbeit anfiel, sollte von nun an vor allem von Freiberuflern erledigt werden.

Dem Unrecht hatte er noch eine Beleidigung hinzugefügt, indem er ihr den bedeutungslosen Titel »Nachrichtenredakteurin für den Norden« verlieh. Chefin von absolut nichts. Sie verwaltete Freiberufler, beutete Kontakte aus, jagte Schlagzeilen hinterher und hatte überhaupt keine Zeit mehr, die Storys zu verfolgen, die ihr wirklich am Herzen lagen. Er hatte ihr den Job weggenommen, zu dem sie sich mühsam hochgearbeitet hatte, und dann hatte er ihr ein vergiftetes Geschenk gemacht und sie auch noch gezwungen, dies als großmütig zu betrachten. Denn was er ihren Kollegen angetan hatte, war noch schlimmer. Allie wusste das und verachtete sich dennoch dafür, bei Lockharts skrupellosem Spiel mitzumachen. Sorry, Restrukturierungsplan.

Sie schlug den Mantelkragen gegen die Kälte hoch und war dankbar für das Fleecefutter ihrer halbhohen Stiefel – ein Werbegeschenk von einem Mode-Shooting, das ihre Partnerin Rona für das *She*-Magazin veranstaltet hatte. Allie hatte profitiert von Ronas Abneigung gegen jegliches Schuhwerk (einmal abgesehen von Wanderstiefeln) mit Absätzen, die niedriger waren als fünf Zentimeter.

Allie stand nicht müßig herum. Das tat sie nie. Ihre Blicke schossen umher, suchten die Menschenmenge ab, musterten die Polizei, die Kollegen. Auch ihre Ohren waren auf Empfang, bereit, alles aufzuschnappen, was ihrem Artikel für die Sonntagsausgabe – worum auch immer es darin gehen mochte – Farbe oder Gestalt verleihen konnte. Und sei es nur ein Hinweis, den sie einem der Freiberufler, die ihr nun die Kollegen ersetzten, geben konnte. Sie war vielleicht keine investigative Journalistin mehr, aber die entsprechenden Instinkte, die sie über ein Jahrzehnt lang kultiviert hatte, weigerten sich, zu verkümmern.

Der Gottesdienst war nicht zu überhören, Kirchenchoräle lagen in der Luft, das Gemurmel von Gebeten, vorgetragenen Bibelstellen und Segenssprüchen drang aus der Kirche, und auch die Liveübertragung in Funk und Fernsehen war zu vernehmen. Der Geistliche sprach davon, dass Vergebung wichtiger sei als Rache. Als ob es jemanden gäbe, an dem man sich hätte rächen können, dachte Allie bei sich.

Schließlich öffneten sich die Pforten, und die Trauergäste traten aus der Kirche. Die Köpfe gesenkt aus Schmerz oder gegen das Wetter, wegen der schwarzen Kleidung kaum voneinander zu unterscheiden. Bis auf Lockhart, der den Weg herunterschritt, erhobenen Hauptes, die markanten Augenbrauen hochgezogen, während er die Menge absuchte. Nachdem er die Straße erreicht hatte, löste er sich aus der Trauergemeinde und hielt auf Allie zu. Als er sie ansprach, stand seine honigwarme Stimme im Widerspruch zur Härte seiner Worte. Wie stets. »Burns.« Kunstpause. »Denken Sie daran, mich in Ihrem Artikel zu erwähnen, egal, was Sie für die Sonntagsausgabe schreiben. Vom *Clarion* sind ein paar Fotografen da, die werden Ihnen Fotos zur Auswahl vorlegen.« Dann ein Lächeln, das der Menge um sie herum ebenso galt wie Allie. Eine Hand zuckte nach oben, als wollte er huldvoll dem Publikum winken, doch er überlegte es sich noch einmal. *Wie untypisch für ihn.*

Das Jahr war gerade mal vier Tage alt, und doch verachtete sich Allie schon dafür, nach der Pfeife von Lockharts monströsem Ego zu tanzen. Nicht zum ersten Mal fragte sie sich, wie ihre Träume und Ziele so tief hatten sinken können.

2

Der Klang von Enyas »Watermark« begrüßte Allie, als sie die Haustür öffnete, augenblicklich gefolgt von der überglücklich herbeistürmenden Germaine, ihrem Border Terrier. Der Schwanz wackelte wie ein stummeliges Metronom. Allie ging in die Hocke, um ihr die Ohren zu kraulen, danach wandte sie sich der Quelle der Musik zu. Es war erst Mittwoch, doch als Allie in die Küche kam, schien es ihr nach der Schwermut von Lockerbie, als wäre eine fröhliche Samstagabend-Dinnerparty im Gang. Die Überreste einer Käseplatte waren auf dem Tisch verteilt, und Rona hielt Hof. Sie stand kurz vor der Pointe einer Anekdote, die Allie zwar schon kannte, die sie jedoch immer wieder gern hörte. Ronas violettes Seidenshirt, das im Licht schimmerte, verstärkte noch die Dramatik ihrer Geschichte. Um sie herum waren drei ihrer Freunde versammelt, allesamt hingerissen und kichernd. Niemand hatte Allies Eintreten bemerkt, sie blieb stehen und nahm die Szenerie in sich auf. Das waren einige jener Menschen, die sie willkommen geheißen hatten, als sie vor rund sechs Jahren nach Glasgow kamen. Die Menschen, die das Gefühl abschwächten, als wären sie im Exil.

Alix Thomas war Rockschlagzeugerin und Plattenproduzentin – leidenschaftlich, innovativ und provokant –, ihr Glorienschein aus schwarz glänzenden Locken ein Erbe ihres aus Barbados stammenden Vaters, die scharf geschnittenen Gesichtszüge und ihre auffällig grünen Augen hatte sie hingegen von ihrer Mutter aus Manchester. Sie trug ganz entspannt einen Sergio-Tacchini-Jogginganzug aus dem Ausverkauf. Jess Jones, Chemikerin in der Forschungsabteilung eines Pharmariesen, war das, was man als »English Rose« bezeichnete: blond, blauäugig, von unschuldiger Schönheit. Dahinter verbarg sich eine Intelligenz, die keine

Gefangenen machte, und ein zynischer Witz, der allen den Boden unter den Füßen wegzog, die sich mit ihr anlegen wollten. Sie hatte ihre übliche Uniform aus gebügeltem weißen Shirt und Jeans an. Und dann war da noch Bill Mortensen, ein Privatdetektiv, dessen apartes Wikinger-Antlitz nicht düsterer hätte sein können und dessen Brillanz im Umgang mit Computern nur überboten wurde von seiner Suche nach der richtigen Frau – was aber möglicherweise durch seine Vorliebe für Poloshirts in Primärfarben und zerknitterte Chinos erschwert wurde. Die drei waren unabhängig voneinander in Allies und Ronas Leben getreten; und dank ihrer Freundschaft fiel es den beiden Frauen inzwischen schwer, sich an die erzwungene Enge ihres Lebens in Glasgow zu erinnern. Dort war es schon schwer genug gewesen, als Frau gleichberechtigt behandelt zu werden; ein Outing als lesbisch hätte für beide das berufliche Aus bedeutet.

Ein paar Jahre lang hatten sie es geschafft, unter dem Homosexuellenradar zu bleiben, indem sie beide ihre Wohnungen behielten, die Nächte jedoch gemeinsam in der Bleibe der einen oder anderen verbrachten. Für Allie hatte es das Fass zum Überlaufen gebracht, als sie eine Story über eine Sozialarbeiterin schreiben sollte, die ihre vier Kinder in der Obhut ihres Lastwagen fahrenden Mannes zurückgelassen hatte, um mit einer Frau zusammenzuziehen. Einer früheren Klientin obendrein, was die Boulevardpresse nur noch weiter anstachelte. Allie hatte ein bisschen recherchiert und herausgefunden, dass der Ehemann wegen häuslicher Gewalt aktenkundig war. Als sie dies dem stellvertretenden Nachrichtenredakteur mitteilte, hatte sich dieser vor Schadenfreude wortwörtlich die Hände gerieben. »Das ist sogar noch besser, Allie. Die herzlose Schlampe lässt ihre Kinder beim gewalttätigen Ehemann. Was für ein Fest!«

Sie kam nicht daran vorbei, den Artikel zu schreiben, deshalb verfasste sie ihn so langweilig wie möglich – eine Frau war gezwungen, ihre Kinder zu verlassen, um sich vor dem brutalen Ehemann in Sicherheit zu bringen –, doch was schließlich in der Zeitung abgedruckt wurde, war ein sensationslüsterner Beitrag über eine halbe Seite, von der Textredaktion so umgeschrieben, dass dessen Homophobie nur noch von seiner Frauenfeindlichkeit übertroffen wurde.

Darum hatte sie unter der Hand verlauten lassen, dass sie einen Job in Manchester suche – eine Stadt, die wegen ihrer Schwulenfreundlichkeit in den Boulevardblättern auch als Gaychester, Gunchester und Madchester bezeichnet wurde. Nach wenigen Monaten erfuhr sie, dass der *Sunday Globe* sein Investigationsteam vergrößern wollte. Es kam Allie vor wie ein Wunder: Ihr Traumjob eröffnete sich in genau der Stadt, in der sie leben wollte. Ihre einzige Sorge war, was das für ihre Beziehung mit Rona bedeutete.

Sie hätte es besser wissen müssen. Rona reagierte mit einem freudigen Aufschrei, einer Umarmung, bei der sie ihr beinahe den Brustkorb zerquetscht hätte, und einer Flasche Lanson Black Label, die im Kühlschrank nur darauf gewartet hatte, für einen so freudigen Anlass angebrochen zu werden. »Manchester! Absolut grandios!«, sagte sie und prostete Allie zu. »Eine Story an jeder Ecke. Dank meiner Kontakte werde ich leben wie die Made im Speck.«

»Wie das? Versteh ich nicht.«

»Freiberuflichkeit, Allie. Ich kann den engen Themenkorridor der Frauenseite des *Clarion* hinter mir lassen und endlich über die Sachen schreiben, die ich liebe. Mode, Design, Musik, Theater. *Coronation Street.*« Ihre Augen leuchteten. »Wir kommen voran in der Welt, Allie.«

Und es schien tatsächlich so. Allie hatte ihre Wohnung verkauft, Rona ihre ausgebaute Remise mit dem Wandgemälde von Alasdair Gray vermietet, und gemeinsam hatten sie ein Haus in Chorltonville gekauft mit einer Hypothek, die Allie immer noch ungeheuerlich hoch vorkam. Aber dank Allies höherem Einkommen und Ronas nie versiegendem Strom an Artikeln kam ausreichend Geld herein. Nach und nach wagten sie sich in die homosexuelle Subkultur der Stadt vor – sehr vorsichtig erst, dann, als ihre Ängste weniger wurden, immer offener – und schlossen Freundschaften.

Und so betrachtete Allie jetzt ihre Partnerin – lebhaft, selbstsicher, das blonde Haar schimmerte im hellen Licht der Küche – und fühlte die vertraute Mischung aus Stolz und Liebe aufwallen, noch genauso stark wie damals bei ihrem ersten Kuss vor fast zehn Jahren.

»Aber Chaz hatte sich die falsche Zimmernummer gemerkt«, sagte Rona und legte Dramatik in ihre Stimme. »Statt 354 nannte er dem Nachtportier die Nummer 345. Und so kam es, liebe Freunde, dass ich nachts um vier von einem nackten Fotografen in meinem Hotelzimmer geweckt wurde.« Während alle lachten, sprang Rona auf und durchquerte den Raum, um Allie in die Arme zu schließen. »Du bist wieder da«, flüsterte sie ihr ins Ohr und küsste sie zärtlich auf den Mundwinkel. Sie zog Allie zum Tisch, wo Alix ihr bereits ein Glas Rotwein eingegossen hatte.

»Wie war es?«, fragte Jess, als Allie ihren Mantel auszog und einen großen Schluck Wein trank.

»Anstrengend. Ich fühle mich wie versunken in der Trauer anderer Menschen.« Allie seufzte und fing Ronas besorgten Blick auf. »Aber sie tragen es mit so viel Würde.«

»Es ist erstaunlich, dass es keine schrillen Rufe nach Rache gibt«, sagte Bill.

»Ich glaube, die Leute stehen noch unter Schock. Sobald die Geheimdienste herausgefunden haben, wer dahintersteckt, gibt es garantiert Vergeltungsmaßnahmen.« Jess griff nach den Weintrauben, löste mehrere, legte sie auf einen Teller mit ein paar Weizencrackern und stellte ihn Allie hin. »Iss«, sagte sie und schob ihr die Käsereste zu.

»Das Bœuf Stroganoff haben wir leider schon aufgegessen«, bemerkte Alix.

»Ich bin nicht besonders hungrig.« Allie schnitt sich ein Stück von dem mürben weißen Lancashire ab und nahm eine Ecke Camembert. »Als wäre die Beerdigung nicht schon heftig genug gewesen, meinte auch noch der verdammte Ace Lockhart, mir klarmachen zu müssen, wo mein Platz ist.«

»Was meinst du damit, Burns?« Alix beugte sich mit zusammengezogenen Augenbrauen vor. Jeder kannte die Storys über Lockhart und seinen Zeitungskrieg mit Rupert Murdoch. Dank Allie hatten ihre Freunde das Gefühl, als wären sie ganz nah dran an dieser überlebensgroßen Person, der die Medienwelt mit einer tiefen Hassliebe anhing. Man verachtete ihn, aber man konnte ihm dennoch nicht widerstehen; er war immer für einen Artikel gut.

Allie seufzte. »Der übliche Egotrip. Er hat mich entdeckt, als er auf dem Weg zum Gottesdienst war, und forderte danach von mir, seine Anwesenheit in meinem Artikel am Sonntag zu erwähnen. Das ist so nervend. Erst macht er mir meine Karriere kaputt, und dann erwartet er auch noch, dass ich seinem Fanclub beitrete.«

»Vermutlich denkt er, er hat deine Karriere vorangebracht und nicht zerstört«, meinte Jessica. »Schließlich hat er das gesamte Team hier im Norden gefeuert, bis auf dich. Wahrscheinlich ist er überzeugt davon, dass du ihm eine Menge schuldest.«

Rona öffnete eine weitere Flasche und schenkte nach. »Falls er überhaupt einen Gedanken an dich verschwendet. Für ihn sind Menschen wie wir doch nur Staub unter den Rädern seines Triumphwagens.«

Allie verzog das Gesicht. »Genug von Lockhart. Tut mir leid, dass ich ihn erwähnt habe. Muntert mich auf, Leute. Einer von euch muss einen besseren Tag gehabt haben als ich. Jess, wie war deiner?«

»Es war eine aufregende Woche, ob du's nun glaubst oder nicht. Meine Arbeitsgruppe bereitet eine klinische Studie vor für eine Kombinationstherapie, um Menschen, die HIV-positiv sind, davor zu schützen, an einer Pneumocystis-Pneumonie zu erkranken. Wir sind ziemlich gespannt, weil es für Patienten mit Aids eine so lebensbedrohliche Infektion ist. Außerdem habe ich heute gehört, dass eine der Forschungsgruppen glaubt, sie hätte auf dem Weg zu einer Impfung gegen HIV einen vielversprechenden Schritt nach vorn gemacht.«

»Das würde alles verändern«, sagte Bill.

»Ohne jede Frage«, pflichtete Jess ihm bei. »Ich erwäge, mich bei dem Team zu bewerben. Aber wahrscheinlich wird es in unsere Forschungseinrichtung in Groningen verlegt, und ich weiß nicht, ob ich nach Holland umziehen möchte.«

»Ziemlich flach da«, sagte Rona. »Du wirst die Berge vermissen.«

»Weit mehr noch werde ich Abende wie diesen vermissen.« Sie verzog das Gesicht, als die Musik zum Soundtrack von *Die Stunde des Siegers* wechselte. »Na ja, vielleicht nicht gerade die Hintergrundmusik.«

Allie zuckte mit den Schultern. »Das ist nur Dinnerparty-Untermalung. Aber, Jess, wir sind umgezogen, und das war das Beste, was wir je gemacht haben.«

»Na, vielleicht doch eher das Zweitbeste«, meinte Rona mit einem frechen Lächeln. »Jess, du solltest das wirklich machen. Du wirst uns vermissen und wir dich, aber es gehen jeden Tag Flüge nach Amsterdam, und wir können einander besuchen. Außerdem gibt es dort jede Menge bezaubernder Lesben, die dein Leben verändern könnten.«

»Teil der Forschungsgruppe zu sein, die die Welt verändern könnte, dürfte auch ziemlich aufregend sein«, ergänzte Allie trocken.

»Und diese Welt könnte weiß Gott Veränderung brauchen.«
Alix seufzte. »Bill, erinnerst du dich an Matt Singleton?«

Bill zupfte an seinem Bart. »Bassist? Hat mit Trudge gespielt? Warst du nicht gemeinsam mit ihm bei den Anarcho-Syndikalisten damals, in der guten alten Zeit?«

Jess kicherte. »Eingängiger Name.«

Alix zuckte mit den Schultern. »Eingängiger als unsere Musik, glaub mir. Irgendwie hat es Mattie immer geschafft, der beste Musiker in einer mittelmäßigen Band zu sein. Als ich das Studio aufmachte, habe ich darum wieder den Kontakt zu ihm gesucht. Gute Studiomusiker werden immer gebraucht.« Sie zog einen ledernen Tabakbeutel aus ihrer Tasche und begann mit der Lässigkeit langjähriger Erfahrung, einen Joint zu drehen. »Ich wusste, dass er Heroin nimmt, aber lange Zeit sah es so aus, als hätte er die Droge im Griff und nicht sie ihn.« Sie krümelte etwas Dope über den Tabak. »Aber manchmal ist die Sucht stärker als die Vernunft: Er hat seine Nadel mit anderen geteilt.« Sie seufzte. Allie wusste, was jetzt folgen würde. »Und rumms, erwischte ihn HIV.«

»Ein hoher Preis für einen Moment der Dummheit«, sagte Rona.

HIV war das Todesurteil, das wussten alle. Die einzige Frage war, wie lange es dauern würde, bis man Aids bekam. Aber ganz gleich, ob im Schneckentempo oder im Galopp: Das Ergebnis war dasselbe.

»Jepp. Und deshalb, Allie, war das, was ich heute gemacht habe, persönliche Trauerarbeit. Ich habe den armen alten Mattie besucht, der zwar noch nicht tot ist, aber vor der Tür des Sensenmannes steht, sein Finger schwebt schon über der Klingel.« Sie rang sich ein Lächeln ab, das ihre Augen nicht erreichte, leckte den Klebestreifen des Zigarettenblättchens an und verschloss den Joint mit Akkuratesse.

Allie legte ihre Hand auf die von Alix, während Bill gleichzeitig der Musikproduzentin den Arm um die schmalen Schultern schlang. »Das ist scheiße«, sagte er.

Alix tat, als lachte sie. »Jepp. Ich habe keine Ahnung, woher ich jetzt einen anständigen Bassisten nehmen soll.« Sie zog ihre Hand unter der von Allie hervor und entzündete das Feuerzeug. Dann nahm sie einen tiefen Zug von dem Joint und reichte ihn weiter an Bill.

»Kümmert sich jemand um ihn?«, erkundigte sich Jess.

»Er ist in einer Rehaklinik in Prestwich. Na ja, es nennt sich Reha, aber eigentlich ist es mehr wie eine Wartehalle für Sterbende.« Alix schüttelte sich ein bisschen. »Das ist nicht fair, tut mir leid. Die Belegschaft ist großartig. Sie betreiben noch weitere Kliniken für Patienten, die zwar HIV-positiv sind, aber noch kein Aids haben. Helfen ihnen, clean zu werden und zu bleiben.« Sie sah Allie an. »Weißt du, was das Lustige daran ist? In der Einrichtung im Norden von Manchester gibt es fünfzehn Betten. Und mehr als die Hälfte davon ist mit euren Leuten belegt.«

Aufrichtig verwirrt fragte Allie: »Was meinst du mit ›unseren Leuten‹?«

»Schotten. Ihr exportiert heutzutage nicht nur Whisky. Sondern auch Junkies.«

3

Vor den getönten Scheiben des Jaguar war nichts zu erkennen, das Genevieve Lockhart hätte ablenken können. Der graue Bogen der Autobahn, die sie in Windeseile vom Flughafen zum Haus ihres Vaters brachte, war schon tagsüber langweilig genug; in der Dunkelheit hätte sie sonst wo sein können. Sie fragte sich, warum Ace Lockhart sie heute zu sich zitiert hatte. Seit ihrer frühesten Kindheit hatte er sie, sein einziges Kind, dazu erzogen, eines Tages sein Imperium zu übernehmen, das er mit unbeirrbarer Zielstrebigkeit aufgebaut hatte. Sie hatte nicht die geringste Chance gehabt, dem zu entkommen. Und außerdem machte er immer wieder deutlich, was für eine fantastische Zukunftsperspektive das war. Aber er liebte es, sie im Ungewissen zu lassen, sodass sie überhaupt keine Ahnung hatte, warum er sie von einem Essen mit Freunden abberufen hatte, um sofort den Privathubschrauber von Ace Media zu besteigen. Dieses Nichtwissen machte sie ein bisschen besorgt.

Sie fuhren von der Autobahn ab auf eine breite Straße, die von Wohnhäusern gesäumt war. Plötzlich wichen diese auf einer Seite zurück und gaben den Blick frei auf einen hohen, mit Speerspitzen bewehrten Zaun, hinter dem eine Reihe von hochgewachsenen Bäumen aufragte; sie waren nun kahl, doch im Sommer leuchteten sie in den unterschiedlichsten Grüntönen. Linden, Ahorn, Eichen, Buchen, Birken, Erlen und Ebereschen, Seite an Seite, sie verbargen die Parklandschaft dahinter. Nach einer Viertelmeile bog das Auto in eine breite Einfahrt. Der Fahrer betätigte eine Fernbedienung, und ruckelnd öffnete sich das kunstvolle schmiedeeiserne Tor.

Jedes Mal, wenn sie herkam, konnte sie sich ein ironisches Lächeln nicht verkneifen. Wenn irgendetwas der Geschäftstüchtigkeit ihres Vaters alle Ehre machte, dann Voil House. Das palladianische Herrenhaus war mit Einnahmen aus dem Sklavenhandel errichtet worden und gestopft voll mit wertvollen Möbeln, Gemälden, Keramik und Silber. Die weitläufige Parklandschaft war eigens angelegt worden, um eine einzigartige Sammlung von seltenen Pflanzen zur Schau zu stellen. Allein die Sammlung an Rhododendren war Weltklasse. Der Letzte der Familie Voil, Sir Alexander, war 1956 kinderlos gestorben. Er hatte ein Testament von vertrackter Eigenwilligkeit hinterlassen. Das Haus und das Grundstück fielen der Stadt Glasgow zu – unter der Bedingung, dass die Pflanzensammlung erhalten und der Öffentlichkeit zugänglich gemacht werde zu einem Preis, der dem eines Tickets für die Glasgower U-Bahn entspräche. Das Haus und sein Interieur mussten instand gehalten werden und durften für die Öffentlichkeit nicht zugänglich sein. Sollte die Stadt diesen Verpflichtungen nicht nachkommen, sollte das Anwesen an den Höchstbietenden verkauft und die Einnahmen der Royal Horticultural Society, der Königlichen Gartenbaugesellschaft, gespendet werden. Vergeblich hatte die Stadt vor Gericht darum gestritten, die Bedingungen des Erbes abzuändern, doch sie konnte den teuren Klotz nicht loswerden.

Ihr unerwarteter Retter war Wallace Lockhart gewesen. Im Gegenzug zu einer symbolischen Miete war er bereit, das Herrenhaus instand zu halten. Das Testament sagte nichts darüber, dass die Einrichtungsgegenstände exakt an der Stelle zu bleiben hatten, wo sie sich zum Zeitpunkt des Todes von Alexander Voil befanden, darum ließ Ace alles auf den Dachboden verfrachten, was ihm nicht gefiel. Das Esszimmer und eines der Wohnzimmer blieben in ihrer ganzen Pracht erhalten, um Besucher zu beeindrucken, doch die Räume, die er und Genevieve tagtäglich nutzten, wurden mit bequemen modernen Möbeln ausgestattet. Das Einzige, was er nicht hatte durchsetzen können, war ein Helipad auf dem Grundstück.

31

An diesem Abend befand sich Ace Lockhart in dem Raum, den er als seine Höhle bezeichnete. Sie hatte in etwa die Maße eines halben Fußballfeldes und war eingerichtet mit riesigen Sofas, Tischen mit Marmorplatten, einem aufwendigen Barschrank und dem größten TV-Bildschirm, den Genevieve je gesehen hatte. Statt goldgerahmter Porträts waren die Wände voll mit Fotografien von Ace in Begleitung von Staatshäuptern und Filmstars. Er hatte sich in den einzigen Sessel im Raum gefläzt. Das Möbelstück war nach seinen Wünschen designt worden. Ace' Füße lagerten auf einem ledernen Hocker. Die Schuhe lagen, wohin er sie beim Ausziehen geschleudert hatte, und sein Schlips befand sich zerknittert auf dem Teppich neben dem Sessel. Auf seinem paukenförmigen Bauch balancierte er einen Tumbler mit dem Hauch einer Flüssigkeit; wie sie wusste, handelte es sich dabei um einen seltenen und absurd teuren Whisky. Mit dessen Rarität entschuldigte Ace die knapp gefüllten Gläser; doch Genevieve vermutete, es hatte mehr damit zu tun, dass er immer die Kontrolle behalten musste. Sie hatte ihn noch nie betrunken erlebt.

»Ah, Genny«, brummte er und hob eine Hand zum Gruß.

»Hallo, Ace.« Sie durchquerte den Raum und gab ihm einen Kuss auf die Stirn.

Er stellte den Fernseher auf lautlos und nickte Richtung Barschrank. »Nimm dir einen Drink.« Er griff in ein Glas mit Salzstangen auf dem Beistelltisch und stopfte sich eine Handvoll in den Mund.

»Meinetwegen musst du ihn nicht ausmachen. Ich weiß, dass du es nicht ausstehen kannst, die Nachrichten zu verpassen.« Sie nahm ein ausladendes Sherryglas und goss sich einen Tio Pepe ein. Als sie sich wieder umdrehte, sah sie auf dem Bildschirm den Gedenkgottesdienst in Lockerbie. »Du warst dort, nicht wahr?«

Er schluckte und grunzte. »Maggie hat viel Gewese darum gemacht. Diese Leute wissen nicht, was eine wirkliche Tragödie ist.

Wie viele sind bei dem Bombenattentat gestorben? Zweihundertsiebzig, verdammt noch mal. Die Nazis haben in meinem Schtetl weitaus mehr Menschen umgebracht. Und trotzdem gab's keinen Gedenkgottesdienst für sie. Wegen meiner Familie hat sich kein Premierminister die Augen mit 'nem Taschentuch abgetupft.«

»Die Menschen, die bei dem Pan-Am-Flug 103 gestorben sind, hatten auch Familien, Ace«, protestierte sie. »Sie leiden genauso, wie du gelitten hast, als deine Familie ausgelöscht wurde.«

Er stieß die Luft aus. »Ich weiß, Liebes, ich weiß. Ich bin nicht herzlos, ich verstehe ihren Schmerz. Aber ich kann mir nicht helfen: Mir kommt diese Art von öffentlichem Gedenken wie ein Ablasshandel vor. Wie viele von denen, die heute da waren, sind persönlich betroffen? Es gleicht mehr einer Show als wirklicher Trauer.«

»Und dennoch wirst du morgen bei all deinen Zeitungen die ersten fünf Seiten damit zupflastern lassen. Der *Clarion,* der *Globe,* der *Mercury* – sie alle werden darum wetteifern, wer den rührseligsten Artikel hat.«

Er nippte an seinem Drink. »So läuft das Geschäft, Genny. So verkauft man Zeitungen. Aber ich wette mit dir, dass keiner von denen, die heute da waren, etwas aus seiner Trauer lernt, nicht einmal die, die direkt betroffen sind. Nicht so, wie ich es getan habe.«

Genevieve kannte die Geschichte in- und auswendig, sie hätte sie mitsprechen können. Das Dorf in den umkämpften Gebieten im Osten Polens. Die Ankunft der Nazis und das Zusammentreiben der Juden. Die Gewehrsalven, das Prasseln von Flammen. Die Schreie. Und Chaim Barak, der sich in einem Misthaufen in einem Kuhstall versteckte, bis sich eine gespenstische Stille über das Schtetl senkte. Dann die Flucht. Wie er in Gräben schlief, sich von Wurzeln und Beeren ernährte, auf die neu ausgehobene polnische Armee von General Anders stieß. Dann der Nahe Osten, die Hölle von Monte Cassino, die Auszeichnung für Tapferkeit, die Befreiung Berlins, die Entdeckung von versteckten deutschen Forschungsunterlagen und die brillante Idee, diese an sich zu nehmen. »Das Wissen befreien« hatte er dies selbstgerecht genannt. Sogar Genevieve konnte erkennen, dass darin auch eine gewisse Skrupellosigkeit lag. Doch Skrupel hatte man sich 1945 kaum leisten können.

Sie ließ ihn seine Geschichte erzählen und sagte dann: »Hoffentlich nutzen die Amerikaner das nicht als Vorwand für einen Rachefeldzug.« Sie ließ sich in der Ecke eines der Sofas nieder.

»Sie wissen immer noch nicht, wohin mit der Rache. Das Geld für das Attentat kam aus Libyen, aber es gibt keine Beweise.« Weitere Salzstangen, die mit einem winzigen Schluck Whisky heruntergespült wurden.

»Warum bin ich hier, Ace? Wollen wir etwas vorbereiten für die großen Feierlichkeiten nächstes Jahr?«

Einen Moment lang schien Ace überrascht, dann verbarg er dies hinter einem Lächeln. »Was genau feiern wir?«

»Erzähl mir nicht, du hast es vergessen! Glasgow, europäische Kulturhauptstadt 1990? Ich bin davon ausgegangen, dass wir opulente kulturelle Veranstaltungen ausrichten wollen, um unseren Namen am Himmel erstrahlen zu lassen.« Ein Anflug von Schalkhaftigkeit schwang in ihrer Stimme mit.

Er winkte ab. »Ich bin sicher, das kann jemand unterhalb deiner Gehaltsklasse erledigen.«

»Wenn es nicht darum geht, warum bin ich dann hier?«

Er beehrte sie mit seinem liebenswürdigsten Lächeln. »Reicht es nicht, dass dein alter Vater dich an seiner Seite wünscht?«

Sie schnaubte. »Wenn's nur darum ginge, hättest du nicht den Hubschrauber geschickt. Dazu bist du zu geizig. Du hättest mir gesagt, ich solle den Nachtzug nehmen.«

Er zog eine übertriebene Clownsgrimasse, die Mundwinkel nach unten, die Augenbrauen in perfekten Bögen nach oben gezogen. »Nur gut, dass meine Feinde mich nicht so gut kennen wie du.« Er hievte seinen mächtigen Körper in eine aufrechtere Position, wobei der Bauch ein Eigenleben zu führen schien. »Ich brauche dich für etwas Wichtiges. Es geht nicht um mich, sondern ums Geschäft.«

»Du weißt, dass ich immer mein Bestes für uns geben werde.« Angesicht der Ernsthaftigkeit ihres Vaters setzte Genevieve sich gerade hin und stellte die Füße auf den Boden. Der tragische Tod ihrer Mutter vor ihrem fünften Geburtstag hatte unter anderem bedeutet, dass es niemanden gab, der den Enthusiasmus ihres Vaters hatte dämpfen können. Wenn sich die Dinge gegen ihn wandten – wie sie es mitunter unverschämterweise taten –, dann war sie diejenige, die ihn aus seiner Enttäuschung und seiner Wut herausholte und ihn besänftigte.

»Du kennst mein Motto. Wenn die Gelegenheit anklopft, dann reiß die Tür auf.« Lockhart wuchtete sich auf die Füße und watschelte zum Humidor, der auf dem Barschrank stand. »Tja, und heute donnerte die Gelegenheit mit einem Rammbock gegen unsere Hintertür.« Er nahm sich eine Zigarre, nestelte an ihr herum und kappte ein Ende. Auf dem Weg zurück zum Sessel entzündete er sie mit einem zerschrammten Zippo aus Messing, das er seit 1942 bei sich trug, und paffte. »Amerika, Genny, Amerika.«

Das war neu für Genevieve. Doch sie hielt sich zurück, sie wusste, dass ihr Vater immer erst einmal den Boden bereitete, bevor er zum eigentlichen Punkt kam. Stattdessen nickte sie ihm aufmunternd zu, was eigentlich nicht notwendig war.

»Simon Levertov war heute unter den Trauergästen.«

Diesen Namen kannte sie gut. Levertov stand einem Familienunternehmen vor, das ein großes Netz an Lokalzeitungen im Mittleren Westen kontrollierte. Flaggschiffe waren die Zeitungen in Chicago, Minneapolis/Saint Paul, Cincinnati und Indianapolis.

Eine Ausnahmestellung nahm der New Yorker *Daily Globe* ein. Rupert Murdoch war nah dran gewesen, ihn zu kaufen, doch die Familie hatte dem einen Riegel vorgeschoben. Es hieß, dass Murdochs Boulevardblätter bei den konservativen Levertovs auf Ablehnung stießen. Seitdem umwarb ihr Vater die Familie beharrlich.

»Warum war er hier?«

»Fünfunddreißig Studenten aus Syracuse waren an Bord des Flugzeugs. Den Levertovs gehört eine der Lokalzeitungen.«

Sie nickte verständnisvoll. »Hattest du die Gelegenheit, mit ihm zu sprechen?«

Er stieß eine blaue Wolke aromatisch duftenden Rauch aus. »Er ist von sich aus an mich herangetreten. Sie sind bereit, den *Globe* zu verkaufen. Das ist perfekt für uns. Wir hätten damit einen prestigereichen Einstand in den USA, ein Sprungbrett, das uns neue Märkte eröffnen kann.«

Genevieve wusste, wie sehr sich ihr Vater nach dem New Yorker *Globe* verzehrte. Er liebte die Vorstellung, neue Welten zu erobern, doch noch mehr liebte er alles, das half, einen Sieg im Weitpissen gegen Rupert Murdoch zu erringen. Eine Trophäe einzusacken, die auch der australische Medienmogul begehrte, wäre mehr als nur die Kirsche auf der Torte. Aber das hieß nicht, dass es eine gute Idee war. Vorsichtig sagte sie: »Es gibt einen Grund, warum sie den *Globe* abstoßen wollen, Ace. Er verliert Geld und Auflagenzahlen wie ein Flugzeug ohne Pilot.«

»Ja, natürlich«, sagte Lockhart und wischte ihren Einwand beiseite, als würde er eine lästige Fliege vertreiben. »Weil die Levertovs keine Ahnung haben, wie man eine wirklichkeitsnahe Zeitung macht, die hart arbeitende Männer anspricht.« Als er sah, wie sie die Augenbrauen runzelte, fügte er hastig hinzu: »Und die Frauen natürlich auch, Genny. Doch mit uns am Steuer könnte der Sturzflug beendet werden. Ich werde mein fähigstes Team aus

London hinschicken, um dort anzupacken, und dann zeigen wir den New Yorkern, wie es richtig geht.«

Seine ungebremste Begeisterung für das Zeitungswesen und die Macht, die damit zusammenhing, war mitreißend. Seine stürmische Hingabe an den Erfolg hatte Genevieve schon in jungen Jahren angesteckt. Sie wusste, es hatte wenig Sinn, ihm zu widersprechen. Ace Lockhart war der Alleinherrscher in seinem Universum. »Habt ihr einen Gesprächstermin vereinbart?«

Lockhart lachte wiehernd auf. »Genny, wir haben den Deal abgeschlossen. Nach dem Gottesdienst haben wir uns in einem trostlosen Hotel an einen Tisch gesetzt, uns über den Preis geeinigt und mit Handschlag besiegelt.«

Sie wusste, dass von ihr nun Jubel erwartet wurde, und bekam auch etwas sehr Ähnliches zustande. Aber das ungute Gefühl, das sich in ihrem Magen ausbreitete, konnte sie nicht unterdrücken. Wenn es unkompliziert war, warum hatte er sie dann so dringend nach Voil House beordert? Auch wenn das die größte Anschaffung war, seit er den *Clarion* und den britischen *Globe* gekauft hatte, hätte er ihr doch einfach am Telefon davon erzählen können; sie hätten es dann bei ihrem nächsten Treffen in ein paar Tagen gefeiert. Sie kannte ihren Vater gut genug, um zu wissen, dass noch etwas nachkommen würde. Sie rief sich ins Gedächtnis, dass er oftmals ungewöhnliche und spektakuläre Wege zum Erfolg nahm. Was nur zeigte, wie einzigartig er war und mit welcher Nervenstärke gesegnet. Weder die analytische Schärfe der Universität St Andrews noch die des MIT, des Massachusetts Institute of Technology, hatten den Glauben an ihren Vater erschüttern können. Darum rang sie sich ein Lächeln ab und erhob das Glas auf ihn. »Was für ein Coup.«

Das Leder knarrte, als seine Körpermasse in Bewegung geriet und er sich ein bisschen aufrechter hinsetzte. »Es gibt nur ein Problem.«

Da kommt es, dachte sie. »Welches, Ace?«

»Liquidität. Wir sind bis an unsere Grenzen gegangen, um die neuen Druckereien in London zu bauen.«

Die noch lange nicht fertig und in Betrieb waren, ganz zu schweigen von ihrer Amortisierung. Genevieve versuchte, ihre Besorgnis zu verbergen. »Können wir einen Kredit aufnehmen?«

Ace stieß eine Rauchwolke aus. »Das könnte kompliziert werden. Und es wäre ohne Frage teuer. Und natürlich ein Zeichen von Schwäche. Ich möchte, dass wir aufrechten Hauptes in Amerika auftreten, nicht mit dem Hut in der Hand vor den Bankern buckeln. Das würde Murdoch sehr freuen.«

Sie spürte einen Anflug von Beklemmung in der Brust. Bislang hatte sie nichts zu tun gehabt mit den Vorzeigezeitungen und -magazinen, die das Bild von Ace Media in der Welt prägten. Die Cashcow, die alles finanzierte und am Leben hielt, war das akademische und wissenschaftliche Verlagswesen, und dort hatte er sie untergebracht. Ein Jahr lang hatte sie in jedem Bereich hospitiert und sich eingearbeitet, und nun leitete sie ein Verlagshaus, das sich mit den prestigereichsten Universitätsverlagen messen konnte. »Du willst aber nicht Pythagoras verkaufen?«

Er lachte ehrlich erstaunt auf. »Meine Gans, die goldene Eier legt? Sei nicht albern, Genny. Außerdem leistest du dort hervorragende Arbeit. Nein, ich habe eine andere Lösung gefunden.« Lockhart schenkte ihr sein huldvollstes Lächeln, doch sie kannte ihn gut genug, um zu wissen, dass sich das oftmals als Judaskuss entpuppte.

»Und die wäre?«

»Der Pensionsfonds. Pythagoras und Ace Media haben da hohe Überschüsse erwirtschaftet. Eine halbe Milliarde, Genny. Eine. Halbe. Milliarde.«

»Aber das Geld gehört nicht dem Unternehmen«, widersprach sie. »Es gehört den Pensionären, den jetzigen wie den künftigen.«

»Das weiß ich doch. Wofür hältst du mich? Für eine Art Raubritter?« Seine Entrüstung klang fast echt. »Mir geht es um einen Kredit.« Lässig wedelte er mit seiner Zigarre in der Luft herum. »Ein vorübergehendes Arrangement. Ich weiß, dass ich das Steuer beim New Yorker *Globe* in kurzer Zeit herumreißen kann. Es wäre genauso, als würde man sich das Geld bei der Bank leihen. Nur dass es eben eine private Transaktion wäre.«

Genevieve verbarg ihr Unbehagen. Zeigte sie es, würde er sich darauf stürzen, das wusste sie. »Ist das legal?« Weiter wagte sie sich nicht vor.

Er lächelte verbindlich. »Natürlich ist es legal. Alles, was ich von dir als Geschäftsführerin von Pythagoras brauche, ist deine Unterschrift auf diesen Papieren.«

Das war keine Bitte.

Sie hatte gesehen, wie wütend ihr Vater auf jeden werden konnte, der seine Integrität infrage stellte. Niemals wollte sie das Ziel dieses Zorns werden. Und noch weniger wollte sie Anlass geben für diesen Blick tiefer Enttäuschung, der sich auf seinen markanten Gesichtszügen ausbreitete, wenn einer seiner engsten Mitarbeiter ihn im Stich ließ. Seine Augen wurden feucht, seine Lippen schürzten sich, seine Stirn legte sich in tausend Falten. Danach folgte in der Regel der Rauswurf. Okay, er konnte sie nicht entlassen. Dass sie seine Tochter war, war nicht zu ändern. Aber sie hatte gesehen, wie er einige seiner ältesten Freunde aus dem Kreis der Vertrauten verbannte, und sie wusste, wie sehr ihn das geschmerzt hatte. Genevieve liebte ihren Vater, sie würde es nicht ertragen können, seine Zuneigung und seinen Respekt zu verlieren.

Sie holte tief Luft. »Gib mir den Stift.«

4

Allie liebte es, Rona dabei zu beobachten, wie sie sich am Ende des Tages abschminkte. Die Maske, die sie für die Welt da draußen trug, wurde abgenommen, und zum Vorschein kam Ronas unverfälschte Schönheit, die nur sie kannte; es fühlte sich zutiefst intim an. Die Benommenheit dank des Haschs, das sie am Abend geraucht hatte, in Kombination mit dem Alkohol, hatte dem Tag die Schwere genommen, sodass sie sich jetzt entspannt fühlte. Vielleicht sogar ein bisschen sexy? Sie streckte sich genüsslich.

»Es war ein bisschen verstörend, was Alix uns da heute Abend an den Kopf geworfen hat«, sagte Rona, während sie mit einem Baumwollpad ihre Augenlider reinigte.

»Was meinst du?« Allie gähnte. »Die Schotten in der Rehaklinik?«

»Ja. Ich weiß, dass Edinburgh als Aids-Hauptstadt Europas gilt, aber ich wusste nicht, dass sie inzwischen aus dem Land fliehen.« Nun entfernte sie die Mascara.

»Ist es da wirklich so schlimm?«

»Das hab ich zumindest gehört. Die letzte Statistik, an die ich mich erinnere, ging davon aus, dass ein Prozent der männlichen Bevölkerung der Stadt HIV-positiv ist. Das klingt im ersten Moment nicht besonders beeindruckend, bis man sich die Zahl der Betroffenen klarmacht. Rund viertausend in einer so kleinen Stadt. Und zudem spazieren die nicht durch die georgianische Eleganz von New Town, nicht wahr? Sie finden sich alle in den Problemvierteln der Stadt. Und natürlich wird darüber hier nicht berichtet.« Sie hatte den Mund geöffnet, um den Lippenstift abzuwischen, darum klangen ihre Worte verzerrt. »Ein fremder Ort, von dem wir nichts wissen und so. Nicht zu vergessen, dass es sich dabei um die Unberührbaren handelt – Drogenabhängige und Schwule.«

»Du denkst, da wär eine Story drin? Warum die Edinburgher Junkies Richtung Süden fliehen?« Jetzt war Allie wieder munter. Die Aussicht auf ein Thema, das sich verfolgen ließ, war immer verlockend.

»Keine Ahnung. Aber sich das mal näher anzusehen, wär's vielleicht wert. Wenn sie weggehen, weil der NHS, der Nationale Gesundheitsservice, mit der schieren Menge nicht zurechtkommt, hast du mehrere Möglichkeiten, deine Story aufzuziehen: Der NHS ist mit der Situation überfordert, die Edinburgher beschweren sich, dass andere Krankheiten ignoriert werden, oder die HIV-Patienten sind gezwungen, wegzugehen, weil ihre Heimatstadt sie vertreiben will.« Nachdem Rona die letzten Reste ihrer Foundation entfernt hatte, betupfte sie ihre Haut mit Gesichtswasser, um zuletzt eine teure Nachtcreme aufzutragen, die verführerisch nach Lavendel und Geranie duftete.

»Fallen sie, oder werden sie gestoßen?«

»Man weiß erst, was dabei herauskommt, wenn man anfängt zu recherchieren.« Ronas Augenbrauen wanderten im Spiegel nach oben.

»Du hast recht. Ich sollte dem nachgehen und mal schauen, was dahintersteckt. Vielleicht morgen schon, wenn ich etwas Zeit finde.« Als Rona neben sie unter die Decke schlüpfte, streckte Allie ihre Arme nach ihr aus. »Doch jetzt habe ich Wichtigeres im Sinn.«

»Genau wie ich«, sagte Rona in einem gänzlich anderen Tonfall. »Bist du sicher, dass du okay bist? Als du heute Abend nach Hause kamst, hast du ausgesehen, als hätte dich jemand in die Mangel genommen und jedes Leben aus dir herausgequetscht.«

»Ich hatte gedacht, ich hätte die Nacht, als das Flugzeug abstürzte, verarbeitet, hätte alles schön säuberlich in meinem Kopf verstaut und könnte einfach weitermachen. Doch diese tiefe Trauer heute mitzuerleben – das hat alles wieder hochgespült.« Allie atmete tief ein. »Aber es geht mir gut, ist jetzt überstanden.«

»Ich bin mir da nicht so sicher.« Rona streichelte Allie übers Haar. »Die ganzen Sachen, mit denen du in deinem Nachrichtenressort konfrontiert wirst – die fressen dich auf, Allie, das sehe ich doch.«

Allie tat Ronas Besorgnis ab. »Das sind nur kleine Läsionen, Rona. Das verheilt alles wieder. Tief drinnen, da bin ich in Ordnung. Das ist nun mal mein Job. Das bin nun mal ich.«

Rona schaute sie zweifelnd an, sagte aber nichts mehr. Als Allie schon tief und fest schlief, lag sie noch lange wach; sie war nicht überzeugt von dem, was ihre Partnerin gesagt hatte. Germaine, alarmiert von jenem Instinkt, der Hunde an Menschen bindet, kuschelte sich an sie. Rona drehte sich auf die Seite und zog Germaine an sich. Zusammen mussten sie einen Weg finden, wie sie Allie vor sich selbst schützen konnten.

Wegen des Besuchs eines Mitglieds der königlichen Familie, eines erneuten politischen Skandals in Liverpool und einer Reihe von langweiligen TV-Spin-offs fand Allie erst nach mehr als einem Monat die Zeit, die Aids-Story weiterzuverfolgen. Die einzige Redakteurin zu sein bedeutete, dass sie permanent auf Draht sein musste. Bis jeweils dienstags musste sie ausreichend Themen gefunden haben, die sie auf der wöchentlichen Redaktionskonferenz vorstellen konnte. Anschließend musste sie die auswählen, die am ehesten an Freiberufler weitergegeben werden konnten, was bedeutete, diese auf Trab und in der Spur zu halten – eine Aufgabe, die so frustrierend war, wie einen Sack Flöhe zu hüten. In der verbleibenden Zeit musste sie ihre Kontakte pflegen, um aus diesen mögliche Storys herauszukitzeln, die sie dann selbst verfolgen konnte. Wollte sie dem Drängen der Londoner Redaktion gerecht werden, blieb ihr nahezu keine Zeit, die Storys zu recherchieren, die sie wirklich interessierten. Es verging kein Tag, an dem sie nicht ihre Arbeit als Investigativjournalistin vermisste.

Letzten Endes beschloss Allie, an einem Montagnachmittag Anfang Februar ins Büro zu gehen. Eigentlich war der Montag ihr freier Tag, aber das hielt die Londoner Reportageredaktion nicht davon ab, sie zu Hause anzurufen und ihr weitere Aufträge zu erteilen, die im Laufe der Woche abgearbeitet werden mussten. Oder die Bildredaktion fragte nach den Kontaktdaten von Leuten, die für die farbige Wochenbeilage fotografiert werden sollten.

Am Mittag saß sie mit Rona in der Küche vor einem Teller Suppe. »Da kann ich genauso gut ins Büro gehen«, sagte Allie. »Das ist die einzige Chance, Ruhe vor dem verdammten Telefon zu finden. Ich muss mich auf den neuesten Stand zu HIV und Aids bringen, bevor ich mich tiefer in die Edinburgh-Story einarbeite. Am besten versteck ich mich in der Bibliothek – da wird mich niemand suchen.«

»Ironisch, aber wahr. Wenn du schon mal da bist, kannst du mir dann einen Gefallen tun?«

»Jeden. Was brauchst du?« Als Freiberuflerin hatte Rona keinen Zugang zur Bibliothek des *Globe,* obwohl Allie dachte, das wäre das Mindeste, was das Ace-Lockhart-Imperium den Freelancern schuldete.

»Kannst du die alten Artikel nach Mord in TV-Schmonzetten durchsuchen? Es gibt das Gerücht, dass es bald einen Mord in *Coronation Street* geben wird, und ich möchte das Wichtigste zum Hintergrund wissen, wenn es so weit ist.« Rona warf Allie einen gespielt bettelnden Blick zu.

»Wer soll denn über die Klinge springen?«

Rona schüttelte den Kopf. »Das ist genau das, was ich herausfinden will und warum du recherchieren musst.«

Allie grinste. »Ich werde sehen, was ich für dich tun kann.«

»Aber nicht stehlen!«

Sie wussten beide, dass Rona einen Witz machte. Als sie nach Manchester gezogen waren, hatten sie sich darauf geeinigt, dass jede für sich arbeitete. Damals in Glasgow waren sie bei derselben Zeitung angestellt gewesen. Mitunter gab es Storys, die besser zum Ressort der anderen passten. Beide waren damit einverstanden gewesen, dass die andere dann das Thema übernahm. Jetzt aber konnte Allie es sich nicht leisten, dass ihr Boss in London sie verdächtigte, Storys an eine Freiberuflerin weiterzugeben, die diese dann womöglich an die Konkurrenz verkaufte. Darum waren sie übereingekommen, keine Storys mehr zu teilen – es sei denn, Allies Chef hatte den Beitrag abgelehnt. Nur wenige Dinge machten Allie mehr Freude, als zu sehen, wie eine der abgelehnten Storys als Seitenaufmacher bei einer anderen Zeitung oder als Reportage in einem Magazin erschien.

»Es steht dir immer frei, mir deinen Artikel zu verkaufen«, sagte Allie und stand auf, um ihren Teller in den Geschirrspüler zu stellen.

Rona gluckste. »Ihr zahlt nicht genug. Mir fallen mindestens drei Redaktionen ein, die mehr hinlegen.«

»Schon okay. Umso mehr Geld hast du dann ja, um mich groß auszuführen.«

Obwohl Ace Lockharts rigorose Personaleinsparungen die Redaktion bis auf die Knochen abgespeckt hatten, hatte er doch die Bibliothek beibehalten, weil jemand ihm erzählt hatte, diese wäre ein unverzichtbarer Aktivposten. Allerdings war sie derzeit nur von mittags bis acht Uhr abends besetzt. Bei einer Vollzeit- und einer Teilzeitstelle hatten die beiden Mitarbeiter alle Hände voll damit zu tun, die Zeitungsartikel auszuschneiden und zuzuordnen, aber zumindest gab es das Archiv. Noch.

Nachdem sie einen Nachmittag lang über den Berichten gebrütet hatte, verfügte Allie über einen Grundstock an Wissen darüber, was die britischen Medien über HIV und Aids seit den ersten identifizierten Fällen veröffentlicht hatten. Ihre Finger waren dunkel von Druckerschwärze, und in ihrem Herzen schwelte Zorn angesichts der giftigen Homophobie und des Mangels an Mitgefühl, der ihr allenthalben entgegenschlug. Sowohl in den Boulevardblättern mit ihren grellen Überschriften, die eine »Schwulenpest« beschrien, als auch in den seriöseren Zeitungen mit ihren ebenso zynischen, pseudowissenschaftlichen Verurteilungen wurde über die Krankheit berichtet, als wären die Opfer selbst schuld an ihrem Schicksal. Sogar in Manchester, dessen Nachtleben um die Schwulenszene kreiste, wurde den Einwohnern vom Polizeichef mitgeteilt, dass Aids-Kranke in »einer menschlichen Jauchegrube strampelten, die sie selbst geschaffen hatten«.

Es gab sogar einen Mob, der Aids nutzte, um von der Kanzel herab Hass zu predigen. Die Krankheit sei Gottes Rache an Homosexuellen, ein modernes Sodom und Gomorrha, auf Erden entsandt, um diese für ihr perverses Leben zu bestrafen. Die einzige Schwachstelle in dieser Argumentation, auf die Allie immer wieder mit Freude hinwies, war, dass es nur eine logische Schlussfolgerung daraus gab: dass nämlich Gott nicht nur eine Frau, sondern obendrein auch lesbisch sein musste, denn Lesben machten den geringsten Prozentsatz unter den Erkrankten aus.

Allie betonte dies stets mit einem Unterton von kalter Wut. Sie hatte selbst einen ihrer engsten und liebsten Freunde vor nur achtzehn Monaten an Aids verloren. Marcus und sie hatten sich während der Journalistenausbildung kennengelernt, und sie waren in engem Kontakt geblieben. Als Allie aufgrund ihrer Gefühle für Rona ihre eigene Sexualität neu hatte definieren müssen, hatte das die Freundschaft noch vertieft. Marcus hatte einen tiefschwarzen Humor gehabt; er war unglaublich klug gewesen und von großer Freundlichkeit, die ihn immer wieder in Bedrängnis gebracht hatte. Als talentierter Textredakteur hatte er sich zum stellvertretenden Nachtredakteur bei einer regionalen Tageszeitung in den Midlands hochgearbeitet – bis er plötzlich an einer Lungenentzündung erkrankte, deren Erreger eigentlich nur Schafe befielen. Nicht einmal sechs Monate später hatte Allie auf seiner Beerdigung ein Gedicht vorgetragen. Aus diesem Grund fühlte sich die Aids-Berichterstattung an wie ein Schlag ins Gesicht.

Der Schlag auf die andere Wange war, dass die Leistungen der pharmazeutischen Forschung, wie sie auch Jess betrieb, den Medien kaum einen Absatz wert waren. Die Bemühungen, Medikamente zu entwickeln, die HIV heilen oder die Auswirkungen von Aids abmildern konnten, stießen bei den Nachrichtenredaktionen nur auf wenig Interesse. Es gab eine gewisse morbide Faszination für die undurchsichtigen und erniedrigenden Umstände, unter denen Aids-Patienten litten, und – unvermeidlich – die eine oder andere heroische Berühmtheit, die einen der Aussätzigen des zwanzigsten Jahrhunderts tatsächlich mal umarmte. Aber abgesehen davon? Aids war schlicht das, was einer ihrer zynischen Kollegen in Glasgow einmal »Gottes Mistgabel« genannt hatte.

Am Ende des Nachmittags hatte sich Allie in einen gerechten Zorn hineingesteigert. Wenn es hier eine Story gab, dann würde sie sie entdecken. Sie setzte den diensthabenden Archivar auf Ronas Anfrage an und wählte Alix' Nummer. »Hey, mein Mädchen. Wie geht es dir?«, begrüßte Allie sie.

»War schon mal besser, war schon mal schlechter«, erwiderte Alix. Im Hintergrund war undeutlich ein kreischender Wettstreit zwischen elektrischen Gitarren zu hören. »Ihr habt doch immer noch vor, am Sonntag zum Essen zu mir zu kommen, oder?«

»Unbedingt. Ich rufe nicht an, um abzusagen. Ich habe andere Gründe.«

Alix lachte tief und kehlig. »Alles wie immer also. Was kann ich für dich tun, Burns?«

»Ich möchte an das Gespräch anknüpfen, das wir vor ein paar Wochen geführt haben, über die Aids-Klinik. Aber sag erst mal, wie es deinem Freund Matt geht.«

Die Gitarren gingen in Disharmonie auseinander, und Allie hörte leise männliche Stimmen keifen, während Alix tief seufzte. »Um ehrlich zu sein, nicht besonders. Sie sagen, er hat nur noch wenige Wochen.«

»Das tut mir leid.«

»Ich weiß. Warum fragst du?«

»Was du gesagt hast über die schottischen Aids-Kranken, die aus Edinburgh hierherkommen, lässt mir keine Ruhe. Ich möchte da genauer hinschauen.«

»Aus welchem Blickwinkel?« Alix war ihre Freundin, aber das bedeutete nicht, dass sie zur willigen Stichwortgeberin wurde für jede Story, die Allie verfolgen wollte.

Jetzt traf ein leiser Trommelwirbel Allies Ohr. »Ich will herausfinden, was da los ist. Was steckt hinter dem Exodus? Wird Manchester als die große Hoffnung angepriesen, oder ist Edinburgh einfach zu schrecklich für Aids-Kranke? Ich will die Story hinter den nackten Fakten, Alix.«

»Ich glaube nicht, dass es eine gute Idee ist, mit Mattie zu sprechen, Allie. Er hat inzwischen Läsionen im Gehirn. Die meiste Zeit ist er nicht bei klarem Verstand. Er weiß oft nicht, wer ich bin oder wo er ist.«

Allie hatte das befürchtet. »Verstehe. Aber vielleicht könntest du mich in Kontakt bringen mit einem von den Typen aus Edinburgh. Oder mit der Belegschaft. Ärzte, Pfleger, die vielleicht mit mir sprechen würden. Vertraulich natürlich, wenn sie sonst nicht reden wollen.«

Ein Becken schepperte. Abgelenkt murrte Alix: »Oh, verdammt noch mal. Ich muss diese verdammten Kleinkinder loswerden. Lass mich drüber nachdenken, Burns. Ich möchte niemanden den Wölfen zum Fraß vorwerfen.«

Allie starrte den stummen Telefonhörer in ihrer Hand an. Wann genau war sie einer von den Wölfen geworden?

5

Allie parkte vor Alix' Studio. Der einzige Hinweis auf das, was im Inneren des gedrungenen Klinkerbaus in der herunter-gekommenen Straße hinter dem städtischen Hochsicherheitsge-fängnis vor sich ging, war eine kleine Metalltafel, auf der SOUND AND FISSION eingraviert war. Darunter verlief eine gezackte Li-nie, die an die Monitore von Herz-Lungen-Maschinen in Kran-kenhausserien erinnerte.

Am vorherigen Abend hatten sie noch einmal miteinander ge-sprochen, Alix streng und eher abwehrend, Allie beschwichtigend und engagiert. Schlussendlich war Allie überzeugend genug ge-wesen. Nun trat Alix auf die Minute pünktlich aus dem Haus. Ihre Frisur verdreifachte ihren Kopfumfang; der lange Ledermantel umschwang sie bei jedem Schritt. Sie stieg ins Auto und beugte sich herüber, um Allie einen Kuss auf die Wange zu geben. »Tut mir leid, dass ich dir so viele Steine in den Weg gelegt habe«, sag-te sie.

»Das muss es nicht. Es ist okay, dass du vorsichtig bist.«

»Ich vertrau dir total, wenn es um mich geht, Burns. Aber an-dere sind nun mal fragiler als ich. Und viele von diesen Typen mussten die Zurückweisung durch ihre Familien und Kollegen erleben. Sie wollen nicht schon wieder verurteilt werden.« Alix lächelte entschuldigend.

Allie nickte, um zu zeigen, dass sie verstand. »Dann mal los. Du musst mir sagen, wohin es geht. Prestwich, ja?«

Sie brauchten rund zwanzig Minuten, um zur HIV-Klinik zu kommen. Das zweistöckige viktorianische Gebäude befand sich auf dem Gelände eines kleinen Allgemeinkrankenhauses. Wäre es aus Stein erbaut gewesen, hätte es das gruselige Flair von Draculas

Schloss gehabt, aber wegen der roten Ziegel aus Accrington sah es eher so aus, als hätte es ein Grundschulkind aus Legosteinen gebastelt. Türmchen und Balkone verliehen ihm einen unerwarteten Glamour, der über das hinwegtäuschte, was es beherbergte. Es hätte ein kleines Urlaubshotel oder ein Erholungsheim sein können und sah überhaupt nicht so aus wie ein Ort, zu dem Leute zum Sterben hingingen.

Alix führte sie hinein in einen beengten Empfangsbereich, der von einem größeren Komplex abgetrennt worden war. Die Wände waren in einem galligen Senfgelb gestrichen, die einzige Dekoration bestand in dem bekannten Grabsteinposter, das mahnte: *Aids. Stirb nicht an Unwissenheit.* Allie dachte bei sich, dass die Leute, die hierherkamen, den Punkt weit hinter sich gelassen hatten, an dem diese Warnung sinnvoll gewesen wäre. Die Frau in mittleren Jahren hinter dem Empfangstresen kannte Alix. »Hallo, meine Liebe. Ich rufe schnell auf der Station an und frage, ob Matt in der Lage ist, Besuch zu empfangen.«

»Danke, Denise. Ist Dr. Rob da?«

Denise hob den Telefonhörer ab und wählte. »Ja, ist er. Möchten Sie ihn sehen?« Dann hielt sie einen Finger hoch und sprach in den Hörer. »Julie, ich bin's, Denise vom Empfang. Wie geht es Matt heute? Alix ist hier und möchte ihn besuchen.« Sie lauschte und nickte. »Danke, meine Liebe.« Sie legte den Hörer auf und lächelte. »Gehen Sie nur hoch. Begleitet Ihre Freundin Sie?«

»Ja, wenn es okay ist«, sagte Allie.

»Sie müssen sich hier eintragen, meine Liebe.« Denise schob ihr ein Klemmbrett hin. »Alix kennt die Regeln.« Sie wandte sich wieder Alix zu. »Ich sage Dr. Rob Bescheid, dass Sie ihn sprechen wollen.«

Sobald sie den Empfangsbereich hinter sich gelassen hatten, verdichtete sich rein optisch der Eindruck, dass sie sich in einem

Krankenhaus befanden. Hinzu kam der Geruch von Desinfektionsmitteln, der nur erahnen ließ, was er kaschieren sollte. Direkt gegenüber von einem Schwesternzimmer kamen sie aus dem Fahrstuhl. Alix winkte der diensthabenden Schwester zu und ging den Flur hinunter. Am Ende des Korridors betraten sie einen Raum mit hoher Decke und einem fünfeckigen Erkerfenster. Auf jeder Seite des Zimmers befand sich ein Bett, in dem, hochgelagert auf Kissen, ein Mann lag. Auf den ersten Blick schienen beide ziemlich alt zu sein. Doch als Allie genauer hinsah, stellte sie fest, dass es junge Männer waren, ausgezehrt von der Krankheit und den Schmerzen. Einer hatte die bekannten violetten Tumorknoten des Kaposi-Sarkoms, ein Krebs, der aufgrund von Aids seinen Seltenheitsstatus eingebüßt hatte. Hals und Wangen des anderen Mannes waren von einer Art Ausschlag überzogen.

Alix ging zu dem Mann mit den Hautproblemen. Ein mattes Lächeln erhellte sein Gesicht.

»Alix«, sagte er, die Stimme war leise und kratzig. »Was gibt's Neues, Babe?«

»Das ist meine Freundin Allie. Ich hab dir ja von ihr erzählt, oder?«

Er musterte Allie. »Ja, hast du.« Seine Stimme verlor sich, und er runzelte die Stirn. Dann glättete sich sein Gesicht, und er nickte. »Du bist die Journalistin, oder?«

»Die bin ich«, erwiderte Allie und streckte ihm die Hand entgegen. Mattie hob den Arm und ließ seine Finger in ihre fallen.

»Erinnerst du dich daran, dass ich dir erzählt habe, dass Allie über die Schotten schreiben will, die hier stranden?«

Matt hob zur Bestätigung das Kinn. »Da musst du mit Jamesie sprechen.« Er wies mit einem Finger auf das zweite Bett. »Der ist aus Edinburgh.«

»Das stimmt.« Aus dem anderen Bett war ein kehliges Röcheln zu vernehmen. »Was willst du wissen?«

Allie ging auf die andere Seite des Raums. »Ich heiße Allie Burns und bin Reporterin. Früher habe ich in Glasgow gearbeitet, doch inzwischen bin ich hier in Manchester.«

»Für wen arbeitest du? Keine der Zeitungen hat ein gutes Wort für solche wie uns übrig. Ich habe keine Lust, zu Aussagen verleitet zu werden, die man dann auch noch verdreht.« Sein Akzent wies ihn eindeutig als Edinburgher aus. Nicht das vornehme Gellen der Anwälte und Politiker aus den Privatschulen, sondern die breiten Vokale und verschliffenen Konsonanten der Wohnsiedlungen.

»Ich bin investigative Reporterin.« Das war nicht direkt gelogen. »Ich will darüber schreiben, warum Menschen mit HIV und Aids Schottland verlassen. Ich vermute, der Grund sind die Mängel des schottischen Gesundheitssystems. Ich arbeite für den *Sunday Globe*. Aber ich verfälsche nichts. Genau darum geht es beim investigativen Journalismus: die Lügen und die Verfälschungen aufzudecken und nicht, sie noch schlimmer zu machen.«

Er brach in ein kurzes bellendes Lachen aus, das in einen Hustenkrampf überging. »Scheiße«, ächzte er schließlich. »Was ist für mich dabei drin?«

»Ich will ehrlich sein«, sagte Allie und zog einen der Besucherstühle heran, um sich an Jamesies Bett zu setzen. »Ich fürchte, ich bin zu spät dran, um dir noch helfen zu können. Aber wie wäre es, wenn wir die Behörden dazu brächten, mehr zu tun, als nur die Ausbreitung zu verhindern, und die Menschen, die es erwischt hat, besser zu behandeln als bislang? Das wäre eine Art Vermächtnis.«

»Vermächtnis. Blödsinn. Mein Vermächtnis ist wahrscheinlich, dass ich die Krankheit an alle Kerle weitergegeben habe, die mir einen geblasen haben. Oder an jeden, mit dem ich die Nadel geteilt hab.«

Vermutlich liegt er damit nicht falsch, dachte Allie bei sich. »Du wusstest nicht, dass du mehr als nur ein bisschen Spaß geteilt hast. Es ist nicht deine Schuld, dass diese Krankheit plötzlich aufgetaucht ist.«

Jamesie deutete ein Schulterzucken an. »Vielleicht. Aber ich kann niemandem die Schuld dafür geben, dass ich auf Droge kam. Das lag nur an mir.«

Dies hier war nicht der richtige Ort und auch nicht der richtige Zeitpunkt, um die Wechselwirkungen von sozialen Umständen und staatlicher Politik zu schmähen, die zur explosionsartigen Ausbreitung des Drogenkonsums beigetragen hatten. Stattdessen sagte Allie: »Ich wünschte, ich könnte dabei helfen, zu verhindern, dass Leute in dieses schwarze Loch hineingezogen werden. Was ich allerdings schon jetzt versuchen kann, ist, den Umgang mit Leuten wie dir zu verändern. Und du kannst mich dabei unterstützen. Was hast du denn zu verlieren, wenn du mit mir redest?«

Jamesies bitteres Lachen mündete in einen weiteren Hustenkrampf. »Verdammte Scheiße«, stöhnte er, als die Spasmen nachließen. »Ja, okay. Frag.«

Allie legte ihm eine Hand auf den Arm. »Danke. Wie kam es, dass du hier gelandet bist?«

Sie hörte wenig Überraschendes. Die Schule abgebrochen, Arbeitslosigkeit, Drogen, kleinere Diebstähle, Hepatitis B, dann ein Bündel an seltsamen Symptomen, die in kein bekanntes Muster passten. Schließlich die Diagnose: HIV-positiv. »Das hat mich in Muirhouse nicht zu jemand Besonderem gemacht«, sagte Jamesie. »Manchmal schien es, als wär der halbe Norden von Edinburgh wackelig auf den Beinen. Entweder high oder krank. Oder beides.«

»Was war mit der medizinischen Therapie?«

Er schüttelte den Kopf. »Es gibt keine Therapie, oder? Nicht, wenn man Aids hat. Sie können uns nicht heilen. Alles, was sie machen können, ist, uns in Einrichtungen wie diese abzuschieben. Doch es gibt nicht genügend solcher Häuser. In Edinburgh konnte ich in keine Entzugsklinik, und auch irgendeine andere Form von Behandlung habe ich nicht bekommen, nachdem meine Diagnose klar war. Es gab keine Betten. Keine Plätze. Was es an Kliniken gibt, platzt aus allen Nähten. Wir werden einfach auf den Müll geworfen. Wenn du keine Familie oder Freunde hast, die sich um dich kümmern, dann war's das. Und Typen wie ich haben niemanden, der sich um sie kümmern will. Keine Streicheleinheiten von Prinzessin Diana für Kerle wie uns. Darum bin ich hierhergekommen, wo niemand wusste, dass ich HIV-positiv bin. Ich dachte, ich könnte dem Gefühl entkommen, eine Zielscheibe auf dem Rücken zu haben.«

Er seufzte. »Ich hab weniger Heroin genommen. Sogar einen kleinen Job hab ich gefunden, in einem Café. Aber ich konnte es nicht durchhalten. Die Drogen, Mann. Die sind hier im Süden noch billiger, und mein Leben war scheiße. Also hab ich's aufgegeben. Hab wieder mehr gedrückt. Dann bin ich krank geworden. Und jetzt bin ich hier. Einer der Glücklichen.« Wieder lachte er bitter, diesmal endete es nicht in einem Hustenkrampf. »Das sagen die mir hier. Ich hab hier einen Platz gefunden, muss nicht in meiner eigenen Pisse und Scheiße in einem schäbigen Verschlag leben und darauf warten, dass ich sterbe.« Er schüttelte den Kopf. »Mir kommt es nicht so vor, als wäre ich verdammt glücklich dran. Was schätzt du, wie alt ich bin?«

Allie wusste, dass jede Schätzung weit von der Wahrheit entfernt liegen würde. Das Einzige, was sie machen konnte, war einen Witz zu reißen. »Fünfundsechzig?«

Anerkennend lachte er mit einem rauen Bellen auf. »Ja, genau. Ich bin vierundzwanzig. Und ich werde sterben, bevor ich fünfundzwanzig werde.«

»Das tut mir sehr leid«, sagte Allie mit ehrlichem Mitgefühl. »Niemand hat so etwas verdient.«

»Sollte man nicht meinen, wenn man liest, was ihr Scheißkerle in den Zeitungen schreibt. Wir sind der Abschaum vom Abschaum – Junkies, die ihre Nadeln teilen. Sogar hier drin. Rate mal, was passiert ist. Einige aus der Belegschaft wollten eine Plakatkampagne starten: ›Lass dich nicht auf einen Schotten ein.‹ Ist das rassistisch, oder was?«

Obwohl sie geschockt war, antwortete Allie rasch: »Zumindest ist es nicht sehr sensibel. Wie ich dir schon gesagt habe: So eine Story will ich nicht schreiben.« Sie sah sich im Raum um. »Ich habe gehört, dass mehrere von euch aus Edinburgh hergekommen sein sollen.«

»Ich hab mich zusammen mit drei anderen Typen auf den Weg gemacht. Wir wollten weg. Wollten an einem Ort sein, an dem niemand die ganze Zeit mit dem Finger auf uns zeigt. Ich hatte sogar ein bisschen gehofft, dass es hier Kliniken gibt, in denen ich Medikamente bekomme, die verhindern, dass Aids so richtig ausbricht. Solche Gerüchte hört man immer wieder.« Er schüttelte den Kopf, die Traurigkeit in seinen Augen war unübersehbar. »Aber das ist alles Blödsinn. Sobald du dich mit HIV angesteckt hast, ist es das Todesurteil. Die einzige Frage, die bleibt, ist, wie lange es dauert, bis du die Ziellinie erreichst. Rennst du, oder kriechst du? Und das lässt sich nicht vorhersagen.«

Gegen diese Einschätzung ließ sich kaum etwas einwenden. »Wie geht es deinen Kumpeln?«

Jamesie drehte den Kopf weg und schaute auf die kahlen Bäume, die sich gegen den Winterhimmel abzeichneten. »Einer tot, einer liegt den Flur hinunter, und der Dritte macht, was immer nötig ist, um da draußen auf der Straße zu überleben.« Er warf ihr einen schnellen Blick zu, wandte ihn aber sofort wieder ab. »Nicht gerade eine tolle Trefferquote. Und wir sind nur die Spitze des Eisbergs. Zuletzt waren noch fünf weitere Typen aus Edinburgh hier drin.« Er schüttelte den Kopf. »Wir sind hier, weil es dort nichts für uns gibt. Wie willst du das ändern?«

Allie hatte darauf keine Antwort. Sich eine zu überlegen, blieb ihr erspart, da hinter ihr eine Stimme ertönte.

»Und da Sie es nicht ändern können, was zum Teufel machen Sie dann hier?«

6

Bei dem Mann, der hinter ihr stand, handelte es sich eindeutig um einen Arzt. Der weiße Kittel und das Stethoskop verrieten ihn. Allie schenkte ihm ihr strahlendstes Lächeln. »Hi. Sie sind Dr. Rob, nicht wahr?«

»Für Sie Dr. Butler. Und Sie sind Journalistin, stimmt das?« Weder sein Tonfall noch seine Mimik waren einladend.

Allie setzte zu einer Erklärung an, warum sie da war, aber sie hatte noch nicht einmal den ersten Satz beendet, als Alix zu ihnen stieß. »Sie ist eine von den Guten, Doc«, unterbrach sie Allie.

Er wirkte alles andere als überzeugt. »Die gibt's nicht bei der Journaille.« Butler sah erschöpft aus. Er hatte dunkle Schatten unter den Augen, und seine nach unten gezogenen Mundwinkel schienen sich nicht mehr heben zu wollen. Er wirkte zu jung, um dermaßen abgekämpft zu sein. »Menschen Ihres Schlags sind hier nicht willkommen«, fügte er hinzu.

»Ich kann verstehen, dass Sie so feindselig eingestellt sind ...«

»Feindselig? Sie meinen, das sei feindselig?«, höhnte er. »Ihr seid die Experten in Sachen Feindseligkeit. Ihr seid diejenigen, die unsere Einrichtung ein ›Pesthaus‹ genannt haben. Ihr seid diejenigen, die hier die Straße entlanggezogen sind, um die Anwohner zu fragen, wie sie es finden, dass Drogenabhängige und männliche Prostituierte das Virus in ihrem Viertel verbreiten.«

»Ich verurteile so etwas«, betonte Allie. »Aber wir sind nicht alle gleich. Und ich verurteile nicht den gesamten Medizinsektor, nur weil ein paar Ärzte und Pfleger sich weigern, HIV-positive Patienten zu behandeln. Sehen Sie, ich bin lesbisch, ich kenne mich mit Homophobie aus. Und ich habe erst vor Kurzem einen meiner engsten Freunde an Aids verloren.«

»Sie sagt die Wahrheit«, warf Alix ein. »Gib ihr eine Chance, Doc.«

»Außerdem bin ich nicht hier, weil ich über Ihre Klinik im Speziellen schreiben will«, fügte Allie hinzu.

»Was machen Sie dann hier in meiner Klinik, wenn es Ihnen nicht um eine reißerische Überschrift geht?« Seine Streitlust schien sich abzuschwächen. Aber Allie vermutete, dass es mehr an seiner Erschöpfung lag und weniger daran, dass er ihr zu vertrauen begann.

»Ich will gar nicht abstreiten, dass ich hinter einer Story her bin, das wäre gelogen. Aber es geht nicht um diese Einrichtung hier an sich, sondern um die Anzahl der Leute, die mit HIV und Aids aus Edinburgh hierherkommen. Wie Sie wahrscheinlich an meinem Akzent erkennen, komme ich aus Schottland. Und es hat mich wirklich erschüttert, als ich gehört habe, dass die Kliniken in Edinburgh derart überlaufen sind, dass die Menschen völlig verzweifelt sind und ihr altes Leben wegwerfen, in der Hoffnung, hier eine Behandlung zu bekommen. Darum soll es in meiner Story gehen. Das Versagen meiner Leute« – Allie schlug sich mit der flachen Hand gegen die Brust –, »dass meine Leute Menschen wie Jamesie im Stich lassen.« Echte Betroffenheit lag in ihrer Stimme, und sie sah, dass dies seine Wirkung nicht verfehlte.

»Darum habe ich ihr vorgeschlagen, mit Ihnen zu sprechen«, sagte Alix. »Es ist nicht richtig, dass Menschen aus ihrer Heimat flüchten müssen, um medizinisch versorgt zu werden. Außerdem, offen gesagt: Sie belegen Betten, die die Leute hier genauso dringend benötigen. Es ist ja nicht so, als gäb's hier zu wenig kranke Menschen.«

Butler schüttelte den Kopf. »Ich weise niemanden wegen seiner Herkunft zurück. Unsere Patienten wurden von Hausärzten und Kliniken vor Ort hierher überwiesen. Wir untersuchen sie, und abhängig von ihrem gesundheitlichen Zustand nehmen wir sie auf, wenn wir freie Betten haben. Es ist nicht meine Aufgabe, andere Pflegeeinrichtungen zu verurteilen.«

»Ja, klar, aber Sie kennen sich aus«, unterbrach ihn Jamesie. »Sie kennen sich aus, weil wir alle Ihnen erzählt haben, wie scheiße es in Edinburgh ist. Es hat Jahre gedauert, bis die anfingen, Nadeln rauszugeben. Je länger die sich dagegen gewehrt haben, umso mehr von uns haben sich angesteckt, weil wir uns die Spritzen geteilt haben. Und Drogenentzug? Scheiße, ey. Versteh'n Sie mich nicht falsch. Es gibt Ärzte und Pfleger, die reißen sich den Arsch auf, um uns zu helfen. Aber es gibt verdammt noch mal sehr viele mehr, die sich wünschen, dass wir uns in eine Ecke verziehen und krepieren. Die hassen uns.«

Butler blickte demonstrativ auf seine Uhr. Mit einem Seufzer sagte er: »Fünfzehn Minuten kann ich Ihnen geben. Aber ich warne Sie: Sollte es auch nur das geringste Anzeichen dafür geben, dass Sie mir was vormachen, dann sind Sie schneller draußen, als Sie reingekommen sind.« Er machte auf dem Absatz kehrt und marschierte aus dem Raum. Allie blickte Alix mit hochgezogenen Augenbrauen an und folgte ihm.

Er führte sie zügig einen Korridor hinunter und schloss an dessen Ende eine Tür auf. Dahinter befand sich ein kleines Turmzimmer, das von einem fünfeckigen Erker mit hohen Fenstern erhellt wurde. Die übrigen Wände waren von Regalen gesäumt, die mit Büchern, Ordnern und Papierstapeln vollgestopft waren. Neben dem Erker stand ein Schreibtisch, an dessen einem Ende sich Aktenmappen stapelten, doch die restliche Tischplatte war frei. Butler bot Allie einen Besucherstuhl an, der so neben dem Schreibtisch stand, dass sie das fahle Winterlicht im Rücken hatte.

»Ich muss den Raum immer verschließen«, sagte er. »Die Krankenakten sind vertraulich. Niemand will, dass sein HIV-Status der Öffentlichkeit bekannt wird.«

»Das versteh ich. Können Sie mir ungefähr sagen, wie viele Leute aus Edinburgh flüchten?«

Er schüttelte den Kopf. »Meistens hören wir nur die Berichte einzelner Betroffener, aber die Zahl muss beträchtlich sein. Zu uns kommen ein paar Dutzend, aber das sind eben nur die, die es bis zu uns schaffen. Multiplizieren Sie das mit den Städten, die eine recht große Schwulen-Community haben ...« Er spreizte die Hände. »Und jeder, der herkommt, ist ein Überträger der Krankheit. Was ich am meisten hasse, ist, dass Ihre Kollegen die Leute dafür verurteilen, dass sie krank werden. Wir gehen alle auf die eine oder andere Art sorglos mit unserer Gesundheit um. Aber bei manchen sind die Folgen nun mal schlimmer als bei anderen.«

Allie verbiss sich eine Retourkutsche. »Steckt das hinter der ›Lass dich nicht auf einen Schotten ein‹-Kampagne?«

Es war, als hätte sie einen Schalter umgelegt. Er zog die Augenbrauen zusammen, und seine Miene verdüsterte sich. »Geht's darum? Dass wir genauso viele Vorurteile haben wie alle anderen?«

Als ihr bewusst wurde, dass sie das Falsche gesagt hatte, erwiderte Allie rasch: »Im Gegenteil. Dass Sie sich dagegen verwahren, zeigt mir, welche Haltung Sie vertreten. Aber die Tatsache, dass die Kampagne umstritten ist, zeigt ja, dass eine Menge Schotten hier anklopfen.« Weil sie von der Missstimmung ablenken wollte, erkundigte sie sich: »Was geschieht mit den Leuten, wenn sie nach England kommen?«

»In der Regel sind sie im freien Fall. Sie haben Probleme, eine Unterkunft zu finden. Ohne festen Wohnsitz können sie aber keine Sozialleistungen beantragen. Darum stehlen oder dealen sie, oder sie prostituieren sich. Und schließlich werden sie krank.« Butler seufzte schwer. »Irgendwer erzählt ihnen dann von uns.«

»Wie viele Betten haben Sie hier?«

In seinem Lächeln lag keinerlei Freude. »Fünfzehn.«

»Und wie viele bräuchten Sie?«

»Das ist unerheblich. Denn niemand schwingt einen Zauberstab und verschafft uns weitere fünfzig. Wir sind noch nicht mal Aschenputtel. Wir sind dessen hässliche Schwestern.«

»Wie hat es Sie hierher verschlagen?«

Er schüttelte den Kopf. »Sie haben gesagt, es geht nicht um diese Klinik. Schreiben Sie also auch nicht über mich.«

Allie hob beschwichtigend die Hände. Wenn sie Hintergrundinformationen zu ihm brauchte, konnte sie immer noch in der Ausgabe des Ärzteverzeichnisses nachschlagen, die in der Redaktion stand.

»Wie sieht es mit der medizinischen Forschung aus? Gibt es Fortschritte? Arbeiten Sie mit einem Pharmaunternehmen zusammen?«

Butler fuhr sich mit der Hand durch das dichte dunkle Haar, sodass es nach allen Seiten abstand. »Wir sind nicht groß genug. Wir können nicht mit den statistisch relevanten Ergebnissen aufwarten, die diese Unternehmen brauchen. Ich weiß, dass es in Edinburgh mal ein paar Studien gab, aber ich weiß nicht, was dann vorgefallen ist.«

»Wie meinen Sie das: was vorgefallen ist?«

Er zuckte mit den Schultern. »Ich kann wie Sie nur raten. Die haben einfach damit aufgehört.«

7

Rona blickte irritiert drein. »Wie, die haben einfach aufgehört? Was heißt das? Ist dein Dr. Butler einfach nicht eingeweiht? Oder steckt mehr dahinter?«

»Keine Ahnung. Ich hatte gehofft, Jess könnte mir das vielleicht erklären, aber sie ist nach Holland gefahren, um abzuklären, ob sie dort Teil dieses neuen Forschungsteams werden will.« Allie holte einen Quader Chili con Carne aus dem Eisfach und ließ ihn in eine Auflaufform gleiten. Während diese sich gemächlich in der Mikrowelle drehte, rieb sie Käse in eine Schüssel.

»Und was hast du jetzt vor?«, fragte Rona. Sie kramte im Brotkasten nach ein paar Pittas.

»Ich kann entweder warten, bis Jess zurückkommt, oder ich kann nach Edinburgh fahren und ein bisschen rumschnüffeln. Eigentlich hab ich mit dem, was ich erfahren habe von Butler und den drei Patienten aus Edinburgh, mit denen ich am Ende noch gesprochen habe, genug für einen großen Seitenaufmacher. Ich könnte das fertigstellen und es dabei belassen.«

»Wirklich? Für mich klingt es, als würde unter der Oberfläche eine noch bessere Story lauern, eine über abgebrochene Medikamentenstudien.«

Allie legte das Stück Cheddar zurück in den Kühlschrank, ohne sich darum zu kümmern, dass Germaine drängelnd die Nase gegen ihr Bein stupste. »Nein, mein Hund, du hattest schon dein Abendessen.« Beiläufig lehnte sie sich vor, kraulte Germaines Kopf und drehte sich dann wieder zu Rona um. »Der Spatz in der Hand, du weißt schon. Die Sache mit den Medikamentenstudien könnte sich als Schlag ins Wasser erweisen. Außerdem: Wenn unter meinem Namen ein Artikel erscheint, der positiv über Aids-

Patienten berichtet, dann ist die Chance höher, dass die Leute erkennen, dass ich auf ihrer Seite stehe, und darum mit mir sprechen.«

»Gutes Argument. Ach, übrigens, ich habe mit dem Ressortleiter von einem von Lockharts Magazinen gesprochen. Es gibt das Gerücht, dass er große Veränderungen in den Produktionsabläufen des Nachrichtenimperiums plant.« Rona nahm tiefe Teller aus dem Küchenschrank und verteilte sie auf dem Küchentisch, dazu kamen noch Gabeln und Löffel.

»Was für Veränderungen?«

»Man munkelt, dass er ein Gebäude südlich der Themse gekauft hat und dort neuartige Druckmaschinen aufstellt, solche, die darauf ausgerichtet sind, dass Journalisten ihre Inhalte direkt eingeben können.«

Allie pfiff leise durch die Zähne, während sie das Chili aus der Mikrowelle nahm und auftischte. »Typisch Ace. Er hat Rupert Murdoch den Kampf gegen die Druckergewerkschaft führen lassen. Und jetzt, da sie in die Knie gezwungen wurde, segelt er in Murdochs Kielwasser und nutzt die Gunst der Stunde. Es war nur eine Frage der Zeit, nachdem er aus Manchester eine Dependance gemacht hat, anstatt eine eigenständige Redaktion hier zu belassen. Die Drucker wissen, dass sie jetzt schon verloren haben. Diesmal wird es keine Streiks geben.«

»Zumindest bist du auf der sicheren Seite. Du bist die Einzige hier oben. Dich kann er nicht entlassen.«

Sie setzten sich an den Tisch.

»Ja, leider, denke ich manchmal. Ich hab kaum Zeit, um meine eigenen Storys zu verfolgen. Und ich bin immer an vorderster Front, wenn etwas Großes geschieht. Nimm nur Lockerbie. Ich bin noch in der gleichen Nacht hingefahren, in der das Flugzeug explodiert ist, und ich war fast die ganze Zeit bis zum Gedenkgottesdienst dort. Nur vier Tage später stürzte schon wieder ein Flugzeug ab, diesmal auf die M 1. Und weil London ebenfalls unterbesetzt ist, beschließt die Redaktion, dass ich das ganze Gebiet bis unterhalb der East Midlands abdecken soll. Damit war ich wieder mittendrin in einem Massensterben, leitete das Team, führte die wichtigsten Interviews. Und ich steh in der Schusslinie, wenn die Konkurrenz etwas bringt, das uns entgangen ist. Damals, als wir noch ein Team an Reportern hatten, wurde der Mist zumindest auf mehreren Schultern abgeladen«, murrte Allie.

»Du hast dich immer beschwert, dass der Lone Ranger dir mehr aufgehalst hat als allen anderen«, erinnerte Rona sie.

Allie lächelte ironisch. »Über den Nachrichtenredakteur zu meckern gehört zu den Aufgaben einer Reporterin. Was dem Lone Ranger am meisten Spaß gemacht hat, war, uns das Privatleben zu versauen. Dir konnte nur noch Gott helfen, wenn du ihm verraten hattest, dass du Geburtstag hast oder das Weihnachtskonzert deines Kindes anstand. Dann wurdest du garantiert in die Pampa geschickt. ›Gehe direkt nach Scunthorpe, gehe nicht über Los, ziehe keine zweihundert Pfund ein. Check in ein schäbiges Hotel ein und warte auf weitere Instruktionen.‹ Er war ein Aas. Aber zumindest war er in seiner Ungerechtigkeit ein gerechtes Aas.«

»Ich hätte nie gedacht, dass du mal voller Wehmut von ihm sprichst. Was hast du ihm noch mal an den Kopf geworfen, als er dich an meinem Geburtstag nach Wales geschickt hat?«

Allie grinste. »›Ich hoffe, Sie haben eines Tages mal einen Igel in Ihrem Enddarm.‹ Dann hab ich die Tür hinter mir zugeschlagen. Er hat nur gelacht.«

»Du hast heutzutage aber mehr Freiräume als damals. Die Londoner Redaktion kann dich nicht die ganze Zeit im Auge behalten. Du kannst von überall auf deinen Pager reagieren. Du könntest einfach nach Edinburgh fahren und wegen deiner Medikamentenstory recherchieren, und die würden nichts ahnen, bis du den fertigen Beitrag ablieferst.«

Allie aß ein paar Minuten lang schweigend. »Alles gut und schön, bis sie mir sagen, ich soll in vierzig Minuten in Barnsley sein ...«

»Tu's einfach, Allie. Das könnte eine richtig gute Sache werden. Du hast deine ›Schotten flüchten wegen Aids‹-Story in der Hinterhand, um dir den Rücken freizuhalten, wenn die Redaktion herausfindet, dass du in Edinburgh bist, während sie dich hier in Manchester vermuten. Du weißt, dass es an dir nagen wird, wenn du der Spur nicht nachgehst.«

Sie hat ja recht, dachte Allie bei sich. Die Vorstellung, dass sich etwas Interessantes wegen der Medikamentenstudien recherchieren ließ, hatte längst ihre Instinkte als Investigativreporterin geweckt. Wenn sie damit anfing, so etwas zu ignorieren, konnte sie gleich ihr Notizbuch wegwerfen und mit dem Sticken beginnen.

»Ich schreibe heute Abend einen ersten Entwurf, als Rückendeckung. Und morgen früh mach ich mich auf den Weg Richtung Norden.«

8

Während Ace Lockharts neue Druckerei ohne jeden Schnickschnack möglichst kostengünstig errichtet wurde, hatte er sich für seine eigenen Räumlichkeiten nichts vom Munde abgespart. Sie waren als Erste fertiggestellt worden, noch vor der Druckstraße oder den Redaktionsräumen. Sein Büro war weitläufig und luftig, und direkt nebenan hatte er ein großzügiges Esszimmer einrichten lassen mit einer prächtigen Holzvertäfelung und einem Tisch aus glänzendem Walnussholz mit zwölf passenden Stühlen. Die dazugehörige Küche wäre eines Sternekochs würdig gewesen mitsamt dem Plancha-Grill, dem Salamander und den vielen kupfernen Töpfen, die dort aufgereiht hingen. Nur vier Stunden am Tag – von zwei Uhr nachts bis sechs Uhr früh – war sie nicht mit einem Koch besetzt, der bereitstand, die Launen von Ace Lockharts Appetit zu befriedigen. Dieser konnte von mit Käse überbackenen Bohnen bis hin zu Hummer Thermidor reichen. Die Personalfluktuation war entsprechend hoch.

Wann immer Genevieve zum Essen kam, war der Tisch reich gedeckt. Seit dem Tod seiner Frau war Ace von dem Gedanken getrieben, dass es seiner Tochter an nichts mangeln sollte, das eine Mutter ihr hätte bieten können. An diesem Abend hatte es Hühnerleberpastete und Toast Melba als Vorspeise gegeben, und der Butler hatte gerade den goldgelben Blätterteigmantel eines Beef Wellington durchschnitten. Darunter trat ein perfekt auf den Punkt zubereitetes Rinderfilet zutage, genauso wie Ace es verlangt hatte. Schweigend warteten sie, bis der Butler das Fleisch servierte und die Wärmeplatten mit Gratin dauphinois und den kross gebackenen Zucchinischeiben vor ihnen platziert hatte.

Während sich ihr Vater am Essen bediente, nahm Genevieve einen Schluck Château Lynch-Bages, den er für dieses Mahl eigens ausgewählt hatte. Es ging weniger darum, sich Mut anzutrinken, als darum, den trockenen Mund zu befeuchten. Er würde nicht mögen, was sie zu sagen hatte. »Ich habe mich gefragt«, begann sie und verstummte dann.

Ace, der ihr gegenübersaß, zog die Augenbrauen hoch. »Solange du's nicht ausspuckst, gibt's keine Antwort«, sagte er mit vollem Mund.

»Es ist nun schon mehr als einen Monat her, dass du den Pensionsfonds beliehen hast, um den Kauf des New Yorker *Globe* zu finanzieren. Kannst du schon sagen, wann du mit der Rückzahlung des Darlehens beginnen wirst?«

Er gluckste nachsichtig. »Was? Fürchtest du, dass ich mein Wort brechen werde, Genny?«

»Natürlich nicht. Ich fühle mich nur nicht so richtig wohl dabei. In wenigen Monaten steht bei Pythagoras Press eine Bilanzprüfung an, und ich möchte nicht, dass unangenehme Fragen aufkommen.«

Er zuckte mit den Schultern. »Konzerninterne Darlehen sind etwas ganz Normales. Das ist nichts, was die Buchprüfer irritieren wird.«

Ein paar Minuten lang waren sie ganz auf ihre Mahlzeit konzentriert. Dann meinte Genevieve: »Eigentlich ist es kein konzerninternes Darlehen. Der Pensionsfonds ist separat.«

Lockhart schüttelte den Kopf. »Der Pensionsfonds gehört mir, genauso wie die Unternehmen. Woher kommt denn sonst wohl das Geld?«

»Sehr viel davon stammt von den Arbeitnehmern.« Es kostete sie einigen Mut, diese Wahrheit auszusprechen.

»Und die vertrauen darauf, dass der Pensionsfonds das Geld klug anlegt. Es mir zu leihen, ist das Klügste, was man machen kann.«

Genevieve fühlte sich übervorteilt. Ihr eigenes Unternehmen kannte sie in- und auswendig, aber Pythagoras Press war nur ein Teil des Konzerns. Obwohl Ace ihr versichert hatte, dass eines Tages alles ihr gehören würde, war sie bislang nicht in die finanziellen Einzelheiten von Ace Media eingeweiht worden. Sie wusste, dass es Augenblicke gegeben hatte, in denen das Eis unter den Füßen ihres Vaters dünn gewesen war, aber er hatte das verblüffende Talent, stets alles zu seinem Besten zu wenden. Wenn Kritiker ihn in die Zange nahmen, war es ihm noch immer gelungen, ihre Worte gegen sie selbst zu wenden. Sie hatte wirklich keinen Grund, an ihm zu zweifeln. »Vermutlich hast du recht«, sagte sie.

»Hör auf, dich damit zu quälen, Genny.« Er schnitt den Rest seines Fleischs in kleine Stücke. »Es gibt wichtigere Dinge, über die wir uns Gedanken machen müssen.«

»Bin ich darum heute Abend hier, Ace?«

Er bedachte sie mit einem wohlwollenden Lächeln. »Du weißt, dass ich mich immer an deiner Gegenwart erfreue. Aber tatsächlich gibt es da etwas, das auch dich betrifft.«

»Das klingt interessant.« Sie nahm einen letzten Bissen Zucchini und legte dann Messer und Gabel auf die Überreste ihres Essens. »Worum geht's?«

»Gorbatschow.« Lockhart nahm sich eine weitere Scheibe Beef Wellington. »Er entpuppt sich als verdammter Missgriff. Niemand hätte diesen Reformeifer bei ihm erwartet.« Er schnitt einen großen Bissen ab und schob ihn sich in den Mund.

Geduldig wartete sie, während er kaute und schluckte. In Essen hatte er schon immer Zuflucht genommen, wenn er gestresst war.

»*Glasnost*. Er teilt der Welt genug von dem kleinen dreckigen Geheimnis von Tschernobyl mit, um ihr eine Todesangst einzujagen. Und dann *Perestroika*. Und jetzt, da Bush im Weißen Haus ist, geht er auf Schmusekurs zu den Amerikanern.«

Nichts davon war neu für Genevieve. Aber sie unterbrach ihn nicht, weil sie daran gewöhnt war, dass ihr Vater erst einmal Anlauf nahm, bevor er auf den eigentlichen Punkt kam.

»Unzufriedenheit durchzieht den Ostblock wie ein leises Grollen. Wenn man aufmerksam lauscht, hört man es bis hierher. Die Menschen werden unruhig, Genny. Ein großer Teil unseres Profits stammt von dort. Sowohl aus den Buchveröffentlichungen als auch aus den … diskreten Arrangements, die wir mit Moskau haben. Ich mache mir Sorgen, was für Auswirkungen Gorbatschows Politik auf uns haben wird. Wir müssen vertraulich mit den Mitstreitern sprechen, die wir dort über die Jahre gewonnen haben.«

Genevieve verzog den Mund zu einem sardonischen Lächeln. »All die Hagiografien der Staatenlenker, die die Bevölkerung kaufen musste.« Sie bemerkte sein Stirnrunzeln und lachte. »Keine Sorge, Ace, das würde ich niemals außerhalb dieser vier Wände sagen. Wir haben natürlich nur den Bedarf der Bürger nach Information über ihre Staatsführer gedeckt.«

Er goss ihr Wein nach. »Ich kann nicht durch unsere Partnerländer reisen. Meine schiere Anwesenheit würde dafür sorgen, dass die Alarmglocken schrillen. Aber wir müssen herausfinden, was wirklich unter der Oberfläche brodelt. *Du* kannst sie dazu bringen, sich zu geheimen Treffen bereit zu erklären, weil du meine Tochter bist und die mir etwas schulden.« Als er sah, dass sie aufbegehren wollte, fügte er hastig hinzu: »Außerdem bist du die erfahrenste Managerin bei Pythagoras. Aber wir müssen uns jetzt auf ein Feld begeben, das weder du noch ich beackern können.« Um des dramatischen Effekts willen legte er eine Kunstpause ein und senkte, wie es ihm eigen war, eine Augenbraue.

»Was meinst du?«

»Wir müssen in Kontakt mit den Dissidenten treten. Uns umhören, was an den Universitäten, in den Bars und bei geheimen Treffen gesagt wird. Wissen ist Macht, wie du weißt. Und wenn die Sowjetunion zugrunde geht, will ich wissen, mit wem wir sprechen müssen, wenn sich der Staub gelegt hat. Was meinst du?«

»Das klingt völlig logisch, aber –«

»Und der richtige Mann dafür ist Stephen Lavery«, verkündete er mit einem Anflug von Triumph.

Stephen Lavery. Ein Mann, der sich in menschlichen Ölschlick verwandelte, sobald ihr Vater den Raum betrat. Schlimmer noch, er war leitender Angestellter bei Ace Media. Er besprach direkt mit ihrem Vater Dinge, die die Zukunft *ihres* Unternehmens betrafen, und ließ sie dabei weitgehend außen vor.

»Eine interessante Wahl«, erwiderte sie.

»Er ist sehr fähig.«

»Ja, das ist er. Aber er hat kein Netzwerk im Osten.«

»Du kannst ihn mit deinen Leuten in Kontakt bringen«, sagte Ace nonchalant. »Die werden sich schon mit ihm anfreunden.«

»Es wäre doch viel sinnvoller, wenn ich das machen würde. Ich verfüge bereits über die richtigen Verbindungen, und ich weiß, wie die Dinge laufen. Kenne die Nuancen. Die einzelnen Länder müssen sehr unterschiedlich behandelt werden. Wenn du zügig vorankommen willst, ist es Zeitverschwendung, wenn ich Stephen erst mal in alles einweihen muss. Und du weißt, wie die Menschen im Osten ticken. Es kann lange dauern, bis man ihr Vertrauen gewonnen hat. Sie tun so, als ob, aber sie würden nichts preisgeben, was sie in Konflikt mit den Machthabern bringen könnte.«

Er blickte eingeschnappt drein, und ihr wurde ganz mulmig. Dann lächelte er plötzlich. »Du willst das wirklich auf dich nehmen? Trotz all deiner anderen Verpflichtungen?«

Sie nahm noch einen Schluck Wein. »Pythagoras ist inzwischen mein Baby, Ace. Ich möchte dir zeigen, wie ernst ich meine Verantwortung nehme. Wenn wir für die Zukunft vorsorgen, möchte ich von Anfang an federführend dabei sein. Und das bedeutet, am Steuer zu sitzen und nicht auf der Rückbank.«

Er lehnte sich zurück und schüttelte liebevoll den Kopf. »Ich wollte dich damit nicht belasten, aber wie ich jetzt sehe, bist du ja mehr als bereit dazu. Ich hätte es besser wissen müssen. Du bist schließlich deines Vaters Tochter.«

Der Song, den sie in den letzten Monaten mindestens einmal täglich gehört hatte, kam ihr in den Sinn: *The Only Way Is Up, Baby.* Genevieve grinste. »Wann fahre ich?«

9

Als Allie Edinburgh erreichte, war es bereits dunkel. Sie hatte ihre Abfahrt so gelegt, dass sie vorher noch drei Freelancern, mit denen sie regelmäßig zusammenarbeitete, Anweisungen wegen der Storys hatte geben können, die sie für sie schreiben sollten. »Ich bin ein paar Tage unterwegs«, hatte sie ihnen mitgeteilt »Wenn ihr mich braucht, könnt ihr mich auf dem Mobiltelefon erreichen.« Sie liebte es, das zu sagen. Auch wenn das Motorola-Handy schwer wie ein Ziegelstein in ihrer Tasche lag, erweckte es doch immer Aufmerksamkeit und Neid, wenn sie es hervorholte, um zu telefonieren.

Das erste Mobiltelefon, das die Redaktion ihr zur Verfügung gestellt hatte, hatte die Größe und das Gewicht einer Autobatterie gehabt; der Hörer war separat obendrauf montiert gewesen. Als sie es mit nach Hause gebracht hatte, hatte Rona schallend gelacht. »Das ist so mobil wie eine Kühlgefrierkombination«, hatte sie ausgerufen. Obwohl die Netzabdeckung inzwischen etwas besser war, war der Empfang immer noch holprig genug, um Nachrichtenredakteure in den Wahnsinn zu treiben. Heute, da Allie ihr eigenes Häuflein Freelancer mit Aufträgen versah, hatte sie die Übersicht verloren, wie oft sie schon »Du bist ganz schlecht zu verstehen« zu hören bekommen hatte, wenn sie unliebsame Aufgaben verteilte. Zum Teil lag es daran, dass die Freelancer dem ausweichen wollten, was sie ihnen aufs Auge zu drücken versuchte; zum Teil lag es an den Kosten. Allie hatte nicht herausfinden können, wie die Kommunikationsunternehmen damit durchkamen, Geld von ihren Kunden sowohl für das Annehmen als auch für das Tätigen von Anrufen zu verlangen.

Sie fuhr durch die Vororte von Edinburgh, ließ die wohlhabende Enklave Barnton hinter sich und erreichte Crammond Village. Dort parkte sie mit Ausblick auf die dunklen Fluten des Firth of Forth. Auf der anderen Seite der weiten Flussmündung lag East Wemyss, das Örtchen, in dem sie aufgewachsen war. Seit ihrem Umzug nach Manchester war sie nur noch ein paarmal da gewesen. Es gab nichts, was sie dorthin zurückzog, nichts, das nostalgische Gefühle weckte. Sie fühlte sich dort wie eine Fremde.

Kleine Häuflein von Lichtern zeigten an, wo Städte und Dörfer entlang der Küste lagen. Von hier aus nicht sichtbar hinter einer Biegung der Küstenlinie war Kirkcaldy, wo ihre Eltern inzwischen lebten. Vor drei Jahren waren sie in einen hübschen kleinen Bungalow mit Blick auf den Ravenscraig-Park gezogen. Allie stellte sich vor, wie sie dort beim Abendessen saßen; im Hintergrund lief vermutlich der Fernseher. Sie musste dazu ihre Fantasie bemühen, denn sie hatte die Schwelle des neuen Hauses bisher nicht übertreten. Alle Eindrücke, die sie vom neuen Haus der Eltern gesammelt hatte, stammten daher, dass sie einmal langsam daran vorbeigefahren war, als ein Arbeitsauftrag sie zurück in ihren Heimatort gebracht hatte.

Dass sie Rona liebte, war ihren Eltern nicht zu vermitteln gewesen. Allie hatte es immer wieder aufgeschoben, ihnen davon zu erzählen, bis mehr als ein Jahr seit dem ersten zarten Kuss vergangen war. Aber sie wollte nicht, dass Rona dachte, sie würde sich für ihre Beziehung schämen. Und dass Ronas Eltern und Geschwister sie sofort als eine der ihren aufgenommen hatten, machte es nur noch schlimmer. »Vielleicht überraschen sie dich ja auch«, hatte Rona erwidert, als Allie ihr Zögern zu erklären versuchte.

Doch so war es nicht gekommen. Zu dritt hatten sie eines Sonntags in der Küche beim Essen zusammengesessen und sich etwas gezwungen bei Brathähnchen, Erbsen und Kartoffelbrei unterhalten. Bei dem Gedanken daran, was sie vorhatte, bekam Allie kaum einen Bissen hinunter. Als ihre Mutter das Geschirr abzuräumen begann, räusperte sich Allie und sagte: »Ich muss euch etwas mitteilen.«

»Was ist passiert?«, wollte Josie Burns wissen. Sie kannte ihre Tochter gut genug, um zu erkennen, dass es keine guten Neuigkeiten waren. »Hat es was mit der Arbeit zu tun?«

Allie holte tief Luft. »Ich habe jemanden kennengelernt. Wir haben eine Beziehung, und ich bin sehr glücklich.«

Ihre Mutter lächelte verhalten. »Aber das ist doch schön, nicht wahr?«

David Burns war sich da nicht so sicher. »Du siehst nicht glücklich aus. Wo liegt das Problem? Ist er verheiratet?«

»David«, tadelte ihn Josie. »Wie kommst du denn auf so etwas? Wir haben Allie doch gut erzogen.«

Allie starrte auf ihren Teller. »Nicht verheiratet.« Sie nahm all ihren Mut zusammen, hob das Kinn und sagte: »Es ist kein Er. Es ist eine Sie.«

Die Stille, die eintrat, schien sich immer weiter auszudehnen und die Luft aus dem Raum zu verdrängen.

Ihre Mutter lief rot an, als hätte sie jemand auf die Wangen geschlagen. Ihr Vater presste die Lippen so fest aufeinander, dass alles Blut aus ihnen wich. Dann sagte er: »Das ist lächerlich. Du denkst dir was aus, um Aufmerksamkeit zu bekommen. Ich hätte gedacht, dass du einem so kindischen Verhalten entwachsen wärst.«

Sie hielt ihren Ärger im Zaum. »Ich bin eine erwachsene Frau, Dad. Glaub mir, wenn ich diese Unterhaltung hätte vermeiden können, dann hätte ich es getan. Aber ich schäme mich nicht dafür, wer ich bin oder wen ich liebe. Vielleicht war es ja verrückt, aber ich hatte gedacht, ihr freut euch, dass ich jemanden gefunden habe, der mich liebt und der mich glücklich macht.«

Ihr Vater schnaubte verächtlich. »Glücklich? Wie kannst du glücklich mit einer Frau sein?«

Allie konnte sich nicht zurückhalten: »Nun, du behauptest schließlich, du hättest das hinbekommen.«

Röte überzog seinen Hals und das Gesicht. »Wie kannst du es wagen, deine Mutter und mich mit diesem … diesem Schmutz zu vergleichen.« Er stieß seinen Stuhl zurück und stand auf.

»Du hattest doch immer Jungen als Freund«, sagte Josie weinerlich und beschwichtigend.

»Die hatte ich. Aber sie haben in mir nie die Gefühle geweckt, die ich mir gewünscht habe. Nicht wie in den Liebesliedern oder Filmen.«

»Du hast einfach nur noch nicht den Richtigen getroffen.« Ihre Mutter sah verzweifelt aus.

»Ich habe die Richtige getroffen. Sie heißt Rona. Rona Dunsyre. Sie ist freundlich und lustig, klug und wunderschön, und ich kann immer noch nicht glauben, dass wir einander gefunden haben.«

David Burns lachte verächtlich. »Und sie nutzt dich aus?«

Allie schüttelte den Kopf. »Es geht dabei nicht ums Geld. Aber wenn du dir Sorgen machst: Sie verdient mehr als ich. Dad, zum ersten Mal in meinem Leben fühle ich mich genau am richtigen Platz.«

Er schreckte regelrecht zurück: »Du widerst mich an. Du bist in einem christlichen Elternhaus aufgewachsen, und so zahlst du uns das zurück? Du solltest in dich gehen und lange über dich nachdenken, Alison.«

»Vielleicht ist es nur eine Phase, sagt man nicht so, David? Man liest doch in den Zeitungen, dass junge Menschen herumexperimentieren, schlussendlich aber zur Vernunft kommen.« Josie presste mit panischem Blick die Fingerspitzen gegen das Kinn.

»Natürlich ist es – «

»Es ist keine verdammte Phase«, erwiderte Allie mit Bestimmtheit. »Rona ist die Frau, mit der ich den Rest meines Lebens verbringen möchte. Wenn wir heiraten könnten, würden wir es morgen tun.«

Ihr Vater lachte höhnisch auf. »Tja, das wird aber nie passieren. Hier in Schottland leben wir in einem zivilisierten, christlichen Land. Wie dumm bist du denn? Wieso sollten schwule Perverslinge heiraten können? Ihr könnt keine Kinder bekommen. Und darum geht es nun einmal bei der Ehe.« Er trat hinter den Stuhl und schob ihn unter den Tisch; seine Wut, die er nur mühsam zügelte, war nicht zu übersehen.

Allie war aufgesprungen. »Du bist nicht auf der Höhe der Zeit, Dad. Lesbische Familien sind voll im Trend. Aber wenn du meine Entscheidung nicht akzeptieren kannst, dann gibt es nichts mehr zu sagen. Du wirst meinen Entschluss nicht ändern können.«

»Ich denke, du solltest jetzt gehen.« David hielt die Stuhllehne so fest umklammert, dass seine Knöchel weiß hervortraten.

»Ich denke, du hast recht.«

Für einen langen Moment vermieden alle drei, einander in die Augen zu blicken.

»Allie …«, setzte ihre Mutter dann flehend an.

Doch Allie drehte sich abrupt um und verließ den Raum. Die Worte ihres Vaters klangen ihr noch in den Ohren, als sie ihren Mantel nahm und zur Haustür ging: »Und komm nicht wieder, bevor du wieder bei Sinnen bist.«

Das war das letzte Mal seit mehr als acht Jahren gewesen, dass sie mit ihrem Vater im selben Raum gewesen war, wenn man einmal von Onkel Andrews Trauerfeier im Krematorium absah. Ihre Mutter hatte den Kontakt aufrechterhalten und sie mitunter angerufen; und solange sie in Glasgow gearbeitet hatte, waren sie manchmal zu verkrampften Mittagessen in der Nähe des Queen-Street-Bahnhofs zusammengekommen. Jedes Mal hatte Allie vorgeschlagen, Rona mitzubringen, und jedes Mal hatte ihre Mutter erwidert, sie sei noch nicht so weit.

Die Folgewirkungen jenes Sonntagsessens standen zwischen Allie und Josie wie die Nachbeben einer Erderschütterung. Etwas Ähnliches hatte Allie mitunter bei Opfern von Wohnungseinbrüchen beobachtet. Es schien, als hätte jemand ihr Leben in zwei Teile zerrissen: vor dem Desaster und danach.

Allie hatte nie eine enge Verbindung zu ihren Eltern gehabt. Es gab nur wenige Gemeinsamkeiten, die sie als Familie zusammenhielten. Aber es hatte auch nie so heftige Auseinandersetzungen gegeben, wie einige ihrer Freunde es während ihrer Teenagerzeit und auch später noch erlebt hatten. Immer war da die vage Hoffnung gewesen, dass sie mehr miteinander anfangen konnten, wenn aus Allie eine erwachsene Frau geworden war. Aber daraus wurde nun nichts mehr. Rona war nun ihr Zuhause und ihre Familie. Und sie war glücklich damit.

10

Das Bellen eines Hundes weckte Allie aus tiefem Schlaf. Einen Moment lang war sie verwirrt und dachte, es wäre Germaine. Doch warum war das Fenster am falschen Platz? Dann erinnerte sie sich wieder. Sie war nicht zu Hause; sie war in Sarah Torrance' Gästezimmer im nördlichen Edinburgher Vorort Trinity, wo die Straßen von gediegenen viktorianischen Villen gesäumt waren. Sarah war ebenfalls Journalistin, und zwar für Mode und Theater bei einer seriösen schottischen Tageszeitung. Ursprünglich war sie eine Freundin von Rona gewesen, doch sie hatte Allie mit Freude als neues Mitglied ihres Freundeskreises begrüßt. Als die beiden nach Manchester gezogen waren, hatte Sarah darauf bestanden, dass sie bei ihr übernachteten, wann immer sie nach Edinburgh kamen. Auf dieses Angebot kam Allie stets gern zurück.

Sie war rechtzeitig zum Abendessen mit Sarah und ihrer Tochter Meriel eingetroffen. Meriel war im Teenageralter, und Sarahs Mann war Auslandskorrespondent für die BBC; er reiste ständig von Krise zu Krise. Derzeit war er irgendwo im Kaukasus. Zu dritt saßen sie vor dampfenden Tellern mit Wildfleisch-Chili, die Erwachsenen tranken dazu Rotwein.

»Warum können wir nicht einfach Rindfleisch essen wie alle anderen auch?«, beschwerte sich Meriel.

»Weil es voller Fett ist«, erwiderte Sarah. »Eines Tages wirst du mir dankbar sein, dass deine Arterien immer noch frei sind.«

Meriel brummte missmutig irgendetwas und mischte demonstrativ ihre Fleischsauce mit Reis. »Bist du wegen einer Story hergekommen, Allie?«, wollte sie wissen.

»Wie? Glaubst du etwa, sie ist nur hier, weil sie uns so lieb hat?«, zog Sarah sie auf.

Meriel blickte mürrisch drein. »Nein, Mum. Rona wäre mitge-kommen, wenn es eine Vergnügungsreise wäre. Ich versuche nur, Interesse zu zeigen, so wie du es dir immer von mir wünschst.«

»Ich bin hier, weil ich für eine Story ganz bestimmt und für eine andere vielleicht recherchiere«, sagte Allie.

»Das klingt seltsam. Was heißt das?«

»Eine Story hab ich schon fast fertig. Ich muss nur noch ein paar Dinge überprüfen, die Edinburgh betreffen. Und während ich mit der ersten Story beschäftigt war, bin ich auf Anhaltspunk-te für eine zweite gestoßen.«

»Faszinierend«, meinte Sarah. »Magst du ein bisschen mehr er-zählen, worum es geht?«

Hätte ein anderer Journalist diese Frage gestellt, wäre Allie ei-ner Antwort ausgewichen, aber sie wusste, dass Sarah vertrauens-würdig war und nicht gleich losstürmen und ihrer Redaktion ei-nen Tipp geben würde. Zwischen den Bissen berichtete sie, was sie bislang wusste.

»Überall in Edinburgh gibt es Drogen«, sagte Meriel mit der hochmütigen Selbstgewissheit einer Vierzehnjährigen, deren Le-ben so sicher war, wie ihre Eltern und ihre teure Schule es nur machen konnten.

Sarah legte das Besteck hin. »Nicht in unserem Umfeld.«

»Mum, nur weil die einzigen Nadeln, die du siehst, Omas Stricknadeln sind, heißt das noch lange nicht, dass es nicht noch andere gibt. Muirhouse und Pilton liegen nicht weit entfernt. Und du hast selbst gesagt, dass in unserem liebreizenden Trinity sehr viele Wohnungen und Autos aufgebrochen werden.« Meriel lä-chelte unschuldig, um ihren Sarkasmus zu überzuckern.

Allie nickte betrübt. »Da hat sie recht, Sarah. Die Stadt hat ein gravierendes Drogenproblem, und hinzu kommt auch noch eine Aids-Epidemie.« Auf ihrem Weg hierher war sie durch Muir-house und Pilton gefahren, was eine niederschmetternde Erfahrung gewesen war. Die Hochhäuser mit dem billigen Wohnraum hatten vernachlässigt und heruntergekommen ausgesehen. Sie hatten Allie an Fotos von Wohngegenden im Sowjetrussland der Nachkriegszeit erinnert, bis hin zu dem struppigen Gras und dem aufgewühlten Matsch. Schwach hatten Lampen hinter dünnen Vorhängen geleuchtet; hinter unverhüllten Fenstern war das Flackern von Farbfernsehern zu erkennen gewesen, die Straßen fast menschenleer. An einer Bushaltestelle hatten ein paar Jugendliche herumgelungert. Ein Paar, abgemagert wie Models, war auf einen Wohnblock zugeeilt, die Frau wackelig auf den Blockabsätzen. Zwei Männer waren auf ihren Wagen zugegangen, die Jacken zu dünn für das Wetter, den Kragen um die ausgezehrten Gesichter geschlagen, die Schultern hochgezogen. Jeder, den sie gesehen hatte, hatte krank und ausgemergelt gewirkt. Die einzige Ausnahme waren zwei Männer in mittlerem Alter gewesen, die mit prall gefüllten Tüten aus einem Spirituosenladen gekommen waren; was vermutlich auch ihre Bierbäuche erklärte. Morgen wollte Allie versuchen, mit ein paar Menschen in diesen trostlosen Straßen ins Gespräch zu kommen. Für die meisten Menschen wäre das eine unerfreuliche Aussicht gewesen. Doch genau das weckte bei Allie die journalistischen Instinkte. Den richtigen Ton zu finden, um eine Story zu erzählen, war das, was sie an ihrem Beruf am meisten liebte. Und den Menschen eine Stimme zu geben, bei denen das Leben sie zum Schweigen gebracht hatte, war immer die Anstrengung wert.

»Na ja, zumindest ein paar von ihnen tragen ihre Probleme in andere Städte«, sagte sie müde.

»Das ist nicht unbedingt die Lösung, oder?« Sarah nahm ihre Gabel wieder zur Hand und aß weiter.

»Was ist mit der anderen Story? Der Medikamentenstudie? Wie willst du herausfinden, ob tatsächlich etwas dahintersteckt?«, fragte Meriel.

Allie lächelte. »Übst du schon mal für ein Leben als Journalistin?«

»Nein. Ich überlege, nach dem Studium zur Polizei zu gehen.« Sarah stöhnte auf. »Nicht das schon wieder.«

»Ich weiß nicht«, sagte Allie. »Es gibt viele Möglichkeiten für kluge und umsichtige Leute bei der Polizei, insbesondere für Frauen.«

»Ich möchte zur Mordkommission«, sagte Meriel. »Ich wette, ich bin besser als die meisten Detectives dort.«

»Es ist nicht wie im Fernsehen, bei *Taggart* oder so, das weißt du. Bei den meisten Morden gibt es nicht viel zu ermitteln. Entweder sind sie die Folge von häuslicher Gewalt oder von alkoholisierten Auseinandersetzungen.«

Meriel verdrehte die Augen. »Das weiß ich. Aber manchmal ist es auch anders. Manchmal ist es so wie bei Bible John oder dem Yorkshire Ripper. Und dann brauchen sie richtig gute Detectives. Genau das will ich werden.«

Allie wusste nicht, ob sie lachen oder weinen sollte. Sie glaubte nicht, dass viele der Polizisten, die wegen des Bombenanschlags von Lockerbie nach Spuren suchten, jemals damit gerechnet hatten, mit einer solch grausigen Tat konfrontiert zu sein, geschweige denn in so einem Fall zu ermitteln. Sie wechselte einen Blick mit Sarah. »Na ja, ist ja noch eine Weile hin, bis du dich festlegen musst, was du den Rest deines Lebens machen willst.«

»Ich habe nicht vor, es mir anders zu überlegen. Wie willst du vorgehen, um mehr über die Medikamentenstudien herauszufinden?«

Hartnäckig genug für den Beruf war sie, dachte Allie bei sich. »Ich habe die Kontaktdaten eines Hausarztes hier vor Ort. Damit werde ich anfangen. Morgen Abend kann ich dir dann berichten, ob ich Glück hatte.«

Von Kaffee und einem Bacon-Sandwich auf Trab gebracht, hatte Allie kurz Kontakt mit ihren Freelancern aufgenommen. Einer von ihnen hatte die Story, an der er gerade saß, wasserdicht gemacht, sodass sie etwas vorweisen konnte, um die Londoner Nachrichtenredaktion zu besänftigen. Danach machte sie sich auf den Weg nach Muirhouse. Während sie fuhr, ging ihr etwas durch den Kopf, das Jamesie ihr gesagt hatte: »Niemand hat Mitleid mit Drogenabhängigen. Wir sind die, die dein Auto klauen, deine Oma um ihren Ehering bringen und deine Tochter mit Aids infizieren.« Das war die Kurzfassung dessen, was die Medien eine ganze Weile verbreitet hatten. Allie musste zwei Herausforderungen meistern: Zuerst musste sie HIV-positive Menschen hier in Edinburgh dazu bringen, mit ihr zu reden, und dann musste sie ihre Redaktion davon überzeugen, die Story zu veröffentlichen. Beides waren Aufgaben für sich, und jede war so schwierig wie die andere.

Bevor sie den Wohnkomplex erreichte, hielt sie an einem Zeitschriftenladen, um dessen mageres Grußkartenangebot zu durchstöbern, bis sie eine fand, die weder zum Geburtstag gratulierte noch zu einem Trauerfall kondolierte. Das darauf abgebildete Aquarell eines mit Erika bewachsenen Hügels hatte zwar nichts zu tun mit dem, was sich in einem Umkreis von fünfzig Meilen um Muirhouse befand, aber immerhin war das Innere der Karte unbeschriftet, und nur darauf kam es an. Als sie wieder im Auto saß, kaute Allie ein paar Minuten auf ihrem Stift herum und begann dann zu schreiben.

Sehr geehrter Dr. Diack,
bitte entschuldigen Sie meinen unangekündigten Besuch in
Ihrer mehr als ausgelasteten und überaus betriebsamen
Praxis. Bitte weisen Sie mir nicht sofort die Tür, auch wenn
ich Journalistin bin. Mein Name ist Alison Burns, und ich bin

die für den Norden zuständige Redakteurin des Sunday
Globe. Ich habe Hochachtung vor allen, die sich in der HIV-/
Aids-Epidemie engagieren. Ich bin selbst homosexuell und
habe enge Freunde an diese entsetzliche Krankheit verloren.
Mir geht es nicht darum, die Erkrankten zu dämonisieren,
wie es so viele meiner Kollegen getan haben.
Vor Kurzem habe ich erfahren, dass sehr viele Patienten, die
HIV-positiv sind, von Edinburgh in andere Städte Großbri-
tanniens abwandern. Mit mehreren, die Schottland hinter
sich gelassen haben, habe ich gesprochen, und es scheint, dass
einer der Gründe für diesen Exodus in der unzureichenden
Anzahl an Behandlungseinrichtungen liegt sowie am Unver-
mögen des schottischen Gesundheitswesens, dem entgegenzu-
wirken. Ich weiß, dass Sie einer der wichtigsten Mediziner
sind, die dagegen aufbegehren, deshalb möchte ich mit Ihnen
über Ihre Arbeit sprechen und auch darüber, was aus Ihrer
Sicht getan werden muss, um die Situation zu verbessern.
Eine halbe Stunde Ihrer kostbaren Zeit würde dafür schon
ausreichen. Zeitlich bin ich flexibel und kann mich gern nach
Ihren Kapazitäten richten. Ich bin voraussichtlich für mehrere
Tage hier in Edinburgh.
Mit den besten Grüßen
Alison Burns

Die vielen Jahre an vorderster Front hatten Allie gelehrt, wie man
Bettelbriefe schreibt, dennoch hatte sie wenig Hoffnung, dass
dieses Schreiben sein Ziel erreichte. Mitunter wirkte der wohl-
dosierte Einsatz von Schmeichelei Wunder, besonders wenn sie
mit ein wenig persönlichem Interesse angereichert war. Doch
ein Arzt, der in seiner Praxis so viel mit Drogenabhängigen
zu tun hatte, hatte vermutlich ebenso viele erschütternde Geschichten wie Lügen zu hören bekommen. Allie fürchtete, dass

er bereits abgehärtet war. Aber einen Versuch war es wert. Immer.

Die Gemeinschaftspraxis, die Dr. Derek Diack zusammen mit drei weiteren Ärzten betrieb, war in einem einstöckigen Backsteingebäude untergebracht, dessen Fenster mit Metallgittern und die Eingangstür mit einem Rolltor abgesichert waren. Auf die Wand des Nachbarhauses war ein Graffiti gesprüht:

Heroin, das weiße Pferd, wird dich direkt in die Hölle tragen.

Allie öffnete die Praxistür und betrat einen Empfangsbereich, der wirkte, als wäre dieses Reiseziel bereits erreicht. Zwischen verschiedenen Plakaten und Flugblättern an der Wand hing das unvermeidliche Grabsteinposter. Rundschreiben von kleineren HIV+-Selbsthilfegruppen umgaben es. Im Warteraum waren die üblichen noch mobilen Patienten versammelt, wie sie stets bei Hausärzten anzutreffen sind: wimmernde Säuglinge und kleine Kinder, eine ältere Frau, die sich auf ihren Gehstock stützte, ein Teenager, der seinen Arm in einer Schlinge trug. Eher ungewohnt, zumindest für Allie, war das halbe Dutzend an graugesichtigen Männern und Frauen, die mit dunkel umrandeten Augen entweder permanent zuckten oder bereits am Rand der Katatonie standen. Niemand bedachte den Neuzugang mit mehr als einem flüchtigen Blick.

Allie trat an den Empfangstresen heran, an dem drei Arzthelferinnen hinter Trennscheiben saßen, die am unteren Ende schmale Öffnungen hatten, durch die kaum eine Hand passte. Sie setzte ihr freundlichstes Lächeln auf und schob den Briefumschlag hindurch. »Ich wäre Ihnen sehr dankbar, wenn Sie dies Dr. Diack geben würden. Es ist allerdings durchaus dringend. Ich warte gern auf die Antwort.« Sie nickte in Richtung Wartebereich. »Ich setz mich einfach dahin.«

»Sind Sie in einem Drogenersatzprogramm?« Die Frau musterte Allie.

»Nein, nichts dergleichen.« Allie drehte sich um und ließ sich auf dem nächsten Stuhl nieder.

»Die Sprechstunde heute Morgen ist schon voll.« Die Arzthelferin gab nicht so leicht nach.

»Ich habe es nicht so eilig.« Allie zog ihre Ausgabe von Gillian Slovos *Tödliches Staccato* aus der Tasche und schlug das Buch beim Lesezeichen auf. Sie liebte die neuen feministischen Krimis mit mutigen Privatdetektivinnen aus den USA, die es inzwischen auch in Großbritannien zu kaufen gab. Dank ihres Freundes Bill Mortensen wusste sie genug über diesen Beruf, um zu wissen, dass es sich bei den Romanen um reine Fiktion handelte. Aber es war eine Form des Eskapismus, der gut vereinbar war mit ihrer Liebe zum investigativen Journalismus, darum verschlang sie die Romane gierig. Trotzdem nahm sie ihre Umgebung weiterhin wahr. Patienten kamen und gingen, die Arzthelferinnen riefen Namen auf, Kinder quengelten, Erwachsene husteten. Die Ärzte waren nicht zu sehen. Mitunter verschwand eine der Helferinnen durch eine zweite Tür im rückwärtigen Bereich der Rezeption. Allie bemerkte, dass bei einer dieser Gelegenheiten ihr Umschlag nach hinten gebracht wurde.

Nach und nach leerte sich das Wartezimmer, und ab halb eins kamen keine neuen Patienten mehr hinzu. Schließlich saßen da nur noch Allie und eine Frau mittleren Alters in einem fleckigen beigen Regenmantel, die sich ein zusammengeknautschtes blutiges Taschentuch unter die Nase drückte. Die Arzthelferin blickte auf. »Dr. Diack wird in einer Minute da sein«, sagte sie. Es schien, als müsste sie sich jedes Wort widerwillig abringen.

Allie dankte lächelnd und verstaute das Buch. Sie war erleichtert, und zwar nicht zuletzt, weil nur noch zehn Seiten übrig waren. Die Tür öffnete sich, und heraus kam ein untersetzter Mann mit einem dicken Schopf roten Haars, das rosafarbene Gesicht übersät von Sommersprossen. Noch im Gehen zog er sich ein Tweedjackett über. Er warf Allie einen Blick zu und blieb überrascht stehen. »Ich kenne dich«, sagte er.

Es klang wie ein Vorwurf. Und Allie wusste, dass sie das nicht abstreiten konnte.

11

Es war die wohltuende Erinnerung an etwas, das Allie schon fast vergessen hatte: das »Kleine-Welt-Phänomen«. Stanley Milgrams These, dass jeder Mensch über sechs Stationen mit jedem anderen Menschen auf dieser Erde verbandelt ist, bedeutete in Schottland, dass es kaum mehr als drei Stationen brauchte. Der Mann, der vor ihr stand, war der Ex-Freund von Ronas Cousin. Sie hatten sich vor ein paar Jahren bei einer Hochzeit im Familienkreis kennengelernt. Allie stand auf und begrüßte Dr. Derek Diack mit einem Lächeln. »Ich wusste deinen Nachnamen bislang gar nicht.«

»Und ich kannte dich nicht als ›Alison‹«, erwiderte er, trat auf sie zu und streckte ihr die Hand entgegen. »Ich wollte dich eigentlich gerade hochkant rauswerfen.« Er zuckte mit den Schultern. »Aber da du es bist …«

»Das freut mich. Machst du Mittagspause?«

Er schnaubte belustigt. »Mittag? Du machst Witze. Ich hab im Moment kaum Zeit für 'ne Pinkelpause. Nein, ich muss zu einem Meeting. Die Gesundheitsbehörde will, dass ich eine Klinik für Drogenabhängige einrichte. Große Chance. Ich hab keine Zeit für Pausen. Man hat mir heute schon fünfmal aufgelauert – die erwischen mich, wenn ich das Auto parke, oder schleichen sich mit angemeldeten Patienten rein. Ich kann's ihnen nicht übel nehmen. Sie sind verzweifelt.«

»Können wir unterwegs reden?«

Er blickte auf die Uhr. »Okay. Während ich fahre.« Er wandte sich zur Tür, und Allie folgte ihm.

Sie hatte keine Ahnung, wie sie später zurück nach Muirhouse kommen sollte oder ob ihr Auto dann noch da war, aber sie musste diesen Glücksfall nutzen. Sie ging hinter ihm her und hatte Mühe, mit seinen großen Schritten mitzuhalten. Noch im Gehen legte sie eine Mikrokassette in ihren Rekorder und bereitete alles für die Aufnahme vor.

Sein Auto war ein Ford Cortina, viel zu alt, um von Jugendlichen für Diebstähle oder Spritztouren ins Visier genommen zu werden, aber der Motor sprang problemlos beim ersten Versuch an. »Du bist also hinter einer Story her, in der es um Edinburghs Export von Aids Richtung Süden geht?« Er war genauso scharfsinnig, wie sie ihn in Erinnerung hatte. Ihn hinters Licht zu führen wäre eine schlechte Idee.

»Mir geht es mehr um die Frage, warum das geschieht. Ich habe mit ein paar Typen gesprochen, die nach Manchester geflüchtet sind, und ich habe drei unterschiedliche Erklärungen erhalten.« Sie fasste zusammen, was sie gehört hatte, und er nickte zustimmend.

»Das trifft alles zu. Edinburgh hat nur eine einzige Klinik, die auf die Behandlung von Drogenabhängigen spezialisiert ist. Dort gibt es nur vier Betten für Aids-Patienten. Und nur eines davon ist für Pilton und Muirhouse.« Bitterkeit lag in seiner Stimme. »Wir haben mehr als vierhundert Heroinsüchtige in Muirhouse. Kein Wunder, dass jeder abhaut, der es noch kann.«

»Warum ist die Versorgung so schlecht?«

Wieder schnaubte er. »Edinburgh hat schon immer versucht, seine Schattenseiten zu verbergen. Ganz besonders die Kirche, die Anwälte, die Akademiker. Die haben schon einen Krampf in der Nackenmuskulatur vom ewigen WegGucken, und das schon seit Burke und Hare im neunzehnten Jahrhundert nicht nur die Friedhöfe geplündert haben, um dem Institut für Anatomie Leichen als Übungsobjekte zu verkaufen. Die Stadt will sich einfach nicht eingestehen, dass sie ein Problem hat.«

»Dann wird es also schlimmer?«

»Ganz genau. Es hat ewig gedauert, bis endlich ein Spritzentausch möglich war. Nirgendwo in der Stadt waren saubere Spritzen zu bekommen. Wir haben Leute dabei erwischt, wie sie Nadeln aus unserem Sondermüll gestohlen haben, verdammt noch mal. Sie haben darin rumgewühlt und riskiert, dass sie sich andrer Leute Infektionen einfangen.« Seine Stimme war zu einem tiefen Grollen angeschwollen, doch zum Glück wirkte sich das nicht auf seine aufmerksame Fahrweise aus. »Es gibt eine neue Kampagne, initiiert von Leuten, die versuchen, Geld für ein Aids-Hospiz einzutreiben. Das ist ein schwieriges Unterfangen. Die meisten Menschen wollen nicht mit Aids in Verbindung gebracht werden. Aber diese Leute sind sehr engagiert. Ich wünsche ihnen viel Glück.«

Sie hatten die Innenstadt erreicht. Allie fürchtete, dass die Zeit knapp wurde. Sie musste auch noch Fragen wegen ihrer zweiten Story stellen. »Ich habe gehört, dass eines der Pharmaunternehmen ein Forschungsprojekt hier in Edinburgh durchgeführt hat. Warst du daran beteiligt?«

Er warf ihr einen kurzen Blick zu. »Woher hast du das?«

»Eine Freundin arbeitet in der Forschung bei einem Pharmaunternehmen, aber bei einem anderen. Hab ich was falsch verstanden?«

Mit gerunzelter Stirn blickte er die Ampel an, die ihr Fortkommen behinderte. »Nein, das hast du schon richtig mitbekommen. Es gab eine Medikamentenstudie. Aber sie wurde mittendrin abgebrochen. Ohne jede Vorwarnung war plötzlich Schluss. Ich weiß keine Einzelheiten, ich war nicht direkt beteiligt.« Diack bog in einen Parkplatz hinter einem heruntergekommenen Bürogebäude aus den 1960er-Jahren ein, das zwischen einem Gewerbeblock und einem Wohnhaus lag. Er stellte den Motor aus und sah erneut auf seine Uhr. »Ich muss los.«

»Mit wem kann ich darüber sprechen?«

»Mit Dr. Death.« Als er ihren erschrockenen Blick sah, musste er lächeln. »Paul Robertson. Er leitet die Drogenklinik, von der ich sprach. Wenn du einen Termin bei ihm hast, dann bedeutet das, dass du bald sterben wirst. Darum wird er Dr. Death genannt.« Er verzog das Gesicht. »In der Regel stimmt das auch.«

»Wo kann ich ihn finden?«

»Hast du ein Notizbuch?« Er streckte die Hand aus. Allie gab ihm ihres, und Diack begann zu schreiben. »Ich vertrau dir, Allie. Lass mich nicht im Stich.«

Allie hatte nur eine schwache Ahnung, wo sie sich befand, außer dass es irgendwo südlich der Innenstadt sein musste. Darum ging sie zur nächsten größeren Straße und wartete im beißenden Wind auf ein vorbeifahrendes Taxi. Der Fahrer war wegen ihres Fahrziels überrascht und murmelte etwas von Gefahrenzulage.

»Sind Sie sicher, dass Sie da hinwollen?«, fragte er. »Ich würd meiner Frau nicht erlauben, in das Viertel zu fahren.«

»Wie gut, dass ich nicht Ihre Frau bin.« Und zwar in jeglicher Hinsicht, dachte Allie bei sich.

Ihr Auto war noch da, wo sie es abgestellt hatte, lediglich die Radkappen fehlten. Es hätte schlimmer kommen können. Allerdings konnte sie sich kaum vorstellen, dass es einen Markt für gebrauchte Radkappen gab mit einer Nachfrage, die den Aufwand wettmachte. Sie fuhr zurück zur Küstenlinie und parkte mit Blick über das Wasser auf Fife. Es war Zeit, in die Rolle der Nachrichtenredakteurin zu schlüpfen. Zwei ihrer Freelancer erreichte sie telefonisch und erkundigte sich nach dem Stand der Dinge bei den Artikeln, an denen sie arbeiteten. Allie war sich bewusst, dass keiner der Männer, denen sie Aufträge gab, gern für sie tätig war. Was die Freelancer noch zusätzlich fuchtig machte, war die Tatsache, dass sie ihr nicht mal vorwerfen konnten, sich hochgeschlafen zu haben. Darum war es keine Überraschung, dass keiner von beiden viel zu berichten hatte. Allie schlug jedem ein paar Ansätze vor, wie er vorgehen konnte, und unterstrich dann, dass sie bis zum nächsten Morgen Ergebnisse sehen wollte; andernfalls würde sie die Aufträge jemand anders zuteilen. Das war keine leere Drohung. Die Entlassungswelle, die durch die Medienimperien von Ace Lockhart und Rupert Murdoch gefegt war, hatte dafür gesorgt, dass es keinen Mangel an hungrigen Auftragnehmern gab.

Der dritte Freelancer nahm das Telefon nicht ab. Vielleicht war er unterwegs, um genau das zu erledigen, was Allie ihm aufgetragen hatte. Oder er war im Pub. Sie schickte ihm eine Nachricht auf den Pager, dass sie den Stand der Dinge wissen wollte, und rief dann die Londoner Nachrichtenredaktion an.

»Was gibt's Neues?«, wollte der stellvertretende Nachrichtenredakteur wissen. »Hast du einen saftigen Seitenaufmacher für mich, Allie? Eine schockierende Enthüllung über *Coronation Street*? Oder einen Idioten von Rockstar, der in diesem Club in Manchester, der ›Hacienda‹, ausgerastet ist?«

»Geduld, Ronnie. Es ist gerade mal Mittwoch. Ich werd schon genug für dich auftreiben, keine Sorge.« Sie fasste zusammen, woran die Freelancer arbeiteten: ein Parlamentsabgeordneter aus Yorkshire hatte angeblich etwas mit der Frau eines Cricketspielers; bei dem Star einer Soap Opera war Berichten zufolge Brustkrebs diagnostiziert worden; es gab neue Entwicklungen bei der Suche nach den Lockerbie-Attentätern.

Widerwillig gab sich Ronnie zufrieden. »Das ist ein Anfang. Du hast den Telefonziegel bei dir, nicht wahr? Habt ihr da oben in der Heide überhaupt Netz?«

»Ich bin erreichbar, wenn du mich brauchst, Ronnie. Aber jetzt hab ich zu tun, und du auch.« Sie ertrug eine weitere Runde Geplänkel, dann konnte sie auflegen. Laut ihrem Stadtplan von Edinburgh lag Dr. Deaths Klinik auf der anderen Seite der Stadt in einem vormaligen Krankenhaus für Infektionskrankheiten. Es blieb noch ausreichend Zeit, bis sich dort die Tore schlossen. Dank des guten Geschmacks von Ronas Cousin, was Männer betraf, entwickelten sich die Dinge zu ihrem Vorteil.

12

Es war eine Weile her, dass das Krankenhaus, das Dr. Deaths Aids-Station beherbergte, auf der Höhe der Zeit gewesen war, dachte Allie, während sie auf der Suche nach einer freien Parkbucht den Schlaglöchern auf dem Parkplatz auszuweichen versuchte. Das Krankenhaus war ein heruntergekommenes Backsteingebäude mit Fenstern in Metallrahmen von der Art, die neun Monate im Jahr von innen beschlagen war, weil das Wasser an ihnen kondensierte. Die Fenster im Erdgeschoss waren mit Milchglas versehen; bestens geeignet, um die Privatsphäre zu schützen und alles in Düsternis zu tauchen.

Allie reagierte auf mehrere Nachrichten auf ihrem Pager, verhandelte mit einem Freelancer, bekam einen Tipp von einem Reporter, der für ein Lokalblatt arbeitete, und gab diesen weiter an einen früheren Mitarbeiter, damit dieser der Information nachging. Dann marschierte sie auf den Eingang der Klinik zu. Niemand hielt sie auf, als sie selbstbewusst eintrat. Es roch eindeutig nach Krankenhaus: Desinfektionsmittel mit einer Basisnote von Schulkantine und Bettpfanne. Diack hatte ihr gesagt, sie solle nach Station 17 Ausschau halten, und sie entdeckte einen Wegweiser dorthin, ohne ihre Schritte verlangsamen zu müssen. Eine ausgetretene Spur führte eine Treppe hinauf und einen Flur entlang. Sie betrat die Station und suchte auf der linken Seite nach der Tür, hinter der sich das Büro von Dr. Paul Robertson befand.

Es war eine völlig unauffällige Tür, die eher zum Abstellraum eines Hausmeisters denn zu einem Behandlungsraum gepasst hätte. Es gab kein Namensschild, genau wie Diack sie gewarnt hatte. »Ansonsten würden ständig Leute einfach reinplatzen.« Allie klopfte an. Keine Antwort. Ohne große Hoffnungen probierte sie den Türgriff. Hinter ihr erklang eine Stimme in hellem Tenor mit einem starken Glasgower Akzent: »Versuchen Sie gerade, in mein Büro einzubrechen?«

Sie drehte sich rasch um und fand sich einem großen dünnen Mann mit schmalem Kopf und sehr kurzem dunklen Haar gegenüber. Seine Gesichtszüge waren scharf geschnitten, und zwei senkrechte Linien trennten seine Brauen, doch seine Augen leuchteten warm, und die Falten, die sich um sie herum abzeichneten, wenn er lächelte, entsprangen eindeutig einem Sinn für Humor.

»Dr. Robertson?« Allie verfluchte sich dafür, dass sie so verschreckt klang.

»Das bin ich. Sind Sie das Mädchen, vor dem mich Derek Diack gewarnt hat?«

Fünfunddreißig, und immer noch bezeichneten Männer sie als Mädchen. Wie gewöhnlich verkniff sie sich eine Retourkutsche und lächelte. »Ich bin geschmeichelt. Mir war gar nicht klar, dass man vor mir warnen muss. Ich bin Allie Burns vom *Sunday Globe*.«

Er deutete in Richtung Tür, und sie trat einen Schritt zurück, damit er diese aufschließen konnte.

»Normalerweise bin ich skeptisch bei Menschen Ihres Berufsschlags«, sagte er, als er sie hineinbat. »Ich bin da ein gebranntes Kind, zu viele hysterische Überschriften. Dicke schwarze Lügen, die das Leben meiner Patienten zerstören.« Er musterte sie von oben bis unten und wies dann auf einen Stuhl neben seinem Schreibtisch. »Aber Derek meinte, ich solle Ihnen eine Chance geben. Was für mich heißt: Ich geb Ihnen genug Spielraum, damit Sie sich darin verfangen können. Und sobald das geschieht, heißt es: Da ist die Tür.«

Allie setzte sich. »Das ist schon okay. Hat er Ihnen gesagt, worüber ich schreiben will?«

»Über den Exodus. Ich kann denen nicht vorwerfen, dass sie wegwollen. Als man mir anbot, eine Klinik aufzubauen, habe ich fünfzig Betten gefordert. Bewilligt hat man mir vier. Wir nehmen nur Extremfälle auf. Sie sterben regelrecht einen mittelalterlichen Tod. Krankheiten, die von Schafen übertragen werden. Gehirntumore. Krämpfe, blutiges Erbrechen. Das Schlimmste ist, dass sie glauben, was die Medien sagen: Die meisten denken, sie bekommen, was sie verdient haben. Richtung Süden zu flüchten ist ihre letzte Möglichkeit, sich zu widersetzen.« Seine Art, sich auszudrücken, war theatralisch. Sie konnte sich gut vorstellen, wie er bei Meetings die Bürokraten der Gesundheitsbehörde dazu brachte, dass sie sich wanden. Aber leider nicht so sehr, dass sie ihre Meinung geändert hätten.

»Sie leiten auch ambulante Kliniken?«

Er zog eine seiner knochigen Schultern hoch. »Wofür auch immer es gut sein mag. Iss gesünder. Nimm diese Steroide. Hier hast du ein paar extrastarke Antibiotika für deine Lungenentzündung. Oh, und hier bekommst du noch eine beruhigende Hautcreme für diesen Ausschlag, der dich dazu bringt, dich bis aufs Blut zu kratzen.«

»Wie steht es mit den Pharmaunternehmen? Arbeiten die an wirksameren Medikamenten?« Sie versuchte, das ganz nebenbei zu fragen, aber er war darauf vorbereitet.

Mit einem scharfen Auflachen sagte er: »Derek hat schon gemeint, Sie würden versuchen, mich deswegen in die Mangel zu nehmen.«

»Das will ich gar nicht. Ich will lediglich herausfinden, was vor sich geht.«

»Derek sagte, er hätte Ihnen schon die fehlende Motivation erklärt?«

Sie nickte. »Es lässt sich nicht genügend Gewinn damit machen.«

Er nickte zustimmend, stützte die Ellbogen auf den Tisch und legte seine langen knochigen Finger aneinander. »Aber jetzt liegen Beweise für eine heterosexuelle Übertragung vor, und dann gibt es noch die sogenannten unschuldigen Opfer aufgrund von kontaminierten Blutreserven aus den USA. Was bedeutet, dass einige Forschungseinrichtungen so einsichtig sind, zu erkennen, dass es nur in eine Richtung weitergehen wird. Und wir sind die perfekte Petrischale dafür. Wir sind eingerichtet für jede Art von Test, und wir haben eine signifikante Menge an infizierten Patienten. Wissen Sie, wie wir festgestellt haben, dass wir ein derart großes Sample haben?«

Folgsam fragte Allie: »Wie denn?«

»Nicht etwa, weil alle so besorgt um ihre Gesundheit waren, dass sie sofort loszogen, um sich testen zu lassen. Je länger man sich vormachen kann, dass man nicht positiv ist, umso besser, aus verschiedensten Gründen. Nein. Aber wir hatten in Edinburgh ein großes Aufkommen von Hepatitis B, das seinen Höhepunkt ungefähr zur gleichen Zeit erreichte, wie sich diejenigen Drogenkonsumenten mit HIV infizierten, die sich ihr Zeug intravenös verabreichten. Und aus irgendeinem Grund, an den ich mich nicht mehr erinnere, hatten wir die Blutproben, die wir für den Hepatitis-B-Test genommen hatten, eingefroren. Als es dann einen Test für HIV gab, dachte irgendein schlaues Kerlchen, es wäre doch eine gute Idee, all diese Blutproben aufzutauen und auf HIV zu testen. Auf diese Weise entdeckten wir, dass wir eine Epidemie direkt vor der Haustür hatten. Eine Praxis hatte einhundertvierundsechzig Positive.« Er schürzte die Lippen und schüttelte den Kopf. »Unvorstellbar.«

»Erstaunlich, dass so viele Patienten ihre Einwilligung gegeben haben. Da ihnen doch bewusst war, was das bedeuten könnte.«

Er schloss die Augen und seufzte. »Es geschah ohne Einwilligung.«

Allie war zu geschockt, um ihre Reaktion abzumildern. »Aber das ist doch unethisch! Haben Menschen nicht das Recht, selbst zu entscheiden, ob sie getestet werden wollen?«

Er machte eine vage Geste mit der Hand. »Manchmal sind Wissenschaftler überengagiert. Ja, sie hätten gefragt werden müssen. Aber das hat man nicht gemacht. Schlecht für sie, gut für die Wissenschaft.«

Er sprang auf und ging zu einem kleinen Kühlschrank neben dem Schreibtisch. Einen Augenblick lang dachte Allie, Dr. Death wollte ein teuflisches Experiment starten. Er warf einen Blick über die Schulter und grinste. »Diät-Cola oder Irn Bru?«

Seit sie in Schottland war, stellte sich die Frage nicht mehr. »Irn Bru, bitte.«

Er gab ihr eine Dose, nahm sich selbst auch eine und setzte sich wieder. Nahezu gleichzeitig zogen beide am Ringverschluss und ließen ihn mit einem Klickern auf den Metalltisch fallen. Für einen kurzen Moment löste sich die Spannung.

»Darum haben sich die Pharmakologen an Sie gewendet, wegen der Medikamentenstudie?«, fragte Allie, nachdem beide einen Schluck genommen hatten.

»Sobald es bekannt geworden war, waren wir die naheliegendste Wahl. Zunächst gab es nur eine Beobachtungsstudie. Es ging darum, den Fortgang der Krankheit zu verstehen. Sie hat so viele Variationen. Manche Menschen sterben innerhalb weniger Monate nach der Diagnose; andere leben drei, vier Jahre unbehelligt weiter. Die Wissenschaftler wollten herausfinden, welche Faktoren die Geschwindigkeit beeinflussen, mit der sich Aids herausbildet. Was das anbelangt, gibt es noch keine Antworten. Aber jetzt, da DNA-Analysen möglich sind, ergibt sich vielleicht etwas Neues, wer weiß? Vielleicht knacken wir den Code.«

»Aber bis dahin brauchen wir Medikamente.«

Er zog die Augenbrauen zusammen. »Wofür interessieren Sie sich? Worum soll Ihre Story sich drehen?«

»Es gab hier eine Medikamentenstudie, die jedoch plötzlich abgebrochen wurde. Warum?«

»Das ist nicht gerade eine Story für ein Boulevardblatt, oder?«

»Ich bin nur neugierig.« Allie ließ ihre Antwort im Raum stehen.

Robertson nahm einen langen Schluck seines sprudelnden Getränks und unterdrückte ein Aufstoßen. »Es ließ sich ganz gut an. Die Patienten berichteten, sie fühlten sich weniger schlapp, ihr Appetit kehrte allmählich zurück. Die Zahl ihrer T-Zellen stieg ein bisschen an. Dann aber gab es eine Kehrtwende, und sie brachen zusammen. Drei von ihnen erlitten einen Herzinfarkt, zwei davon tödlich. Drei andere hatten einen Atemstillstand.« Reglos starrte er auf die Tischplatte.

»Wie viele haben an dem Arzneimitteltest teilgenommen?«

»Vierundzwanzig. Alle freiwillig. Zwölf bekamen das Medikament, zwölf Placebos. Die Probleme traten nur bei denen auf, die das Medikament nahmen.«

»Was geschah dann?«

»Die Forscher wollten den Test fortsetzen. Sie argumentierten, die Probleme lägen bei den Patienten, nicht bei dem Arzneimittel. Ich habe mich geweigert, weiterzumachen. Ich habe die Versuchsreihe gestoppt.«

»Und das ist das Ende der Geschichte?«

»So sollte es sein, nicht wahr?« Er klang vage.

»Aber Sie glauben das nicht? Sie denken, die führen weitere Versuche mit der Behandlungsmethode durch?«

Er erwiderte nichts.

»Dr. Robertson? Sollten die Menschen nicht erfahren, wenn sie einem Risiko ausgesetzt sind?«

Er sah ihr in die Augen. »Sicherlich. Aber nicht jeder lebt an einem Ort, an dem er die Kontrolle über die eigenen Entscheidungen hat.«

Robertson stand auf und ging zu einem Aktenschrank. Er zog eine dünne Mappe heraus, entnahm ihr ein einzelnes Blatt Hochglanzpapier und gab es ihr. »Das ist das Unternehmen, mit dem wir zusammengearbeitet haben. Zabre Pharma. Es ist nicht schwer herauszufinden, an welchen anderen Orten sie Arzneimitteltests durchführen.«

»Kann ich das behalten?«

Er nickte. »Mit HIV diagnostiziert zu werden, kommt einem Todesurteil gleich. Es ist gut möglich, dass dies nicht bis in alle Ewigkeit so sein muss. Doch derzeit ist es noch so. Die Patienten verdienen es nicht, dass man ihnen das bisschen Zeit raubt, das ihnen noch bleibt. Wenn wir anfangen, die Opfer dieser Krankheit so zu behandeln, als wären sie nichts wert – wo soll das enden? Sollen wir mit Rauchern, die Lungenkrebs haben, so umgehen, als wären sie Meerschweinchen? Sollen wir krankhaft fettleibigen Menschen mit Herzproblemen absonderliche Medikamentencocktails spritzen?« Er stand auf. »Elender Mist. Machen Sie das Schlimmste daraus, Miss Burns.«

13

Um zehn Uhr abends hielt Allie sämtliche Edinburgh betreffenden Aspekte ihrer Story so weit für abgedeckt. Sie hatte mit zwei freiwilligen Mitarbeitern einer Wohltätigkeitsorganisation gesprochen, mit der Frau, die den Spritzentausch leitete, und mit vier Menschen, die diese Einrichtung regelmäßig nutzten. Sie hatte so viel gehört – von tragischen Geschichten über gestorbene Freunde bis hin zu Berichten, wie die Polizei den Spritzentausch überwacht hatte in der Hoffnung, Dealer zu verhaften; von den wütenden Eltern eines Jungen, der an Hämophilie litt und durch Blutkonserven aus den USA infiziert worden war, bis hin zu einem Vater, dessen Kinder beide HIV-positiv geboren worden waren, weil ihre Mutter, eine Sexarbeiterin, sich angesteckt hatte.

Und sie hatte mit der Freundin eines der Männer gesprochen, die während der abgebrochenen Medikamentenstudie gestorben waren. Janine beteuerte, dass sie selbst keine Drogen nahm. »Ich rauch 'n bisschen Gras oder Dope. Aber nicht jeden Tag. Heroin hab ich nie probiert. Gordie hat mich mal mitgenommen in eine besetzte Wohnung in diesem Block in Muirhouse, den sie Terror Tower nennen. Da hingen nur Leute ab, die total auf Droge waren. Ich hab das Ganze gehasst – wie die die Nadeln an Streichholzschachteln angespitzt haben, wie sie die Spritzen mit ihrem eigenen Blut gereinigt haben. Ich schwöre bei Gott, ich musste im Strahl kotzen. Ich bin da nie wieder hingegangen.

Gordie wollte clean werden, aber er hat es nicht hingekriegt. Die Droge hatte ihre Krallen in sein Herz geschlagen. Dann konnte er an Dr. Robertsons Medikamentenversuch teilnehmen. Wir waren total glücklich.« Sie warf Allie auf der anderen Seite des Tisches einen kläglichen Blick zu, während ihre zitternden Finger einen Wodka-Cola umklammerten. »Ich habe ihn immer noch geliebt. Trotz allem. Er war meine Welt. Ich dachte, der Doktor könnte das Aids heilen, und dann käme er auch vom Heroin los.« Ihre Augen füllten sich mit Tränen, aber sie blinzelte sie weg. »Es ginge ihm gut, hat Dr. Roberson gesagt. Und dann – boom. Aus dem Nichts. Er hatte einen schweren Herzinfarkt, und das war's dann.« Sie nahm die letzte Zigarette aus dem Päckchen und zerknüllte es verbittert. »Gordie gab's nicht mehr.«

Es war ein schwieriges Interview gewesen. Allie konnte die Intensität von Janines Trauer nicht abblocken, sie fraß sich durch ihre Abwehrmechanismen. Sie verspürte eine Nähe, die sie nicht rechtfertigen konnte. Journalisten sollten nur mitfühlen, so lange sie brauchten, um die Story fertigzustellen, sie sollten möglichst nicht emotional involviert sein. Das schien ihr jedoch in letzter Zeit immer häufiger zu passieren. Die Interviews, die sie in Lockerbie geführt hatte, die trauernden Familien, mit denen sie nach dem Flugzeugunglück auf der M 1 nur wenige Wochen später gesprochen hatte, die Frustration der Ärzte und Sozialarbeiter, die mit ihr über den Aids-Albtraum geredet hatten – all diese Gespräche ließen sie ausgehöhlt und erschöpft zurück. Vielleicht lag es nur an der neuen Position als leitende Redakteurin, die einfach zu viel von ihr forderte. Oder es war doch so, wie ihre männlichen Kollegen nie müde wurden anzudeuten – oder es offen auszusprechen –, dass Frauen dem Druck an der Spitze einfach nicht standhalten konnten.

Allie ging zurück zu ihrem Auto. Sie wusste, dass sie bei Sarah Torrance willkommen war, auch zu dieser späten Stunde. Aber nach den Erlebnissen dieses Tages weckte allein die Vorstellung, bei einem Schlummertrunk ein wenig plaudern oder beim Frühstück am nächsten Morgen Meriels inquisitorischen Fragen standhalten zu müssen, den Wunsch in ihr, den Kopf auf das Lenkrad zu legen und zu weinen. Wenn sie jetzt losfuhr, konnte sie gegen drei Uhr morgens zu Hause sein. Sechs Stunden Schlaf, und sie wäre wieder topfit, um die Freelancer auf Trab zu halten, einen Redaktionsplan zu erstellen und ihren Artikel zu schreiben. Und auch energiegeladen genug, um ein Treffen mit Jess zu organisieren, um von deren Wissen über Pharmaunternehmen zu profitieren.

Das war ein Plan. Allie war immer dann am glücklichsten, wenn sie sich selbst davon überzeugen konnte, dass sie einen Plan hatte. Sie drehte den Zündschlüssel und machte sich auf den Weg quer durch Schottland, der aus einer wahllosen Abfolge von Schnellstraßen und Autobahnen bestand, sie aber schlussendlich auf die M 6 Richtung Heimat bringen würde. Während sie schon fuhr, durchwühlte sie mit einer Hand die Schachtel mit Musikkassetten, die immer in ihrem Auto stand. Sie entschied sich für ein Mixtape aus schottischen Interpreten, das sie selbst zusammengestellt hatte. Aztec Camera, Deacon Blue, The Rezillos, Annie Lennox als Frontfrau der Eurythmics, Bronski Beat mit Jimmy Somerville, die Cocteau Twins. Wenn sich durch das Mitsingen von deren Stücken ihre Laune nicht besserte, dann half gar nichts mehr.

Kurz nach Mitternacht erreichte sie Carlisle, wo sie anhielt, um zu tanken. Ihr Handy hatte hier keinen Empfang, darum rief sie Rona von einer Telefonzelle aus an, um ihr mitzuteilen, dass sie nach Hause käme. Es dauerte so lange, bis Rona abhob, dass Allie wusste, sie hatte sie geweckt. Dennoch wurde Rona munter, sobald sie die Stimme erkannte. »Wir haben dich vermisst. Neben Germaine aufzuwachen, ist einfach nicht dasselbe.«

Allie lachte. »Ich dachte, ich sag dir besser Bescheid, dass ich nach Hause komme, damit du nicht denkst, bei uns wird eingebrochen. Ich leg mich ins Gästezimmer, damit ich dich nicht noch mal störe.«

»Du glaubst, du kannst unbemerkt ins Haus kommen? Du weißt, dass der Hund die gesamte Nachbarschaft zusammenbellen wird. Komm ins Bett, mein Liebling. Du weißt, dass du genau das willst.«

Sie hatte recht. Selbst nach zehn Jahren war es noch so. »Okay«, sagte Allie. »Leg dich wieder schlafen, wir sehen uns später. Ich liebe dich.«

»Mmm. Fahr so, als hätte die Polizei dich im Visier.«

Allie schlief tief und fest, bis Rona sie um kurz vor neun mit einem Becher Kaffee weckte. »Ich wünschte, ich hätte so einen Schlaf wie du«, sagte Rona. »Ich bin überzeugt, du würdest das Ende der Welt verpennen.« Sie setzte sich neben Allie aufs Bett, noch duftend nach der Dusche. Der Hund gesellte sich hinzu, wenn auch nicht ganz so wohlriechend. »Wir sind schon ein kleine Runde durch den Wasserpark gejoggt.«

Allie stöhnte. »Ich wünschte, du hättest niemals dieses Feature darüber gemacht, wie man seinen Körper neu modelliert.«

»Du rennst in deinem Job ja genug herum. Und nicht zu vergessen: Du bist die Königin der Tanzfläche. Wie war's in Edinburgh? Hast du alles bekommen, was du brauchtest?«

»Für die Exodus-Story ist alles beisammen, das ist wasserdicht. Und ich habe genug, um die andere Sache weiterzuverfolgen. Heute versuche ich, Jess zu erreichen, vielleicht kann sie für mich noch ein Kaninchen aus dem Hut zaubern. Ich hab ein paar wirklich grandiose O-Töne bekommen. Eine Frau meinte: ›Sagen Sie nicht, das sei ein Problem von Edinburgh. Wir leben nicht in Edinburgh, wir leben in Muirhouse. Es gibt Leute, die haben ihr ganzes Leben hier verbracht und nicht einen Fuß auf die Princes Street gesetzt. Edinburgh ist wie ein anderer Planet für uns.‹« Sie nahm einen Schluck Kaffee. »Wie steht es mit dir? Was hast du heute vor?«

»Ich werde über die Pennines nach Sheffield düsen, um Neil Morrissey zu interviewen.« Als sie Allies leichtes Stirnrunzeln sah, fügte sie erklärend hinzu: »Er spielte den Biker in der TV-

Serie *Boon,* erinnerst du dich? Er ist für Proben zu *Wilhelm Tell* am Crucible Theatre. Ich hab das Interview schon zweimal verkauft.« Sie küsste Allie und sprang dann auf. »Ich muss in die Puschen kommen.«

»Ich auch«, seufzte Allie. Für ihren Geschmack startete der Tag viel zu früh. Sie zog ihren kuscheligen Morgenmantel über und machte an der Frühstückstheke eine To-do-Liste, während sie frischen Kaffee aufbrühte. Rona brauste an ihr vorbei wie ein blonder Tornado, und Allie begann mit ihren Telefonaten. Als Erstes die Freelancer, danach dann Jess, die von der Story fasziniert war. »Über diese Arzneimittelstudie weiß ich gar nichts«, warnte sie Allie. »Ich habe von Zabre Pharma nur gehört, weil einer meiner Kollegen vor ein paar Jahren dorthin gewechselt ist. Ich schau mal, was ich herausfinden kann. Es ist immer gut, eine Ausrede für eine Mittagspause im Pub zu haben.«

Danach konnte Allie es nicht weiter aufschieben, ihren Artikel zu schreiben. Es war stets dasselbe mit Storys, die nicht den strengen Richtlinien der Nachrichtenredaktion hinsichtlich dessen entsprachen, was man als Interessen der Leserschaft ansah. Das Wissen um den Kampf, der ihr deswegen bevorstand, machte den Anfang immer schwer; sie musste die Story kraftvoll genug machen, um mögliche Einwände von vornherein zu entkräften. Dies war eine der wenigen Gelegenheiten, bei denen sie die ehemaligen Kollegen, mit denen sie über Jahre hinweg eine Kameradschaft verbunden hatte, wirklich vermisste. Während ihrer Ausbildung hatte sie Ideen mit Marcus' Hilfe diskutieren können, während ihrer Zeit in Glasgow beim *Clarion* mit Danny Sullivan. Deren Kommentare hatten ihr dabei geholfen, das Thema ihrer Beiträge zu schärfen. Aber heutzutage musste sie das allein machen. Sie ging in ihr Arbeitszimmer und fuhr den Amstrad PCW hoch. Die vertrauten grünen Zeichen krochen über den schwarzen Bildschirm. Sie seufzte tief und öffnete eine neue Datei.

Dutzende schwer kranker Patienten sind gezwungen, ihre Heimat zu verlassen, weil es dort nicht genügend Behandlungsmöglichkeiten für sie gibt. Die daraus resultierende Abwanderungswelle droht Menschen im gesamten Vereinigten Königreich mit einer unheilbaren Krankheit zu infizieren.

Das sollte die Aufmerksamkeit der Nachrichtenredaktion wecken, und zwar hoffentlich ohne deren hysterischen Anti-Aids-Reflex zu provozieren.

Zahlreiche Edinburgher Patienten, die HIV-positiv sind oder sogar schon Aids haben, verlassen ihre Heimatstädte, weil das nationale Gesundheitswesen Schottlands sie fallen gelassen hat. Mit jeder Woche, die vergeht, wächst ihre Zahl.
Sie gehen in Städte in England, weil sie hoffen, dort eine bessere Chance auf medizinische Versorgung zu haben.
James Forrester (24) hat seine Wohnung in Muirhouse, Edinburgh, gegen Manchester getauscht, wo er nun in einem städtischen Krankenhaus versorgt wird. Er berichtet: »In Edinburgh konnte ich in keine Entzugsklinik gehen oder irgendeine andere Form von Behandlung erhalten, nachdem ich meine Diagnose bekommen hatte. Es gab keine Betten. Keine Plätze. Was es an Kliniken gibt, platzt aus allen Nähten. Wir werden einfach auf den Müll geworfen. Wenn du keine Familie oder Freunde hast, die sich um dich kümmern, dann war's das. Darum bin ich hierhergekommen, wo niemand wusste, dass ich HIV-positiv bin. Ich dachte, ich könnte dem Gefühl entkommen, eine Zielscheibe auf dem Rücken zu haben.« Tragischerweise hat James inzwischen Aids. Ihm bleiben nur noch wenige Wochen.
Gus (26) ließ Edinburgh hinter sich, um dem Stigma zu entkommen, als HIV-positiv bekannt zu sein. Er wollte seinen Nachnamen nicht nennen, um das Leben zu schützen, das er sich in

Manchester aufzubauen versucht. »Es gibt keine Geheimnisse in Muirhouse«, sagt er. »Aber hier weiß niemand, dass ich HIV-positiv bin. Ich habe einen Teilzeitjob in einer Bar, und ich gehe in eine ambulante Klinik. HIV ist ein Todesurteil, aber ich denke, ich habe das Recht, so lange zu leben wie möglich.«

Jackie Green, die eine Selbsthilfegruppe in der schottischen Hauptstadt leitet, meint: »Wie können wir uns als zivilisiert bezeichnen, wenn wir kranke Menschen auf diese Weise behandeln? Stellen Sie sich mal vor, es wäre Ihr Kind, Ihr Bruder oder Ihre Schwester. Wie könnten Sie das aushalten?«

Derek Diack, Arzt in Edinburgh, hat Hunderte von HIV-positiven Patienten in seiner Kartei. Er erklärt das Problem folgendermaßen: »Edinburgh hat schon immer versucht, seine Schattenseiten zu verbergen. Die Stadt will sich einfach nicht eingestehen, dass sie ein Problem hat. Es gibt eine neue Kampagne, initiiert von Leuten, die versuchen, Geld für ein Aids-Hospiz einzutreiben. Das ist ein schwieriges Unterfangen. Die meisten Menschen wollen nicht mit Aids in Verbindung gebracht werden. Aber diese Leute sind sehr engagiert. Ich wünsche ihnen viel Glück.«

Dr. Paul Robertson leitet eine Aids-Station in einem Edinburgher Krankenhaus. Er berichtet: »Als man mir anbot, eine Klinik aufzubauen, habe ich fünfzig Betten gefordert. Bewilligt hat man mir vier. Wir nehmen nur Extremfälle auf. Richtung Süden zu flüchten, ist ihre letzte Möglichkeit, sich zu widersetzen. Die Patienten verdienen es nicht, dafür verurteilt zu werden, dass sie krank sind. Sie verdienen es nicht, dass man ihnen das bisschen Zeit raubt, das ihnen noch bleibt. Wenn wir anfangen, die Opfer dieser Krankheit so zu behandeln, als wären sie nichts wert, wo soll das dann enden?«

Ein Sprecher des Gesundheitsamtes erklärte: »Wir diskriminieren keine Patienten. Doch unsere Ressourcen sind begrenzt, und wir müssen uns schwierigen Entscheidungen stellen, wie wir diese so effektiv wie möglich einsetzen.«

Allie las ihren Text noch einmal durch und machte ein paar Verbesserungen. Sie hoffte, dass sie ihre Empörung so weit hatte kaschieren können, dass es der Nachrichtenredaktion nicht auffiel. Sie speicherte ihre Story ab und wählte sich dann in die Büroleitung ein. Es gab die übliche Abfolge von Gequietsche, Trillern und weiteren Lauten, während das Modem eine Verbindung aufbaute und ihre Story zu übertragen begann. Während der Beitrag hochgeladen wurde, ging Allie schnell duschen; danach kehrte sie an den Schreibtisch zurück, um zu prüfen, ob es funktioniert hatte. Häufig war die Verbindung nicht gut und brach zusammen, sodass sie noch einmal von vorn anfangen musste. Dieses Mal hatte sie Glück gehabt. Nun lag alles Weitere in den Händen der Götter.

14

Wie so oft war das Pub voll. Was es so besonders machte, war sein Angebot an Brot und Käse in üppigen Mengen. Das war der Hauptgrund, warum Jess immer herwollte. Sie war als Erste eingetroffen und hatte einen Tisch am Fenster ergattert. Darauf befanden sich bereits zwei Sorten Brot, drei unterschiedliche Käsesorten und zwei Gläser Bier. Allie quetschte sich durch die Menge und begrüßte Jess mit einer schnellen Umarmung.

»Ich hab mir gedacht, ich schlage zu, solange es noch geht«, sagte Jess mit einem Nicken in Richtung der Menschenmenge, die den Bereich für Essensbestellungen umlagerte.

»Gute Entscheidung. Den Brie erkenne ich, aber was sind die anderen beiden Sorten?«

»Der grün marmorierte ist ein Sage Derby. Und der andere ist geräucherter Cheddar.«

Nachdem die wichtigsten Dinge geklärt waren, luden beide ihre Teller voll und begannen mit ihrer vertrauten Mischung aus Reden und Essen. Allie berichtete Jess von ihrer Reise nach Edinburgh; Jess erzählte von dem verlockenden Angebot, nach Holland zu ziehen.

»Aber der Käse ist ein bisschen langweilig dort«, gab Allie zu bedenken.

»Das sehen die dort anders. Der Typ, der mich rumgeführt hat, sagte völlig ernsthaft: ›Edamer schimmelt nicht, sondern trocknet aus, das macht ihn zu einem tollen holländischen Käse, den man gut auf Reisen mitnehmen kann.‹«

Beide brachen in schallendes Gelächter aus.

»Wenn ich das nächste Mal meinen Koffer packe, werde ich

dran denken. Und da wir gerade vom Festland reden: Wie steht es mit Zabre Pharma?«

Jess schnitt sich etwas Brie ab und belegte ein Stück Vollkornbrot damit, während sie ihre Gedanken sortierte. »Ich habe die kaum wahrgenommen, bis sie Colin Corcoran ein Angebot machten, das er nicht ablehnen konnte. Bist du Colin je begegnet?«

»Da klingelt nichts bei mir.«

»Vermutlich würdest du dich nicht erinnern, selbst wenn du ihn mal gesehen hättest. Er ist nicht besonders einprägsam. Die Kleidung ist mehr so Geek-Schick. Er hält es vielleicht zehn Sekunden auf einer Tanzfläche aus. Anfang dreißig, mittelgroß, zurückgehender Haaransatz, die Sorte Gesicht, die du schon am nächsten Tag wieder vergessen hast. Das Bemerkenswerteste an ihm ist seine große Brille mit Drahtgestell, wie so eine riesige Pilotenbrille. Er behauptet, im Labor behindere sie ihn überhaupt nicht, aber ehrlich, die Brille ist so kurz davor« – sie hielt Zeigefinger und Daumen knapp einen Millimeter auseinander –, »als Schutzbrille durchzugehen.«

Allie lachte. »Da klingelt definitiv nichts bei mir. Ist er wie du Wissenschaftler?«

»Wir haben an denselben Projekten gearbeitet, aber er war eher am Entwurf von klinischen Forschungsprojekten beteiligt. Ich glaube, darin ist er richtig gut. Er schafft es, mit einem 360-Grad-Ansatz an Projekte heranzugehen. Ich habe gern mit ihm zusammengearbeitet, denn sein erklärtes Ziel ist es, gute Medikamente auf den Markt zu bringen. Er hat noch bei seiner Mutter gelebt, und als die vor achtzehn Monaten starb, wusste er nichts so richtig mit sich anzufangen. Als Zabre anrief, war er darum sofort bereit, sich zu verändern.« Jess spießte ein Stück von dem geräucherten Käse auf und nagte mit kleinen Bissen daran wie eine Cartoon-Maus. »Hmm, der ist gut.«

»Okay, dann haben sie ihn also gepflückt wie einen reifen Pfirsich. Was macht dieser Konzern eigentlich? Was ist deren Ding?«

»Für eine Weile waren sie auf den Generikazug aufgesprungen, dann hatten sie vor ein paar Jahren großen Erfolg mit einem Mittel gegen Dermatitis, das besser als alle anderen auf dem Markt wirkte, besonders bei Kindern. Das hat nicht gerade den Markt revolutioniert, aber sie haben gutes Geld damit verdient. Als dann Aids aufkam, wurde Zabre klar, dass es nicht wieder verschwinden würde, darum begannen sie, eine Kombinationstherapie zu entwickeln, die die Entwicklung von HIV zu Aids verlangsamt.« Jess trank ihr Glas aus.

»Noch eins?«

»Nur ein halbes, ich muss noch in ein Mikroskop gucken können, ohne doppelt zu sehen.«

Allie schob sich durch die Menschenmenge am Tresen und kam mit zwei kleinen Gläsern Bitter zurück. Sie nahm den Gesprächsfaden wieder auf. »Das ist im Augenblick fast so was wie der Heilige Gral, oder? Zu verhindern, dass aus HIV Aids wird?«

Jess' Mundwinkel gingen nach unten. »Und die Lösung ist auch fast so schwer zu finden wie der Heilige Gral. Das Beste, worauf wir hoffen können, ist, die Entwicklung deutlich zu verlangsamen. Wir verstehen einfach noch nicht gut genug, wie so ein Retrovirus funktioniert. Und Aids ist nicht gerade eine sexy Krankheit, wenn es um das Einwerben von Geldern oder – unter uns gesagt – das Anwerben der brillantesten Köpfe geht.«

»Wirklich? Ich hätte gedacht, Teil des Teams zu sein, das diese Krankheit knackt, würde viel Ansehen einbringen.«

Jess zuckte mit den Schultern. »Ja und nein. Die Krankheit ist stark stigmatisiert. Viele Menschen denken, dass die Opfer von Aids keine Heilung verdienen. Wirkliches Prestige erringt man mit Durchbrüchen, die bei anderen Krankheiten weiterführen.«

»Dann hat Colin sich also dem Trend widersetzt, als er zu Zabre gegangen ist? Könnte er in die fehlgeschlagene Studie in Edinburgh involviert gewesen sein?«

Jess zuckte wieder mit den Schultern. »Ich habe wirklich überhaupt keine Ahnung.«

»Wo sitzt Zabre eigentlich?«

»Deren Hauptproduktionsstätte ist in Düsseldorf, aber sie haben auch einen Standort in Westberlin.«

»Düsseldorf verstehe ich, aber warum Westberlin? Bringt das nicht alle möglichen Transportprobleme mit sich? Es ist ja nicht so, dass man einfach mit einem Lastwagen voller Arzneimittel hinfahren könnte.«

Jess schien bei dieser Frage unbehaglich zumute zu sein. »Ich könnte mir vorstellen, dass es nicht so ganz einfach ist.«

»Warum dann?«, beharrte Allie. Nur weil Jess ihre Freundin war, bedeutete das nicht, dass sie sie einfach vom Haken ließ.

»Na gut, also, ziemlich viele Arzneimitteltests werden auf der anderen Seite der Mauer gemacht.«

»In Ostberlin?« Allie war verblüfft. »Warum?«

»Nicht nur in der Stadt, in ganz Ostdeutschland.«

Es schien, als wollte Jess der Frage ausweichen.

»Aber warum?«

Jess schob ihren Teller weg. Allie verstand das als Zeichen, dass es nun ernst wurde. »Klinische Studien durchzuführen, ist nicht gerade billig. Die Abläufe müssen genau festgelegt und befolgt werden. Die Patienten müssen engmaschig beobachtet werden, oftmals stationär. Der Papierkram muss gründlich erledigt werden. Ostdeutschland braucht dringend Devisen, darum …«

»Spuck's schon aus: Der Preis stimmt?«

»Es geht nicht nur darum, dass sie günstig sind«, sagte Jess. »Um ganz offen zu sein: Die Patienten dort sind es gewohnt, das zu tun, was man ihnen sagt. Darum ist die Ausfallrate deutlich niedriger.«

Allie schnaubte. »Und außerdem ziehen sie nicht vor Gericht, wenn was schiefgeht, richtig?«

»Vermutlich. Ich habe kein Wissen aus erster Hand, wir haben nie mit denen gearbeitet.«

»Wäre es möglich, dass die Testreihe, die hier eingestellt wurde, weil es schädliche Nebenwirkungen gab, in Ostdeutschland fortgesetzt wurde? Wo wäre es einfacher, die Kontrollen zu umgehen? Und die schlechten Nebenwirkungen einfach unter den Teppich zu kehren?«

Jess seufzte. »Das wäre ethisch ziemlich verwerflich. Aber, wie ich schon sagte, ich habe keine Erfahrungen aus erster Hand.« Sie überbrückte das unangenehme Schweigen, indem sie sich wieder den Überresten des Käses widmete.

»Hast du noch Kontakt mit Colin?«

Jess schüttelte den Kopf. »Er hat mir mal eine Weihnachtskarte geschickt, aber das hat mich ziemlich überrascht. Wir waren nicht direkt befreundet.«

»Dann wäre es also nicht seltsam, wenn du Kontakt mit ihm aufnehmen würdest?«

Jess verdrehte die Augen. »Natürlich wäre das total seltsam. Warum sollte ich das tun?«

»Du denkst nicht, dass er dich vielleicht um Hilfe bitten wollte? Wenn er beunruhigt ist, würde er das dann tun?«

»Allie, er hat nicht geschrieben: ›Hilfe, Jess, ich bin da in etwas hineingeraten, das mir über den Kopf wächst‹; sondern: ›Frohe Weihnachten. Melde dich mal, wenn du in Berlin bist.‹ Das ist nicht gerade ein Rettungsschrei.«

Allie seufzte. »Okay, okay. Dann hat er dir wahrscheinlich auch nicht seine Telefonnummer gegeben, oder?«

»Was hast du vor, Allie?« Jess kannte sie gut genug, um ihre Skepsis offen zu zeigen.

Allie riss die Augen auf. »Ich bin nur interessiert.«

»Blödsinn«, erwiderte Jess. »Du willst ihn anrufen und ihm die Hölle heißmachen.«

Allie grinste. »Unschuldige haben nichts von mir zu befürchten.«

Jess schnaubte höhnisch. »Da hat Colin ja Glück, dass ich nur seine Adresse habe.«

Allie streckte die Hand aus. »Gib sie mir. Du weißt, dass du das auch willst. Wenn da irgendetwas Zwielichtiges vor sich geht, dann willst du es wissen. Es ist auch in deinem Interesse, dass sich deine Branche an ethische Standards hält. Und was ist mit den armen Tröpfen in Ostdeutschland? Denkst du, irgendjemand sonst würde sich um sie scheren?«

»Du hast keine Anhaltspunkte dafür, dass bei Zabre irgendwas nicht mit rechten Dingen zugeht.«

»Außer dass Dr. Robertson gesagt hat, dass die mit ihm darum gerungen haben, die Tests weiterzuführen, obwohl die Ergebnisse verheerend waren. Er meinte, sie hätten es auf die Patienten geschoben, nicht auf das Medikament.«

Jess verzog das Gesicht. »Manchmal ist eine Kohorte schlecht ausgewählt worden, weil Ärzte Patienten aus emotionalen und nicht aus wissenschaftlichen Gründen empfehlen. Allie, ich versteh ja, dass du es vermisst, als investigative Reporterin unterwegs zu sein, aber du siehst dunkle Machenschaften, wo keine sind.«

Allie lachte trocken auf. »Wenn du wüsstest, wie oft ich das schon gehört habe … Bitte, Jess, lass mir meinen Willen. Ich verspreche auch, Colin, den Geek, nicht zu verschrecken. Ich sause nur kurz rüber nach Berlin, geb ihm ein paar Bier aus, und dann sehen wir mal, was passiert. Vielleicht nehme ich Rona mit, damit sie die Berliner Szene aufmischen kann.«

»Das würde Colin nun wirklich in Angst und Schrecken versetzen.« Jess seufzte und schob ihren Stuhl zurück. »Ich muss zurück zur Arbeit.«

»Die Adresse?«

»Ich weiß nicht mal, ob ich die Karte aufbewahrt habe.« Jess stand auf und zog umständlich ihren Mantel an.

»Jess, ich war bei dir zu Hause. Du wirfst nie etwas weg. Bitte! Ich versuche, Storys, die wirklich relevant sind, in der Zeitung unterzubringen. Ace Lockhart hat uns so tief in die Gosse gezogen – ich schwör dir, es gibt Tage, da fühle ich mich, als würde ich bis zum Kinn durch pure Jauche waten.« Allie versuchte, die Verzweiflung, die hinter ihrer Maske der Coolness hervorgelugt hatte, mit einem Lachen zu überspielen.

Jess setzte sich wieder hin und legte ihre Hand auf die von Allie. »Du musst einen anderen Job finden«, sagte sie sanft. »Dieser bringt dich um.«

»Leichter gesagt als getan. Früher haben wir nicht nur Banalitäten, sondern auch richtige Berichte gebracht. Investigativstorys. Enthüllungen, in denen kein Soap-Star vorkam. Aber davon ist nichts geblieben. Die seriösen Zeitungen lachen nur, wenn jemand mit meinem Lebenslauf wegen eines Jobs anklopft. Ich hab vor einer Weile mal mit dem für den Norden zuständigen Nachrichtenkorrespondenten des *Guardian* was getrunken. Als ich ihm erzählte, dass ich mir immer gewünscht habe, für sein Blatt zu arbeiten, hat er wortwörtlich vor Lachen sein Bier durch die Nase geschnaubt. ›Einmal Boulevardschreiberling, immer Boulevardschreiberling, mein liebes Mädchen‹, meinte er nur.« Allie rang sich ein Lächeln ab. »Das Einzige, was ich machen kann, ist, die Hoffnung nicht aufzugeben.«

»Heute Nachmittag noch suche ich nach Colins Adresse«, sagte Jess. »Tu ihm nicht weh.«

Allie versprach es, obwohl sie wusste, dass sie ihr Wort wahrscheinlich brechen musste. Während sie zusah, wie sich Jess ihren Weg durch die inzwischen ausgedünnte Menschenmenge bahnte, erinnerte der kalte Schauer, der von ihrem schlechten Gewissen ausging, sie daran, wie manipulativ sie gerade gewesen war. Manchmal verachtete sie sich dafür, wie tief sie sank, wenn sie eine gute Story witterte.

15

Es war Samstagabend, und Manchester vibrierte vor hoffnungs-freudiger Erwartung. Ein großer Teil der Innenstadt war zwischen zweiundzwanzig Uhr und drei Uhr morgens belebter als tagsüber. Allie und Rona verbrachten die Samstagabende entweder mit Freunden beim Essen, trinkend und redend, oder sie zogen durch die Clubs, als wären sie immer noch zwanzig Jahre alt. Sie liebten es, tanzen zu gehen. Als sie gerade ein Paar geworden waren, hatten sie die Nächte damit zugebracht, sich zu Hi-NRG – treibender elektronischer Tanzmusik – zu verausgaben. Als dann in den späten Achtzigerjahren Acid House aufkam, war es, als hätten sie ein Leben lang genau darauf gewartet. Rona hatte das zuerst entdeckt, als sie einen Abend in der Hacienda verbracht hatte, um darüber ein »Ich-Stück« zu schreiben. »Ehrlich, ich war bestimmt die Allerälteste auf der Tanzfläche, aber, Allie, es ist unglaublich. Du musst mitkommen!«

Und so gingen sie 1987 eines Nachts hin. Es kam ihnen vor, als hätten sie ihre lange verlorene Stammesgruppe wiedergefunden. Jedes Mal, wenn sie wieder in den Club kamen, gab es etwas Neues; etwas Artfremdes war der Musik hinzugefügt worden, und sie liebten es immer wieder aufs Neue. Es war ihnen egal, dass sie sich vom restlichen Publikum unterschieden; und das Coole war, dass es die anderen auch nicht weiter störte. Die Türsteher behandelten sie, als wären sie ihre Lieblingstanten. Und sie nahmen keine Drogen. »In meinem Kopf ist schon genug los, da brauch ich kein Ecstasy«, sagte Rona stets. Und dann tanzten sie.

Als schönes Extra fiel ihnen von Zeit zu Zeit eine Story in den Schoß. Am häufigsten Rona; auf Themen für Features stieß man problemloser. Aber manchmal erwähnte einer der Stammgäste auch etwas gegenüber Allie, das ihr unverhofft einen Seitenaufmacher einbrachte.

Am Samstagabend nach ihrer Rückkehr aus Edinburgh warfen sie sich für einen Clubabend in Schale. Rona hatte sich für Jeansshorts und ein Camisole-Top mit Spitzenbesatz und breiten Trägern entschieden; darüber eine weiße Lederjacke, wie sie Chrissie Hynde bei der letzten Tour der Pretenders getragen hatte. Allie trug schwarze Leggings, dazu ein kurzärmeliges T-Shirt mit V-Ausschnitt und scharlachroten Paspeln, die zu ihren roten Chucks passten. Sie bildeten einen deutlichen Kontrast zu Ronas schwarzen Pumps. Gott allein wusste, wie sie die ganze Nacht in Schuhen wie diesen tanzen konnte; Allie hätten sie nach nicht mal einer Stunde Tränen in die Augen getrieben. Zum Schluss trug Rona Lippenstift auf, ein dunkles Pflaumenblau, um ihr Outfit abzurunden. Nun waren sie bereit, die Stadt zu erobern und die Woche hinter sich zu lassen.

Erschöpft und beschwingt verließen sie um kurz vor zwei den Club. Sie wollten zu Kai's, ihrem Lieblingsrestaurant in Chinatown, wo man bis in die Morgenstunden etwas zu essen bekam. Allie schlug vor, dass sie einen Umweg machten, um bei einem Zeitungsstand an den Piccadilly Gardens, der die ganze Nacht geöffnet hatte, die Frühausgabe des *Globe* zu erstehen.

»Warte damit bis morgen«, bat Rona. »Du regst dich nur auf.«

»Ich will sehen, was sie aus meiner Story gemacht haben«, erwiderte Allie.

»Du hast einen Hang zum Masochismus, der mir Sorgen bereitet.« Rona schwankte auf ihren High Heels und hakte sich bei Allie unter. Gemeinsam schlenderten sie auf dem Bürgersteig die Straße hinunter, während die Musik in ihren Körpern nachbebte. Sie kauften mehrere Zeitungen, und Rona entriss Allie den *Globe*. »Nein«, entschied sie. »Warte wenigstens, bis wir sitzen und eine Flasche Tsingtao vor dir steht.«

In dem Moment, da das Bier – so kalt, dass die Luftfeuchtigkeit in Tröpfchen an der Flasche kondensierte – in dem gut besuchten Restaurant vor ihnen stand, gab Rona Allie den *Globe*. Mit geübtem Blick suchte Allie die Spalten ab, während sie Seite für Seite durchging. Ihre Stimmung sank dabei immer mehr. Falls sie die Story gebracht hatten, dann hatten sie sie ziemlich weit hinten versteckt. Schließlich entdeckte sie ihren Namen unter einer Überschrift.

»Was soll der Scheiß!«, rief sie so laut aus, dass die Leute vom Nachbartisch herübersahen.

»Was haben sie gemacht?«

Allie hob die Hand, um einen Moment Zeit zu gewinnen, damit sie sich in den Artikel vor ihr vertiefen konnte. Es war der Aufmacher auf Seite dreiundzwanzig. In fetten schwarzen Lettern stand dort: »Kranke Schotten tragen Aids nach England«. Ihr blieb fast das Herz stehen. Das war genau das, was sie hatte vermeiden wollen. Sie konnte sich kaum überwinden, weiterzulesen:

»Englische Städte werden überflutet mit der tödlichen Infektionskrankheit, weil die Schotten aus der Aids-Hauptstadt Europas fliehen.

Junkies und Schwule, die mit dem tödlichen HIV-Virus infiziert sind, versuchen dem Stigma ihrer Krankheit zu entkommen, indem sie Edinburgh hinter sich lassen, wo sich bereits Hunderte angesteckt haben. Ein Mitarbeiter des Gesundheitswesens in Manchester warnt: ›Teilen Sie keine Drogen und haben Sie keinen Sex mit jemandem aus Schottland.‹«

Allie brachte es nicht über sich, weiterzulesen. »Diese Arschgeigen.« Sie warf Rona die Zeitung hin.

Rona überflog die zehn Absätze. »Das hast nicht du geschrieben.« Es war eine Feststellung, keine Frage. »Du bist über den Tisch gezogen worden.«

»Aber mit Haut und Haaren.« Allie stöhnte. »Diese verfluchte Nachrichtenredaktion. Hinter meinem Rücken haben die einen Freelancer auf die Story angesetzt. Diese angebliche Aussage eines Mitarbeiters des Gesundheitswesens – die stammt nicht von mir. Wenn ich schon so einen Mist hätte schreiben wollen, hätte ich das richtige Zitat genommen: ›Lass dich nicht auf einen Schotten ein.‹«

»Das weiß ich.« Rona streckte den Arm aus und drückte Allies Hand.

»Die haben mich verbrannt. Ich kann mit niemandem von diesen Menschen mehr reden.« Sie nahm ihr Bier und trank es zur Hälfte aus. »Alix wird mich an die Wand nageln.«

»Alix weiß, dass du so einen Müll nie schreiben würdest.«

Allie stach mit dem Finger auf die Zeitung ein. »Da steht mein Name drauf. Jeder wird denken, das ist von mir. Ein Artikel nur, und meine Glaubwürdigkeit in der Schwulen-Community ist vollkommen zerstört.« Sie schüttelte den Kopf. »Das hat Ace Lockhart aus dem *Globe* gemacht. Wir waren noch nie zuvor derart bigott. Murdoch hat's vorgemacht, und Lockhart kann gar nicht schnell genug hinterherkommen.«

Ein Kellner tauchte an ihrem Tisch auf »Sind Sie so weit, dass Sie bestellen können, meine Damen?«

Rona blickte Allie an. »Wie immer?«

Allie nickte. »Obwohl mir jetzt echt nicht nach essen ist.«

»Du wirst deine Meinung ändern, sobald die heiße saure Suppe vor dir steht«, versprach Rona. Sie gab ihre Bestellungen auf und orderte zwei weitere Bier.

»Ich dachte, es würde langsam besser werden«, seufzte Allie. »Wir sind aus Glasgow weggegangen, um der schlimmsten Homophobie zu entkommen. Aber schau dir das an.« Sie schlug mit der offenen Hand auf die Zeitung. »Das ist genauso entsetzlich wie das, was wir hinter uns gelassen haben. Der einzige Unterschied ist, dass es hier ein paar Orte gibt, die wir aufsuchen können, um eine gute Zeit zu haben. Um Geige zu spielen, während Rom brennt. Nein, nicht Rom. Sondern die ganze Welt.«

»Das ist nur wegen Aids. Inzwischen ist klar, dass es nicht nur Schwule betrifft, doch ein paar Jahre lang war es die perfekte Zielscheibe für alle, die Homosexuelle hassen. Insbesondere schwule Männer. Wir Lesben waren da ziemlich fein raus, Allie.«

Allie schnaubte. »Raus aus der Sache mit der Schwulenpest vielleicht. Aber jetzt gibt es den Paragrafen 28, diese verdammte Gesetzeserweiterung, die den Bigotten die offizielle Erlaubnis gibt, uns auszugrenzen: ›Sie sind keine echte Frau, ich will nicht, dass Sie meine Töchter unterrichten oder dass Sie sich im Sportstudio im selben Umkleideraum aufhalten wie meine Frau.‹ Und jeder, der denkt, dass wir nicht ständig mit Frauenfeindlichkeit konfrontiert sind, muss nur mal eine Schicht in unserer Nachrichtenredaktion absitzen. Das öffnet einem die Augen.«

»Das kommt dir nur so vor, weil du darauf bestehst, im Nachrichtenressort zu bleiben. Das Umfeld, in dem ich mich bewege, ist nicht mal halb so schlimm. Ich werde von den meisten Leuten respektiert, mit denen ich zusammenarbeite.«

»Da hast du Glück«, murrte Allie. In diesem Augenblick brachte der Kellner die Suppe. »Während ich im Investigativressort war, habe ich eigentlich immer gedacht, ich würde einigermaßen respektiert. Inzwischen glaube ich, das war nur gespielt.«

»Die haben dich behalten, damit du alles nördlich von Stoke-on-Trent abdeckst. Und die Männer wurden alle gefeuert, Babe.«

»Nur weil ich die Beste bin. Und nicht jeden Mittag für zwei Stunden ins Pub verschwinde.« Sie tauchte ihren Löffel in die Suppe mit ihrem komplexen Aroma, und in kürzester Zeit waren ihre Nasennebenhöhlen frei gefegt.

Rona beobachtete sie und lächelte teilnahmsvoll. »Es gibt doch nichts, was ein Teller Suppe nicht leichter machen könnte.«

Allie verdrehte die Augen. »Ich werde dich daran erinnern, wenn dir das nächste Mal ein Nagel abbricht und die Welt in sich zusammenstürzt.« Sie aß weiter »Aber mal ehrlich, Ro, was soll ich tun? Es ist ja nicht nur dieser Mist. Das andere kommt ja noch dazu. Lockerbie, der Flugzeugabsturz auf der M 1 – das zehrt an mir, und es gibt keine Auszeit. Es gibt nur zwei Möglichkeiten, damit umzugehen: Du kannst mitfühlen, den Verlust nachempfinden, und das zerstört dich auf eine Weise. Oder du umgibst dich mit einer Mauer, hinter der du dich verstecken kannst, und das zerstört dich auf eine andere Weise. Solange ich die investigativen Sachen gemacht habe, habe ich dafür etwas Positives zurückbekommen. Vielleicht musste ich mich die ganze Zeit mit Idioten rumschlagen, aber ich hatte zumindest das Gefühl, dass ich die Welt ein bisschen besser mache – und mich nicht nur im Elend anderer Leute suhle.«

Rona legte ihren Löffel hin. »Dann solltest du vielleicht darüber nachdenken, auszusteigen.«

Diese Antwort schockte Allie. Natürlich hatte sie auch schon daran gedacht. Aber es von Rona zu hören, war etwas anderes. Rona wusste, mit welcher Leidenschaft Allie an Storys dranblieb und sie dann schrieb, weil sie diese Begeisterung teilte. Dass sie das Undenkbare aussprach, rüttelte Allie auf. »Was soll ich denn machen?«, fragte sie. »Ich kann schließlich nichts anderes, Ro. Ich bin ganz schlecht darin, Anweisungen zu befolgen. Ich hasse es, von neun bis fünf zu arbeiten, und ich bin in ganz Manchester diejenige, die am schnellsten gelangweilt ist.«

»Jetzt stell dein Licht mal nicht unter den Scheffel«, zog Rona sie auf. »Allie, du bist die intelligenteste Frau, die ich kenne. Du kannst alles machen.«

»Ich fürchte, du bist da ein bisschen voreingenommen, Rona. Nenn mir eine Sache, die ich erfolgreich anpacken könnte.«

Rona brütete eine Minute über ihrer Suppe und sagte dann: »Du wärst eine fantastische Privatdetektivin. Du verfügst über alle Fähigkeiten, die es dafür braucht. Du könntest einen Trappistenmönch zum Plaudern bringen. Ich wette, Bill Mortensen würde dich mit Handkuss nehmen. Er beschwert sich doch immer, dass er mehr zu tun hat, als er bewältigen kann. Mortensen und Burns. Das klingt doch toll.«

Allie lachte laut auf. »Ich? Privatdetektivin? Machst du Witze?«

»Wieso? Du liest doch ständig diese Kriminalromane von amerikanischen Autorinnen mit ihren toughen Heldinnen. Du könntest V. I. Warshawski sein oder Kinsey Millhone oder – wie heißt noch deren britisches Pendant?«

»Anna Lee?«

»Ja, genau! Du könntest die schottische Anna Lee werden.«

»Rona Dunsyre, das ist das Verrückteste, was du je vorgeschlagen hast. Aber abgesehen davon, möchte ich nicht für Bill arbeiten, so sehr ich den Kerl auch mag.«

Rona wedelte mit dem Zeigefinger. »Das weiß ich. Ich schlage auch gar nicht vor, dass du *für* Bill arbeiten sollst. Aber dass du *mit* ihm arbeitest, das kann ich mir vorstellen. Wisch das nicht einfach so vom Tisch, Liebes.«

»Und was ist mit meinem Schreibtalent? Ich liebe es, Artikel zu verfassen, und ich bin gut darin, Ro.«

Rona seufzte. »Guter Punkt, das muss ich zugeben. Aber es spricht nichts dagegen, dass du nebenbei journalistisch tätig bleibst. Oder, hey, vielleicht könntest du ja selber anfangen, Detektivromane zu schreiben.«

Allie verschluckte sich an ihrem Bier. »Jetzt hab ich den Beweis, dass du zu viel getrunken hast. Dass ich mir Geschichten ausdenke, ist ein Ding der Unmöglichkeit. So funktioniert mein Gehirn einfach nicht.«

»Es gibt Leute, die sagen, dass es beim Boulevardjournalismus einzig und allein darum geht, sich etwas auszudenken«, sagte Rona mit einem diabolischen Glitzern in den Augen.

Auf einen Schlag wieder ernüchtert, schüttelte Allie den Kopf. »Du weißt, so bin ich nicht«, entgegnete sie. »Ich fühle mich schon schuldig, wenn ich einen Satz begradige, in dem mein Interviewpartner sich verheddert hat.«

»Ich mache mir Sorgen um dich, Liebling. Du stürzt dich so sehr in deinen Job, du steckst da so viel von dir rein. Was, wenn nichts mehr von dir da ist?«

»Das wird nicht passieren, Ro. Wenn ich zu dir nach Hause komme, dann ist es, als ob sich meine Akkus wieder aufladen. Ein Abend wie dieser spült den ganzen Stress aus mir raus, und das schafft Platz für die guten Sachen.« Sie streckte den Arm über den Tisch und fuhr sanft mit einem Finger über Ronas Hand. »Ich mag es, wenn du versuchst, meine Probleme zu lösen Aber ich muss mir meinen eigenen Fluchttunnel graben. Und ich glaube einfach nicht, dass der zu Bill Mortensen führt.«

16

Wenn es ums Reisen ging, bewegte sich Genevieve Lockhart in einer völlig anderen Welt als Allie und ihre Mitarbeiter. Sie fuhr nur dann, wenn sie es wollte; sie hatte immer einen Fahrer zur Verfügung, der sie ins Büro, zum Einkaufen, zu Partys und zu Essenseinladungen kutschierte. Für längere Reisen standen stets der Helikopter ihres Vaters oder sein Privatjet bereit. Ihre Angestellten organisierten den genauen Ablauf und kümmerten sich um die Hotels, und sie wussten, welche Standards erfüllt werden mussten. Selbst ihr Koffer wäre für sie gepackt worden, wenn sie es gewollt hätte; dass sie immer selbst ihre Reisegarderobe zusammenstellte, war für Genevieve ein Zeichen, dass sie sich keineswegs als etwas Besseres betrachtete. Sie war keine verwöhnte Prinzessin, um Himmels willen. Sie konnte ihre Blusen selbst zusammenlegen.

An diesem Winterabend war Genevieve allein in der Penthouse-Wohnung oberhalb der Geschäftsräume von Pythagoras Press, um letzte Vorbereitungen für eine Reise nach Vilnius zu treffen. Sie hatte sich mit diesem Projekt beschäftigt, seit sie Stephen Lavery rausgekickt hatte. Drei ihrer engsten Mitarbeiter waren von ihr darauf angesetzt worden, die Aufrührer unter den Ostblockstaaten zu identifizieren, die für Pythagoras Press entweder als Produzenten oder als Märkte wissenschaftlicher Literatur wichtig waren. Nachdem sie die Informationen, die ihr Team zusammengetragen hatte, analysiert hatte, war sie zu dem Schluss gekommen, dass Litauen ihr erstes Ziel werden sollte. Als sie dies ihrem Vater mitteilte, hatte er fragend die Augenbrauen gehoben. »Warum Litauen? Das ist nicht gerade einer der großen Player auf unserem Markt.« Er zog kräftig an seiner Zigarre und stieß eine

Wolke blauen Rauch aus, die seinen Gesichtsausdruck verbarg. Er liebte es, diesen Trick bei Verhandlungen einzusetzen. Zigaretten zu rauchen war in seiner Gegenwart verboten, weil er angeblich den Geruch widerlich fand, aber er selbst setzte seinen Zigarrenrauch strategisch ein.

Genevieve hatte ihre Gründe an den Fingern abgezählt: »Seit wir diese alberne Biografie über ihren geliebten Staatenlenker veröffentlicht haben, pflegen wir eine gute Beziehung zur aktuellen Regierung. Darum wird es kein Aufsehen erregen, wenn ich dort hinfahre. Der Markt ist dort für Pythagoras Press vielversprechend – die Bevölkerung ist jung und ambitioniert, aber wegen mangelnder Möglichkeiten frustriert. In Tavas Nagaitis haben wir dort einen hervorragenden Mittelsmann. Er ist ein hinterhältiges kleines Arschloch, aber er ist unser Arschloch, und ich vermute, dass er genau weiß, mit wem man auf der anderen Seite des Zauns sprechen muss. Soweit ich es erkennen kann, steigt in allen baltischen Staaten der Druck, die Politik zu verändern. Und Litauen ist klein genug, dass ich mitbekommen kann, was da im Untergrund rumort.«

Lockhart starrte seine Tochter an, als wollte er in ihren Schädel eindringen, um zu sehen, was darin vor sich ging. »Keine schlechte Wahl, um sich langsam vorzutasten. Und sowohl dein Russisch als auch dein Deutsch ist gut. Wie soll es danach weitergehen?«

»Als Nächstes steht Bulgarien an. Schiwkow liebt dich. Er glaubt tatsächlich, was in dieser beschönigenden Biografie steht, die wir für ihn verfasst haben. Er möchte so gern, dass du einmal zu ihm kommst. Darum wird er begeistert sein, mich zu empfangen. Er wird mich herumführen und mir all die wunderbaren Orte zeigen, die er uns überlassen könnte. Aber meine Leute sagen, dass es unter der schönen Oberfläche sehr unruhig zugeht. Tschernobyl ist nur etwas mehr als tausend Kilometer entfernt – das ist nichts, wenn der Wind aus der entsprechenden Richtung weht. Als Gorbatschow die Sache mit Tschernobyl enthüllt hat, sind die Leute ausgerastet. Sie haben sich gefragt: ›Was haben sie uns sonst noch alles verschwiegen?‹«

Lockhart verzog das Gesicht. »Dieser verdammte Gorbatschow. Aber ich glaube, es ist ein Fehler, Bulgarien den Vorrang zu geben. Zunächst einmal sprichst du die Landessprache nicht –«

»Aber wir haben dort gute Kontakte«, protestierte Genevieve. »Die Leute, die dort an der Macht sind, sprechen außerdem alle Russisch. Und die Kräfte, die eine Veränderung wollen, sind international ausgerichtet. Die sprechen Englisch, Deutsch –«

»Türkisch, Rumänisch. Genny«, unterbrach er sie, »du weißt, ich kenne Bulgarien. Die stehen dort unter der Knute der Partei. Selbst wenn Schiwkow gestürzt wird und mit ihm sein Politbüro, wird es nicht zu einer Revolution kommen. Es gibt durchaus ein paar Hitzköpfe, aber der Konservatismus ist dort stark ausgeprägt. Streich Bulgarien von deiner Liste, okay?«

Sie unterdrückte ein Seufzen. Immer musste er es besser wissen. Sie nickte mit zusammengepressten Lippen.

»Was kommt als Nächstes, nach Bulgarien?«

Sein Lächeln war wahrscheinlich begütigend gemeint, doch ihr kam es herablassend vor. Nicht zum ersten Mal wünschte sie sich, er würde sie in der Ecke des Konzerns, die eigentlich die ihre sein sollte, tatsächlich frei schalten und walten lassen. Sie atmete tief ein. »Ostdeutschland. Ich möchte die Sachen in Ostberlin gern ein bisschen vorantreiben. Die Dominosteine wackeln dort schon ganz schön.«

Lockhart legte die Stirn in Falten. »Du bist dort, um Kontakte zu erschließen. Um die Stimmung einzufangen. Nicht, um eine verdammte Revolution zu starten.«

Genevieve wurde rot. »Ich bin nicht dumm, Ace. Ich weiß, dass es nur um Sondierungen geht.«

»Nein, du bist definitiv nicht dumm.« Er lächelte nachsichtig und zog sanft an seiner Zigarre. »Aber du musst lernen, vorsichtig zu sein.«

Sie konnte ein Auflachen nicht unterdrücken. »Das sagt der Richtige. Das Risiko in Person.«

Er blickte verschnupft drein. »Ich sondiere immer erst die Lage, bevor ich mich vorwage.«

»So hast du deine Auszeichnung für Monte Cassino aber nicht erhalten.« Sie milderte die Schärfe mit einem Lächeln ab.

»Aber auf diese Weise könntest du dir hinter dem Eisernen Vorhang deine Sporen verdienen.«

Ihr schien das ein gutes Schlusswort zu sein, schließlich war alles gesagt.

Jetzt überlegte sie, was das richtige Outfit für Vilnius im Februar war. Sie musste auf Schnee eingerichtet sein. Dann Termine mit Regierungsvertretern, und ein paar Leuten bei Pythagoras Press musste der Kopf gewaschen werden, dazu noch ein oder zwei Dinner. Für diejenigen, die danach strebten, die neuen Machthaber zu werden, musste sie sich ein bisschen einfacher kleiden. Und nicht zu vergessen: ein paar Bücher, die in Kürze erscheinen würden und die sie verteilen wollte wie Süßigkeiten an Kinder.

Ein Koffer würde dafür nicht reichen.

Was die Passkontrolle und die Einreisebedingungen in den Ostblock anbelangte, war es durchaus von Vorteil, Wallace Lockharts Tochter zu sein. Pythagoras Press war eine beliebte und geachtete Quelle für harte Devisen; wenn es eine Aristokratie in Litauen gegeben hätte, hätte man sie als ihresgleichen behandelt. Auch wenn sie mit einer kommerziellen Fluglinie anreisen musste und nicht mit dem Privatjet, musste Genevieve sich dennoch nicht in die langen Schlangen am Flughafen von Vilnius einreihen. Sie wurde vor allen anderen Passagieren aus dem Flugzeug gewinkt und von einem Mann in Uniform, dessen Gesicht völlig unbewegt war, zum Terminal eskortiert. Sie war sich nicht sicher, ob es ein Soldat, ein Polizist oder jemand von der Staatssicherheit war. Doch eine Frau in ihrer Position hatte nichts zu befürchten.

Egal, wie oft sie nach Osteuropa reiste, es gab zwei Dinge, die Genevieve immer wieder auffielen: Alles wirkte trist; und jeder öffentliche Raum roch nach billigem Tabak und ungewaschenen Leibern. Würden diese Trotzkisten, die vor Lockharts Gebäuden den *Socialist Worker* verkauften, auch nur einen Monat lang in einem kommunistischen Staat verbringen müssen, würden sie mit Freude nach Hause flüchten und künftig die Tories wählen. Eine Ausnahme war vielleicht Kuba, gestand sie sich insgeheim ein. Der Sonnenschein und die alten amerikanischen Autos, die durch Havanna zuckelten, verliehen der Stadt einen gewissen abgerockten Glamour.

Nachdem sie die Einreiseformalitäten erledigt hatte, betrat Genevieve das Ankunftsterminal und suchte die lärmige Menge aufgeregter Einheimischer ab, die hier auf Ankömmlinge warteten. Angemessen weit links entdeckte sie den vertrauten Schopf von Tavas Nagaitis. Er sah genau so aus, wie sie ihn in Erinnerung hatte: Dunkelbraunes Haar, zu einer Frisur geschnitten, die an einen zerknautschten Helm erinnerte, umrahmte sein rattenähnliches Gesicht mit den hellen Augen, der messerscharfen Nase und den kleinen spitzen Zähnen, die unter seinem dünnen Lächeln hervorblitzten. Er trug denselben glänzend blauen Anzug zu einem weißen Hemd mit eng geschnürtem braunem Schlips. Er hielt kein Schild hoch, auf dem ihr Name oder der des Unternehmens prangte. Das war auch nicht notwendig, da beide wussten, nach wem sie Ausschau halten mussten. Sie blieb abwartend stehen, während er sich durch die Menge schob, um sie zu begrüßen. Die schweren Koffer wollte sie nicht häufiger schleppen als nötig.

Sie tauschten ein paar belanglose Freundlichkeiten aus. Genevieve wusste, dass ihr Russisch ein bisschen eingerostet war, doch die Erfahrung hatte sie gelehrt, dass es morgen früh schon flüssiger ginge, wenn sie den Abend in ihrem Hotelzimmer verbrachte und russische Nachrichten im Fernsehen ansah oder sich mit Nagaitis unterhielt. Dieser geleitete sie jetzt aus der Ankunftshalle. Statt aufdringlichem Zigarettenqualm begrüßten sie draußen nicht minder aufdringliche Auspuffgase, ein eigenwillig süßlicher Geruch, der in der eisigen Luft hing. Nagaitis hatte direkt am Bordstein geparkt, was bedeutete, dass er den Polizisten bestochen haben musste, der neben seinem senfgelben Kombi wartete. Er hielt ihr die Beifahrertür auf und verstaute dann ihr Gepäck.

»Das Auto ist neu«, verkündete er stolz, als sie losfuhren. »Als Ihr Vater das letzte Mal hier war, meinte er, es sei beschämend, in meinem alten Moskwitsch gesehen zu werden.« Er grinste sie keck an. »Sie können ihm sagen, dass Sie jetzt mit einem fast noch neuen ISCH-2126 Orbit aus Ischewsk abgeholt wurden. Wirklich klasse. Man sieht hier nicht allzu viele von denen auf der Straße.«

»Dahin ist also der ganze Profit geflossen, Tavas«, erwiderte sie.

Er sah sie leicht beunruhigt an, bis er ihren schelmischen Blick bemerkte und sich entspannte.

»Ich hatte Ihren Sinn für Humor vergessen«, bemerkte er.

Was sie vergessen hatte, waren die Schlaglöcher, die Autofahrer dazu zwangen, hin und her zu kurven, als wären sie betrunken. Genevieve klammerte sich verbissen an den Türgriff und schaute aus dem Fenster. Sie passierten reihenweise gesichtslose Wohnblöcke, die in jeder sowjetischen Stadt hätten stehen können. Dann kamen sie am städtischen Park mit seiner Lenin-Statue vorbei, eine Kopie des bekannten Standbildes am Finnländischen Bahnhof in Leningrad. Genevieve wusste, dass es an Ketzerei grenzte, aber für sie sah Wladimir Iljitsch immer so aus, als würde er ein Taxi heranwinken.

Wie üblich legte Nagaitis Wert darauf, sie an die Sehenswürdigkeiten der Stadt zu erinnern, seine Fahrtroute war entsprechend ausgerichtet. Das seltsame Paar von Vilnius schob sich gerade in den Blick: die weiße Kathedrale mit ihrem neoklassischen Portikus, die man leicht mit einem Museum hätte verwechseln können; direkt daneben befand sich separat der Glockenturm, der an einen fünfhundert Kilometer entfernt von jedem Meer gestrandeten Leuchtturm erinnerte. Dieser Anblick brachte sie immer wieder zum Lächeln. Aber in Vilnius musste man sowieso jede noch so kleine Andeutung von Humor ausnutzen.

Als sie beim Hotel Europa ankamen, legte Genevieve ihre Hand auf Nagaitis' Arm, um ihn daran zu hindern, sofort hinauszuspringen und sich ihre Koffer zu schnappen. »Ich würde gern heute Abend vertraulich mit Ihnen sprechen. Können wir irgendwo auf einen Drink hingehen, wo wir nicht belauscht werden?«

Er dachte einen Augenblick nach. »In der Altstadt gibt es Gaststätten, die zu gut besucht sind, als dass versteckte Mikrofone ein einzelnes Gespräch abhören könnten. Manche haben dunkle Ecken, in denen wir dicht genug beieinandersitzen können, um in Ruhe zu reden. Wäre das in Ordnung?«

In seinen Augen spiegelte sich Angst. Das war nicht ungewöhnlich bei Leuten, die eng mit ihrem Vater zusammenarbeiteten. Genevieve versuchte, ein anderes Arbeitsklima zu etablieren. Am besten, ohne dass ihr Vater das mitbekam.

»Perfekt. Wie kommen wir dorthin, ohne Aufmerksamkeit zu erregen?«

Er warf ihr einen Seitenblick zu. »Sie sind zu farbenfroh gekleidet. Am besten stellen Sie sich vor, Sie haben ein Meeting mit dem Staatssekretär für industrielle Produktion. Haben Sie ein Barett? Nein? Dann verbergen Sie Ihre Haare lieber unter einem Schal. Und weniger Make-up, bitte.«

Diese Anweisungen zu geben machte ihm ein bisschen zu viel Spaß, dachte Genevieve bei sich.

»In einer Stunde klopfe ich an Ihre Tür«, fuhr Nagaitis fort. »Die Hotellobby wird dann voll sein. Eine Gruppe von Ingenieuren hält dort eine Konferenz ab, sie werden zu dem Zeitpunkt von einer Tagestour durch mehrere Fabriken zurückkehren. Das Gewühl können wir nutzen, um unauffällig aus dem Hotel zu kommen.«

»Woher wissen Sie das mit den Ingenieuren?«

Selbstgefällig erwiderte er: »Wir haben gestern einen Empfang für sie gegeben. Pythagoras verlegt eine ihrer Fachzeitschriften.«

Es kam ihr so absurd vor wie ein schlechter Spionagefilm. Aber es war seine Welt, und ihr blieb nichts anderes übrig, als ihm zu vertrauen. Nachdem er sie abgeholt hatte, schafften sie es in den Abend hinaus, ohne größeres Aufsehen zu erregen. Nagaitis führte sie durch die schwach beleuchteten Straßen und Gassen der Altstadt. Eine dünne Eisschicht überzog das Kopfsteinpflaster, und ihr Atem bildete kleine Wolken. An jeder Ecke schaute Genevieve über die Schulter, doch sie konnte keine Verfolger entdecken. Zehn Minuten später quetschten sie sich mit zwei Glas Bier in eine winzige Nische in einem überfüllten Wirtshaus in der Altstadt.

»Entspricht das dem, was Sie gewollt haben?«

Sie nickte. »Das ist perfekt.«

»Haben Sie etwas dagegen, wenn ich rauche?«

»Tavas, wir sind der einzige Tisch, an dem nicht geraucht wird. Also bitte, rauchen Sie.« Sie wartete, bis er sich eine Zigarette angezündet hatte. »Ich wollte ungestört mit Ihnen sprechen, weil wir uns Sorgen darüber machen, was in Litauen passiert. In politischer Hinsicht«, fügte sie hastig hinzu, als sie Panik in seinen Augen aufsteigen sah. »Wir sind sehr damit zufrieden, wie Sie die Geschäfte hier führen. Aber wir hören uns natürlich um, und wir haben das Gefühl, dass es im Ostblock zu Veränderungen kommen wird.« Sie machte eine Pause.

Verstohlen blickte Nagaitis sich um, ob jemand sie beobachtete. »Gorbatschow«, sagte er dann. »Er ist als Staatschef völlig anders als alle anderen vor ihm.«

»Wir möchten möglichen Problemen vorbeugen. Auf alle Veränderungen vorbereitet sein.« Sie wartete einen Moment, aber er erwiderte nichts. »Wir wissen, dass die Proteste immer massiver werden. Und wir möchten Teil davon sein, Tavas.«

Seine Augen weiteten sich, und er leckte sich nervös über die Lippen. »Wen meinen Sie mit ›wir‹? Pythagoras Press oder sich selbst?«

»Mein Vater und ich ziehen in dieser Frage an einem Strang.« Sie grinste. »Er weiß, warum ich hier bin. Der einzige Grund, warum er nicht mitgekommen ist, ist seine große Bekanntheit.« Sie wies auf die volle Gastwirtschaft. »Können Sie sich meinen Vater hier drin vorstellen? Die Leute würden Schlange stehen, um ihm die Hand zu schütteln. Die Geheimpolizei würde jeden seiner Schritte im Blick behalten, und überall würde man ihn erkennen. Ich hingegen kann unter dem Radar agieren.«

Nagaitis trank sein Bier in einem Zug aus und stand auf. »Ich brauche noch einen Drink. Möchten Sie auch?«

Genevieve schüttelte den Kopf. Sie sah ihm nach, während er sich zur Theke durchschob, und achtete darauf, ob er nur mit dem Schankwirt oder mit sonst noch jemandem sprach. Als er sich wieder hinsetzte, stellte er ein Glas Wodka auf den Tisch. Das brachte sie zum Lächeln.

»Sie brauchen keine Angst zu haben, Tavas. Wir schätzen Sie sehr. Was auch immer passiert: Sie sind unser Mann in Litauen.«

»Warum glauben Sie, dass ich Ihnen dabei helfen kann? Was habe ich getan, dass Sie mich für einen Verräter halten?« Er trommelte mit den Fingerspitzen auf die Tischplatte, und aus dem Augenwinkel konnte Genevieve sehen, wie sein Bein auf und ab wippte.

»Ich halte Sie nicht für einen Verräter. So, wie ich Sie kennengelernt habe, bin ich überzeugt, dass Sie Ihr Land lieben. Darum denke ich, dass Sie Kontakt zu Leuten gesucht haben, die sich eine andere Zukunft wünschen. Eine, in der sie selbst die Zügel in der Hand halten.« Sie ließ die Lüge zwischen ihnen stehen.

Umständlich zündete Nagaitis sich eine weitere Zigarette an, um ihr nicht in die Augen sehen zu müssen. Er atmete den Rauch zur Seite hin aus, kippte den Wodka hinunter und zuckte mit den Schultern. »Miss Lockhart, eine sehr lange Zeit war es unmöglich, auch nur zu denken, was Sie gerade gesagt haben.«

»Ich weiß. Aber es ist etwas im Gange, und zwar in allen Sowjetstaaten. Es ist nicht so wie in Ungarn 1956 oder in der Tschechoslowakei 1968, als sich ein einzelnes Land gegen Moskau aufgelehnt hat. Mein Vater hat Verbindungen in der ganzen Sowjetunion, und er ist überzeugt, dass etwas in Bewegung gekommen ist im gesamten Ostblock, vom Kaukasus bis zum Baltikum.« Genevieve spreizte die Hände, um ihre Offenheit zu unterstreichen. »Ich will ehrlich zu Ihnen sein, Tavas. Meinem Vater ist die ideologische Seite egal. Es kümmert ihn nicht, welches politische System hier herrscht, solange er Geschäfte machen kann.«

Nagaitis seufzte. »Er ist ein Kapitalist.«

»Und das hat sich für Sie ganz gut ausgezahlt«, erwiderte sie trocken. »Wenn ich jetzt die richtigen Kontakte knüpfe, wird jeder etwas davon haben. Pythagoras führt seine profitablen Beziehungen mit den litauischen Wissenschaftlern und Forschern fort. Und genauso wie wir für das Volk Biografien erstellt haben, die die kommunistischen Staatschefs in schillernden Farben gezeichnet haben, werden wir es auch für die neuen Machthaber machen. Denn sie werden das Entgegenkommen einer freundlich gesinnten Presse im Ausland benötigen, und genau das können wir ihnen bieten. Jeder wird davon profitieren, Tavas. Und eure neuen Machthaber werden wissen, wem sie all das zu verdanken haben.« In ihrem Hinterkopf hörte sie leise den Widerhall von »Won't Get Fooled Again« von The Who – die neuen Bosse würden genauso sein wie die alten …

»Bei Ihnen klingt das alles sehr einfach«, murrte Nagaitis. »Sie wissen doch, dass in meinem Land rein gar nichts reibungslos über die Bühne geht.«

»Organisieren Sie ein Treffen, Tavas. Für morgen. Tagsüber sehen wir uns an, wie die Geschäfte von Pythagoras laufen. Und am Abend stellen Sie mich der Zukunft vor.«

Er blickte verzagt drein. »Ich seh mal, was sich machen lässt.«

Genevieve sah Ace Lockharts Stirnrunzeln vor sich und wusste, was sie jetzt sagen musste und auch wie. »Das reicht nicht, Tavas. Sorgen Sie dafür, dass es stattfindet.« Sie sprach mit der Stimme ihres Vaters. Vielleicht war die Tonlage mehr Alt als Bariton; aber was sie sagte, war in jeder Hinsicht unmissverständlich.

17

Um kurz vor sieben eilte Allie am Dienstagmorgen den Bahnsteig des Bahnhofs Picadilly in Manchester entlang, um den ersten Waggon des langen Intercity zu erreichen. Sie reservierte immer einen Platz im ersten Waggon, weil sie so schneller wegkam, wenn der Zug am Zielbahnhof in London eintraf. Der Vorteil der ersten Klasse – auf Spesen – war, dass es unterwegs Frühstück und Kaffee gab. Das war ein kleines Trostpflaster für die monatliche Fahrt in die Hauptstadt, die sie antreten musste, um an der Redaktionskonferenz des *Sunday Globe* teilzunehmen.

Während der letzten Tage hatte sie Himmel und Hölle in Bewegung gesetzt, um herauszufinden, was genau mit ihrer Story geschehen war. Sie wusste, wer die Entscheidung getroffen hatte, dieses Massaker an ihrem Beitrag zu veranstalten. Sie kannte den Freelancer, der normalerweise eingesetzt wurde, um das Beil zu schwingen – ein Mann, der früher am Schreibtisch neben ihr gesessen hatte und dessen Empörung, dass er gefeuert wurde, während sie bleiben konnte, fast in Gewalt umgeschlagen war. Sie war bereit und gewappnet für den Angriff. Das Erste, was sie an diesem Dienstagmorgen tun wollte, noch bevor sie Themen für die nächste Ausgabe zusammenstellte, noch bevor die Konferenz begann, war, ihrem Nachrichtenredakteur an die Gurgel zu gehen.

Für einen kurzen Moment hatte sie in Erwägung gezogen, sich einen neuen Job zu suchen. Aber in Manchester brauchte gerade niemand eine Journalistin. Vermutlich könnte sie zurück zum *Clarion* in Glasgow gehen, aber allein der Gedanke daran schlug ihr auf die Stimmung. Abgesehen von Angus Carlyle, der es vom Nachrichtenredakteur zum Chefredakteur gebracht hatte, wären

da die ganzen alten Gesichter, die die immer gleichen schrecklichen Artikel schrieben, in den immer gleichen schrecklichen
Pubs hockten und die immer gleichen schrecklichen Ansichten
gegenüber jedem, der nicht aussah wie sie, raushängen ließen.
So schlimm die Situation jetzt auch war, dort wäre sie noch
schlimmer. Sie biss die Zähne zusammen und ging zum Aus-
gang.

Mit der überfüllten U-Bahn war sie während des Berufsver-
kehrs schneller am Ziel als mit einem Taxi. Wie es wohl sein würde, wenn Lockharts Zeitungen tatsächlich alle in den neuen Gebäuden irgendwo im Süden Londons untergebracht waren? Für
Allie wäre das Neuland, dort kannte sie sich nicht aus.

An der Chancery Lane stieg sie aus und kehrte an die Erdober-
fläche zurück. Die Straßen waren beinahe genauso voll wie die
U-Bahn. Aber zumindest war die Luft hier etwas frischer als unter
der Achselhöhle eines fremden Menschen. Wenige Minuten später betrat sie das Foyer aus weißem Marmor, zeigte ihren Mit-
arbeiterausweis vor und ging zu den Aufzügen. Während sie dort
inmitten eines Pulks schweigender Fremder stand, war Allie zum
wiederholten Male dankbar, dass sie bislang nicht nach London
hatte umziehen müssen. Es hatte in der Vergangenheit mehrere
Angebote gegeben, die sowohl lukrativ als auch in beruflicher
Hinsicht verlockend gewesen waren. Aber die Vorstellung, in
London leben zu müssen, ließ sie zurückschrecken.

Es war nicht das Stadtleben an sich, das sie nicht mochte. Sie
hatte Glasgow für seine großen Kaufmannshäuser geliebt, und
auch Manchester gefiel ihr inzwischen aus dem gleichen Grund.
Beide Städte waren durch die Wirtschaftspolitik der letzten zehn
Jahre fast in den Ruin getrieben worden, aber nicht mal das hatte
die »Ihr-könnt-uns-mal«-Einstellung der Bevölkerung ändern
können. Glasgow war störrisch und hielt zum Beispiel daran fest,
im kommenden Jahr Kulturhauptstadt Europas zu sein. Es gab

Gerüchte, dass Frank Sinatra im Ibrox-Stadion auftreten würde; allein bei dem Gedanken daran musste Allie grinsen, so absurd war die Idee. Und Manchester hatte sich dank Musikbusiness, Fußball und TV-Produktionsfirmen mühsam aus den Niederungen hochgearbeitet. Aber das Wichtigste an diesen beiden Städten war – zumindest für Allie –, dass man schnell auf dem Land war. Seit den frühesten Tagen ihrer Beziehung versuchten Rona und sie übers Wochenende möglichst oft die Stadt gegen die grünen Lungen der Berge zu tauschen. Den Sonntagabend auf einem windigen Gebirgskamm zu verbringen war die Ergänzung zum Clubleben in der Samstagnacht.

London mit seiner schieren Größe, seinem Dreck und seinem permanent brummenden Verkehr konnte man nicht so leicht hinter sich lassen. Allie und Rona hatten Freunde in London, die die Cotswolds und die Südküste liebten. Jeden Freitag fuhren sie zum Großeinkauf in den Supermarkt, standen dann stundenlang in Staus und erreichten abends völlig erschöpft ihre Wochenendhäuser. Und zwei Tage später dasselbe dann in die andere Richtung, mit mürrischen Teenagern oder müden Kleinkindern auf der Rückbank, die die ganze Zeit herumquengelten. Und das ganze Gerede von den kulturellen Angeboten? Allie war sich sicher, dass Rona und sie bei ihren Kurzreisen in die Hauptstadt häufiger ins Theater gingen und mehr Galerien besuchten als die dort ansässigen Freunde während des ganzen Jahres. Zu Besuch in London zu sein brachte Spaß, keine Frage. Aber dort zu leben, war keine Option.

Der Fahrstuhl öffnete sich, und alle drängten sich hinein, gesprochen wurde nur, um die Etage mitzuteilen. Allie quetschte sich im sechsten Stock wieder hinaus, straffte die Schultern und stieß die Tür zur Nachrichtenredaktion auf. Um Viertel vor zehn an einem Dienstagmorgen war es bei einem Boulevardblatt, das immer sonntags erschien, ziemlich leer. Die meisten Schreibtische waren nicht besetzt. In rund einer halben Stunde würden langsam die ersten Reporter und Fotografen eintrudeln. Die Sekretärinnen waren schon an ihren Plätzen. Der stellvertretende Nachrichtenredakteur und der stellvertretende Bildredakteur, beide in Hemdsärmeln, besprachen sich leise. Niemand sah auf, als Allie eintrat.

Der Mann, auf den sie es abgesehen hatte, würde in seinem Büro sein. Wäre der Redaktionsraum ein Fußballfeld, läge Gerry Richardsons von Glaswänden umgebene Kabine an der Mittellinie, genau an der richtigen Stelle, um im Blick zu behalten, wer gerade was machte. Sie wusste, dass er sie in der Sekunde gesehen hatte, in der sie die Tür aufgestoßen hatte. Während sie auf ihn zuging, winkte er ihr herablassend zu.

Alles an Richardson war straff. Seine Haut schien direkt über seine Knochen gespannt zu sein; sein Gesicht sah aus, als wäre er in einem Windkanal gefangen. Das dünne silberfarbene Haar lag glatt am Kopf an, sein Körper war drahtig und sehnig. Statt mittags ins Pub zu gehen, zog er Shorts und Trikot über und joggte am Embankment entlang. »Ich wiege mit fünfundvierzig genau so viel wie mit zwanzig«, verkündete er gern stolz. Er kam ursprünglich aus dem East End, ein Arbeiterjunge aus Bow. Es gab das Gerücht, dass er der berüchtigten Verbrecherfamilie Richardson angehörte. Er hatte es nie abgestritten, aber Allie vermutete, es war eher Wunschdenken als Tatsache. Allerdings neigte er zu den gleichen sadistischen Anflügen, für die auch die Gangster berüchtigt waren.

Sie betrat das Büro, zog ihren Mantel aus und warf ihn über einen freien Stuhl. Sie hatte noch nicht einmal angesetzt zu reden, da hob Richardson schon die Hand. »Bevor du dich jetzt aufplusterst«, sagte er, »lass dir gesagt sein: Ich weiß genau, was du mir lautstark um die Ohren hauen willst. Du wirst meckern, dass ich deinen Artikel hab umschreiben lassen. Du wirst jammern, dass statt Feingefühl Sensationslust im Mittelpunkt steht. Und du wirst rumzicken, dass ich Owen Prosser mit dem Umschreiben beauftragt habe, weil er ein Saftsack ist.« Er spreizte die Hände und lächelte, was ihn aussehen ließ wie einen schlecht gelaunten Biber.

»Warum?«, wollte sie wissen. »Ich habe eine großartige Story abgeliefert.«

Er verzog die Lippen. »Eine großartige Story für eine andere Art von Zeitung. Allie, du weißt ganz genau, was wir hier machen. Wir machen Sensationsjournalismus. Wir bedienen die niedrigsten Instinkte. Wir rühren in der Scheiße.«

»Früher war das anders. Da haben wir richtigen Journalismus betrieben.«

Er biss sich auf die Lippe. »Allie. Ich hab mich für dich eingesetzt.« Er deutete mit dem Daumen nach oben. »Der Boss wollte einen von den Kerlen behalten. Aber ich habe Nein gesagt. Ich habe gesagt: ›Allie Burns ist eine der besten Journalistinnen, mit denen ich je zusammengearbeitet habe.‹ Und das habe ich auch so gemeint. Dir öffnen sich Türen, die anderen vor der Nase zugeschlagen werden. Leute, die sich aufführen, als hätten sie ein Schweigegelübde abgelegt, bringst du zum Reden. Aber du musst eben nach Ace Lockharts Pfeife tanzen.«

»Wie eine Marionette? Und wenn ich das nicht will?«

Er seufzte. »Was willst du denn sonst tun? Wo willst du denn hin? Wenn du es hier verkackst, bist du geliefert, Mädchen.« Von ihm die eigenen Zweifel bestätigt zu bekommen, war nicht gerade hilfreich. »Ich gebe mein Bestes, um dir den Rücken freizuhalten, denn wenn es drauf ankommt, wenn alle Stränge reißen, dann bist du die Beste. Mit deiner Lockerbie-Geschichte hast du Glasaugen zum Weinen gebracht. Du findest in Manchester Storys, die London zutiefst berühren, und das will was heißen. Aber ich kann dich nicht ewig schützen. Deine Story von letzter Woche? Du weißt so gut wie ich, dass eine rührselige Geschichte über sterbende Junkies und Huren, die keine medizinische Versorgung für ihre selbst verschuldete Krankheit bekommen, nicht zur *Globe*-Linie passt.« Er schüttelte den Kopf.

Sie versuchte, ihre Überraschung zu verbergen. »Wenn du so davon überzeugt bist, dass ich gut bin, und wenn es dir so wichtig ist, mich zu halten, warum hast du mir die Story dann nicht zurückgeschickt und eine Überarbeitung eingefordert?«

»Weil du es getan hättest. Und nächstes Mal wäre es der gleiche Tanz gewesen. Ich hab Prosser damit beauftragt, weil ich wusste, dass dich das auf die Palme bringt. Ich wusste, dass du hier heute Morgen wütend hereinstürmen wirst.«

In Momenten wie diesem verstand Allie, warum er die Karriereleiter hinaufgefallen war. »Und du erzählst mir das alles nur zu meinem Besten, nicht wahr?« Sie konnte den Sarkasmus in ihrer Stimme nicht ganz unterdrücken.

»Sei nicht so verdammt naiv. Ich sage dir das zu *meinem* Besten. Ich habe mich für dich aus dem Fenster gelehnt, damit du die verantwortliche Nachrichtenredakteurin für den Norden wirst. Wenn Lockhart dich über die Klinge springen lässt, stehe ich wie ein Idiot da. Und jetzt komm runter, such dir einen Schreibtisch und gib mir fünf Themen für die Konferenz.« Er wedelte mit der Hand und wies ihr die Tür. Doch dann hob er noch einmal die Stimme: »Nein, warte. Ich brauche nur vier von dir. Hier ist schon mal das erste: Die Frau von Little Weed hat was mit einem erfolgreichen Jockey.« Er zwinkerte triumphierend. »Das ist der Tribut, den Owen Prosser für deine Rückkehr in den Schoß der Familie entrichten muss.«

»Ernsthaft?« Little Weed galt als überragender Held des Wrestling-Rings, sein Kampfname war eine alberne Hommage an eine Figur aus der Rundfunksendung *Watch With Mother* und bedeutete auf keinen Fall, dass er gern mal einen Joint rauchte. An seinem Auftreten im Ring war überhaupt nichts Entspanntes. Er verlangte von seinen Gegnern, »Wee-eed« zu schreien, wenn er sie zum Aufgeben zwang. Alles, was Allie über ihn wusste, war, dass er gemeinsam mit seiner einem Kaninchen nicht unähnlichen Frau regelmäßig die Spielcasinos von Manchester aufsuchte und es gar nicht mochte, wenn er verlor.

»Ja, hör zu. Sie ist mit diesem kleinen irischen Würstchen abgehauen, P. J. Flynn. Der muss Eier aus Stahl haben. Little Weed könnte ihn zum Frühstück verdrücken, und es würde ihm nicht mal auffallen.« Er durchwühlte einen kleinen Stapel Papier vor sich und zog ein blassblaues quadratisches Blatt heraus. »Hier ist das Memo. Sprich ihn nicht vor Freitag an. Die beiden haben sich nach Irland verzogen, auf so ein Gestüt mitten im County Bogtrotter. Ich habe dieses irische Mädchen aus Belfast angewiesen, sie ausfindig zu machen. Sie soll die Sicht der Ehefrau einfangen.« Er senkte dramatisch die Stimme: »›Mein Leben in der Hölle mit dem Monster des Rings‹. Danach kannst du losziehen und Weed aufsuchen. Verrat ihm nicht, dass wir schon mit ihr gesprochen haben, sondern biete ihm die rührselige Version an. Wenn du ihn so weit hast, konfrontier ihm mit allem, was sie uns gesagt hat.«

»Ich weiß, wie man so was macht, Gerry.« Allies Gedanken rasten schon voraus, um ihr Vorgehen zu planen. Das bedeutete nicht, dass es sie nicht mehr kratzte, was er ihrem Artikel angetan hatte. Aber das war nicht die Schlacht, in der sie sich aufreiben wollte. »Ach, übrigens, ich möchte mir ein paar Tage freinehmen. Voraussichtlich übernächste Woche. Ich brauche eine kleine Auszeit.«

»Ab in die Sonne mit der liebreizenden Rona?« Er grinste anzüglich. »Bikinis und Sonnencreme?«

»Du bist ein krankes Arschloch, weißt du das?« Allie griff sich ihren Mantel und wollte schon die Tür hinter sich zuschlagen, als

ihr einfiel, dass er sie mit einem hydraulischen Türschließer ausgestattet hatte, um genau das zu verhindern. Sie verabscheute ihren Boss wirklich. Aber sie musste widerwillig zugeben, dass sie
auch Respekt davor hatte, wie er seine Arbeit erledigte. Man
brauchte flinke Füße, um mit einem Teufel wie Wallace Lockhart
zu tanzen.

18

Genevieve Lockhart tat nur sehr ungern, was man ihr vorschrieb. Und obwohl ihr Vater immer sehr deutlich machte, was er von ihr erwartete, zügelte sogar er seine berüchtigte Gemeinheit, wenn es darum ging, ihr bestimmte Vorgaben zu machen. Deshalb war sie von den litauischen Dissidenten bereits genervt, bevor sie sie überhaupt getroffen hatte. Tavas Nagaitis hatte vierundzwanzig Stunden länger gebraucht, um ein Treffen anzuberaumen, als sie gefordert hatte. Am späten Montag hatte er sich in den Geschäftsräumen von Pythagoras Press an sie herangeschlängelt und ihr mitgeteilt, sie solle am kommenden Tag um genau achtzehn Uhr an der Rückseite der Kathedrale sein. »Sie müssen allein kommen, und Sie dürfen sich nicht verspäten«, hatte er gesagt und sich sichtlich unwohl gefühlt, derart präzise Anweisungen geben zu müssen.

»Und wo werden Sie sein?«, wollte sie wissen.

»Ich ... ich ... ich werde ...«

»So lange brauchen Sie, um etwas zu arrangieren, bei dem Sie vollkommen nutzlos sind?«, schnappte sie. »Und dann lassen Sie mich ohne Rückdeckung, ohne jeden Schutz in die Höhle des Löwen marschieren?« Sie konnte sehen, wie sich Schweißperlen auf seiner Oberlippe bildeten, was ihr zumindest ein gewisses Maß an Befriedigung verschaffte.

»Das sind keine Löwen«, stammelte er. »Die sind harmlos.«

»Sie wollen sich gegen den Staat auflehnen – wir beide wissen, dass das nichts Banales ist. Und wie kommen Sie darauf, dass man ihnen vertrauen kann und sie mich nicht als Geisel nehmen?«

Nagaitis sah aus, als würde er gleich in Tränen ausbrechen. »Nein, Sie liegen falsch. So läuft es hier nicht. Der Staat traut sich nicht, sie zu verhaften. Ehrlich, sie stellen keine Bedrohung für Sie dar. Sie wissen, dass Sie sie unterstützen wollen. Ich haben ihnen erklärt, dass Sie Brücken bauen, Beziehungen knüpfen wollen. Den Wandel gutheißen. Sie *wollen* mit Ihnen befreundet sein und Sie keinesfalls bedrohen.«

Genevieve tat, als würde sie lächeln. »Das war nur ein Test, Tavas. Wenn Sie sagen, sie sind vertrauenswürdig, dann nehme ich Sie beim Wort.«

Doch als sie aus dem Hotel schlüpfte, bekleidet mit einem gegürteten Regenmantel und einem Kopftuch, um so unauffällig wie möglich zu erscheinen, konnte sie sich selbst nichts vormachen. Sie war unterwegs zu einem Ort, an dem der Einfluss ihres Vaters nichts galt. Die Geheimpolizei machte ihr keine Sorgen, aber wenn die Dissidenten sich gegen sie wandten, konnte niemand sie beschützen. In den Augen der Aufrührer war das kapitalistische Unternehmen, das Hagiografien der Sowjetführer veröffentlicht hatte, ein Feind. Genevieve hatte nur diese eine Chance, sie vom Gegenteil zu überzeugen.

Um diese Uhrzeit waren die Straßen wie ausgestorben. Zügig eilte sie den Bürgersteig entlang und bog in eine enge Gasse. Falls ihr jemand folgen sollte, würde er sich hier verraten. Sie ging bis zum Ende und drehte dann um. Zuversichtlich, dass ihr niemand auf den Fersen war, wählte sie einen umständlichen Weg zur weißen Masse der Kathedrale. Dort angekommen, stellte sie mit einem Blick auf ihre Armbanduhr fest, dass sie noch zehn Minuten hatte, die sie totschlagen musste. Der weite Platz bot aber nicht die Möglichkeit, unauffällig lange herumzustehen, darum blieb sie in Bewegung.

Sie umrundete etwas, das sie für einen Kreuzgang hielt. Als sie diesen hinter sich gelassen hatte, erreichte sie einen schneebedeckten Platz, über den kreuz und quer Fußspuren führten. Als sie weiterging, näherten sich plötzlich zwei Männer von links und rechts. Sie wurde langsamer und blickte sich um. Nur wenige Meter hinter ihr war ein dritter Mann. Aufgrund der tief ins Gesicht gezogenen Hüte und Schals sowie der viel zu dünn wirkenden Mäntel waren keine Einzelheiten zu erkennen.

»*Normalno*«, sagte einer von ihnen mit ängstlicher Stimme. »*Nu dawai sche.*«

Offenbar versuchten sie, sie zu beruhigen. Versuchten, ihr zu sagen, dass alles in Ordnung war und sie mitkommen sollte. Auf Genevieve wirkten die drei so bedrohlich wie ein Wurf Kätzchen. Sie nickte und ließ sich zur Straße führen, wo ein ramponiert wirkender Lada mit laufendem Motor wartete. Die Männer bestanden darauf, dass sie zwischen zweien von ihnen eingezwängt auf der Rückbank Platz nahm. Dabei fiel ihr auf, dass die Massigkeit der Männer offenbar eher den vielen Kleiderschichten übereinander geschuldet war und nicht Muskeln. Sie entspannte sich ein bisschen, als der Wagen sich in den dünnen Verkehrsstrom einfädelte. Schweigend fuhren sie rund fünfzehn Minuten lang. Sie konnte nur sehr wenig erkennen wegen der vier großen Männer, die sie im Wagen umgaben, aber sie hatte das Gefühl, dass sie große Kreise fuhren. Mit Sicherheit konnte sie nur sagen, dass sie dreimal den Fluss überquerten.

Schließlich hielten sie vor einem großen zweiflügeligen Tor. Der Mann auf dem Beifahrersitz stieg aus, um es zu öffnen, und der Wagen fuhr in einen Innenhof; die Räder wirbelten Schnee auf.

»Willkommen«, sagte der Mann, der offenbar der Sprecher der vier war. »Man hat uns gesagt, dass Sie mit Russisch einigermaßen zurechtkommen?«

»Besser als Sie mit Englisch«, erwiderte Genevieve auf Russisch, als sie aus dem Auto stieg. »Vielen Dank, dass Sie zugestimmt haben, sich mit mir zu treffen.«

Die Männer bildeten eine Phalanx um sie herum und eskortierten sie zum nächstgelegenen Hauseingang. Durch ein schlecht beleuchtetes Treppenhaus stiegen sie über abgenutzte Betonstufen in den zweiten Stock und betraten ohne anzuklopfen eine Wohnung. Es roch nach Essen und billigem Tabak. Genevieve wurde bewusst, dass jetzt, im Februar, die Fenster seit Monaten nicht mehr geöffnet worden waren. Schlussendlich landeten sie in einem Wohnzimmer, das mit einem ramponierten Sofa, zwei nicht zueinander passenden Sesseln und einem Esstisch voller Papiere und Bücher eingerichtet war. Zwei Wände waren von überfüllten Bücherregalen gesäumt; und hohe Bücherstapel auf dem Boden bildeten improvisierte Abstellflächen für Aschenbecher. An einer Wand hing eine Karte von Litauen, darunter stand ein dickbauchiger Ofen, der einen leuchtenden Kreis regelrecht sichtbarer Wärme um sich verbreitete.

»Bitte, setzen Sie sich«, sagte der Mann, der das Reden übernommen hatte.

Genevieve blieb lieber stehen. »Sie wissen, wer ich bin?«

Alle vier nickten. »Sie sind die Tochter des Mannes, dem Pythagoras Press gehört. Der Verlag veröffentlicht viele Lügen über unser Land und seine sogenannte Regierung.« Der Sprecher war ein Mann mittleren Alters mit einer Drahtgestellbrille; jetzt, da er den Hut abgesetzt hatte, war sein zerzaustes Haar zu sehen. Er wirkte nicht gerade wie ein Revolutionär, und Furcht einflößend war er auch nicht.

Ungeduldig schüttelte sie den Kopf. Es war Zeit, Klartext zu reden. »Ich bin diejenige, die jetzt die Geschäfte von Pythagoras Press führt. Und ich bin hier, um dafür zu sorgen, dass wir auf der richtigen Seite stehen, wenn Sie Ihr Land befreit haben.«

Als sie später wieder in ihrem Hotelzimmer war, tippte Genevieve einen Bericht für ihren Vater. Zuallererst führte sie die Namen und Kontaktadressen der vier Männer an, mit denen sie gesprochen hatte.

Tavas hat mir versichert, dass sie die Schlüsselfiguren der Dissidenten in Vilnius sind. Alle vier sind keine Windeier, einer von ihnen ist Professor an der Universität, und alle vier nehmen politische Fragen sehr ernst. Sajūdis, ihre Organisation, wurde im letzten Sommer gegründet und hält den Kontakt zu vergleichbaren Gruppen in Estland und Lettland. Sie haben Massendemonstrationen organisiert und arbeiten derzeit an einer Deklaration, welche die Annexion ihrer Länder durch die Sowjetunion für widerrechtlich erklären wird. Sie haben Sitze im Parlament errungen, und die offensichtlich machtlose kommunistische Regierung hat ihre Drohung, Sajūdis zu verbieten, nicht wahr gemacht.

Die drei baltischen Staaten planen eine riesige Demonstration im August: eine sechshundert Kilometer lange Menschenkette aus zwei Millionen Teilnehmern von Vilnius bis Tallinn. Wenn wir es schaffen, bei der Durchführung eine Schlüsselrolle zu übernehmen, würden wir uns in den drei unabhängigen Staaten, die schlussendlich daraus hervorgehen könnten, große Startvorteile verschaffen. Niemand glaubt, dass Gorbatschow Truppen entsenden wird, um die Aufstände niederzuschlagen. Ich bin mir da nicht so sicher, aber wahrscheinlich hast du eine genauere Vorstellung davon als ich, was er bereit wäre zu riskieren.

Das größte Problem ist, dass die unterschiedlichen Bewegungen in sich zersplittert sind, insbesondere, was die Kommunikation angeht. Es gibt rund hundertfünfzig verschiedene Zeitungen und Flugschriften, alle mit leicht unterschiedlichen Ausrichtungen – du weißt, wie das innerhalb der kommunistischen Linken ist. Dagegen wirkt die Labour Party total geschlossen! Ich habe unsere Angebote relativ detailliert dargelegt: dass wir sie auf praktischem Wege unterstützen würden, die Publikationen zusammen-

zuführen. Wir würden ihnen helfen, die Zeitungen, Flugblätter und Flugschriften zu erstellen und zu vertreiben,
und vielleicht könnten wir sogar eine alte Druckerpresse
zur Verfügung stellen (die sich natürlich nicht zu PP
zurückverfolgen ließe). Tavas ist sich sicher, dass wir dies
bewerkstelligen können, ohne vom sowjetischen Regime
entdeckt oder an es verraten zu werden. Er vertraut auf die
Verschwiegenheit zweier seiner Drucker, die in der Dissi-
dentenbewegung aktiv sind. Und er denkt, dass die Regierung weder den Mut aufbringt noch die Ressourcen hat, die
Bewegung niederzuschlagen. Wie vereinbart habe ich
fünfhundert US-Dollar als Zeichen unserer guten Absichten ausgehändigt.

Im Gegenzug wird die für beide Seiten vorteilhafte Praxis
hinsichtlich der wissenschaftlichen Veröffentlichungen zu
den gleichen Konditionen fortgesetzt. Ebenso werden wir bei
der Vorbereitung und der Publikation der offiziellen Geschichte des Aufstandes und der Biografien der führenden
Persönlichkeiten behilflich sein, soweit dies erforderlich ist.

Auf einem gesonderten Blatt hielt Genevieve zudem handschrift-
lich fest:

*Ace, ich bin wirklich beeindruckt, dass du genau den richti-
gen Moment gewählt hast, um zuzuschlagen. Die Dissidenten
sind stark, aber sie brauchen dennoch unsere Unterstützung.
Und weil wir die Ersten sind, die dazu bereit sind, erhalten
wir die besten Konditionen. Vielen Dank für dein Vertrauen
in mich. Ich bin durch und durch überzeugt, dass du es nicht
bedauern wirst.*
Liebe Grüße
Deine Genevieve

Sie hätte mit dem Abfassen dieses Berichts warten können, bis sie wieder zu Hause war, aber sie wusste aus dem jahrelangen Umgang mit ihrem Vater, dass er jede Einzelheit würde wissen wollen. Müsste sie sich dabei nur auf ihr Gedächtnis verlassen, wäre das die Garantie für eine Menge inquisitorische Fragen. Außerdem würde sie es ihm unter Umständen gar nicht persönlich mitteilen können: Wenn sie nach Großbritannien zurückkehrte, hätte Ace sich vielleicht schon nach Ranaig zurückgezogen, auf die kleine schottische Insel, die er in den Sechzigerjahren, als niemand sich für abgelegene Inseln ohne modernen Komfort interessierte, für einen Spottpreis erstanden hatte.

In den darauffolgenden Jahren hatte er auf der dem Atlantik zugewandten Seite eine Turbine installieren lassen, die die Insel nun mit Strom für Heizung, Licht und Küche versorgte. Ein Journalist hatte ihn mal gefragt, was er dort täte, und er hatte geantwortet: »Ich träume in großen Dimensionen.« Aber sie wusste, dass derzeit Träumen nicht das Wichtigste war, sondern die Installation einer dieser neuen Satellitenschüsseln, die es theoretisch ermöglichten, dass er in seinem Cottage Sky TV schauen konnte. Er hasste es, dass Rupert Murdoch ihm mit den ersten britischen Satellitenkanälen zuvorgekommen war, aber dennoch konnte Lockhart nicht widerstehen: Wie ein Kind, das den Schorf von einer Wunde pult, musste er im Blick behalten, was dort gesendet wurde, und sei es auch nur, um sich darüber aufzuregen. Er hatte vor, in Kürze nach Ranaig zu reisen, um sich in das neue Medium zu vertiefen und zu überlegen, wie er wieder einsteigen konnte in das Tennismatch, zu dem sein Konkurrenzverhältnis mit Murdochs Medienimperium geworden war.

Genevieve würde ihm den Bericht per Helikopter nach Ranaig fliegen lassen, sofern die Wetterbedingungen auf dem Atlantik dies zuließen, und ein kleines Gebet gen Himmel schicken, dass ihr Rapport aufmunternd genug war, um die düstere Stimmung aufzuhellen, in die ihn Sky TV garantiert gebracht haben dürfte.

19

Als sie das Haus von Frannie Sidebottom, auch bekannt als Little Weed, betrachtete, fragte sich Allie, was mit all seinem Geld geschehen sein mochte. Er war über Jahre hinweg ein Spitzen-Wrestler gewesen; jeden Samstagnachmittag war über ihn in der TV-Sendung *World of Sport* berichtet worden. Er war einer der wenigen gewesen, die Stadthallen überall im Land gefüllt hatten, ein Liebling jener älteren Damen, die häufig und gern bei solch melodramatischen Darbietungen auftauchten. Eigentlich musste er ein Vermögen gemacht haben, was man beim Anblick dieses Hauses aber nicht vermutet hätte.

Sie hatte eine von diesen aufgeblasenen viktorianischen Villen ehemaliger Mühlenbesitzer erwartet, die überall in West Yorkshire zu finden waren. Oder dessen Äquivalent aus dem späten zwanzigsten Jahrhundert: einen weitläufigen Bungalow im Ranch-Stil, der gut in die TV-Serie *Dallas* gepasst hätte. Doch jetzt stand sie oberhalb einer kleinen Steintreppe, deren Stufen vom generationenlangen Gebrauch ausgetreten waren, und blickte auf ein kümmerliches Cottage mit einem taschentuchgroßen Hof hinab.

»Bist du sicher, dass du die richtige Adresse hast?«, fragte sie ihr Fotograf. Alan Blyth lebte weniger als eine Meile entfernt auf der anderen Seite des steilen Tals, von Sidebottoms Wohnort abgetrennt durch die Bahnlinie und den Leeds-Liverpool-Kanal. Blyths Seite war die Südseite und entsprechend wohlhabend mit einer Handvoll erlesener Herrenhäuser. Sidebottoms Seite war in jeder Hinsicht das Gegenteil; rußgeschwärzte Terrassen kauerten rund um eine ehemalige Mühle, die nun einen Möbeldiscounter beherbergte.

»Ich wusste gar nicht, dass er hier in der Gegend wohnt«, fuhr Blyth fort. »Na ja, ich hab auch keinen Grund, diese Seite des Tals aufzusuchen. Man muss schon ganz schön verzweifelt sein, um zum Trinken ins Scutcher's Arms zu gehen.«

»Ich weiß, dass er gern die Nächte in den Casinos von Manchester verbringt, aber wenn man bedenkt, wie viel Geld er früher verdient hat, muss es sich um eine regelrechte Sucht handeln.« Allie straffte die Schultern. »Und jetzt hat er auch noch seine bessere Hälfte verloren. Vielleicht hat sie ihn ja deshalb verlassen? Aber egal aus welchem Grund sie das getan hat – ich glaube nicht, dass er bester Laune sein wird.«

Allie bahnte sich vorsichtig den Weg hinunter über die Stufen, die vom Nieselregen, der in Schüben von den Hügeln herüberwehte, ziemlich rutschig waren. Sie vergewisserte sich nicht, ob Blyth ihr folgte. Warum sollte er es auch nicht tun? Mit wenigen Schritten hatte sie den Hof überquert. Es gab keine Türklingel, nur einen schweren Messingtürklopfer in Form einer geballten Faust. Der Widerhall war überraschend laut für ein so kleines Haus. Lange tat sich nichts, und Allie wollte gerade erneut gegen die Tür schlagen, als diese aufgerissen wurde. In seiner ganzen Pracht von hundertdreißig Kilo, verteilt auf einen Meter achtzig, stand Weed grollend da, bekleidet mit einer unförmigen Sporthose und einem schmuddeligen Unterhemd. Eine Brille mit Goldrand, die dazu überhaupt nicht passte, balancierte auf dem bulligen Ende seiner Knubbelnase.

Sie konnte gerade noch sagen: »Ich bin Alison Burns vom *Sunday* –«, als er auch schon losbrüllte.

»Verlassen Sie verdammt noch mal mein Grundstück.« Seine Hände waren zu riesigen Fäusten geballt und trommelten gegen seine Oberschenkel in einem Rhythmus, den nur er hören konnte.

»Ich möchte mit Ihnen über Ihre Frau sprechen. Ihre Sicht der Di–«

Weiter kam sie nicht. Er machte einen Schritt auf sie zu und schüttelte den Kopf.

»Ihre Fans machen sich Sorgen um Sie.«

»Verdammte Aasgeier«, brüllte er, legte die kurze Distanz zwischen Allie und sich in einem Sekundenbruchteil zurück und holte zu einem Schlag auf ihre Magengegend aus.

Instinktiv schützte Allie ihre Körpermitte mit den Armen und sprang zurück. »Das müssen Sie nicht tun«, rief sie, drehte sich um und rannte auf die Treppe zu. Eigentlich hatte sie erwartet, dass Blyth direkt hinter ihr stand, doch er war schon am oberen Ende der Treppe und lief zurück zur Straße.

Little Weed war ihr auf den Fersen, seine Masse bremste ihn nicht aus. Während sie lief, schlug er sie auf Rücken und Seiten, jeder Treffer ein fürchterlich schmerzender Stich. Sie rutschte auf den Stufen aus, fiel nach vorn und stieß sich dabei heftig den Ellbogen an. Um Hilfe schreiend kroch sie die Stufen hinauf, voller Angst, dass er sich auf sie werfen würde, wie er es so oft bei seinen Gegnern im Ring gemacht hatte. Aber er wahrte genug Abstand, um auf sie einprügeln zu können.

Allie schaffte es die Stufen hinauf und taumelte auf die Straße. Sidebottom wich zurück, als Blyth mit dem Auto neben ihr hielt und sich über den Beifahrersitz lehnte, um die Tür zu öffnen. Sie fiel mehr oder weniger in den Wagen und schrie auf vor Schmerz.

»Oh mein Gott, geht's dir gut?«, fragte Blyth und fuhr mit quietschenden Reifen davon.

»Höre ich mich so an, als ginge es mir gut? Sehe ich so aus, als ginge es mir gut?« Allie zog scharf die Luft ein und bedauerte es sofort. »Wo zur Hölle warst du?«

»Als er auf dich losging, dachte ich, ich hol mal besser das Auto. Damit wir schnell abhauen können.«

»Einen Dreck hast du getan! Du hattest die Hosen gestrichen voll, weil du Angst hattest, er greift auch dich an, du feiger Hund.«

Sie zuckte zusammen, weil es wehtat, ihn anzuschreien. »Hast du wenigstens ein paar Fotos gemacht?«

»Ich dachte, das würde ihn nur noch mehr aufbringen. Ich wollte ihn nicht noch wütender machen«, murmelte er.

»Du nutzloser Scheißbeutel«, fluchte sie und verwendete dabei das schlimmste Schimpfwort von Ronas Mutter. Vorsichtig holte sie ihr Mobiltelefon aus der Tasche. Als sie es aktivierte, bemerkte sie, wie sehr ihre Finger zitterten. Daraufhin starrte sie auf ihr Telefon und zwang sich zur Ruhe, um vor Blyth keine Schwäche zu zeigen. Er würde keinen Moment zögern, im Pub über sie herzuziehen.

»Kein Netz«, stöhnte sie.

»Das hätte ich dir gleich sagen können«, meinte Blyth.

»Gott bewahre, dass du mal in irgendeiner Hinsicht hilfreich bist. Bring mich lieber zur nächsten funktionierenden Telefonzelle.«

»Wir könnten zu mir fahren, es sind nur zwanzig Minuten von hier. Dort würdest du auch eine schöne Tasse Tee bekommen.«

Unfassbar. »Bring mich einfach zu einer verdammten Telefonzelle.«

Schweigend fuhren sie eine halbe Meile, bis Blyth ein Postgebäude mit Telefonzellen davor entdeckte. Allie quälte sich unter Stöhnen aus dem Auto und fühlte sich wie eine alte Frau. Vorsichtig betrat sie die Zelle. Weil sich diese in einem Dorf befand, duftete sie nach Lufterfrischer, und an den Glaswänden hingen keine Postkarten, die Französischunterricht oder Massagen anboten. Sogar das Telefon funktionierte. Sie meldete ein R-Gespräch für Richardsons Durchwahl an. Ihre Hand zitterte immer noch. Und inzwischen fühlte sie sich auch krank.

»Allie? Sag mir, dass du was Saftiges aus Little Weed herausbekommen hast. Seine Frau singt, als wollte sie sich für den Grand Prix Eurovision de la Chanson bewerben.«

»Ja, ich habe etwas von ihm bekommen. Er hat mich vermöbelt.«

Nach einem Moment des Schweigens rief Richardson: »Er hat dich geschlagen?«

»Er hat auf mich eingeprügelt, Gerry. Er ist auf mich losgegangen wie ein rasender Stier.«

»Was zur Hölle hast du gesagt, um ihn so wütend zu machen?«

»Schieb die Schuld dem verdammten Opfer zu, klar, warum auch nicht.« Vorsichtig atmete sie ein. Sich aufzuregen war viel zu schmerzhaft. Sie zwang sich, ruhiger zu sprechen. »Alles, was ich gesagt hab, war: ›Ich bin Alison Burns vom *Sunday* …‹. Ich bin nicht mal bis zu *Globe* gekommen.«

»Und dann ist er auf dich los?«

»Um fair zu sein, fing er erst an, auf mich einzuprügeln, als ich seine Frau erwähnt hab. Bis dahin hat er nur gebrüllt und geflucht. Danach hat er auf mich eingedroschen. Er hat mich die Treppe hochgejagt, raus aus seinem Hof, hat mich dabei gegen den Rücken und in die Seite geboxt. Er hat mich richtig vertrimmt, Gerry.« Sie hörte, wie ihre Stimme brüchig wurde, und verbot sich weiterzusprechen.

»Himmelherrgott noch mal, Allie. Das ist ja schrecklich. Tut es beim Atmen weh?«

»Es tut weh, egal, ob ich atme oder nicht, Gerry. Er ist ein verfluchter Brocken, und er weiß, wie man anderen Schmerzen zufügt.«

»Du musst ins Krankenhaus, um durchgecheckt zu werden, Allie. Vielleicht sind ein paar Rippen gebrochen. Vielleicht Schlimmeres. Und wir holen die Polizei, damit du Anzeige erstatten kannst. Dafür muss er bezahlen, lass dir das gesagt sein.«

»Nein«, erwiderte sie scharf. Obwohl die Fahrt zur Telefonzelle nur kurz gewesen war, hatte sie doch gereicht, um darüber nachzudenken. »Keine Polizei. Du weißt, was dann geschieht. Er ist wahrscheinlich mit allen Kerlen hier vor Ort per Du, darum werden die ihm höchstens irgendwas Banales wie Landfriedensbruch ans Bein binden. Und sie werden die Sache juristisch verschleppen, sodass wir nicht darüber schreiben können. Irgendwann wird es dann stillschweigend fallen gelassen, und er kommt aus der Sache raus wie ein frisch gebadetes Baby. Das ist nicht das, was ich will.«

»Was hast du vor, Allie? Ich weiß, dass du Leute kennst ...«

Ihr Lachen ging in einem schmerzhaften Aufkeuchen unter. »Das ist nicht die Lösung, Gerry. Ich will, dass du ihn in den Dreck ziehst.«

»Was?«

»›Little Weed verprügelt Reporterin‹. Dazu ein Foto von mir und eines von ihm. Und ein Verweis auf die Story seiner Frau im Innenteil der Zeitung. Die Welt, in der er sich bewegt, hat ihren eigenen Ehrenkodex: Du schlägst nur die Frau, die du vögelst. Wir demütigen ihn, Gerry. Die Leute, die ich kenne, werden angewidert von ihm sein. Er wird es nicht wagen, sich noch mal in einem der Casinos in Manchester blicken zu lassen.«

»Bist du dir da sicher, Allie? Du stehst nicht unter Schock?« Er klang zögerlich, und das war untypisch für ihn.

»Nie war ich mir sicherer, Gerry.«

»Okay, Süße. Sag Alan, dass er die Fotos so schnell wie möglich rüberschieben soll.«

»Es gibt keine Fotos«, sagte sie tonlos.

»Wieso? Wie kann es keine Fotos geben?«

»Weil Alan Blyth die Beine in die Hand genommen hat, sobald es das erste Anzeichen von Ärger gab. Er hat mich im Stich gelassen, während ich von einem Mann geschlagen wurde, der doppelt so schwer ist wie ich.«

Diesmal dauerte das Schweigen länger. Als Richardson schließlich sprach, war seine Stimme steinhart. »Ich klär das mit ihm.

Schlimm genug, dass er nicht auf dich aufgepasst hat.« Er lachte leise und düster. »Aber hundertmal schlimmer, dass er keine Fotos davon gemacht hat.«

Das war der Gerry Richardson, den sie kannte. »Ich wusste, dass du deine Prioritäten im Blick hast. Ich werde nicht ins Krankenhaus gehen, solange ich nicht Blut pinkle. Blyth soll mich nach Hause fahren, da nehme ich ein Bad. Und krieche dann ins Bett.«

»Völlig in Ordnung. Mach, was dir guttut. Aber spiel nicht die Heldin. Ich schicke später einen der Jungs bei dir vorbei. Du kannst ihm die Geschichte erzählen, und er schreibt sie dann zusammen. Mach dir keine Sorgen, Allie, wir verschaffen dir eine gute Show.« Er holte tief Luft. »Was für ein Arschloch. Kein Wunder, dass seine Frau mit dem Jockey durchgebrannt ist. Fahr jetzt nach Hause, Allie. Und nimm dir morgen frei.«

Als ob sie was anderes vorgehabt hätte. Allie hielt sich noch weiterhin den Hörer ans Ohr, obwohl die Leitung längst tot war. Wenn Blyth sie beobachtete, sollte er glauben, dass sie immer noch telefonierte. Dann ließ sie den Tränen freien Lauf.

20

Das Haus war kalt und leer, als Allie die Tür hinter sich schloss. Sie war erleichtert, dass sie endlich nicht mehr die Tapfere spielen musste. Nie wieder würde sie mit Alan Blyth zusammenarbeiten, und wenn er der letzte verfügbare Fotograf im ganzen Norden war. Ein Kollege, auf den man sich nicht verlassen konnte, wenn es zur Sache ging, war nutzlos. Wenn du nicht darauf vertrauen konntest, dass der Fotograf Fotos machte, wozu war er dann überhaupt gut?

Sie drehte die Heizung auf, als sie am Thermostat vorbeikam, und verharrte mitten in der Bewegung, als sie sich im Flurspiegel entdeckte. Sie konnte sich nicht erinnern, einen Schlag gegen den Kopf abbekommen zu haben, doch die Schwellung und die Verfärbung auf ihrer Wange sagte etwas anderes. Wahrscheinlich hatte sie sich an den Stufen gestoßen, als sie hingefallen war, aber der Schmerz in ihrem Ellbogen hatte alle anderen übertönt. Ganz sanft berührte Allie die dunkle Partie und zuckte zusammen. Wie viele Stellen ihres Körpers waren ähnlich empfindlich?

Vorsichtig schälte sie sich aus ihrem Mantel und ließ ihn einfach auf den Boden fallen. Nur dieses eine Mal durfte sie schlampig sein. Unter Schmerzen quälte sie sich die Treppe hinauf, froh, dass Germaine noch mit dem Hundesitter unterwegs war und sie nicht so stürmisch-freudig begrüßte, wie sie es gewöhnlich tat. Sie drehte den Wasserhahn der Badewanne auf, goss etwas von dem aromatisierten Badezusatz in die Wanne, den Rona gekauft hatte, um ihre verkrampften Muskeln nach der Gartenarbeit zu lösen. Dann trat sie zum Medizinschränkchen, um sich ein paar Ibuprofen zu nehmen, die sie sofort trocken schluckte.

Allie hatte sich bis dahin nicht vorstellen können, wie schmerzhaft es sein konnte, sich auszuziehen. Der Tag glich allmählich einem vollkommen neuartigen Lexikon der Schmerzen. In die Badewanne zu gelangen, war ein beschwerliches Kapitel für sich. Im warmen Wasser zu liegen half, doch sobald sie es wieder aus der Wanne hinausgeschafft hatte, spürte sie ein unterschwelliges Pochen in ihrem Rücken, ihren Rippen und ihrem Ellbogen. In den Morgenmantel gewickelt, kroch sie ins Bett, um festzustellen, dass es unmöglich war, auf dem Rücken zu liegen. Sie stöhnte und rollte sich auf die Seite mit dem unverletzten Ellbogen. Ihre Rippen taten zwar immer noch weh, doch der Schmerz war so ein bisschen weniger stechend.

Die Privatdetektivinnen, über die sie so gern las, schienen sich über Nacht stets von ihren Prügeleien zu erholen. Allie war sich ziemlich sicher, dass es in der Realität anders lief. Abgesehen von den körperlichen Beschwerden spürte sie, dass es noch weitere Auswirkungen gab. Der bloße Gedanke, an die Tür eines Fremden zu klopfen, um ihn mit eindringlichen Fragen zu konfrontieren, ließ sie erschaudern. Vielleicht hatte sich das bis morgen geändert. Vielleicht aber auch nicht. Was würde das für ihre Zukunft als Reporterin an vorderster Front bedeuten?

Sobald sie halbwegs bequem lag, klingelte natürlich das Telefon. Zum Glück lag das Freisprechgerät neben dem Bett, sodass sie es ohne allzu große Probleme erreichen konnte. Es war der Chefreporter des *Sunday Globe*, dem es spürbar unangenehm war, Allie zu befragen, genauso wie es ihr widerstrebte, über das zu reden, was passiert war. Sie holperten durch die notwendigen Fragen und Antworten, und als der Anruf endlich geschafft war, schloss sie erleichtert die Augen. Sie hatte ihre Verpflichtungen erfüllt. Alles, was sie jetzt noch wollte, war Rona.

Rona war nicht die Frau für leise Auftritte. Das Zuschlagen der Haustür riss Allie aus ihrem unruhigen Schlummer. Einen Moment lang konnte sie die Puzzleteile nicht zusammensetzen. Doch dann schossen die Schmerzen durch ihren Körper, während gleichzeitig Ronas Stimme von unten zu hören war.

»Allie? Bist zu Hause? Warum liegt dein Mantel mitten im Flur?«

»Ich bin hier oben«, antwortete Allie und war erschrocken, wie schwach sie klang. Das war nicht die Frau, als die sie sich selbst sah, so schwach und verängstigt angesichts von Widrigkeiten.

Rona lief nach oben und blieb so plötzlich in der Tür stehen, dass sie auf ihren Pumps schwankte.

»Verdammt!«, keuchte sie. »Was ist mit deinem Gesicht passiert?« Dann war sie wieder in Bewegung, eilte quer durch das Zimmer und schloss Allie in die Arme. Diese schrie auf, und Rona ließ sie los, als wäre sie ein rohes Ei. »Was ist passiert, mein Herz? Hattest du einen Autounfall? Bist du die Treppen runtergefallen oder so etwas?«

Allie veränderte ihre Position, um die Schmerzen etwas zu lindern. Der Gedanke daran, den Morgen noch einmal zu durchleben, überforderte sie beinah. Aber Rona musste Bescheid wissen.

»Little Weed hat mich zusammengeschlagen«, sagte sie und klang so kläglich, wie sie sich fühlte.

Ronas Mund stand ungläubig offen. »Er hat dich zusammengeschlagen? Warum? Was ist geschehen?«

Allie atmete flach ein und berichtete erneut von den Ereignissen, immer wieder unterbrochen von Ronas Wutausbrüchen und ihrem tiefen Mitgefühl. Als sie zum Ende gekommen war, streichelte Rona die Seite ihres Gesichts, die keine Ähnlichkeit mit einer Aubergine hatte.

»Ich werde dafür sorgen, dass er sich wünscht, niemals geboren worden zu sein«, knurrte sie.

Allie lachte dumpf. »Ich fürchte, das ist sogar für dich eine Nummer zu groß.«

»Nicht Little Weed – ich kenne meine Grenzen. Nein, ich rede von Alan Blyth, diesem feigen Scheißbeutel. Ich kenne genug Leute hier in der Stadt – wenn ich mit ihm fertig bin, wird er nicht mal mehr ein Kirchenfest fotografieren dürfen. Was für ein widerlicher Abschaum er doch ist.«

»Das ist er.« Tränen traten Allie schmerzhaft in die Augen. Sie blinzelte und ließ sie fließen. »Ich bin so froh, dass du hier bist«, sagte sie und nahm Ronas Hand. »Ich fühle mich so entsetzlich. Jeder Zentimeter meines Körpers tut weh, aber ich glaube, am schlimmsten hat es meinen Stolz erwischt.«

»Sei nicht dumm. Du bist wunderbar.«

»Nein, bin ich nicht. Ich sollte eigentlich auf mich aufpassen können. Und ich überlege immer wieder, wie ich anders auf ihn hätte zugehen können, doch am Ende lande ich immer wieder vor einer Wand.«

Mit ihrer freien Hand wischte Rona sanft Allies Tränen weg. »Es lag nicht an dir, mein Herz. Ich glaube, du hast Schläge abbekommen, die jemand anders galten. Und nun, auf die Gefahr hin, dass ich zu neugierig bin: Wo tut es denn weh?«

Am Samstagabend lautete die Antwort immer noch: »So gut wie überall.« Aber Allie war entschlossen, dass Little Weed ihr nicht das Wochenende verderben sollte. Das einzige Zugeständnis, das sie machte, war, dass sie nicht wie geplant zu Alix gingen, sondern die anderen zu ihnen nach Hause kommen sollten. Abgefüllt mit Paracetamol und Ibuprofen würde sie den Abend schon durchstehen. Es war das erste Mal, dass sie Alix nach dem Desaster mit dem Artikel in der Sonntagszeitung treffen würde. Wenn sie absagten, würde das womöglich ein falsches Signal senden.

Rona bestand darauf, dass Allie sich nicht vom Tisch wegbewegte. »Wir holen etwas vom Türken in der Barlow Moor Road. Außerdem will ich nicht, dass du aufspringst und die Teller abräumst oder irgendwem ein frisches Bier holst. Stell dir einfach vor, du wärst eine Prinzessin.«

»Du weißt, dass du damit ein großes Risiko eingehst, nicht wahr? Was, wenn ich mich daran gewöhne?«

Rona lachte auf. »Wir können ja mal sehen, wie weit du damit kämst.«

Jess und Alix trafen gemeinsam ein. Rona hatte sie wegen Allies Blessuren vorgewarnt, trotzdem waren beide sehr erschrocken, als sie sie sahen. Der Bluterguss hatte sich ausgebreitet und eine noch dunklere Farbe angenommen, sodass er wie ein dramatischer Schatten auf ihrer einen Gesichtshälfte wirkte.

Alix brachte ein schwaches Lachen zustande und meinte: »So weit hättest du nicht gehen müssen, um mir ein schlechtes Gewissen zu machen, dass ich letzte Woche wegen dieser abgeschmackten Geschichte gemeckert habe.«

»Ich hab dir doch am Montag schon gesagt, dass ich über den Tisch gezogen worden bin«, erwiderte Allie.

»Und ich hab dir geglaubt.« Alix beugte sich vor und gab Allie vorsichtig einen Kuss auf die unverletzte Wange. Dann deutete sie voller Verachtung auf den veilchenfarbenen Freizeitanzug aus Velours, den Allie trug. »Aber wenn ich mir dein Outfit so ansehe, dann würde ich meinen, du bist noch in ganz anderer Hinsicht über den Tisch gezogen worden.«

»Freche Kuh«, sagte Rona. »So etwas tragen heute alle schicken Menschen, wenn sie Yoga machen.«

»Das erklärt, warum es an Allie so seltsam aussieht.«

»Der Hausanzug war umsonst«, gab Rona zu. »Ich habe ihn aus dem Spendenbeutel einer Hilfsorganisation gefischt.«

»Immerhin passt er zu meinen blauen Flecken«, bemerkte Allie.

»Wir wollen die ganze schmutzige Geschichte hören«, verkündete Jess und stellte eine Tüte voller Bierdosen auf den Küchentresen.

»Lass uns warten, bis Bill da ist, ich möchte das nicht alles zweimal erzählen.«

»Er holt das Essen«, sagte Rona. »Müsste jede Minute hier sein.«

Anders als Allie befürchtet hatte, entwickelte sich der Abend nicht zu einem Durchhaltetest. Nachdem sie ausgiebig von dem Angriff berichtet hatte, begleitet von schockierten und wütenden Ausrufen ihrer Gäste, kehrten sie zurück zu ihren üblichen geistreichen Frotzeleien.

»Wenn du mit mir zusammenarbeiten würdest, wärst du auf der sicheren Seite«, sagte Bill. »Deine fiktiven Privatdetektive mögen zwar immer wieder in irgendwelche Auseinandersetzungen verwickelt werden, aber die Wirklichkeit sieht anders aus. Seit Jahren hat niemand mehr aus Wut die Hand gegen mich erhoben.«

»Das liegt vielleicht daran, dass du ein riesiger blonder Bär mit Bart bist«, sagte Rona spitzzüngig. »Nur ein Idiot würde sich mit dir anlegen.«

»Da wir gerade von Ermittlungen sprechen«, schaltete sich Jess ein, »ich habe Colin Corcoran aufgetrieben und ihm eine Nachricht geschickt, dass du planst, nach Berlin zu fahren. Und dass du dich gern auf einen Plausch mit ihm treffen würdest. Er hat mir sogar geantwortet.« Sie kramte in ihrer Tasche herum und holte eine Postkarte heraus. »Hier, bitte schön. Seine Adresse und seine Telefonnummer bei der Arbeit.«

»Hast du ihm gesagt, warum ich mit ihm sprechen möchte?«

Jess schüttelte den Kopf. »Das ist nicht nötig. Er ist ein Geek. Er denkt, jeder ist von den gleichen Sachen begeistert wie er.«

»Danke.« Allie nahm die Karte an sich. »Eigentlich wollte ich nächste Woche nach Berlin fahren, aber aus offensichtlichen

Gründen sollte ich damit wohl besser warten, bis ich über die Straße gehen kann, ohne dass es aussieht, als wäre ich aus der Geriatrie geflüchtet.«

»Ach, ich weiß nicht«, meinte Alix. »Auf die Mitleidskarte zu setzen könnte dir Vorteile verschaffen.«

»Dafür muss sie nicht mal zusammengefaltet worden sein«, frotzelte Rona.

Bevor Allie antworten konnte, klingelte das Telefon. »Bleib sitzen«, befahl Rona, stand auf und ging zu dem schnurlosen Telefon, das sich in einer an der Wand montierten Ladeschale befand. »Hallo?« Kurzes Schweigen. »Hi, Angus, ich bin's, Rona. Ich geb dich mal weiter an Allie.« Wieder schwieg sie. »Mich?« Rona warf Allie einen Blick zu. »Warte, ich geh kurz in ein anderes Zimmer.« Damit ging sie hinaus.

»Was war das denn?«, fragte Bill.

Allie war sich nie sicher, was gerade aus ihm sprach: seine berufliche Wissbegierde oder seine angeborene Neugier, die ihm den richtigen Job beschert hatte.

»Ich habe keine Ahnung«, sagte Allie. »Ich vermute, es ist Angus Carlyle. Er war früher mein Nachrichtenredakteur in Glasgow. Inzwischen ist er Chefredakteur beim *Daily Clarion*. Als ich seinen Namen hörte, dachte ich, es ginge um mich – dass er vielleicht gehört hat, was passiert ist, und sich erkundigen will, wie es mir geht. Aber offensichtlich lag ich da falsch.«

»Vielleicht will er Rona mit etwas beauftragen«, sagte Alix. »Jedes Mal, wenn wir herkommen, scheint sie noch gefragter zu sein.«

Allie sah irritiert die geschlossene Tür an. »Tja, vielleicht. Aber neun Uhr abends an einem Samstag ist eine ungewöhnliche Zeit für einen Auftrag. Sie wird es uns schon früh genug erzählen. Bill, du bist ziemlich ruhig heute Abend. Was ist bei dir so los?«

Er zuckte mit den Schultern. »Das Übliche. Böse Menschen halten sich für klüger, als sie sind. Aber ich habe diese Woche eine wirklich kluge Finanzanalystin kennengelernt.« Er vermied es, ihnen in die Augen zu sehen. »Sie wohnt in Leeds, und wir sind morgen Abend zum Essen verabredet.«

Die drei Frauen jauchzten und kitzelten weitere Einzelheiten über sein neuestes Sehnsuchtsobjekt aus ihm heraus.

»Wir sollten Wetten abschließen, wie lange sie es schafft, die Richtige zu bleiben«, schlug Jess kichernd vor.

»Meine Erwartungen sind zu hoch«, sagte er.

Allie war sich nicht sicher, wie echt die Leichenbittermiene war, die er dabei zur Schau trug. Doch das Thema hatte sich erledigt, als Rona zurückkam.

»War das Angus Carlyle?«, erkundigte sich Allie.

»Ja. Er hat sich nach dir erkundigt und gesagt, er würde bei einem Kampf gegen Little Weed sein Geld in jedem Fall auf dich setzen.«

»Idiot«, meinte Allie. »Was hat er denn wirklich gewollt?«

Rona setzte sich und nahm einen Schluck von ihrem Efes-Bier. »Ich bin mir nicht ganz sicher. Er möchte sich mit mir am Montag in Glasgow treffen. Ich habe ihn gefragt, worum es geht, und er meinte, das wolle er nicht am Telefon besprechen, aber es wäre meine Zeit bestimmt wert.«

»Was habt ihr Journalisten nur, dass bei euch alles immer wie in einem Roman von John le Carré klingt?«, maulte Jess.

»Ich hab ihn gefragt, ob er einen Auftrag für mich hat, aber er sagte nur, ich solle abwarten und mich überraschen lassen.« Mit gerunzelter Stirn sah sie Allie fragend an: »Was denkst du?«

Allie zuckte mit den Schultern. »Angus hat noch nie die Zeit anderer Leute verschwendet. An deiner Stelle würde ich hinfahren. Was hast du für Montag geplant?«

»Nur das übliche Zeug. Die Interviews der letzten Woche verschriften, schauen, ob ich Termine für die Woche festmachen kann. Ein bisschen Gartenarbeit, wenn es nicht zu stark regnet.«

»Schreiben kannst du auch im Zug«, meinte Allie.

»Und es gibt sogar Telefone in Glasgow«, fügte Alix hinzu. »Wie kannst du der Anfrage widerstehen? Wenn du nicht hingehst, wird es an dir nagen, Rona. Du weißt doch, wie du drauf bist – du willst *immer* wissen, was los ist.«

»Ich denke auch, dass du hinfahren solltest«, sagte Bill. »Wenn es dich beruhigt, kann ich gern herkommen und nach Allie sehen. Und dafür sorgen, dass sie nicht wieder eine Schlägerei anfängt.«

»Ich brauche keinen Aufpasser. Und was ist mit deinem Date?«, wollte Allie wissen.

Er zuckte mit den Schultern. »Prioritäten. Alles eine Frage der Prioritäten. Finanzanalysten sind wie Busse. Schon in der nächsten Minute kommt der nächste vorbei.«

Rona hob ihr Bier für einen Toast: »Okay, ihr habt mich überredet. Auf mysteriöse Abenteuer!«

21

Wenn Wallace Lockhart eines seiner Geschäftsgebäude betrat, war es stets so, als brächte er sein ganz persönliches Wetter mit. Sonnig oder bedeckt, warm oder eisig, ruhig oder stürmisch – die Atmosphäre im Gebäude schien durch eine Art Osmose seine jeweilige Stimmung aufzunehmen. Alle Führungskräfte, die schon lange für ihn arbeiteten, wussten jedoch zu ihrem Leidwesen, dass die durchziehenden Regenfälle, oder wie ein Wettermann der BBC mal gestammelt hatte, die regenziehenden Durchfälle, häufiger waren als die sonnigen Abschnitte.

An diesem Morgen war sein Schritt allerdings beschwingt, als er das Gebäude des *Clarion* am Flussufer von Glasgow betrat. Seine Augen leuchteten, und der Kamelhaarmantel schwang um ihn, als hätte er sein eigenes Mikrowetter. Mit einem nur ihm vorbehaltenen Fahrstuhl fuhr er hoch zum obersten Stockwerk und marschierte ins größte Büro des Gebäudes. Er ließ sich in den Bürosessel aus schwarzem Leder sinken, der extra für ihn angefertigt worden war, und runzelte die Stirn, als er den kleinen Stapel an Post vor ihm in der Mitte des Schreibtischs entdeckte. Routinesachen erledigten andere für ihn; es gab nur wenige Angelegenheiten, die seine persönliche Aufmerksamkeit erforderten.

Lockhart blätterte durch den Stapel. Eine Wohltätigkeitsorganisation bat um seine Unterstützung; daran befestigt war eine handgeschriebene Notiz seiner persönlichen Assistentin, dass es von Vorteil sein könnte, diesem Wunsch zu entsprechen, da die Ehefrau eines Kabinettsmitglieds im Vorstand der Organisation saß. Drei kriecherische Briefe von Parlamentsabgeordneten. Ein persönlicher Abschiedsbrief von einem Bereichsleiter von Pythagoras, der in Rente ging. Und ein Hochglanzfoto in Schwarz-

Weiß, zwanzig mal fünfundzwanzig Zentimeter groß, das ein grob behauenes Stück Granit zeigte. Es schien ein Kriegsdenkmal zu sein, Namen und Altersangaben waren darauf aufgelistet, und unterhalb fand sich der Verweis: »Poladski 1941–44«. Auf dem unteren Rand stand mit dickem Filzstift »ALLES, WAS ÜBRIG GEBLIEBEN IST«. Lockhart starrte auf das Bild. Seine Nackenhaare stellten sich auf. Seine Assistentin hatte ein Post-it auf das Foto geklebt: »Kein Begleitschreiben dazu. Keine Ahnung, was das bedeutet.«

Wallace Lockhart brauchte kein Begleitschreiben, um zu wissen, was auf dem Foto zu sehen war. Die einzigen Fragen, die er hatte, waren: Von wem stammte es? Und warum jetzt?

Rona hatte sich auf ihrem Platz im Zug eingerichtet, vor sich hatte sie ihren Tandy 100, einen portablen Computer, daneben lag ihr Notizbuch. Bis Dienstagmorgen musste sie zwei Features fertigstellen. Eines auf jedem Abschnitt der Reise zwischen Manchester und Glasgow, so hatte sie es geplant. Auf ihrem knapp drei Pfund schweren Rechner war nicht genug Platz für beide Beiträge, aber sie konnte den ersten auf eine Kassette laden, wenn sie mit ihm fertig war. Sie schlug ihr Notizbuch an der Stelle auf, an der ihre Einträge für die Geschichte über eine Töpferei in Stoke-on-Trent anfingen, die dank ihres neuen Produktdesigners im Aufwind war. Dieses Feature interessierte sie am wenigsten, also war es am besten, es zuerst abzuarbeiten. Zumindest würde es sie von dem Gedanken ablenken, warum Angus Carlyle sie nach Glasgow bestellt hatte.

Es war fürchterlich, es sich in Gedanken einzugestehen, und noch schwieriger, es auszusprechen, aber dass sie sich um ihre grün und blau geschlagene Partnerin kümmern musste, hatte sie davon abgehalten, den ganzen Sonntag über diese Frage nachzugrübeln. Allie war nach einer unruhigen Nacht wieder steif und wund gewesen, doch ein langes Bad und eine sanfte Massage mit ätherischen Ölen hatten ihr ein wenig Linderung verschafft. Sie war immer noch auf Schmerzmittel angewiesen, doch schlussendlich konnte Rona beobachten, dass sie sich ein bisschen freier bewegte.

Das Telefon hatte nicht mehr still gestanden, sobald der Sunday Globe in den Briefkästen und Zeitungskiosken gelandet war, da besorgte Freunde wissen wollten, wie es ihr ging. Die Überschrift ließ der Fantasie wenig Spielraum: In 42 Punkt großen Buchstaben in der Schriftart Tempo Heavy Condensed stand über vier Spalten hinweg: *Little Weed schlägt unsere Allie zusammen.* Die Story war hochdramatisch aufbereitet, und es war ein Foto beigefügt, auf dem Allie unglaublich jung aussah. Kein Wunder, dass Freunde und Bekannte sich Sorgen machten. Als Rona mitbekam, wie sehr die Telefonate Allie auslaugten, hatte sie diese strikt auf zehn Minuten beschränkt – das galt selbst für ihre Mutter. Allie hatte gemeckert und undeutlich etwas von Kontrolle gemurmelt, aber Rona wusste, dass sie das nur pro forma tat.

Zwei Nachbarn waren vorbeigekommen, die einen mit einer Tupperdose mit selbst gemachten Scones, die anderen mit einem Strauß Schneeglöckchen aus dem Garten. Zum Glück wollten beide nicht hereinkommen und die ganze Geschichte von Allie hören.

Doch der Anruf, den Rona sich gewünscht hatte, war nicht gekommen. Sie hatte gehofft, dass dies eine Gelegenheit zur Annäherung zwischen Allie und ihren Eltern bieten würde. Sie konnte einfach nicht verstehen, wie Eltern ihrem einzigen Kind den Rücken kehrten, nur weil sie mit der Wahl der Partnerin nicht einverstanden waren. Ronas eigene Familie war genauso erstaunt darüber. Ihre Mutter hatte sogar angeboten, nach Fife zu fahren und mit ihnen zu reden, aber Allie hatte es mit einem Schulterzucken abgetan und darauf bestanden, dass es nicht weiter schlimm wäre.

Allie hatte nichts gesagt, aber Rona wusste, dass dieses Schweigen sie verletzte. Es war mehr als nur eine Bestrafung für etwas, das sie getan hatte. Es war eine Zurückweisung ihrer Person. Und das war für jeden eine schwere Bürde. Manchmal fragte sich Rona, ob das der Grund war, warum sich Allie so rückhaltlos auf die heikelsten Themen stürzte, die ihr Beruf mit sich brachte. Rona wollte ihr gern helfen, aber manchmal war Allie in dieser Hinsicht starrsinnig.

Doch sie spürte, dass Allie Hilfe brauchte. In wachsendem Maße schlug sie alle Bedenken in den Wind und nahm emotionale und physische Risiken auf sich, ohne die möglichen Folgen abzuwägen. Es kam Rona so vor, als hätte sich dies noch verstärkt, nachdem Allie ihren Job als Investigativreporterin verloren hatte. Es schien ihr, als wollte sie der Welt – und sich selbst – beweisen, dass sie wirklich gut war, und das in einer Weise, die sie nicht nötig gehabt hatte, solange sie auf ihre erfolgreichen Enthüllungen verweisen konnte. Aber überzeugt zu sein, dass Allie Hilfe brauchte, und Allie davon zu überzeugen, waren zwei unterschiedliche Paar Schuhe.

Mit einem Seufzen machte sich Rona daran, ihre Notizen zu entziffern und ihr Feature zu schreiben. Was auch immer Angus Carlyle ihr anbieten würde, das Magazin, das sie damit beauftragt hatte, musste bis morgen früh ihren Beitrag erhalten.

Auf dem Hauptbahnhof von Glasgow war eine Menge los, als der Zug aus Manchester eintraf: Pendler, Tagestouristen, Männer und Frauen in Anzügen, sogar ein paar Bergwanderer mit Rucksäcken und Schuhen wie Frankensteins Monster waren unterwegs. Rona schauderte es bei dem Gedanken an die schottischen Berge im Februar. Nicht weil sie etwas gegen eine Landpartie hatte, sondern weil sie aus bitterer Erfahrung wusste, wie heftig das Wetter umschlagen konnte. In jedem Winter kamen dort Menschen ums Leben, in der Regel, weil sie sich nicht vorstellen konnten, dass es eine feindselige Landschaft war.

Fast so feindselig wie ihre ehemalige Arbeitsstätte, dachte sie mit einem grimmigen Lächeln. Rona eilte zur Bahnhofstoilette, um ihr Make-up aufzufrischen und den Sitz ihres Haars im Spiegel zu prüfen. Sie wollte richtig großen Eindruck machen; sie wollte, dass Carlyle erkannte, dass sie ganz oben mitspielte; dass sie nichts von dem, was er ihr anbieten konnte, dringend brauchte. Und jede Wette, dass niemand in den Büros des *Clarion* modemäßig mithalten konnte mit ihrem Gianfranco-Ferre-Anzug aus dunkelblauem Jacquard mit Edelsteinknöpfen und raffinierter Verzierung am unteren Saum des Jacketts. Allerdings musste sie zugeben, dass sie ihn auch nicht tragen könnte, wenn sie den vollen Preis dafür hätte zahlen müssen. Aber schließlich musste ja niemand erfahren, dass sie den Anzug aus einem Hinterzimmer der *Vogue* hatte mitgehen lassen. Sie richtete ihre gepolsterten Schultern aus und schritt nach draußen zum Taxistand.

Am hinteren Eingang war immer noch derselbe glatzköpfige Kerl mit Schnauzer und aufeinandergestapelten Fettröllchen für die Sicherheitsschleuse zuständig. Er begrüßte Rona mit einem herablassenden Lächeln: »Ich wusste, dass du zurückkommst. Hast du mich vermisst?«

Manche Dinge änderten sich nie.

»Ich habe nicht einen Moment schlafen können in den vergangenen zehn Jahren«, erwiderte sie. Für Frauen war das Dasein in diesem Gebäude ein ewiger Kampf. »Ich habe einen Termin mit Angus Carlyle.«

»Nein, haste nich.« Er grinste selbstgefällig.

Rona verdrehte die Augen. »Schau auf deine Liste.«

»Das muss ich nicht. Du hast ein Meeting, aber nicht mit dem Chefredakteur.«

Er spielte Spielchen, aber Rona hatte keine Lust, darauf einzugehen. »Ich hab heute nicht Geburtstag, also ist es keine Überraschungsparty. Können wir den Zirkus abkürzen und bitte zur Sache kommen?«

Er blickte enttäuscht drein. »Früher warst du witzig, aber jetzt macht es keinen Spaß mehr mit dir.« Er nickte Richtung Eingang. »Ganz nach oben in den obersten Stock.«

Rona verbarg ihre Verwirrung. Sie ging über die Anlieferung, die genauso dreckig war und genauso stank wie früher, und betrat dann die hintere Lobby. Auf der obersten Etage befanden sich der Speisesaal der Führungskräfte, das Vorstandszimmer und Ace Lockhart. Wenn Lockhart sie sehen wollte, warum hatte er sie nicht einfach gefragt? Was steckte dahinter?

Als die Türen des Fahrstuhls sich öffneten, gaben sie den Blick frei auf eine kompetent aussehende Frau mittleren Alters, deren eisengraue Dauerwelle auch als Double für einen Sturzhelm hätte durchgehen können. »Miss Dunsyre? Ich bin Lesley, Mr Lockharts persönliche Assistentin. Wenn Sie mir bitte folgen würden, er wird Sie jetzt empfangen.«

Das beantwortete schon mal eine der Fragen. Rona folgte dem Tweedrock und der Kaschmir-Strickjacke den Flur entlang und durch ein Vorzimmer hindurch in ein riesiges Büro, dessen Aussicht so beeindruckend war, dass sie fast den Mann übersehen hätte, der hinter dem Schreibtisch saß. Allerdings war er auch ungewöhnlich still. Rona ging über den hochflorigen Teppich auf Lockhart zu. Dieser schien wie gebannt auf ein Foto in seiner Hand zu starren. Als sie die Hälfte des Weges hinter sich hatte, räusperte sie sich; daraufhin blickte Lockhart auf, sein Gesichtsausdruck war düster. Als er ihre Anwesenheit registrierte, verzog er seinen Mund sofort zu einem Lächeln. Seine Augen erreichte es jedoch nicht.

»Rona Dunsyre. Danke, dass Sie sich die Zeit für ein Treffen genommen haben. Insbesondere nach dem Angriff auf Ihre Freundin.«

Rona blickte ihm geradewegs in die Augen. »Ich wusste nicht, dass ich Sie treffen würde. Ich bin davon ausgegangen, dass ich einen Termin mit dem Chefredakteur hätte.«

»Aus geschäftlichen Gründen war Vertraulichkeit vonnöten.« Die Sachlichkeit, mit der er sprach, stand im Gegensatz zu seinem offensichtlichen Unbehagen. Er erhob sich und wuchtete sich zu einem großen Cupboard mit einem Humidor darauf. Nachdem er sich eine Zigarre genommen hatte, drehte er sich zu ihr um: »Möchten Sie auch eine?«

Es wurde immer seltsamer. »Nein, ich mag es, wenn ich noch schmecke, was ich esse. Warum bin ich hier, Mr Lockhart?«

»Ace, bitte.« Er kam zum Schreibtisch zurück. »Und bitte, nehmen Sie doch Platz. Rona, Sie sind hier, weil ich Ihnen ein Angebot machen möchte, das Sie nicht ablehnen können.« Wie so oft war sein Englisch ein wenig formell; vermutlich lag es daran, dass es die dritte Sprache gewesen war, die er gelernt hatte.

»Das klingt ein bisschen unheilvoll«, sagte sie, ließ sich auf einen Stuhl nieder und schlug die Beine so übereinander, dass sie gut zur Geltung kamen. *Mit Reizen soll man nicht geizen.* Und mit reizvollen Beinen konnte Rona auch mit vierzig noch dienen.

»Ich habe es bedauert, dass Sie uns verlassen haben. Aber ich konnte auch gut verstehen, dass Sie mehr wollten als das, was die Frauenseite des *Clarion* Ihnen zu bieten hatte. Ich habe Sie im Blick behalten, und ich muss sagen, Sie haben sich eine bemerkenswerte Nische in der unbarmherzigen Welt der Magazin-Features geschaffen. Ihr Output an Beiträgen ist außerordentlich.« Er schwieg kurz, um seine Zigarre anzuzünden.

»Mir ist schnell langweilig.«

»Ich bin unzufrieden mit dem hiesigen Feature-Ressort, sowohl was die Werktags- als auch die Sonntagausgabe angeht. Wir brauchen da jemanden am Steuer mit einer Vision.« Er atmete Rauch aus. »Mit Vision und Begabung. Darum möchte ich einen neuen Posten schaffen, den des Feature-Chefredakteurs. Mit Verantwortlichkeit für beide Ausgaben. Die Aufgabe bestünde darin, eine Farbbeilage für die Samstagsausgabe zu entwickeln und zu betreuen. Zudem müsste die Person mit den *Globe*-Formaten zusammenarbeiten, um sicherzustellen, dass diese vorrangig besten Features ebenfalls veröffentlichen dürften. Der Position obläge dabei die Kontrolle über die gleichzeitige Publikation der Beiträge in unterschiedlichen Medien. Sollten Sie diesen Job annehmen – und ehrlich gesagt, warum sollten Sie dies nicht tun? –, würden Sie zudem am Gewinn aus den mehrfachen Veröffentlichungen der Beiträge Ihres Ressorts beteiligt werden.« Er stieß noch mehr Rauch aus.

Auf ein solches Angebot war sie nicht gefasst gewesen. Oberflächlich betrachtet, war es genau das, was er versprochen hatte: Sie müsste verrückt sein, ein solches Angebot abzulehnen. Aber sie wollte es ihm nicht zu einfach machen.

»Sie wollen, dass ich meine Unabhängigkeit aufgebe, um zurückzukehren in den Schoß dieses Unternehmens? Zurück nach Glasgow? Ich führe inzwischen ein ganz anderes Leben. Ich wohne in Manchester, und ich mag es dort. Ich mag es, mein eigener Boss zu sein.«

»Sie mögen ein prekäres Dasein?«

»Für mich ist es nicht prekär, trotzdem danke. Mir mangelt es nie an Aufträgen. Ich kann gut davon leben, und ich werde von den Leuten, für die ich arbeite, respektiert. Sie wissen, dass ich liefere, was sie brauchen.«

Ausgiebig musterte er seine Zigarre. »All dessen bin ich mir bewusst.« Dann bedachte er sie mit einem langen abwägenden Blick. »Sie sind jetzt vierzig. Wollen Sie das auch noch machen, wenn Sie fünfzig sind? Oder mit sechzig? Erst am Freitag ist Ihnen vor Augen geführt worden, wie gefährlich der Job sein kann. Aus dem Nichts wurde Alison Burns angegriffen. Grün und blau geschlagen, wahrscheinlich ist sie vorerst nicht arbeitsfähig. Wie würden Sie mit einer vergleichbaren Situation umgehen? Oder was ist, wenn Sie krank werden? Sie haben ein gewisses Alter erreicht. Mir wurde gesagt, dass die Menopause katastrophale Auswirkungen auf die Leistungsfähigkeit von Frauen haben kann. Natürlich ist das nur vorübergehend. Aber es braucht nur eine Handvoll verpasster Deadlines, damit Sie das Vertrauen Ihrer Auftraggeber verlieren. Und mit Vertrauen ist es wie mit der Jungfräulichkeit: einmal verloren, für immer verloren.«

Rona blickte ihm in die Augen. »Und wie kann ich sicher sein, dass Sie mich nicht bei der ersten Hitzewallung wieder rauswerfen?«

Er zuckte mit seinen mächtigen Schultern. »Weil ich Ihnen mein Wort gebe?«

Sie hob die Augenbrauen und schob sich eine Haarsträhne hinters Ohr. »Verzeihen Sie, wenn ich da meine Zweifel habe. Aus nächster Nähe habe ich miterlebt, was Sie mit Ihren Mitarbeitern in Manchester gemacht haben. Sie haben ihnen Ihr Wort gegeben, dass ihre Arbeitsplätze sicher wären – und nur wenig später waren sie es dann nicht mehr.«

Dieses Mal erreichte das Lächeln auch seine Augen. Es hatte beinahe etwas Zärtliches. Er zupfte ein Post-it von einem Block, schrieb etwas darauf und wartete dann einen Moment, um die Spannung zu erhöhen. Schließlich reichte er Rona das Post-it über den Schreibtisch hinweg.

Ihre Augen weiteten sich. »Das ist das Gehalt?« Es gelang ihr nicht, die Ungläubigkeit aus ihrem Ton herauszuhalten. Es war viermal mehr, als sie für die Betreuung der Frauenseite erhalten hatte. Und das war schon damals großzügig bemessen gewesen.

»Und wenn Sie aus betrieblichen Gründen entlassen werden müssen, wird auch Ihre Abfindung dementsprechend sein.«

Sie blickte ihn kühl an. »Sie wollen mich wirklich.«

»Weil Sie, scheiße noch mal, die Beste sind.«

Da war sie, die plötzliche Vulgarität, die im anstößigen Kontrast zu seiner sonst üblichen formalen Höflichkeit stand, kalkuliert eingesetzt, um seine Zuhörer auf dem falschen Fuß zu erwischen. Er stand auf.

»Ich erwarte nicht sofort eine Antwort. Sie müssen das natürlich erst mit Ms Burns besprechen.« Er warf einen Blick auf den großen goldenen Klumpen an seinem Handgelenk. »Vierundzwanzig Stunden von nun an sollten ausreichen.« Mit einer Geste wedelte er sie aus seinem Büro. »Gehen Sie, Rona. Treffen Sie die richtige Entscheidung. Sie werden es nicht bereuen.«

22

Genevieve Lockhart hatte Prag schon immer geliebt. Die Ost-block-Schäbigkeit hatte die Anmut und die Schönheit der alten Stadt zwar ankratzen, aber nicht zerstören können. Außerdem verspürte sie eine gewisse Widerständigkeit bei der Bevölkerung und die Möglichkeit ganz anderer Verhältnisse, die stets knapp unterhalb der Oberfläche zu liegen schienen, trotz der Niederschlagung von Alexander Dubčeks Prager Frühling 1968. Die Panzer des Warschauer Pakts hatten die Hoffnung nicht vernichten können, auch wenn die tschechischen Bürger immer noch die Politik der sogenannten Normalisierung ertragen mussten.

In Prag musste Genevieve keine solchen Katz-und-Maus-Spielchen mit den staatlichen Autoritäten betreiben, wie es in anderen Ländern des Ostblocks nötig war. Beim Abendessen in der britischen Botschaft berichteten ihr ihre Gastgeber von den Verbindungen, die sie zu den Mitgliedern der Charta 77 aufgebaut hatten. Václav Havel, der führende Kopf hinter vielen regimekritischen Aktionen, war ein gern gesehener Gast bei den Abendessen der Botschaft. »Wir laden ihn oft ein«, sagte einer der Diplomaten. »Aber wir wissen nie, ob er kommen kann oder ob er schon wieder unter Arrest steht.«

Sie hatte Glück. Gegen Ende des Abends erschien Havel rechtzeitig zum Kaffee. Der Botschafter stellte sie einander vor, und es gelang ihr, Havel in eine ruhige Ecke zu locken. Sie begann mit einer Entschuldigung.

»Vermutlich halten Sie Pythagoras Press für durch und durch korrupt. Aber man kann die Dinge auch anders betrachten.«

Havel blickte sie skeptisch an. »Es ist schwer ersichtlich, wie das möglich sein soll. Ihr Unternehmen hat dieses gewalttätige Regime mit harter Währung unterstützt im Austausch gegen das intellektuelle Kapital unserer Wissenschaftler.« Seine Stimme war eiskalt; die Wärme, die zuvor in seinen Augen gelegen hatte, war verschwunden.

Auf diesen Streitpunkt war sie vorbereitet. Sie hatte mit ihrem Vater geübt, genau dieses Arguments überzeugend zu widerlegen. »Das Interesse Ihrer Regierung an Profit erreicht beinah kapitalistische Dimensionen. Sie braucht die harte Währung, weil sie die Bürger Tschechiens mit wirtschaftlichem Wachstum und Konsumgütern so weit ruhiggestellt hat, dass sie die Repressionen sozusagen im Austausch dagegen ertragen. Würden die Wissenschaftler keinen Gewinn mehr erwirtschaften, würde man ihre Labore schließen und das Equipment verkaufen. Es fällt schwer, das zuzugeben, das weiß ich, aber Pythagoras hat dafür gesorgt, dass die Wissenschaft in der Tschechoslowakei aufblühen kann.«

»Veränderungen stehen bevor«, sagte er. »Das wissen Sie genauso gut wie ich. Wir werden Sie künftig nicht brauchen.«

»Sie werden uns mehr denn je brauchen«, widersprach Genevieve. »Sie sind Autor. Sie wissen, wie wichtig der Gedankenaustausch und die Möglichkeit dazu sind. Ich habe mir angesehen, was hier produziert wird: qualitativ schlechtes Papier aus Zellstoff, das schnell reißt und vergilbt; billigste Druckerschwärze, die in kürzester Zeit verblasst. Und selbst wenn Sie sich bessere Materialien leisten könnten, können wir Publikationen von hoher Qualität sehr viel schneller herstellen als Ihre Druckereien. Neue Druckmaschinen zu erwerben und neue Verlage aufzubauen wird Zeit und Geld kosten. Das können Sie nicht zur Priorität machen, ohne sich Vorwürfen auszusetzen, in die eigene Tasche zu wirtschaften.«

»Vielleicht. Aber wir wollen keinem Medienmogul verpflichtet sein, der aus einem anderen Land kommt.«

»Die Wurzeln meines Vaters liegen in Osteuropa. Er ist hier aufgewachsen. Das hat er nie vergessen, und Sie sollten das auch nicht. Außerdem glaubt er an das alte Sprichwort: ›Die Herzen hungern ebenso sehr wie der Körper.‹ Lassen Sie mich Ihnen zeigen, was ich für Sie tun kann, Václav. Als Zeichen unseres guten Willens würden wir die Grenzen der *Perestroika* austesten: Wir könnten in allernächster Zukunft eines Ihrer Bücher veröffentlichen und hier in der Tschechoslowakei vertreiben. Sie können sich aussuchen, welches Buch es sein soll. Ich garantiere Ihnen, dass Sie daran erkennen werden, wie sehr wir von Nutzen sein können, wenn es darum geht, dass Sie mit Ihrem Publikum kommunizieren können. Wir sind auf Ihrer Seite.«

Stirnrunzelnd kratzte er sich am Kopf. »Warum sollten Sie das riskieren?«

»Weil Sie so viel mehr riskieren, und das jeden Tag. Wir möchten Ihnen beweisen, dass wir Teil Ihrer Zukunft sind, nicht nur der Vergangenheit. Geben Sie mir eine Chance.«

Er musterte sie mit einer gewissen Schläue im Blick. »Aber nicht eines von meinen Büchern. Ich muss über jeden Zweifel erhaben sein.«

»Was dann?«

»Eine Sammlung von Kurzgeschichten mehrerer tschechischer Nachwuchsschriftsteller. Was sagen Sie dazu?«

Das würde nicht so einschlagen wie eines von Havels eigenen Werken, das sie sich erhofft hatte. Schnell entschlossen fragte sie: »Würden Sie ein Vorwort dazu schreiben? Um dem Buch ein größeres Publikum zu verschaffen?«

Havel dachte darüber nach. »Das könnte sich lohnen. Vielleicht.«

»Ich bin nur noch zwei Tage hier. Können Sie mir das Material zukommen lassen, bevor ich fliege?«

Er schüttelte den Kopf, doch sein Gesichtsausdruck signalisierte Zustimmung. »Sie schlagen ein schwieriges Geschäft vor, Miss

Lockhart. Wenn wir uns darauf einlassen, setzen wir uns einem nicht gerade kleinen Risiko aus.«

Sie legte ihre manikürte Hand auf seinen Arm. »Sie haben so oft bewiesen, dass Sie keine Angst vor Risiken haben.«

»Aber wie steht es mit Ihnen? Was, wenn Sie vor Ihrem Rückflug aufgehalten werden? Wenn Ihre Taschen durchsucht werden?«

»Ich bin von Pythagoras Press, guter Mann. In den Augen des Staates bin ich ein Freund.«

Scharf sog er die Luft ein. »Und Sie denken, niemand hier in diesem Raum wird den Behörden mitteilen, dass Sie an diesem Abend eine vertrauliche Unterhaltung mit mir in der britischen Botschaft geführt haben? Miss Lockhart, Ihr Vater ist sehr einflussreich. Aber auch er stößt an Grenzen.« Damit ging er davon und ließ sie entmutigt zurück.

Und jetzt stand sie auf dem Flughafen und wartete auf den Rückflug, während in ihrem Handgepäck zwischen Publikationen von Pythagoras Press ein dickes Manuskript verborgen war. Irgendwie waren die Kurzgeschichten am vorigen Abend in ihr Hotelzimmer gelangt, während sie zu einem offiziellen Essen geladen war, bei dem auch zwei Minister der Regierung zugegen gewesen waren.

Sie sagte sich immer wieder, dass sie sich keine Gedanken machen musste, dass ihr Gepäck durchsucht würde. Dank Pythagoras und seiner harten US-Dollars wurde sie als Unterstützung der Regierung betrachtet. Mehr noch: Sie war jemand, dessen reibungslose Reise niemals behindert werden sollte. Natürlich war das so. Jedes Mal, wenn Havels Worte ihr wieder in den Sinn kamen, verscheuchte sie diese. Heute Abend wäre sie zurück in Glasgow und würde mit ihrem Vater auf ihren jüngsten Erfolg anstoßen.

Sollte Ace je Zweifel an den Fähigkeiten seiner Tochter gehabt haben, so wären diese nun ausgeräumt. Sie war im Ostblock auf Anhieb gleich dreimal erfolgreich gewesen: in Litauen, in Ungarn und jetzt in der Tschechoslowakei. Sie war sich ziemlich sicher, dass niemand sonst – einmal abgesehen von Ace selbst – je derart geschickt gewesen war.

Sie blickte sich in der VIP-Lounge um, die sich kaum von dem Rest des spartanisch angelegten Flughafens unterschied. Niemand war da, der ihre Aufmerksamkeit für mehr als einen flüchtigen Moment auf sich ziehen konnte. Nicht einmal für eine kurzweilige Affäre. Das war das Problem mit ihrer besonderen Stellung. Sie wollte nicht so enden wie Ace und nur mit dem Unternehmen verheiratet sein. Sie wollte das Medienimperium führen, natürlich. Aber es wäre wunderbar, wenn es jemanden gäbe, mit dem sie diese Aufgabe teilen konnte. Wo nur konnte sie jemanden finden, der ihren Ansprüchen entsprach, jemanden, der die Frau hinter dem Reichtum erkannte?

Eines war sicher: Hier, auf dieser Seite des Eisernen Vorhangs, würde sie ihn nicht entdecken.

Widerstrebend tauchte Allie am Dienstag aus der Bewusstlosigkeit des Schlafes auf. Sie hatte sich schon fast zur Hälfte umgedreht, als ihr Körper sie daran erinnerte, dass das immer noch keine wirklich gute Idee war. Verschlafen öffnete sie die Augen und war sofort hellwach, als sie feststellen musste, dass das andere Kissen nicht von blondem Haar bedeckt war, Rona also nicht neben ihr lag. Auch Germaine fehlte.

Sie konnte sich nicht vorstellen, dass sie selbst im Schlaf nicht mitbekommen hätte, wie die beiden aufgestanden waren und das Haus verlassen hatten. Wo war Rona? Sie hatte am vorherigen Abend vom Hauptbahnhof aus angerufen, um mitzuteilen, dass sie auf dem Heimweg war; über das Treffen hatte sie sich jedoch ausgeschwiegen. Allie hatte wach bleiben wollen, doch die Kombination aus Schmerzmitteln und Whisky hatte das vereitelt. Ein Blick auf die Uhr sagte ihr, dass es gerade mal kurz nach halb sieben war. Trotzdem schob Allie ihre Beine aus dem Bett und nutzte ihre Bauchmuskeln, um sich in eine aufrechte Position zu hieven. Sich zu bewegen, fiel ihr definitiv leichter, aber dennoch würde sie in absehbarer Zeit keine Runde mit Germaine im Chorlton-Water-Park drehen.

Noch wackelig auf den Beinen ging sie den Flur hinunter zum Gästezimmer. Als sie die Tür aufstieß, sah sie Rona, die mit dem Gesicht nach unten wie ein Seestern auf dem Bett ausgebreitet lag; zwischen ihren Füßen hatte es sich Germaine gemütlich gemacht. Als sie Allie sah, wedelte sie vor Freude mit dem Schwanz, sprang vom Bett und sauste auf Allie zu. Dadurch weckte sie Rona, die leise murrte. Freudig stieß der Hund den Kopf gegen den verletzten Oberschenkel seines zweiten Frauchens.

»Uhh!«, rief Allie vor Schmerz aus. »Benimm dich, du Tollpatsch.«

Rona richtete sich auf und lächelte träge. »So spricht man nicht mit der Frau, die man liebt.«

Allie ging zum Bett und setzte sich vorsichtig neben Rona. Sie küssten einander zärtlich. Auch nach fast zehn Jahren begannen und beendeten sie so jeden einzelnen Tag, den sie miteinander verbrachten.

»Warum hast du im Gästezimmer geschlafen?«, fragte Allie.

»Als ich nach Hause kam, bin ich ins Schlafzimmer gegangen, doch du hast keinen Mucks von dir gegeben. Darum dachte ich, durchzuschlafen wäre wohl besser für dich, als dir meinen Sermon anzuhören.«

»Worüber hättest du denn sermoniert? Was wollte Angus von dir?«

Rona fuhr mit der Hand durch Allies zerzaustes dunkles Haar. »Ohne Kaffee kann ich nicht reden, das weißt du doch. Na los, komm, humple in die Küche, und ich setz uns Kaffee auf.«

»Du bist so eine Taktikerin«, grummelte Allie, als sie Rona langsam folgte. Während der Kaffee durchlief, bedrängte sie Rona weiterhin, doch diese weigerte sich, ihr Auskunft zu geben. Ihr Frotzeln nahm dabei langsam ernstere Töne an.

»Ich möchte, dass du mir aufmerksam zuhörst«, sagte Rona schließlich, als die beiden, nun ausreichend mit Koffein versorgt, am Küchentisch saßen.

»Okay, ich höre. Was hat Angus so derart Gewichtiges gewollt?«

»Ich hatte keinen Termin mit Angus. Ich wurde direkt in die oberste Etage durchgewunken.«

Allie begann etwas zu ahnen. »Wallace Lockhart.«

Rona nickte. »Wallace Lockhart höchstpersönlich.«

»Was wollte er?«

»Mich«, sagte Rona rundheraus. »Er hat mir ein Angebot gemacht, von dem er denkt, dass ich es nicht ablehnen kann. Feature-Chefredakteurin mit einem riesigen Gehalt, die Kontrolle über die Mehrfachverwertung von Beiträgen und eine Beteiligung am Gewinn.«

Allie brauchte einen Moment, um sich zu vergewissern, dass sie alles richtig verstanden hatte. »Reden wir über die *Clarion*-Formate oder über die vom *Globe*?«

»Über die vom *Clarion*.«

Also Glasgow. »Ich versteh's nicht. Warum macht er das?«

»Er meint, Magazine seien die Zukunft, und er will seine Angebotspalette vergrößern und die Zeitungen durch eine Farbbeilage aufwerten.«

»Du weißt, dass ich von deiner Brillanz überzeugt bin. Aber warum will er *dich*?«

»Er meint, ich sei verdammt noch mal die Beste. Und dagegen kann man nun echt nichts sagen.«

Allie grinste. »Ihm geht's natürlich ums Geld. Dennoch hätte ich das nicht erwartet. Du liebst es zu schreiben, aber die redaktionelle Seite ist eigentlich nicht so deins, oder?«

»Ich wäre mehr für die Strategie zuständig und nicht für den ganzen Kleinkram, mit dem du dich herumschlagen musst. Und ich würde einfordern, dass ich auch noch selbst Beiträge schreiben darf.«

»Aber es ist Glasgow. Dein Job wäre in Glasgow.«

»Ja.«

»Doch unser Leben ist hier. Unser Zuhause. Unsere Freunde.«

Rona starrte in ihren Kaffee. »Das weiß ich, Allie. Aber es gibt da eine Sache: Ich vermisse Glasgow. Ich vermisse meine Familie.« Sie blickte auf, und Allie sah pure Ratlosigkeit in ihren Augen. »Manchester ist großartig, aber es ist nicht mein Zuhause. Ich vermisse das Schottische. Ich vermisse es, mich auf eine gemeinsame Kultur und Geschichte beziehen zu können. Ich vermisse den Humor. Ich vermisse sogar das verdammte kreative Gefluche.«

Allie begriff nicht. »Du hast nie was gesagt.«

»Du hast es nie gehört. Zwischen den Zeilen war es immer da.«

Was bedeutete das nur? »Ich dachte, du wärst hier glücklich.« Allie schlang die Finger um ihren Becher, als wäre dieser ihr Anker auf stürmischer See.

»Ich bin glücklich mit *dir*. Und ich liebe unser Leben. Aber Schottland hat sich verändert, seit wir weg sind, und vielleicht ist es an der Zeit, zurückzukehren.«

23

Ronas Worte hatten Allie verletzt. »Das klingt, als hättest du dich längst entschieden«, sagte sie.

»Das ist nicht fair, Allie. Du und ich, wir sind ein Paar. Ich möchte, dass wir diese Entscheidung gemeinsam fällen.« Rona griff nach Allies Hand und hielt sie fest. »Ich suche nicht nach einer Hintertür, um mich aus der Beziehung rauszuschleichen.«

Allies verzog ungläubig das Gesicht. »Das hätte ich auch nie gedacht.«

»Gut, das solltest du auch nicht. Aber eines Tages nach Hause zurückzukehren, das spukte mir schon immer im Kopf herum.«

Allie zog ihre Hand weg und ging zum Brotkasten. »Ich verhungere. Toast?«

Rona seufzte. »Ich habe schon bessere Ausweichmanöver gesehen als taktischen Toast.«

Allie hatte den Anstand zu lachen. »Ich kann nun mal besser nachdenken, wenn mir der Magen nicht knurrt.« Während sie mit Brot, Butter und diesem entsetzlichen orangefarbenen Käseaufstrich herumhantierte, für den sie beide insgeheim eine Leidenschaft entwickelt hatten, sprach sie langsam weiter. »Lass es uns gründlich durchdenken, die Pro- und Kontraargumente sammeln. Auf den ersten Blick ist das ein unglaubliches Jobangebot. Eines, wie man es wirklich nicht häufig bekommt.«

»Ich weiß. Und es ist aufregend.«

»Aber ist es aufregender als das, was du jetzt machst? Was liebst du an deinem Beruf?«

Rona blies die Backen auf und stieß laut vernehmlich die Luft aus. »Ich liebe, was ich mache. Aber – und es ist nur ein kleines Aber an dieser Stelle – ich mag die Jagd nach Themen nicht mehr so wie früher. Die Ideen bei Auftraggebern vorstellen, sie verteidigen, dann das Rumgelaufe wegen der Interviews – es fühlt sich mittlerweile an, als gäbe es nichts Neues mehr unter der Sonne. Es kommt mir vor, als würde ich alles zum zweiten Mal schreiben. Oder zum zweiundzwanzigsten Mal.«

»Das Gefühl kenne ich«, sagte Allie seufzend. »Als ich das Investigativressort geleitet habe, gab es noch wirkliche Überraschungen. Die Leute denken sich immer neue Niederträchtigkeiten aus. Aber im Nachrichtensektor? Das ist nicht mal ›eine dämliche Sache nach der anderen‹, sondern es ist dieselbe dämliche Sache, immer wieder und wieder. Variationen des immer gleichen Themas. Ich kann verstehen, dass es attraktiver ist, das hinter sich zu lassen, um sich neuen Herausforderungen zu stellen. Das ist definitiv ein Plus.«

»Dann ist da natürlich die Entfernung«, seufzte Rona. Sie biss von ihrem Toast ab, um sich ein bisschen Zeit zu verschaffen.

Allie wartete. Sie war entschlossen, Rona die Gesprächsführung zu überlassen.

»Okay, ich würde in Glasgow arbeiten. Aber es ist ein Job mit Entscheidungsgewalt. Ich könnte auf einer Viertagewoche bestehen. Dann könnte ich das Wochenende über in Manchester sein.«

Allie schüttelte den Kopf. »Das sagt sich jetzt so leicht. Aber es werden Sachen kommen, da musst du übers Wochenende dortbleiben. Glasgow ist nächstes Jahr europäische Kulturhauptstadt. Es wird experimentelle schwedische Opern geben, expressionistische Dramen aus Deutschland und Tanzinterpretationen von Elton Johns *Goodbye, Yellow Brick Road*, bei denen du dabei sein musst. Grandiose Ausstellungen von schottischer Kunst und verschwitzte Rockkonzerte im Apollo –«

»Das Apollo ist seit vier Jahren geschlossen, Allie. Du bist nicht auf der Höhe der Zeit.«

185

»Okay, okay. Und dann wird es Wochenenden geben, an denen du bei jemandem eingeladen bist in sein unglaublich großes Haus in den Trossachs mit Fünf-Sterne-Koch und altem Burgunderwein direkt aus dem Fass.« Sie übertrieb spöttelnd, doch beide wussten, dass echte Besorgnis daraus sprach.

»Wir könnten uns mit den Wochenenden abwechseln. Du kommst Samstagabend in den Norden und bleibst bis Montagabend oder Dienstagfrüh.«

»Ich fürchte immer noch, wir starten mit den besten Absichten und landen dann in Nullkommanichts bei einem Wochenende pro Monat. Und das will ich nicht, Rona.«

»Das will ich doch auch nicht.«

Sie schwiegen eine Weile lang. Nur das Knuspern von Toast und das Rascheln, als Germaine sich kratzte, waren zu hören.

»Und dann ist da noch sie«, sagte Allie und wies auf den Hund. »Es funktioniert im Moment, weil normalerweise eine von uns zu Hause ist. Und wir haben den Menschen, der mit ihr spazieren geht, sowie Alix für Notfälle. Ich kann sie nicht hierbehalten, wenn ich allein bin. Darum wird sie mit dir mitkommen müssen. Es wird nicht mal drei Tage dauern, dann ist sie der Familienhund der Dunsyres. Die lieben sie alle.«

Wie um diese Ängste zu bestätigen, warf Rona den letzten Bissen ihres Toasts in Germaines Richtung, die ihn sich schnappte, noch bevor er den Boden berührte.

Rona stand auf und blickte aus dem Fenster. Allie dachte daran, wie unglaublich es war, dass Rona sie nach all den Jahren immer noch umhaute mit ihrer stylischen Eleganz, selbst wenn sie nur einen zerknautschten Baumwollpyjama mit Streifen trug. Sie konnte sich nicht vorstellen, was der Verlust dieser Alltäglichkeiten für ihr Leben bedeuten würde. Sie wollte es nicht einmal versuchen.

Rona drehte sich kurz entschlossen um. Ein Lächeln lag auf ihren Lippen. »Ich sag ihm ab. Der Preis ist höher, als ich zu zahlen bereit bin.« Sie breitete die Arme aus in einer Art Schulterzucken, das zum zweiten Akt einer Screwball-Komödie gepasst hätte.

»Nein!« Allie sprang auf und schrie sofort vor Schmerz auf. »Oh, verdammte Hölle! Nein, Rona. Du kannst das nicht einfach aufgeben. Nie wieder bekämst du die Chance, gleich einer ganzen Zeitungsgruppe deinen Stempel aufzudrücken. Du könntest unglaubliche Dinge erreichen. Für Frauen, für Homosexuelle, für all die anderen Leute, die keine Lobby haben. Du bist klug genug, um das mit Subtilität zu machen. Du könntest eine Revolution in Gang bringen.«

Rona lachte sarkastisch auf. »Glaubst du, Ace Lockhart würde mich eine Revolution entfachen lassen?«

»Ich bin überzeugt, du könntest es so verpacken, dass es ihm gar nicht auffallen würde, bis es zu spät ist.« Allie trat vor und schlang die Arme um ihre Partnerin. Der vertraute Duft ihres Haares gab Allie immer das Gefühl, zu Hause zu sein. »Du bist unglaublich, Rona.«

Rona knabberte an ihrem Ohrläppchen. »Ich liebe dich, Allie Burns. Darum werde ich Ace sagen, wohin er sich seinen Traumjob schieben kann.«

Sollte Rona auch nur einen Moment lang gedacht haben, die Diskussion wäre damit beendet, musste sie sehr schnell einsehen, dass dem nicht so war. Sie führten ihr Gespräch fort, während erst Rona duschte und dann Allie, während eines kurzen und gezwungenermaßen langsamen Spaziergangs mit Germaine, während eines zweiten Bechers Kaffee.

Kurz vor zehn sagte Allie: »Ich muss mich in der Redaktion melden.«

»Du wirst heute *nicht* arbeiten, Alison Burns«, sagte Rona. Ihr Gesichtsausdruck war ebenso streng wie ihr Tonfall. »Auf keinen Fall.«

»Ich zieh nicht los auf Nachrichtenjagd«, erklärte Allie. »Ich te-
lefoniere nur und beauftrage die Freelancer, das ist alles. Drei
Tage lang habe ich nichts Konstruktives gemacht –« Als Rona den
Mund öffnete, hob Allie eine Hand, um sie zum Schweigen zu
bringen. »Nein, Rona, ein Puzzle ist *nichts* Konstruktives. Ich
muss mein Gehirn am Laufen halten, und außerdem hab ich das
Gefühl, dass es mir schon sehr viel besser geht.«

Rona verdrehte die Augen. »Du bist unverbesserlich, Burns.«

»Wir haben die Diskussion übrigens noch nicht abgeschlossen.
Sprich nicht mit Lockhart, bevor wir nicht Runde zwei beendet
haben.«

Komplizenhaft lächelten sie einander an und gingen jede in ihr
jeweiliges Arbeitszimmer an unterschiedlichen Enden des Hauses.
Allie zog die Blätter mit den Vorschlägen der Freelancer für Storys
aus dem Faxgerät, doch nach einem ersten Überfliegen konnte sie
keinen davon beurteilen. Stattdessen produzierte Ronas Jobangebot jede Menge ganz eigene Schlagzeilen in ihrem Kopf.

Allie schüttelte den Kopf, als müsste sie Hummeln daraus vertreiben. Dann begann sie, sich die Vorschläge laut vorzulesen.
Das half, und sie sortierte die Blätter nun in drei Stapel: in »ja«,
»vielleicht« und »auf gar keinen Fall«. Sie fasste die Sachen vom
»Ja«-Stapel in je einem prägnanten Absatz zusammen, die vom
»Vielleicht«-Stapel in einem einzigen Satz und tippte dann alles
als Liste für die Konferenz ab. Danach aktivierte sie das Modem
und lauschte dessen elektronischem Singsang, bis es ihre The-
menzusammenstellung schließlich nach London schickte. Vor
dem Ende der Konferenz würde sie kein Feedback erhalten, was
ihr nur recht war. Sie pfiff einmal laut, und in weniger als dreißig
Sekunden flitzte Germaine über den Flur zu ihr, die Ohren aufgestellt wegen der Aussicht auf einen Spaziergang.

Sie gingen nur bis zu einer Reihe von Geschäften, in denen Allie einen Laib Vollkornbrot und zwei Lachsfilets fürs Abendessen

kaufte. Dass sie wieder Lust auf Essen hatte, wertete sie als Zeichen, dass sie sich auf dem Weg der Besserung befand. Ihre Appetitlosigkeit hatte sie fast genauso sehr erschüttert wie die Schmerzen unterschiedlicher Art.

Sie war gerade mal zehn Minuten zurück an ihrem Schreibtisch, als das Telefon klingelte.

»Bist du sicher, dass du fit genug bist?«, fragte Gerry Richardson. »Ich kann nicht eine die redaktionelle Arbeit übernehmen lassen, die bis an die Titten voll ist mit Schmerzmitteln.«

»Danke für dein Mitgefühl, Gerry. Ich fühle mich sehr viel besser. Heute habe ich zwei Paracetamol genommen, aber ich glaube nicht, dass die meine Urteilsfähigkeit trüben.« Sarkasmus mochte die geringste Form der Schlagfertigkeit sein, aber in der Regel reichte dies Allie schon, um sich besser zu fühlen.

»Na prima, freut mich, dass du wieder auf dem Damm bist.«

»So weit würde ich nicht gehen. Ich fühle mich immer noch, als hätte mich ein Pferd getreten. Diese Woche werde ich nicht losziehen für Beiträge, aber ich bin fit genug, um die redaktionellen Sachen zu managen.«

»Das ist schon okay. Was deine Themenvorschläge angeht: Eins, drei, vier und sechs sind in Ordnung, den Rest kannst du in die Tonne kloppen, es sei denn, du kannst ein paar Fotos für die Kite-Fly-Sache von Nummer zwei finden. Soweit klar?«

Allie machte sich entsprechende Notizen auf ihrem Redaktionsplan. »Du bist nicht interessiert an dieser *Brookside*-Story, dieser TV-Serie, die in Liverpool spielt?«

»Nee. Du kennst mich und mein Verhältnis zu Liverpoolern. Eine Sache muss schon verdammt gut sein, damit ich meine angeborenen Cockney-Vorurteile dafür vergesse.« Er stieß ein knappes Lachen aus, das sofort in seiner Kehle versiegte. »Ich sende dir gleich ein Memo für eine Story, auf die du deinen besten Freelancer ansetzen solltest. Das ist ein absoluter Kracher, und ich habe es aus äußerst zuverlässiger Quelle. Von dir brauche ich nur einen Fotografen und einen Reporter, der das Haus im Blick behält, um zu sehen, wer kommt und geht.«

»Um wen geht's?« Es war untypisch für Richardson, das zurückzuhalten.

»Wirst du schon noch früh genug sehen, Liebes.« Und damit legte er auf. Es gab nur noch die tote Leitung und ein Kosewort, das Allies eine Gänsehaut bereitete, und zwar nicht, weil das übliche frauenverachtende Zeug zu erwarten war. Gerry Richardson wurde nur dann verbal zärtlich, wenn er einem so richtig was reinwürgen wollte.

Das Faxgerät piepte und trillerte und verkündete so das Eintreffen eines Memos aus der Londoner Redaktion. Allie riss es von der Thermopapierrolle ab und las es. Röte stieg vom Hals hinauf und verfärbte ihr Gesicht vollständig, als ihr die Ungeheuerlichkeit dessen, was da stand, so richtig bewusst wurde.

Das hätte zu keiner passenderen Zeit kommen können.

24

Allies Wut verdrängte jeden noch vorhandenen Schmerz so weit, dass sie quer durch das Haus stürmen konnte. Ohne anzuklopfen, stürzte sie in Ronas Büro. Erstaunt drehte sich ihre Partnerin um, die Hände immer noch auf der Tastatur. Sie achteten beide darauf, das Arbeitszimmer und die Arbeitszeiten der anderen zu respektieren, es sei denn, es gab einen Notfall. Und eigentlich hatte es davon für heute schon genug gegeben.

»Ruf Ace Lockhart an und sag ihm, dass du den Job annimmst«, forderte Allie schmallippig.

»Was?« Rona war verwirrt.

»Ich komme mit.«

»Ich versteh nicht, was ist denn auf einmal anders?«

»Ich werde meine Kündigung einreichen, das ist jetzt anders.« Allie ließ sich auf das Tagesbett fallen, auf dem Rona angeblich die besten Ideen kamen.

Rona schüttelte den Kopf. »Du solltest das nicht überstürzen, Schatz. Atme tief durch, so für den Anfang. Deine Gesichtsfarbe gleicht roter Grütze. Das ist nicht gesund.«

»Dieses doppelzüngige Sackgesicht Richardson – an dem liegt's. Er hat sich offenbar darauf verlassen, dass ich erst in ein paar Tagen wieder arbeiten werde. Lies das.« Allie streckte ihr das Fax entgegen.

Rona nahm es, glättete die zerknitterten Ränder und las, was in blasser Schrift auf dem Thermopapier stand.

Themenvorschlag für Gerry Richardson, Redaktion des _Sunday Globe_
Exklusiv von Andy Thomas, Nachrichtenagentur Anglezarke
Hi, Gerry, ich hab einen exklusiven Kracher von einem sehr guten

Kontakt bei der TV-Serie *Northerners*. Wie du dich vielleicht erinnerst, stammen von diesem Kontakt die Infos zu »Kokain-Skandal um Eckladen-Connie« und »Drei in einem Bett im King's Head« aus dem letzten Jahr. Sie liefert nicht oft Sachen, aber wenn sie es tut, dann sind die Sachen immer wasserdicht. Und die TV-Serie steht im Augenblick beim Publikum hoch im Kurs, wegen der Adoptionsgeschichte macht sie *Corrie* und *EastEnders* das Leben schwer.

Offenbar ist Timmy Tarleton (der Denzel Delamere spielt, falls du es nicht weißt) schwul. Er hat einen Freund, der mehr als zwölf Jahre jünger ist als er (Timmy ist dreißig, deshalb ist das schon mal illegal). Der Knabe heißt Jason Thom, und er ist Mitglied der Filmcrew.

Als wäre das noch nicht genug, hat Tarleton auch noch Aids. Ich habe eine Kopie seiner HIV-Testergebnisse und Fotos davon, wie die beiden in einem Club in Manchester feiern. Meine Quelle ist sich ihrer Sache sicher – sie ist recht vertraut mit Tarleton, hat sich aber entschieden, sich mir anzuvertrauen, weil sie von seinem Verhalten angewidert ist. Aus offensichtlichen Gründen kann sie sich nicht offiziell äußern, aber wir können sie als »*Northerners*-Insider« zitieren. Sie meint, wenn wir Tarletons Haus observieren, werden wir eine Menge guter Fotos bekommen. Er hat hinter dem Haus einen Anbau mit Swimmingpool, der mit Glasfenstern versehen ist. Vor Blicken von der Straße oder von den Nachbargrundstücken ist der zwar verborgen, aber es gibt genug Büsche, in denen sich ein Fotograf verstecken kann.

Ich kann die Story nicht selbst schreiben, weil dann ein paar von den Leuten bei *Northerners* wahrscheinlich darauf kommen, wer meine Quelle ist, und das würde sie verbrennen, weil nur wenige Leute über die Aids-Diagnose Bescheid wissen.

Ronas Miene verfinsterte sich vor Wut. »Das ist eine schamlose Provokation. Nach dem, was er letzte Woche deinem Artikel angetan hat, weiß er, wie sehr dich das auf die Palme bringen wird.«

»Wahrscheinlich hat er damit gerechnet, dass ich zu krank bin, um die eingehenden Faxe zu lesen. Und dass er damit durchkommt, ohne dass ich es mitkriege, bis es gedruckt wird.« Allie schüttelte den Kopf. »Das ist total ekelhaft. Es ist homophob und grausam. Diese Story wird Timmy Tarletons Karriere zerstören. Niemand, der in der Öffentlichkeit steht, überlebt so ein Outing. Die Zeitungsleser unterscheiden nicht zwischen HIV-positiv und Aids.« Düster starrte sie zu Boden.

Rona setzte sich neben Allie und legte einen Arm um sie. »Warum will sich Richardson unbedingt mit dir anlegen?«

»Weil er mich nicht in seiner Redaktion haben will. Er war immer überzeugt, dass investigativer Journalismus Geldverschwendung wäre. Es werden Wochen, manchmal Monate in eine Sache gesteckt, die dann nur ein paar Sonntage lang in der Zeitung veröffentlicht werden kann. Als Lockhart die Belegschaft im Norden ausgedünnt hat, wollte Gerry, dass einer von den Männern die Leitung übernimmt, und zwar ganz egal wer. Das ist ein offenes Geheimnis. Er wollte einen Jasager, einen, der auf Befehl in Dreck und Jauche wühlt.« Allie seufzte. »Ich hatte gehofft, dass Lockhart mich ausgewählt hat, wäre meine Absicherung.«

»Das ist sie auch.« Rona küsste sie auf die Wange. »Richardson weiß, dass er dich nicht feuern kann. Darum hat er sich entschlossen, es für dich unerträglich zu machen.«

»Sieht ganz so aus. Das Blöde ist aber das große Ganze. Genau solche Storys will Lockhart haben. Er konkurriert mit Murdoch darum, wer tiefer in der Gosse gräbt. Ich bin nicht das eigentliche Ziel hier, da mach ich mir nichts vor. Mich rauszukicken ist nur ein zusätzlicher Bonus. Die werden diese Story veröffentlichen, egal, ob ich meinen Posten innehabe oder nicht.« Allie legte den

Kopf in den Nacken und blinzelte ein paar Tränen weg. »Und wenn ich nicht wegen dieser Story das Handtuch werfe, dann wegen einer anderen nächste oder übernächste Woche. Ich habe mir eingeredet, ich könnte das durchstehen. Aber ich kann es nicht, Ro.« Sie vergrub ihr Gesicht an Ronas Schulter und weinte leise.

Sie hielten einander fest, bis Allie sich wieder gefangen hatte. Dann richtete sie sich auf und wischte sich mit dem Handrücken über die Augen.

»Ich hätte nie gedacht, dass ich mal wegen des Sexlebens eines Soap-Stars meinen Lebenstraum aufgeben müsste«, sagte sie tapfer im Versuch, einen Witz zu machen. »Ich sollte jetzt wohl besser meine Kündigung aufsetzen.« Sie stand auf. »Und so endet mein Leben als Boulevardjournalistin.«

»Vielleicht bist du gerade ein bisschen zu melodramatisch. Du bist dafür gemacht, Allie. Vielleicht schreibst du nicht mehr so einen Mist. Aber du kannst immer noch tolle Storys aufspüren, und manche davon erscheinen dann womöglich in einem Boulevardblatt. Sag niemals nie, Puppe.«

»Hoffentlich haben Sie recht, Mr Bond. Im Augenblick kann ich nur bis zu dem Zeitpunkt denken, an dem ich Gerry Richardson sage, wohin er sich diesen Job stecken soll. Wenn auch etwas eloquenter.«

»Mach das«, sagte Rona. »Und wenn du deinen Atomsprengkopf scharf gemacht hast, überlegen wir uns, was als Nächstes kommt.«

»Oh, ich werde das nicht übers Telefon machen. Ich will sein Gesicht sehen, wenn ich ihm das vor den Latz knalle.« Sie warf einen Blick auf ihre Armbanduhr. »Ich erreiche noch den Zug um zwei Uhr von Piccadilly. Dann kann ich ihn im Pub abpassen. Er gönnt sich immer einen heimlichen Scotch, bevor er die letzten Artikel vor Redaktionsschluss abliefert.«

»Allie, nein! Dafür bist du noch nicht fit genug.«

»Das wollen wir doch mal sehen!«

Der Copy Taster war das perfekte Pub für Journalisten. Versteckt in einer Gasse hinter der Fetter Lane, lag es nur fünf Gehminuten von der Fleet Street entfernt und war damit sehr leicht zu erreichen für die zahlreichen Reporter, die noch rund um die legendenumwobene Straße der Druckerschwärze arbeiteten. Die Fenster waren aus Buntglas, jede einzelne Scheibe war zu klein, als dass sie einen Blick ins Innere erlaubt hätte. Innen war das Pub mit dunklen Holzpaneelen und einer dazu passenden Möblierung ausgestattet, die dank einer dünnen Schicht Nikotin unterschiedlich nachgedunkelt war. Es gab drei separate Bars innerhalb des Pubs, jede mit dunklen Nischen und halb versteckten Ecken, um ungestört miteinander sprechen zu können. Im Copy Taster konnte man nur wenige Schritte entfernt vom eigenen Boss sitzen, ohne es zu wissen.

Doch Allie wusste, wo sie Gerry Richardson an einem Werktag um fünf Uhr nachmittags finden würde. Er würde in der Subs Bar hocken, der Bar, die von den dreien am weitesten entfernt von der Eingangstür lag, versteckt in der zweiten Nische auf der rechten Seite, vor sich einen großen Bells. Nicht mal ein Single Malt, hatte Allie mit amüsierter Verachtung gedacht, als sie erstmals mitbekommen hatte, was er trank.

Um diese Uhrzeit war es brechend voll im Pub, die Luft war geschwängert von Zigarettenrauch und Gerüchten. Allie musste sich durch die Menge hindurchwinden, begleitet von Nettigkeiten, Beleidigungen und Nachfragen von Bekannten und Kollegen wegen ihrer blauen Flecke. Mehrfach lehnte sie angebotene Drinks ab, während sie sich ihren Weg zur Subs Bar bahnte. Ihr Herz schlug heftig, und Adrenalin kreiste in ihrer Blutbahn; Allie war dankbar für dessen kurzfristig sehr hilfreiche schmerzunterdrückende Wirkung.

An der Schwelle zur Bar stoppte sie kurz, murmelte: »Scheiß drauf«, und machte die letzten Schritte, um ihrem Boss entgegenzutreten. Richardson steckte gerade mit dem Chefreporter und einem seiner Kumpane die Köpfe zusammen, um leise etwas zu bereden. Die drei brauchten einen Moment, um Allie zu bemerken, doch dann war Richardson wie vom Donner gerührt. »Was zur Hölle?«, rief er aus. »Was machst du hier, Burns?«

»Ich wollte sicherstellen, dass du nicht behaupten kannst, du hättest mich gefeuert«, sagte sie mit erhobener Stimme, um den Lärm zu übertönen.

»Wovon redest du?« Richardson versuchte aufzustehen, doch er war hinter dem Tisch in der Nische gefangen.

»Ich kündige, Gerry. Ich bin eine viel zu gute Journalistin, um weiterhin für einen bigotten Ignoranten zu arbeiten, der zu dumm ist, um zu begreifen, wie dumm er ist. Wenn Gehirne aus Scheiße wären, Gerry, dann hättest du Verstopfung. Im Laufe der Jahre habe ich für ein paar verdammt gute Nachrichtenredakteure gearbeitet, aber du bist so weit davon entfernt, dass du ebenso gut in Australien sein könntest.«

»Bist du betrunken, Burns? Oder hast du dich mit Drogen weggeschossen?«, zischte er. »Du kommst hier rein, laberst absolute Scheiße –«

»Ich war niemals klarer im Kopf. Ich bin fertig mit dir, Gerry. Du hast mich das letzte Mal gefickt.«

Der Chefreporter kicherte. »Genau das braucht ihr Lesben, einen guten Fick.«

Allie verdrehte die Augen. »Echt? Und das ist das Beste, was du hinbekommst? Kein Wunder, dass die Textredaktion deine Beiträge jede Woche umschreiben muss.« Sie stützte sich mit den Fäusten auf den Tisch. »Ich mein's ehrlich, Gerry. Ich habe Preise für meine Berichterstattung erhalten, aber ich bin mir hundertprozentig sicher, dass ich mit dir als Redakteur nicht mal ein Lotterielos gewinnen könnte.«

Inzwischen bekam sie Applaus von Mitarbeitern der Konkurrenzblätter. »Zeig's ihm, Burns! Aber so richtig«, rief jemand mit Glasgower Akzent.

»Du undankbares Miststück«, rief Richardson; seine dünnen Wangen hatten sich rosa verfärbt. »Ich habe dich verdammt noch mal vor der Müllhalde bewahrt. Und so dankst du es mir?«

»Du hast mich nicht gerettet. Lockhart hat dich angewiesen, mich zu behalten. Seitdem beißt du dich deswegen jeden Tag in den Arsch.«

»Ich hab ihm gesagt, dass du reine Platzverschwendung bist mit deinen überkandidelten Politikartikeln und deiner Weibertollheit.«

Allie lachte. »Ist das der Moment, in dem du mir sagst, dass ich nie wieder in dieser Stadt einen Job ergattern werde? Verpiss dich, Gerry. Verpiss dich und steck deinen Schwanz in einen Sack voller Nägel.«

Sie machte auf dem Absatz kehrt und marschierte hocherhobenen Hauptes hinaus, begleitet von Begeisterungsrufen und Applaus. Das war kein Zeichen dafür, wie beliebt sie war, sondern eines für die Unbeliebtheit von Gerry Richardson. Doch im Augenblick war ihr das völlig egal. Das war ein Abgang, der ihr einen Platz in der Hall of Fame der Journalisten einbringen würde, und das reichte ihr völlig.

25

Es war schon spät, als Allie nach Hause kam; sie war müde, und alles tat ihr weh, aber gleichzeitig war sie immer noch aufgekratzt wegen ihrer Kündigung. Sie ließ sich neben Rona auf das breite Sofa fallen, das einen Großteil ihres Wohnzimmers einnahm. Es war groß genug, dass die beiden sich bequem ausstrecken konnten und auch der Hund noch neben ihnen Platz fand. Von der Abendrunde mit Germaine hatte Rona eine Flasche Lanson Black Label mitgebracht, weil auf die Ereignisse des heutigen Tages angestoßen werden musste. Allie hatte sie vom Zug aus angerufen und eine Kurzversion der Ereignisse geliefert, und jetzt wollte sie unbedingt die Details der Konfrontation hören. Doch Allie ließ sie zappeln.

»Erst mal deine Neuigkeiten«, insistierte sie. »Was hat Lockhart gesagt, als du sein Angebot angenommen hast?«

»›Kluges Mädchen.‹ Ich hab ihm gesagt, ich wäre eine Frau, kein Mädchen, doch da hat er nur gelacht. An einem anderen Tag hätte er dafür büßen müssen.«

»Ich glaube, er wechselt die Persönlichkeit wie andere Menschen ihre Kleidung. Nimm zum Beispiel das Schikanieren. Er dreht bis zum Anschlag auf, wenn er glaubt, dass er damit sein Ziel erreicht. Aber wenn er meint, Schmeichelei und Charme würden besser funktionieren, so wie bei dir, dann wirft er sich einfach seinen Charme-Mantel über. Denkst du, er nennt die liebreizende Genevieve auch ein kluges Mädchen?« Allie gluckste.

»Vielleicht. Und sie lässt ihm das vielleicht durchgehen, wenn es ihr gefällt. Sie ist genau wie ihr Vater. Ich hab mal gesehen, wie innerhalb von Sekundenbruchteilen ihre Stimmung wechselte.«

»Das hast du nie erzählt.«

»Hat sich nie ergeben. Das war bei einer Wohltätigkeitsveranstaltung. Ich sollte dort die Lobeshymne auf eine der Firmen singen, die Geld gespendet hatten. Sie war in der Garderobe und versprühte das Lockhart-Charisma. Dann traf das Designerkleid ein, das sie an diesem Abend tragen sollte, aber es war das falsche Modell. Um das richtige bringen zu lassen, war es schon zu spät. Sie hat Gift und Galle gespuckt. Eine von der Wohltätigkeitsorganisation musste schließlich mit ihr das Kleid tauschen – und schon war sie wieder nett und freundlich. Das war sehr aufschlussreich.« Rona füllte die Gläser wieder auf. »Ich würde mich mit der Frau lieber nicht anlegen.«

»Irgendwann werden wir uns alle mit ihr anlegen müssen. Denn eines Tages wird ihr die gesamte Medienwelt gehören.«

Rona verzog das Gesicht. »Hoffentlich nicht allzu bald. Doch in der Zwischenzeit müssen wir überlegen, wie wir unser Leben umgestalten.«

»Wann sollst du anfangen?«

»Am ersten Montag im März.«

»Machst du Witze? Das ist in nicht mal vierzehn Tagen. Du hast doch sicherlich noch Aufträge für die nächsten Wochen.«

Rona zuckte mit den Schultern. »Er meint, es wäre okay, wenn ich die ausstehenden Verpflichtungen noch erledige. Aber ich soll das in Glasgow, von meinem Schreibtisch aus machen. Er bietet mir einen sehr großzügigen Zuschuss zu den Umzugskosten an, der umso größer für mich ausfallen wird, da ich erst mal bei Mum und Dad einziehe, bis wir wissen, wie sich alles weiterentwickelt. Wenn wir dieses Haus später mal verkaufen müssen, haben wir genug, um uns was Schönes in Glasgow zu suchen.«

Allie seufzte. »Ich werde dich vermissen. Die Sekretärin der Nachrichtenredaktion hat angerufen, um mir mitzuteilen, dass Richardson auf der kompletten Kündigungszeit besteht. Ich werde die vollen drei Monate arbeiten müssen. Aber ich habe nicht vor, mich da besonders reinzuhängen. Ich werde nicht Tag und Nacht quer durchs Land düsen ausgerechnet für ihn, sondern allen Aufwand auf das absolute Minimum reduzieren. Am besten noch weniger, wenn ich das hinbekomme.«

Rona gluckste. »Was soll er auch dagegen machen? Dich feuern?«

»Ja, genau. Ich kann mich um den Verkauf des Hauses kümmern. Schlussendlich habe ich drei Monatsgehälter als Polster, um mir zu überlegen, was ich künftig machen möchte. Und ich kann ein paar Storys vorbereiten, die ich dann später als Freiberuflerin fertigstelle. Außerdem will ich immer noch nach Berlin, um die Story mit der Medikamentenstudie weiterzuverfolgen.«

Rona stieß ihr Glas gegen das von Allie. »Gute Idee. Aber dafür wird er dir keine Reisekosten bewilligen.«

Allie zuckte mit den Schultern. »Ich kann das selbst finanzieren. Wenn ich die Story an eine vernünftige Zeitung verkaufe, werde ich mehr als nur die Unkosten hereinbekommen.«

Beide nippten schweigend an ihren Gläsern und starrten gedankenverloren in die Flammen ihres Gaskamins. Allie wusste, dass Rona ihre Aufregung verbarg, um ihr nicht wehzutun. Das Gleiche machte sie selbst mit ihrer Angst. Hoffentlich trafen sie sich in der Mitte. Und zwar möglichst bald.

Die verdammten Drucker heizten schon wieder die Stimmung im Glasgower Gebäude an. Sie hatten Wind bekommen von den neuen Druckereien in London, die die Schriftsetzer überflüssig machen würden, weil die Journalisten ihre Texte sofort in ein Computersystem eingeben konnten. Die Londoner Druckergewerkschaften waren noch paralysiert von dem, was Robert Murdoch ihnen angetan hatte, doch in Glasgow war man sowieso aufrührerischer. Es brauchte Lockharts persönliche Anwesenheit in der Druckerei, um die sturen Hunde zu besänftigen.

Er hatte es mit einer bunten Mischung aus Drohungen und betörenden Versprechungen versucht, und schließlich waren die Druckmaschinen gerade noch rechtzeitig für die erste Ausgabe angelaufen, ohne dass er allzu viele Risiken hatte eingehen müssen. Es schien fast, als wollten die, dass die Zeitung Konkurs anmelden muss, dachte er, während er durch die Halle zu seinem Büro stapfte.

Er warf sich in seinen Sessel und rief in der Küche an. »Machen Sie mir Makkaroni mit Käse und gebratenem Speck«, verlangte er. »Dazu Knoblauchbrot. Und ein Pint Cola.«

Wenn er danach noch Hunger hatte, konnte er sich diese leckere schottische Vanilleeiscreme genehmigen, die er in Fife bestellt hatte.

Auf seinem Schreibtisch lag ein kleiner Stapel Post, den er durchblätterte. Der übliche Mist. Bis er zur letzten Postsendung kam. Es war eine grellbunte Postkarte, auf der vier kleinere Fotos arrangiert waren um ein größeres in der Mitte, das einen hohen Glockenturm zeigte. Darüber war ein rotes Banner zu sehen, auf dem in fetten schwarzen Buchstaben »BIAŁYSTOK« stand.

Sein Puls beschleunigte sich, und ihm war, als hätte man seine Stirn in einen Schraubstock gezwängt. Mit einer dunklen Vorahnung drehte er die Postkarte um. Die Nachricht war so unmissverständlich wie bedrohlich: DU BIST NICHT DER EINZIGE, DER ÜBERLEBT HAT.

26

Es war seltsam, ohne Rona aufzuwachen. Die beiden waren zwar nicht gerade an der Hüfte zusammengewachsen, aus beruflichen Gründen waren sie häufiger eine Nacht oder länger getrennt. Aber sie hatte immer gewusst, dass Rona nach Hause zurückkommen würde, und meist auch ungefähr, wann. Dieses Mal fühlte sich das leere Haus jedoch anders an. Ein Teil von Ronas Schrankhälfte war leer, auf den Borden fehlten Wäschestücke und Pullover. In den Bettlaken und im Kissenbezug war noch eine schwache Spur von Rona zurückgeblieben, und als Allie sich umdrehte, um einzuschlafen, überfiel sie der Duft von Ronas Parfüm wie ein Geist. Als sie noch ein Single gewesen war, hatte sie überhaupt kein Problem damit gehabt, allein zu sein; es irritierte sie, dass sie schließlich doch noch erfahren musste, was Einsamkeit bedeutete.

Selbst der Kontakt mit Gerry Richardson war eine verhältnismäßig angenehme Abwechslung. Jeden Dienstag lieferte sie ihre Themenliste ab, auf alle Storys waren stets Freelancer angesetzt. Wenn er ihr persönlich Beiträge aufdrückte, arbeitete sie diese möglichst ohne großen Aufwand ab. Bei denjenigen, die sowieso lächerlich waren, machte sie sich gar nicht erst die Mühe, sie in Angriff zu nehmen. Rachsüchtig, wie er war, hatte er versucht, ihr die restlichen Urlaubstage zu streichen, doch ein kurzer Anruf bei ihrem Gewerkschaftsvertreter hatte dies zunichtegemacht. Allie war angenehm überrascht von der Unterstützung, die der Father of the Chapel, der »Vater der Kapelle«, wie der Vertreter altertümelnd genannt wurde, ihr anbot. Er hatte vorgeschlagen, den *Globe* vor dem Arbeitsgericht zu verklagen, um das Recht auf eine außerordentliche Kündigung von ihrer Seite zu erstreiten, aber sie hatte das abgelehnt. »Ich möchte wieder arbeiten können«, hatte sie erklärt. »Aber danke für den Vorschlag.«

Der Klang dumpfer Schläge, der von außen hereindrang, erinnerte sie daran, dass der Makler an diesem Morgen das Schild aufstellen wollte. Allie war überrascht gewesen, auf welche Summe der Makler das Haus geschätzt hatte, aber er hatte gleichzeitig zur Vorsicht gemahnt. »Es kann eine Weile dauern, aber schlussendlich werden Sie den geforderten Preis durchsetzen können«, hatte er gesagt. »Chorltonville ist recht einzigartig – diese wundervollen Häuser im Stil der Arts-and-Craft-Architektur, die alle individuell gestaltet sind. Das ist nicht jedermanns Sache, aber Leute, die sie lieben, lieben sie *wirklich*. Und Sie haben sich so viel Mühe mit dem Garten gegeben, das kann ich sogar jetzt im Winter erkennen.«

Den Garten würde sie vermutlich noch mehr vermissen als das Haus. Bevor sie hergezogen war, hatte sie sich nicht besonders für Pflanzen interessiert. Ihre Eltern hatten hinter dem Haus einen kleinen Garten gehabt, in dem übers Jahr verteilt protzige Blüten wucherten, und ihre Wohnung in Glasgow hatte über keinerlei Gartenfläche verfügt. Sie hätte sich nie vorstellen können, dass aus ihr mit dreißig eine begeisterte Gärtnerin werden würde. Doch Rona und sie hatten ihr großes Grundstück lieben gelernt. Sie hatten sogar damit angefangen, auf ihren sonntäglichen Ausflügen die Gärten großer Anwesen zu besichtigen. Sie machten sich dabei Notizen und besuchten spezialisierte Gärtnereien. Und nun mussten sie das alles hinter sich lassen.

An diesem Tag war es an Allie, ihre Koffer zu packen. Am frühen Nachmittag würde sie nach Berlin-Tegel fliegen, um erste Vorbereitungen für ihre investigative Recherche zu treffen. Es kam ihr vor, als wären Jahre vergangen, seit sie so etwas das letzte Mal getan hatte. Sie hatte versucht, Paul Robertson zu überreden, ihr mehr von der abgebrochenen Medikamentenstudie zu erzählen, aber der Edinburgher Arzt hatte einfach den Telefonhörer aufgelegt. Sie konnte ihm das nicht übel nehmen angesichts des Massakers, das die Nachrichtenredaktion mit ihrer Aids-Story veranstaltet hatte. In seinen Augen war sie die Feindin, die sein Vertrauen missbraucht hatte.

Gott sei Dank hatte Jess ihr geglaubt, als sie ihr erklärt hatte, was geschehen war. Zum Glück hatte sie noch ihren ursprünglichen Beitrag gehabt, dank dessen sie sowohl Jess als auch Alix hatte beweisen können, dass sie es war, die man über den Tisch gezogen hatte. Allie hatte viel Zeit mit Jess verbracht, um so viel wie möglich über Medikamentenstudien zu erfahren. Jess war sogar einverstanden gewesen, Colin Corcoran zu schreiben und ihn zu bitten, dass er mit Allie über Zabre Pharmas bahnbrechendes Konzept sprach, Arzneimitteltests in Ostdeutschland durchzuführen.

Er hatte geantwortet, dass er keinen Ärger riskieren wolle, indem er über seinen Arbeitgeber sprach.

»Typisch. Kein Rückgrat«, hatte Jess sich bei Allie beschwert. »Hast du vielleicht ein paar alte Artikel, mit denen du ihn überzeugen kannst, dass du eine von den Guten bist? Etwas, das nicht so kontrovers ist?«

»Ich hab gedacht, die wären alle kontrovers«, brummelte Allie. »Aber okay, ich suche etwas nicht so Aufregendes raus.«

»Und ich lege noch eine Kopie von der Little-Weed-Story dazu, um an sein Mitgefühl zu appellieren.«

Das hatte auf wundersame Weise funktioniert. Irgendetwas, das Jess ihm geschickt hatte, hatte Colin Corcorans Meinung geändert. Er hatte Allie am Abend des Tages angerufen, an dem Rona nach Glasgow gezogen war. Es war der einzige Lichtblick des Tages gewesen.

Sie hatte eigentlich damit gerechnet, dass er Feuer und Flamme für die Forschungsprojekte von Zabre wäre, doch stattdessen sprach er eher zögerlich und einsilbig darüber. Als sie ihn nach den Aids-Medikamententests fragte, wich er aus. Allie fürchtete schon, dass sie ihre Zeit verschwendete und lieber nach einer anderen Quelle suchen sollte, doch da meinte er plötzlich: »Wenn du mal nach Berlin kommst, kann ich dich überall rumführen.«

Das war völlig unerwartet gekommen, doch Allie hatte den Moment klug genutzt. Sie versuchte, nicht allzu enthusiastisch zu klingen, als sie ihm mitteilte, dass sie tatsächlich recht bald nach Berlin kommen würde. Es schien ihn zu freuen.

»Ich bekomme nur selten Besuch«, sagte er und klang unerwartet schüchtern. »Könntest du mir vielleicht HP Sauce mitbringen? Die ist hier überhaupt nicht aufzutreiben.«

An diesem Morgen wickelte Allie die Flasche vorsichtig in eine Plastiktüte und schob sie in eine Socke. Wenn das ausreichte, um Colin Corcoran für sich zu gewinnen, war das der günstigste Türöffner, den sie je genutzt hatte.

Dr. Frederika Schröder schenkte drei Glas Bier ein und hob dann ihres für einen Toast. »Auf Wallace Lockhart.« Ihre beiden Begleiter grinsten und stießen mit ihr an. Hans Weber und Bernd Fischer waren ihre Mitstreiter, ihre vertrauten Kampfgefährten im radikalen Flügel der Umweltbewegung, die dabei halfen, vorsichtig Kontakte zu ihren Pendants im Osten aufzubauen. Veränderung lag in der Luft. Fredi konnte es fühlen; und sie war entschlossen, die Führung zu übernehmen, wenn es so weit war.

Heute Abend waren sie bei einem Treffen in einer Künstlerkooperative ganz in der Nähe ihres Büros in Westberlin gewesen. Es war ein dankbares Publikum gewesen, das dank Fredis charismatischem Auftreten in Begeisterungsstürme ausgebrochen war. Mit ihren langen Beinen war sie auf der Bühne auf und ab gelaufen, und mit ihrem blonden Schopf hatte sie so aufregend ausgesehen, wie sie geklungen hatte. Die beiden Männer standen so stark unter ihrem Einfluss, dass sie widerwillig hatten akzeptieren müssen, dass keiner von ihnen jemals ihr Liebhaber werden würde. Über Sex mit Männern äußerte Fredi sich nur abfällig.

Die drei schlugen sich mit einem heiklen Problem herum: der Finanzierung einer grünen Revolution. Aufgrund des Wesens dieser Bewegung konnten sie natürlich keine Sponsoren in der deutschen Industrie finden. Konzerne wie BMW oder Siemens sahen in ihnen den Feind. Sogar die wenigen Unternehmen, die sich den Umweltschutz auf die Fahnen geschrieben hatten, waren eher abgeneigt, Fredi und ihre Kollegen zu unterstützen. Doch dann war in Form von Genevieve Lockhart ein Silberstreif am Horizont erschienen.

Vor wenigen Wochen war sie bei einem der Treffen an der Universität aufgetaucht. Fredi hatte sie im Publikum entdeckt, weil sie einfach nicht hineinpasste. Sie war älter gewesen als die meisten im Raum. Und ihre Vorstellung davon, was es hieß, sich leger zu kleiden, war deutlich teurer und stylischer als alles, was die studentischen Anhänger der Umweltbewegung trugen. Darum war sie Fredis geübtem Auge aufgefallen. Es hatte auch nicht gestört, dass sie ziemlich süß aussah. Fredi hatte beschlossen, sie nach der Veranstaltung anzusprechen.

Doch es war anders gekommen. Denn Genevieve hatte von sich aus das Gespräch mit ihr gesucht. Sie war absolut selbstbewusst auf Fredi zugegangen und hatte in makellosem Deutsch gesagt: »Mein Name ist Genevieve Lockhart. Ich leite Pythagoras Press, den wissenschaftlichen Verlag. Wir wollen eine Zeitschrift zu den Umweltwissenschaften herausbringen, und mir wurde gesagt, dass Sie diejenige sind, mit der ich sprechen sollte.«

Erfreut hatte Fredi ihr strahlendstes Lächeln aufgesetzt und erwidert: »Wer immer Ihnen das gesagt hat, wusste genau, wovon er spricht. Lassen Sie uns bei einem Drink weiter darüber sprechen.«

Auf ihrem Weg zur Bar hatten sie Hans und Bernd mitgenommen. Das konnte der Kontakt sein, nach dem sie gesucht hatten, hatte Fredi bei sich gedacht. Und wer weiß? Vielleicht war Genevieve Lockhart in mehr als einer Hinsicht ein guter Fang.

Tegel war an diesem späten Nachmittag überraschend leer. Allie betrat mit ihrer Reisetasche die Haupthalle. Als sie das erste Mal in der Stadt gewesen war, hatte die Halle sie an einen Donut erinnert. Diesmal war es genauso. Egal, in welche Richtung sie sich wandte, in der Nähe des Taxistands herauszukommen, schien ein Ding der Unmöglichkeit zu sein. Schließlich fand sie ihn und nannte dem Fahrer den Namen ihres Hotels in der Giesebrechtstraße in Charlottenburg. Gemeinsam mit Rona war sie einmal dort gewesen, als Rona vom Magazin *GQ* mit den Textbeiträgen zu einem Fotoessay über die Berliner Punkszene beauftragt worden war. Es war ruhig, bequem, sauber und lag zentral, alles Dinge, die Allie an Hotels liebte, insbesondere wenn sie aus beruflichen Gründen unterwegs war.

Ein weiteres Plus dieses kleinen Hotels war seine Nähe zum »Haus der 100 Biere«, einer Kneipe, die einen kurzen Fußweg entfernt in der Mommsenstraße lag. Sie waren zufällig darübergestolpert und hatten sich sofort in seine traditionelle Einrichtung verliebt. Nicht zu vergessen: das herausfordernde Angebot von einhundert Bieren aus aller Welt, rund ein Dutzend davon vom Fass. Allie hatte damals Rauchbier für sich entdeckt, das sie an das Bouquet von Islay Malt Whisky erinnerte. Rona hingegen hatte Berliner Weiße bevorzugt. Nach nur wenigen Tagen hatten sie sich wie Stammgäste gefühlt.

Deshalb hatte Allie ein Treffen mit Colin Corcoran um sieben in dieser Kneipe vereinbart. Sie war zeitig da, belegte einen kleinen Tisch in einer Ecke, an dem sie ungestört wären, und bestellte ein Rauchbier in der nagenden Furcht, es würde vielleicht nicht so gut schmecken, wie sie es in Erinnerung hatte. Doch zum Glück war diese Sorge unbegründet. Sie war beim dritten Glas, als ein großer Mann mit einem leicht krummen Rücken und einem nicht zu übersehenden Adamsapfel quer durch die Kneipe direkt auf sie zukam. Im Näherkommen rückte er die überdimensionierte Brille auf seiner Nase zurecht und fuhr sich dann mit der Hand durch das dünne, mausbraune Haar.

»Allie Burns?«, fragte er zögerlich.

»Und Sie sind vermutlich Dr. Corcoran.« Sie stand auf und reichte ihm lächelnd die Hand.

Sein Handschlag war überraschend fest.

»Colin, bitte.« Er lächelte ein bisschen gequält.

»Setz dich, Colin.« Sie winkte der Bedienung. »Vielen Dank, dass du hergekommen bist, ich weiß das wirklich zu schätzen. Was möchtest du trinken?«

Er blickte zur Bedienung auf und sagte etwas in fließendem Deutsch. Alles, was Allie heraushören konnte, war »Radler«. Entweder trank er nicht viel, oder war vorsichtig.

»Normalerweise mache ich so etwas nicht«, murmelte er.

»Was? Mit einer fremden Frau einen trinken gehen?«

Er warf ihr einen schnellen Blick zu, unsicher, ob Leichtfertigkeit wirklich angemessen war. »Mit Journalisten über meine Arbeit sprechen. Ich habe genug mitbekommen, um zu wissen, dass dein Berufsstand die Dinge nicht immer richtig wiedergibt. Manchmal auch absichtlich.«

»Und doch bist du hier.« Allie lächelte. »Hat Jess sich dafür verbürgt, dass ich anders bin?«

»Ja, auch. Aber vor allem ist mir klar geworden, dass wir einen Handel abschließen können. Ich habe etwas, das du willst, und du kannst mir bei einer Sache helfen, die mir unter den Nägeln brennt.«

»Wenn es um ein Honorar geht –«

»Ich will kein Geld«, unterbrach er sie.

»Okay«, sagte Allie gewinnend. Sie schwieg, während die Bedienung ihm sein Radler brachte, das in einem klobigen Humpen aus Glas ausgeschenkt wurde. »Ich bin ganz Ohr.«

Colin nahm einen großen Schluck und stieß dann leise hinter vorgehaltener Hand auf. »Bevor ich dir das sage, möchte ich dir einen Überblick darüber geben, was ich dir anbieten kann. Zabre macht einen Praxistest mit einem antiretroviralen Medikament, von dem sich das Unternehmen erhofft, dass es die Entwicklung von HIV in Aids verzögert. Verstehst du, was ich sage?«

Allie nickte. »Jess hat es mir erklärt.«

»Da Aids inzwischen in Afrika und anderswo ausbricht, gibt es dafür einen potenziell riesigen globalen Markt. Wir haben die Tests hierher verlegt, weil wir so deutlich mehr Kontrolle über die Erkenntnisse haben, die sich aus den Versuchen ergeben. Niemand in der DDR verrät etwas an die Presse.« Er verzog ironisch die Lippen. »Aber ich kann dir Insiderinformationen verschaffen, und wenn du mir im Gegenzug hilfst, werden diese mit Dokumenten unterfüttert sein.« Er schob das Kinn vor.

»Okay, das ist deutlich genug.«

»Bevor wir ins Detail gehen, muss ich dich etwas fragen. Was passiert mit Leuten wie mir?«

»Du meinst Whistleblower? Menschen, die ihren Prinzipien folgen?«

»Nenn es, wie du willst. Wenn alles vorbei ist, was geschieht dann mit Leuten, die ihren Arbeitgeber verraten haben?« Er nahm noch einen großen Schluck von seinem Radler. Seine langen dünnen Finger trommelten lautlos gegen das Glas.

»Es gibt keine allgemeingültige Antwort. In seltenen Fällen erwartet sie eine polizeiliche Untersuchung, um festzustellen, ob sie gegen das Gesetz verstoßen haben. Einige wechseln zu einem Unternehmen in der gleichen Branche – ein Konzern demonstriert damit, dass er eine derart weiße Weste hat, dass er jemanden engagieren kann, der seine Integrität unter Beweis gestellt hat. Andere schreiben ein Buch.« Sie zuckte mit den Schultern. »Und manche tauchen einfach unter. Beginnen irgendwo ein neues Leben, machen etwas vollkommen anderes.«

»Sind sie nicht das Ziel von Vergeltungsakten?«

Allie lächelte. »Nur im Film. Sobald du geredet hast, gibt es keinen Grund mehr dazu. Du hast ja bereits alles ausgeplaudert. Es hat dann keinen Sinn mehr, dich zum Schweigen zu bringen.«

Er schaute aus dem Stückchen Fenster, das von ihrem Tisch aus zu sehen war. Dann wandte er sich ihr wieder zu. Er wirkte nun größer, als hätte ihn der Mut aufgepumpt wie einen Heißluftballon. »Okay, dann lass uns handelseinig werden. Folgendes brauche ich von dir.«

Und das war alles andere als das, was Allie erwartet hatte.

27

Versprich mir, dass du das nicht machen wirst«, sagte Rona. Da es sich um ein Auslandsgespräch handelte, klang ihre Stimme verknistert.

»Es ist ein Abenteuer.« Allie lehnte sich zurück in die Kissen.

»Ich werde nicht warten, bis du in zwanzig Jahren aus einem Sowjetgefängnis entlassen wirst«, drohte Rona.

»Wie schnell alles zerbricht. Eben noch hast du mir ewige Liebe geschworen, und kaum gibt es die ersten Probleme, machst du dich aus dem Staub.«

»Das ist nicht witzig.«

»Es wird schon gut gehen. Ich kann jetzt eh nicht mehr zurück, der arme Kerl hat alles vorbereitet. Mein Visum, das Beglaubigungsschreiben.«

»Ich wünschte, du hättest mir schon gestern Abend davon erzählt und nicht erst in letzter Minute.«

»Ich habe versucht, dich zu erreichen, aber du warst nicht zu Hause. Und deine Mutter wusste nicht, wann du wieder da sein würdest. ›Ich weiß nicht, wo sie hingegangen ist, und ich weiß auch nicht, wann sie zurückkommt. Kann ich ihr etwas ausrichten?‹« Allie gluckste. »Das war wie damals, als ich noch ein Teenager war – Eltern, die versuchen, ihre unberechenbare Tochter im Blick zu behalten.«

»Ich bin nicht unberechenbar. Ich war im Theater und habe mir eine düstere Tragödie angeschaut, in der es mehr Leichen gab als in *Hamlet*. Meine Mutter hat mir erst heute Morgen gesagt, dass du angerufen hast, darum konnte ich gestern nicht mehr zurückrufen. War vielleicht auch besser so. Ich hätte kein Auge zugetan, wenn ich gewusst hätte, was du vorhast. Ich habe Angst um dich, Allie. Ich kann mir nicht vorstellen, ohne dich leben zu müssen.«

»Mach dir keine Sorgen. Na gut, zumindest heute nicht. Heute ist nur Generalprobe, wir prüfen die Gegebenheiten. Es wird nichts Schlimmes passieren.«

»Wie kannst du das sagen? Jeder weiß, dass es in Ostdeutschland vor Informanten nur so wimmelt. Die Stasi kontrolliert alles, und du weißt genauso gut wie ich, dass deren Schauprozesse der Gerechtigkeit Hohn sprechen.«

»Ich weiß das alles, aber, glaub mir, die Sache ist wasserdicht.«

»Ich versteh einfach nicht, warum du so etwas machen willst.«

Während Allie versuchte, die richtigen Worte zu finden, herrschte einen langen Moment Schweigen. »Ich muss der Welt beweisen, dass ich immer noch den Biss einer Investigativreporterin habe. Dass mich das Schreiben von Müll nicht ruiniert hat. Ich brauche eine große Story, um alle daran zu erinnern, wer ich bin.«

»Dann finde eine andere.« Rona bettelte beinah, das kannte Allie gar nicht von ihr. Dennoch gab sie nicht nach.

»Storys fallen einem nicht einfach so in den Schoß, Rona. Wenn ich nicht das Glück habe, dass mir jemand etwas zuschustert, könnte es Monate dauern, bis ich wieder auf etwas Vielversprechendes stoße. Und ich kann es mir nicht leisten, über Monate hinweg kein Geld zu verdienen.«

»Geld ist jetzt für uns kein Problem, Allie. Nicht mit meinem Einkommen.«

Allie schwieg kurz und sagte dann: »Ich werde nicht auf deine Kosten leben, Rona.«

»Wir sind ein Paar. Es ist egal, wer das Geld verdient, es ist unser Geld.«

Das sagst du jetzt. Viel zu oft hatte Allie die zersetzende Wirkung von wirtschaftlicher Ungleichheit erlebt. Mal ganz abgesehen von der Scham, die sie empfinden würde. »Dazu wird es nicht kommen. Ich werde diese Story schreiben und meinen Ruf als Reporterin wiederherstellen, die das ans Licht bringt, was andere unter den Teppich kehren wollen.«

»Aber Allie –«

»Wenn ich meinen Part nicht erfülle, wird mir Colin Corcoran nicht mitteilen, was wirklich vor sich geht. Außerdem habe ich Geld in diese Reise gesteckt, da werde ich nicht mit leeren Händen nach Hause kommen. Das ist nicht meine Art.« Sie rang sich ein kleines Lachen ab. »Ich werde vorsichtig sein. Das verspreche ich. Und nun mach dich auf den Weg und lehre ein paar arme kleine Feature-Autoren das Fürchten.«

Allie konnte die Frustration in Ronas Lächeln auch über die Entfernung von weit über tausend Kilometern hören. »Ich liebe dich, Allie Burns.«

»Und ich liebe dich, Rona Dunsyre.«

Vorsichtig legte Allie den Hörer zurück auf die Gabel und setzte sich auf.

Obwohl sie Rona gegenüber so selbstsicher getan hatte, spürte sie ein unbehagliches Ziehen im Bauch. Als Colin ihr gesagt hatte: »Ich will, dass du mir hilfst, meine Freundin aus Ostberlin herauszuholen«, hätte sie angesichts der Absurdität seiner Forderung fast laut aufgelacht. Das hatte er bemerkt und war sofort in die Offensive gegangen.

»Das ist kein Witz. Es geht um unser zukünftiges Leben. Und du kannst uns helfen. Ich habe alles überdacht. Es gibt an keiner Stelle ein Risiko für dich.«

»Was? Das Gesetz in einem Staat des Ostblocks brechen? Ohne Risiko?«, hatte sie höhnisch gesagt. »Und der Mond ist aus grünem Käse. Oder wie?«

Er ballte die Hände, blickte auf seine Fäuste hinab und schob sie unter die Tischplatte. »Ich wollte dich nicht dazu überreden, bis ich das hier sah.« Mit einer plötzlichen Bewegung legte er eine klein gefaltete Seite aus einer Zeitung auf den Tisch. Er nickte in deren Richtung. »Sieh's dir an.«

Sie entfaltete die Seite, es war die mit der Little-Weed-Story als Aufmacher. »Ich versteh nicht.«

»Das Foto von dir. Das war wie die letzte Drehung beim Zauberwürfel.«

»Du sprichst in Rätseln, Colin.«

Er holte tief Luft. »Du siehst meiner Freundin ähnlich. Genug jedenfalls, um einen Grenzübergang zu passieren, wenn sie deinen Pass hätte.«

»Machst du Witze? Du hast vor, deine Freundin mit meinem Pass durch den Checkpoint Charlie zu schleusen?«

»Es wird funktionieren. Die Ähnlichkeit ist groß genug, wenn Wiebke ihre Brille absetzt. Am besten wäre es, wenn du eine Mütze tragen würdest, das ist zu dieser Jahreszeit in Berlin völlig normal. Ich habe eine aus Kaninchenfell mit Ohrenklappen.« Als er Allies Blick sah, fügte er hastig hinzu: »Oder eine Wollmütze? Vielleicht mit einem Bommel?«

»Ich habe keine Wollmütze mehr getragen, seit ich ein Wochenende lang in Greenham Common gegen US-amerikanische Cruise Missiles protestiert habe. Keine dieser Erfahrungen möchte ich wiederholen. Das ist eine verrückte Idee, Colin. Wie soll ich denn wieder in den Westen zurückkommen, wenn ihr mit meinem Pass davonspaziert?«

»Auch darüber habe ich nachgedacht. Und ich weiß, wie wir das hinbekommen.«

Und obwohl sie versuchte, ihn daran zu hindern, erzählte er es ihr.

Allie saß auf dem Beifahrersitz von Colin Corcorans klapprigem VW Golf und versuchte angestrengt, nicht in Panik zu verfallen. »Wir werden heute nichts Riskantes tun«, sagte er zum bestimmt fünfzigsten Mal. Sie hätte ihn am liebsten mit Gewalt zur Vernunft gebracht, doch es war so lange her, seit sie das letzte Mal jemanden geschlagen hatte, dass sie sich nicht sicher war, ob das gewünschte Resultat eintreten würde.

Unter normalen Umständen nahm Allie die Umgebung sehr bewusst in sich auf, oftmals beschrieb sie diese im Geiste, zum Teil als Erinnerungsstütze, zum Teil als ersten Schritt, um ihre Story passend auszurichten. Doch ihre Fahrt über die Friedrichstraße zum Checkpoint Charlie in Worte zu fassen, hätte sie in arge Verlegenheit gebracht. Anfangs konnte sie ihren Blick nicht abwenden von den unglaublich fragil wirkenden weißen Holzbuden, an denen ein Schild hing, das sie als alliierten Grenzübergang auswies. Es war absurd, sich vorzustellen, dass dies die letzte Bastion vor einer Invasion der Sowjets sein sollte. Oberflächlich betrachtet, sah es so aus, als könnte eine Truppe von Pfadfindern – oder genauso gut Pfadfinderinnen – den Stützpunkt innerhalb weniger Minuten einnehmen.

Aber sie wusste, dass dieser Eindruck täuschte. Beim ersten Anzeichen von Problemen würden die wachhabenden Soldaten Position hinter den Sandsäcken beziehen und schießen. Sie hatte *Der Spion, der aus der Kälte kam* gelesen, und sie vertraute darauf, dass John le Carré die Wahrheit sagte.

Während sie näher kamen, bemerkte sie ein weiteres Schild, das auf Englisch, Russisch, Französisch und erstaunlicherweise erst ganz unten und in kleinen Buchstaben auf Deutsch verkündete: »Sie verlassen den amerikanischen Sektor.« Vielleicht hatten die Behörden gedacht, dass man das den Deutschen gar nicht erst sagen musste. Colin hielt an der ersten Bude und reichte ihre Pässe, ihre Visa und die Papiere heraus, die sie als Angestellte von Zabre Pharma auswiesen, die mit ihren ostdeutschen Pendants zusammenarbeiteten.

Die Überprüfung zog sich hin. Während die Soldaten so taten, als wären sie beschäftigt, starrte Allie geradeaus auf den abschreckenden weißen Monolith eines ostdeutschen Bunkers mit schmalen Schießscharten. Durch diese würde auf jeden gezielt werden, der so töricht war, über diesen Grenzübergang zu flüchten. Es hätte nicht furchterregender sein können, wenn sie ein Schild aufgestellt hätten mit der Überschrift: »Legt euch nicht mit uns an.« Für einen unkontrollierten Moment dachte Allie daran, aus dem Auto zu springen und zurück in Sicherheit zu laufen. Noch war es nicht zu spät, alles abzublasen.

Die Schranke hob sich, und sie fuhren die paar Meter zur ostdeutschen Seite des Grenzübergangs.

»Das ist doch schon mal gut gelaufen«, sagte Colin. »Sie kennen mich langsam. Drei- bis viermal pro Woche fahre ich hier rüber. Die Ossis sind nicht ganz so entgegenkommend.«

Sie hielten, und Wachen umstellten das Auto, hielten ihre Gewehre dabei so, dass Colin und Allie sie sehen konnten. Die Gesichter der Männer waren regungslos. Sogar der jüngste der vier, der kaum älter als achtzehn aussah, hatte den leeren Blick eines erfahrenen Soldaten, der mehr gesehen hatte, als er je erzählen würde. Colin händigte die Papiere aus. Eine der Wachen sah sie durch und ging dann um das Auto herum auf Allies Seite. Ihr Magen verkrampfte sich, als er ihr bedeutete, das Fenster herunterzukurbeln. Sie kam dem sofort nach. Little Weed gegenüberzustehen war eine Sache, aber in die Mündung einer Waffe zu starren, war eine ganz andere Liga – und zwar eine, in der sie nicht unbedingt spielen wollte. Sie spürte, wie Galle ihr die Kehle hochkroch, und wünschte, sie hätte auf den Kaffee vorhin verzichtet. Aber der Soldat warf nur einen flüchtigen Blick auf sie und ging wieder weg, mit straffen Schultern, der Rücken durchgedrückt.

Colin hatte sie gewarnt, dass die Grenzsoldaten die Papiere mit in den Wachraum nehmen würden. »Keine Ahnung, womit sie die abgleichen, aber die lieben ihre Bürokratie. Und außerdem müssen sie uns so lange hinhalten, bis unser Stasi-Verfolger startbereit ist«, sagte er. »Sitz einfach ruhig da und schau geradeaus.«

Sie tat wie geheißen. Die Zeit kroch dahin, doch schließlich kehrte der Soldat zurück und gab ihnen die Papiere wieder. Colin reichte sie an Allie weiter, die bemerkte, dass sie mit neuen Stempeln versehen worden waren.

Nun konnte sie sich umsehen und mehr Details wahrnehmen. Es gab wenige Anzeichen, dass es von Vorteil war, ein Satellitenstaat des Sowjetreiches zu sein. Die Gebäude wirkten trostlos, die Farbe war dreckig und blätterte ab. Sogar die Häuser, die ganz offensichtlich neueren Datums waren – Wohnblöcke, eine Schule, ein Krankenhaus –, schienen bereits dem Verfall anheimgegeben. Als sie an einer Kreuzung halten mussten, bemerkte Allie ein Graffiti, das in den Verputz eines Hauses knapp dreißig Zentimeter über dem Gehsteig eingeritzt worden war. Es war verschrammt, aber doch immer noch lesbar: *Keine Gewalt! Glasnost in Staat und Kirche.* Die Fußgänger hatten die Köpfe wegen des Wetters eingezogen. Sie trugen Kleidungsstücke, von denen Allie sich nicht vorstellen konnte, dass irgendjemand sich so etwas freiwillig aussuchen würde. Sie musste an die Fotos aus der Zeit des Zweiten Weltkrieges im Familienalbum ihrer Eltern und dem ihrer Freunde denken. Auch deren Kleidung war damals abgetragen und schlecht geschnitten gewesen. Aber sie hatten es hinbekommen, für ein bisschen Chic zu sorgen. Nicht so die Einwohner von Ostberlin – zumindest jene, die auf den Straßen unterwegs waren.

»Es ist nicht weit«, sagte Colin und bog in eine große Durchfahrtsstraße. Fast sofort bogen sie erneut links ab, und er manövrierte sie durch ein Gewirr enger Sträßchen, bis sie vor einem großen zweiflügeligen Holztor in einer hohen Mauer hielten. Colin stieg aus und drückte auf eine Klingel neben dem Tor, dann blickte er hinauf in eine rechteckige graue Sicherheitskamera. Langsam öffnete sich das Tor.

»Inzwischen kennen sie mich«, sagte er, als er wieder in den Wagen stieg und in einen weitläufigen Hof hineinfuhr. Dort waren Parkbuchten ausgezeichnet, doch die meisten waren leer.

»Ich hab dir doch gesagt, dass es ungefährlich ist.« Er stieg aus und führte sie zum Eingang.

»Das war der leichte Teil«, erwiderte Allie. Trotz der Kälte waren ihre Handflächen schweißnass.

Sie folgte ihm ins Innere, wo mehrere Wachleute einen Empfangstresen umgaben, an dem eine mittelalte Frau saß, die eine Mischung aus Langeweile und Skepsis ausstrahlte. Noch mehr Bürokratie, die Colin für sie beide bewältigte. »Lächle einfach nur«, hatte er ihr vorher gesagt.

»Besser, die denken, ich bin schwachsinnig und nicht eine Undercover-Journalistin.«

Ihr Vorwand war, dass sie vom Hauptsitz von Zabre hergeschickt worden war, um einen begeisterten Bericht darüber zu verfassen, welch fantastische Unterstützung die wissenschaftlichen Einrichtungen der DDR pharmazeutischen Forschern bot. Gemessen an dem Lächeln, mit dem das ihre erwidert wurde, war ihre Coverstory glaubhaft. Die Empfangsdame füllte einen Besucherpass aus, stempelte ihn ab und reichte ihn Allie. Colin hatte bereits einen Pass, doch auch dieser musste einen Stempel erhalten. Allie fragte sich, wie man diese vielen Stempel übereinander noch entziffern sollte.

Sie gingen einen Flur entlang, dessen Wände in Giftgrün gehalten waren. Nichts wies darauf hin, was hinter den geschlossenen Türen dieses Gebäudes vor sich ging. Ein rumpelnder Fahrstuhl brachte sie in den dritten Stock, und dort befand sich Allie dann endlich auf vertrautem Terrain. Sie wusste, wie ein Labor aussah, und das hier war ganz eindeutig eines.

»Wiebke hat ihr eigenes Büro«, sagte Colin, als sie an einer verglasten Wand entlanggingen, hinter der Menschen in weißen Kitteln das taten, was Allie von Wissenschaftlern erwartete: Sie starrten in Mikroskope, verharrten vor Bildschirmen, tropften Flüssigkeit in Reagenzgläser und beobachteten, wie die Farbe sich änderte.

»Das hattest du bereits erwähnt.«

»Das ist der Schlüssel für den gesamten Plan.«

»Auch das hattest du bereits erwähnt.«

Colin stoppte vor einer geschlossenen Tür. Er klopfte dreimal an und wartete. Als sich die Tür öffnete, war dahinter eine große Frau in einem Laborkittel zu sehen. Sie blickte Allie streng an. »Ich bin Wiebke«, sagte sie und winkte sie herein.

Allie blickte sie an, und ihr Herz sank. Das würde niemals funktionieren. Sie würden alle den Rest ihres Lebens in einem Gulag dahinvegetieren.

28

Weniger als einen Kilometer von Allies Hotel entfernt hockte Genevieve Lockhart auf einem unbequemen Stuhl in einem Hörsaal, um ein wiederholtes Mal zuzuhören, wie Fredi in einer Rede die Notwendigkeit einer Revolution heraufbeschwor. Nicht einer marxistischen Revolution, wie man es selbst auf der westlichen Seite der Mauer hätte erwarten können, sondern einer grünen Revolution. Einer Revolution, die die Erde retten könnte, wenn nur alle sich abwenden würden von fossilen Brennstoffen und Atomenergie, die unsere schiere Existenz bedrohten.

Fredi schien nicht still stehen zu können. Sie hatte die Bühne und das Auditorium in ihren Bann geschlagen, indem sie in ihren Stiefeln mit Blockabsatz, enger Jeans und schwarzem Rollkragenpullover hin und her lief. Diesen Look trug sie wie eine Uniform, und als Genevieve sich umsah, konnte sie eine Handvoll Frauen entdecken, die Fredis Stil kopiert hatten – mit unterschiedlichem Erfolg. Aber keine von ihnen versprühte das Charisma, mit dem Fredi ihr Publikum fesselte.

Ihr Stil war dem Veranstaltungsort mehr als angemessen, dachte Genevieve und lächelte. FU Berlin, die Replik Westberlins auf den Verlust der renommierten Humboldt-Universität an den Osten. Als ihr Verlagsleiter in Ostdeutschland ihr gesagt hatte, wo sie Kontakt zu dieser Bewegung aufnehmen sollte, hatte Genevieve zuerst gedacht, dass es ganz schön dreist von den Westberlinern wäre, ihren Unmut derart unmissverständlich zu äußern. Als ihr dann klar geworden war, dass die Initialen keine Schmähung, sondern die Abkürzung für Freie Universität waren, hatte sie sich ein bisschen dümmlich gefühlt. Zum Glück hatte sie nicht versucht, einen Witz darüber zu reißen. Die vor Lebendigkeit sprühende Wissenschaftlerin auf dem Podium war zwar für ihren Esprit bekannt, aber niemals auf Kosten ihrer Überzeugungen. Genevieve hätte hier keine Lorbeeren einheimsen können, wenn sie versucht hätte, sich über den Begriff der Freiheit auszulassen. Sie hatte genug Zeit in Fredis Gegenwart verbracht, um das zu wissen.

Fredi näherte sich dem Höhepunkt ihres Vortags. Genevieve wusste, was jetzt kommen würde. Ihre neue Freundin hatte den heutigen Vortrag gestern beim Abendessen eingeübt und Genevieve sowie ihre beiden Kompagnons aufgefordert, ihre Argumente zu hinterfragen. Hans und Bernd hatten ein paar kleinere Dinge angemerkt, und Genevieve hatte den Mut aufgebracht, eine kleine Ergänzung vorzuschlagen, zu Gorbatschows Rolle bei der Verschleierung der Ereignisse in Tschernobyl. Fredi hatte ihr daraufhin ihre ganze Aufmerksamkeit geschenkt, ihre dunkelblauen Augen hatten warm und klar geleuchtet. »Gutes Argument, Genny. Ich mag, wie du denkst.«

In den letzten Wochen hatte es mehrere solcher Momente gegeben, sodass Fredi Genevieve schließlich in den sorgfältig ausgewählten inneren Kreis der radikalen Umweltbewegung aufgenommen hatte. Das war nicht die Art von Brückenkopf, den sie eigentlich in Ostdeutschland für die Zeit nach einer Wende hatte etablieren wollen, aber sie hatte die leise Ahnung, dass dies sogar besser funktionieren würde als die Strategie, die sie in einem halben Dutzend Staaten des Ostblocks angewendet hatte.

Ihr war sehr schnell klar geworden, dass sie in der DDR keine Chance hatte, sich der allgegenwärtigen Überwachung durch den Staat zu entziehen. In der Vergangenheit hatte sie der Stasi nicht viel Aufmerksamkeit gewidmet; ihr war klar, dass sie in einem Land, in dem rund ein Viertel der Bevölkerung in die staatliche Überwachung involviert war, permanent bespitzelt wurde. Aber sie war jemand, der umworben wurde, jemand, der harte Währung in die überlastete und überforderte Wirtschaft brachte. Darum war es von Staatsseite nur klug, ihre Bewegungen und ihre Kontakte im Auge zu behalten, damit sie nicht von dem schnurgeraden, wenn auch schmalen Pfad abkam, den der ostdeutsche Kommunismus ihr vorschrieb.

Sogar Menschen mit einem besonderen Status wie die Lockharts mitsamt ihrem Verlag mussten sich innerhalb festgelegter Grenzen bewegen. Genevieve hatte diese niemals zuvor übertreten müssen, aber sobald sie versuchte, sich außerhalb der vorgeschriebenen Wege zu bewegen, warnte sie der Geschäftsführer von Pythagoras Press in der DDR vor den fatalen Konsequenzen. Sie hatte ihn gebeten, sie zu Fuß zum Hotel zu begleiten, damit sie unbehelligt von Spitzeln sprechen konnten; unterwegs hatte sie ihm von dem wirklichen Grund ihrer Reise erzählt. Er hatte ihr gesagt, dass sie keine Chance hatte, ihr Ziel zu erreichen, indem sie an die Umstürzler herantrat. »Wenn Sie mit einem Dissidenten sprechen, werden sie es sofort erfahren. Und dann werden Sie verhaftet.«

Als sie widersprach, unterbrach er sie so abrupt, wie er es noch nie zuvor gewagt hatte.

»Hören Sie mir gut zu, Fräulein Lockhart. Die werden Sie verhaften. Und es wird Ihren Vater und Ihre Diplomaten mehrere Tage kosten, herauszufinden, wo Sie festgehalten werden. Und das werden keine angenehmen Tage sein.«

»Das werden sie nicht wagen.«

Er warf ihr einen mitleidigen Blick zu. »Ich bin hier geboren worden. Ich habe hier zweiundvierzig Jahre in ständiger Furcht davor gelebt, einen falschen Schritt zu machen. Für ein Unternehmen aus dem Westen zu arbeiten, selbst wenn es von einem Mann geleitet wird, der dem Honecker-Regime so wohlwollend gegenübersteht wie Ihr Vater – damit ist man automatisch verdächtig. Ich stehe unter Beobachtung. Tag und Nacht.« Er lachte freudlos.

»Und Sie können nicht wissen, ob ich nicht selbst ein Stasi-Spitzel bin – Ihr Schicksal könnte bereits jetzt besiegelt sein.«

»Das kommt mir ein bisschen paranoid vor«, monierte sie.

»Genevieve, ich schulde es Ihrem Vater, dass ich Sie vor dieser verrückten Idee warne.« Er sah aus, als würde er gleich in Tränen ausbrechen. Noch nie hatte er sie bei ihrem Vornamen angesprochen; immer war er – typisch deutsch – sehr formal mit ihr umgegangen. Daran konnte sie erkennen, wie ernst ihm seine Warnung war.

»Was aber, wenn ich bereit bin, das Risiko einzugehen?«

Das letzte bisschen Farbe wich aus seinem Gesicht. »Wenn Sie sich schon nicht um sich selbst sorgen, dann denken Sie wenigstens an die Menschen, die Sie mit hineinziehen. An diejenigen, die nicht auf Ihren Vater oder Ihr Außenministerium zurückgreifen können. Wenn Sie verhaftet werden, dann wird das auch dem Rest von uns so gehen. Ihren Kontakten unter den Aufrührern. Meinen Mitarbeitern im Verlag. Mir.« Er holte tief Luft. »Und weil sie gern Druck ausüben: auch meiner Familie. Man wird uns nicht freundlich behandeln. Sie sind in ihren Methoden nicht an die Europäische Menschenrechtskonvention gebunden.«

Sie war erschrocken angesichts der Härte seiner Worte. In dem kurzen Moment, in dem sie sich die Konsequenzen vor Augen führte, spürte sie, wie die Privilegien und damit auch die vermeintliche Sicherheit ihr entglitten. Aber Genevieve war die Tochter ihres Vaters und hatte nicht vor, so schnell von ihrem Ziel abzurücken.

»Wie kann ich dann unser aller Sicherheit garantieren? Sie *wissen*, dass Veränderungen bevorstehen. Der alte Mann im Politbüro mag es leugnen, aber selbst in der kurzen Zeit, die ich hier im Osten verbracht habe, ist mir aufgefallen, dass alles auseinanderzubrechen beginnt. Defekte Straßenbeleuchtung. Schlaglöcher in den Straßen. Leere Regale in den Läden.« Sie kamen an einem Kinderspielplatz vorbei, und Genevieve wies mit dem Kopf in dessen Richtung. »Sogar die Schaukeln sind kaputt. In Moskau weht inzwischen ein anderer Wind, und jeder in Ostdeutschland spürt das – bis auf Honecker. Sie wissen, dass ich recht habe.«

Nervös sah er in die andere Richtung. »Gehen Sie in den Westen, Fräulein Lockhart. Die Dissidenten werden von radikalen westlichen Gruppen unterstützt. Es ist sicherer, mit denen Kontakt aufzunehmen. Sicherer für jeden von uns.«

»Sie meinen Westberlin?«

»Als Nachrichten über Tschernobyl durchzusickern begannen, hat eine Gruppe aus dem Grünen-Spektrum ihre Fühler ausgestreckt. Nicht die Hauptströmung der Umweltbewegung, sondern eine Splittergruppe. Eher radikal.«

Genevieve runzelte die Stirn. »Woher wissen Sie davon? Es ist ja nicht so, als hätte es hier in der Zeitung gestanden.«

Er seufzte. »Mein Sohn. Er ist siebzehn, und er will die Welt verändern. Er nimmt unnötige Risiken auf sich, und ich weiß nicht, wie ich ihn davon abhalten kann. Jedes Mal, wenn er aus der Tür geht, können seine Mutter und ich nichts essen, und wir können nicht schlafen, bis er wieder zu Hause ist. Meine einzige Hoffnung ist, dass er einer Verhaftung so lange entgehen kann, bis sich die Situation verändert hat.«

Sie gingen schweigend weiter.

»Es tut mir leid«, sagte Genevieve schließlich. »Das wusste ich nicht.«

»Wir sind hier alle Geheimniskrämer.« Er rang sich ein ironisches Lachen ab. »Und ich erzähle Ihnen das alles auch nur, weil Sie sich bereits selbst kompromittiert haben.«

»Der schlechte Trost wechselseitiger Bedrohung«, sagte sie. »Wo kann ich diese radikalen Grünen finden?«

Er schüttelte den Kopf. »Ich weiß keine Details. Alles, was ich weiß, ist, dass mein Sohn seine neuen Überzeugungen damit untermauert, dass dies die Thesen einer Wissenschaftlerin von der

Universität seien. Also sollten Sie vielleicht an der Uni Ihre Suche starten.«

Genevieve hatte noch einen letzten Versuch unternommen, ihre Verfolger, die ihr permanent auf den Fersen waren, abzuschütteln. Dabei probierte sie alle Tricks, die sie aus Spionagefilmen kannte – in letzter Minute in eine Straßenbahn springen, ein Kino betreten und es durch den Notausgang verlassen, mithilfe ihres Schals die Haare verbergen. Aber stets entdeckte sie die dieselben zwei, drei Gesichter in der Menge. Die waren deutlich besser darin, ihr auf den Fersen zu bleiben, als sie in dem Bemühen, sie abzuschütteln.

Schließlich gab sie auf, was ihr noch nie leichtgefallen war.

Fredi hatte sie entdeckt, indem sie einfach durch die Universität geschlendert war, bis sie dorthin kam, wo die Studenten abhingen, um jedweden Eindruck, sie könnten einem Studium oder Ähnlichem nachgehen, zu zerstreuen. Sie sah sich das eine Weile an, ohne besonders beeindruckt zu sein. Wie wollten die ihr Leben meistern, wenn sie aus dem elterlichen Nest geworfen wurden? Sie hatte selbst in St Andrews und am MIT viel gefeiert, aber sie hatte auch sehr viel gearbeitet. Herumzuhängen und wie Halbstarke über Politik zu diskutieren, hatte sie nie für sinnvoll erachtet. Es gab andere Möglichkeiten, sich ein Bild von der Welt zu machen. Zum Beispiel indem man mit Leuten redete, die tatsächlich etwas erreicht hatten.

Die Plakate an den Wänden gaben ihr schließlich einen Hinweis, wohin sie sich wenden konnte. Für diesen Abend war eine Podiumsdiskussion mit vier Teilnehmerinnen und Teilnehmern angekündigt. Betitelt war die Debatte mit: *Grün oder Rot: Wem gehört die Zukunft?* Genevieve erschien wenige Minuten nach der angegebenen Zeit und fand einen Platz am Rande des Auditoriums.

Zuerst sprach ein bärtiger Marxist, der mit Nachdruck den Standpunkt vertrat, das einzige Problem sei, dass die Sowjetunion den Marxismus falsch umsetze. Man müsse das nur berichtigen, und alles wäre wunderbar. Danach war Fredi an der Reihe, und sie war elektrisierend. Sie erklärte, dass die Bedürfnisse des Planeten an die erste Stelle gesetzt werden müssten, damit die Menschheit überleben könne. Sie sprach leidenschaftlich, schlüssig und überzeugend. Genevieve hatte schon häufig Politiker am Tisch ihres Vaters Reden schwingen hören. Manche hatten ihre Zuhörerschaft mitreißen können. Tony Benn gewann immer ihre Aufmerksamkeit. Und obwohl sie Margaret Thatchers Politik verachtete, konnte niemand bestreiten, dass sie jetzt, da sie an öffentliche Auftritte gewöhnt war, ihr Publikum in den Bann schlagen konnte. Doch Frederika Schröder spielte in einer ganz anderen Liga.

Genevieve Lockhart lächelte. Zum ersten Mal seit Tagen entspannten sich ihre Schultern. Scheiß auf die Stasi. Sie hatte endlich gefunden, wonach sie gesucht hatte. Der Rest würde ganz einfach sein. Und genau so war es gekommen.

29

Als sie am nächsten Morgen aufwachte, war Allie erstaunt, dass sie überhaupt hatte schlafen können. Sie hatte sich immer als ziemlich unerschrocken eingeschätzt, selbst nach ihrem Zusammenstoß mit dem brutalen Wrestler. Doch ihre erste Reise hinter den Eisernen Vorhang hatte sie in einer Weise mitgenommen, die sie selbst überraschte. Colin Corcorans Auflistung all der Gründe, warum man vorsichtig sein musste, und all der Konsequenzen, die aus Unvorsichtigkeit resultieren konnten, hatte ihr das Gefühl gegeben, nicht nur ihr eigenes Leben in Händen zu halten, sondern auch das ihrer Mitverschwörer.

Den vorherigen Abend hatte sie im Hotelzimmer verbracht, um noch einmal durchzugehen, was sie erfahren hatte und woran sie sich erinnern musste: innerhalb von Gebäuden niemals etwas sagen, das man nicht guten Gewissens einem Stasi-Offizier mitteilen konnte; sich niemals über Sicherheitsmaßnahmen lustig machen; sich niemals über irgendetwas lustig machen; niemals etwas kritisieren oder mit dem Westen in unvorteilhafter Weise vergleichen; immer freundlich lächeln, aber niemals leichtfertig wirken; innerhalb eines pharmazeutischen Instituts in Ostdeutschland nirgendwo ohne Begleitung durch einen Angestellten hingehen, nicht einmal auf die Toilette; gewissenhaft die hervorragende Arbeit anerkennen, die dort geleistet wurde. Und vor allem: auf gar keinen Fall auf irgendeine Form von Deal hinweisen.

Colin hatte erklärt, dass es nur eine einzige Möglichkeit gäbe, um zu dritt die Pläne zu besprechen: während der Mittagspause. Da könnten sie ihr Essen mit nach draußen nehmen und sich an die Picknicktische setzen, die sich auf einer schlaglochübersäten Asphaltfläche zwischen den Labortrakten und dem Gebäude für die klinischen Studien verteilten. Wenn sich niemand zu ihnen setzte, konnten sie schnell den Plan für den nächsten Tag besprechen.

Es war fast generalstabsmäßig abgelaufen. Sie hatten einen freien Tisch so weit wie möglich von den Gebäuden entfernt gefunden, und Colin hatte skizziert, wie sie am nächsten Tag vorgehen sollten. Er war bis zu dem Punkt gelangt, an dem sie in Aktion treten sollten, als sich ein rundlicher Mann in einem Laborkittel über Hemd und Schlips zu ihnen an den Tisch setzte. Sein dünnes braunes Resthaar war so aufwendig über den kahlen Schädel gekämmt, dass Allie nicht anders konnte, als das Geschick und die Hingabe zu bewundern, die er in diese Frisur investiert hatte.

Wiebke sprang augenblicklich auf. »Das ist Herr Dr. Kasimir, der die klinischen Versuche leitet, an denen ich mitarbeite. Herr Doktor, Sie haben Dr. Corcoran schon kennengelernt, nicht wahr? Er leitet die Untersuchungen aufseiten von Zabre Pharma.«

Kasimir nickte. Die Sonne spiegelte sich in seinen eckigen Brillengläsern, sodass seine Augen unsichtbar blieben. »Natürlich. Wir haben gemeinsam das Protokoll aufgesetzt.« In seinem Rücken zog Colin skeptisch eine Augenbraue nach oben. »Aber wer ist Ihre bemerkenswerte Kollegin, Herr Doktor?«

»Das ist Fräulein Burns. Sie arbeitet für unsere Kommunikationsabteilung. Derzeit schreibt sie eine Artikelserie für fachwissenschaftliche Magazine und Publikumszeitungen über die großartigen Vorteile, die aus Zabres revolutionärem Schritt resultieren, mit Ihnen hier in Berlin zusammenzuarbeiten.«

Sie alle wussten, dass Kasimir nichts davon infrage stellen konnte. Wenn Allies Anwesenheit hier nicht genehmigt worden wäre, wäre sie nicht da. Und die Devisen, die Zabre der DDR einbrachte, bewirkten, dass man ihr die Genehmigung kaum verweigern konnte.

Allie lächelte freundlich. »Es ist mir eine große Ehre, hier zu sein. Bitte entschuldigen Sie mein ungenügendes Deutsch.«

Kasimir lächelte verkniffen. »Ich bin mir sicher, dass meine Kollegen hier Ihnen alles Notwendige erklären werden.«

»Wir haben Fräulein Burns schon sehr viel herumgeführt«, sagte Wiebke.

»Es gibt hier so viel zu sehen, so viel wahrzunehmen. Es ist sehr eindrucksvoll«, begeisterte sich Allie.

»So viel, dass wir morgen noch einmal herkommen müssen«, fügte Colin hinzu. »Für mich ist es eine besondere Freude, jemandem zeigen zu können, was wir hier alles machen.«

Kasimirs Miene war undurchdringlich. »Dann hoffen wir mal, dass Fräulein Burns ein gutes Bild von uns zeichnet, sodass weitere Unternehmen auf uns zukommen werden. Haben Sie schon die Stationen für die klinischen Tests besucht?«

»Dahin wollen wir als Nächstes«, sagte Wiebke.

»Ich sollte Sie begleiten.« Etwas anderes stand nicht zur Diskussion, und es gab auch keine andere Option, als die Reste ihres kargen Mittagsmahls in die Mülltonne zu kippen und ihm zu folgen, als er davonwatschelte. Er klebte an ihnen wie eine Klette, während sie die Klinikstationen besichtigten, wo die Patienten unterwürfig in ihren Betten lagen und die Besucher vorsichtig beäugten. Wenn Wiebke sie auf ihre Behandlung ansprach, sagten sie wenig mehr, als dass sie dankbar wären, für diese Testreihe ausgewählt worden zu sein. Die Einrichtung wirkte auf Allie mehr wie ein Gefängnis denn ein Krankenhaus. Auch die Befugnisse des medizinischen Personals schienen eher denen von Wachpersonal als denen von Ärzten und Pflegern zu gleichen. Der Kontrast zur Aids-Station in Manchester sprang ins Auge; die Patienten ohne jede Hoffnung dort hatten fröhlicher gewirkt, als jene, die hier auf ein Weiterleben hoffen durften.

Kasimir überprüfte die Krankenblätter; an den Patienten selbst schien er kaum interessiert. Mehr jedoch an Allie. Den ganzen Nachmittag spürte sie seinen Blick auf sich, wie er sie taxierte, ihre Kleidung, ihr Haar, die Figur. Er sagte nichts Unangebrachtes, aber das war auch gar nicht nötig. Mit dem gleichen Blick, mit dem er sie bedachte, hätte er auch eine Rinderhälfte im Schlachthaus gemustert.

Darum war sie erleichtert, als Colin kurz nach drei meinte: »Für heute haben wir Fräulein Burns genug herumgeführt. Wir kommen morgen wieder, dann können wir uns um die Fragen kümmern, die eventuell aufgekommen sind.«

Kasimir begleitete sie bis zum Empfangstresen und wartete neben Wiebke, bis sie wegfuhren.

»Was für ein Widerling«, stöhnte Allie.

»Da siehst du, warum Wiebke unbedingt von hier wegwill«, sagte Colin. »Kannst du dir vorstellen, wie das sein muss, tagein, tagaus?«

Es schien Allie nicht so viel anders zu sein als das, was sie zu Beginn ihrer Karriere in der Nachrichtenredaktion in Glasgow erlebt hatte.

»Ich möchte nicht aufdringlich erscheinen«, sagte sie und wechselte das Thema. »Wenn ich nicht die Journalistin wäre, die diese Story schreibt, würde sich die Frage verbieten. Aber genau deshalb muss ich die Frage nun mal stellen: Wie genau seid ihr, Wiebke und du, ein Paar geworden – angesichts dieser eingeschränkten Kommunikationsmöglichkeiten?«

Seine Ohren verfärbten sich rosa. »Ich weiß, das klingt wie aus einem dummen Kitschroman, aber da war etwas zwischen uns von dem Moment an, als ich sie das erste Mal gesehen habe. Ein Funke. Ich weiß nicht, wie ich es erklären soll. Manchmal ist man sich einfach sicher.« Sogar von der Seite wirkte er so verschüchtert wie ein Welpe, der darum flehte, nicht getreten zu werden.

»Und sie hat ihn auch gespürt? Diesen Funken?« Sie versuchte, sich ihre Skepsis nicht anhören zu lassen.

Er atmete tief aus. »Ja, das hat sie. Doch zunächst waren uns die Hände gebunden. Du hast ja gesehen, wie sich hier alle unentwegt gegenseitig ausspionieren. Aber dann wurde Wiebke zu dem Team versetzt, das direkt mit Zabre zusammenarbeitet, und es war für uns wie selbstverständlich, dass wir beim Mittagessen nebeneinandersaßen. Als wir uns das erste Mal unterhalten haben, war es, als würden wir uns seit Jahren kennen.«

Jede Wette. »Und dann wurde es immer intensiver?«

»Ja. Allie, ich weiß, dass du denkst, ich würde mir was vormachen. Zu glauben, dass Wiebke tatsächlich einen Sonderling wie mich lieben könnte. Du denkst, sie nutzt mich nur als Ticket in den Westen. Aber so ist es nicht. Sie riskiert ihr Leben, um mit mir auf der anderen Seite der Mauer zusammen sein zu können.«

»Sie riskiert aber auch dein Leben. Wie kannst du dir ihrer Gefühle so sicher sein? Hast du sie überhaupt schon mal geküsst? Mal ganz abgesehen von Sex mit ihr.«

Er warf ihr einen verärgerten Blick zu. »Ich erwarte nicht, dass du das verstehst. Ich weiß, dass sie die Richtige für mich ist. Dafür muss ich sie nicht küssen oder mit ihr ins Bett gehen. Allein der Gedanke daran, was das für uns beide bedeutet, lässt uns beide durchhalten. Ich bin mir dessen sicher, Allie. Und das solltest du auch sein, denn wir verlassen uns auf dich.« Im letzten Satz klang stählerner Trotz mit.

Natürlich war ihr klar, dass Wiebke das größte Risiko einging. Aber wenn der erste Teil des Plans funktionierte, würde Wiebke in Kürze vor dem eisernen Griff der Stasi in Sicherheit sein. Während Allie immer noch in der Höhle des Löwen festsaß.

»Ich muss vollkommen den Verstand verloren haben, mich für eine Story auf so ein Risiko einzulassen, Colin. Doch bevor ich noch mal die Grenze am Checkpoint Charlie überquere, musst du mir eine ganze Menge mehr Informationen geben als das bisschen, das ihr mir beim Mittagessen mitteilen konntet.«

Genau das hatte er getan. Detailliert hatte er ihr erklärt, dass Zabre mithilfe der Arzneimittelstudien die Zulassung für das Medikament erhalten wollte. Würden die Nebenwirkungen bekannt werden, würde man diese zwar sofort widerrufen. Aber obwohl rund ein Viertel der mit dem Medikament behandelten Patienten früher starb als ohne, würden die HIV-Infizierten dennoch so verzweifelt sein, dass sie es trotzdem um jeden Preis haben wollten.

»Aber wenn es vom Markt genommen wird, wie sollen sie es denn dann in die Finger bekommen?«

»An dem Punkt wird es richtig widerwärtig«, sagte Colin mit unglücklicher Miene. »Zabre ist übrigens nicht die einzige Firma, die so etwas tut. Aber das nur nebenbei. Man gründet Briefkastenfirmen und produziert die Medikamente unter der Hand in Ländern wie Indien oder Mexiko. Dort, wo die Laborkosten niedrig sind und die staatliche Kontrolle ineffektiv ist. Danach verkauft man sie auf dem Schwarzmarkt.«

»Das ist beängstigend.« Und es veränderte den Tenor ihrer Story.

»Was hast du denn gedacht, was dann passiert?«, erwiderte Colin aufsässig.

»Naiv, wie ich bin, habe ich gedacht, die Firmen nehmen die Ergebnisse der Studien unter die Lupe und versuchen herauszufinden, wo das Problem liegt, um es beseitigen zu können. Und nicht, dass sie das Medikament einsetzen, um massenhaft kranke Leute auszubeuten.«

»Du hast noch nicht viel mit Pharmaunternehmen zu tun gehabt, nicht wahr?« Colin klang kläglich. »Nichts darf den Nettogewinn beeinträchtigen.« Seine Miene hellte sich ein bisschen auf. »Aber das macht deine Story nur besser, oder?«

Allie zuckte mit den Schultern. »Ja und nein. Ich muss sehr darauf achten, wie ich sie schreibe, damit die Anwälte sie nicht auseinandernehmen. Die Kehrseite der Medaille des Geldverdienens im großen Stil ist, dass du eine Menge Geld hast, um deine Reputation reinzuwaschen.«

»Aber es ist die Wahrheit.«

»Ja, aber im Augenblick machen sie es noch nicht. Es gibt nur dein Wort, dass sie es vorhaben. Weißt du, wie das im Einzelnen abläuft? Kennst du Namen und Orte, wo die Medikamente hergestellt werden?«

»Ein paar. Weil wir das schon mal gemacht haben. Aber nichts derart Widerwärtiges, das schwöre ich. Aber ja, ich kenne Details. Das ist der Grund, warum ich die Machenschaften an die Öffentlichkeit bringen und aussteigen will.«

Das war der Augenblick, in dem sie wusste, dass sie die Story schreiben musste. Trotz der Risiken.

»Scheiß drauf«, sagte Allie jetzt laut und zwang sich, aufzustehen. Wenn sie weiterhin im Bett lag und alles durchdachte, was schiefgehen konnte, wäre dadurch auch nichts gewonnen. Dusche, Kaffee, Brötchen mit Salami, dann raus auf die Straße, um auf Colin zu warten.

Die Fahrt in den Osten verlief in unbehaglichem Schweigen. Die Grenzformalitäten fühlten sich schon beinah vertraut an, vielleicht weil sich Allie am Tag zuvor so sehr auf jedes Detail konzentriert hatte. Das machte es allerdings nicht weniger nervenaufreibend.

Sie verbrachten den Tag damit, Wiebke durch die Forschungseinrichtung zu folgen und erneut Interesse und Faszination vorzuspielen. Manches von dem, was Allie erfuhr, fand sie tatsächlich bemerkenswert. Aber das Wesentliche für ihre Story würde sie erst später sichten können, wenn Wiebke ihr die Dokumente der Versuchsreihen aushändigte sowie Belege für den Druck, der auf

Wissenschaftler und Mediziner der DDR ausgeübt wurde, damit diese die gewünschten Ergebnisse lieferten. Ganz zu schweigen von der wachsenden Zahl an Todesfällen innerhalb der Kohorte. Es würde eine Story mit Sprengkraft werden, insbesondere in Kombination mit der dramatischen Flucht aus Ostberlin.

Als sie nach dem Mittagessen zurück zum Labor gingen, verkündete Wiebke fröhlich und laut vernehmlich, dass sie nun den Raum aufsuchen würden, in dem die Gaschromatografie durchgeführt wurde.

»Die Apparatur befindet sich allein in einem Seitengang, weil sie ziemlich laut werden kann und das die Konzentration beim Arbeiten stört«, erklärte Wiebke. »Aber ich möchte Ihnen einige der Ergebnisse zeigen, die wir erzielt haben«, fügte sie für mögliche Mithörer hinzu.

Sie wandten den Laboren den Rücken und bogen um eine Ecke in einen kurzen Flur, der auf zwei Türen zulief. Dank Colins detaillierter Ausführungen wusste Allie, dass sich hinter der einen die wissenschaftlichen Geräte, hinter der anderen der Abstellraum der Reinigungskräfte befand. Der Gaschromatograf war ein klobiger Metallkasten in der Größe einer Doppeltrommelwaschmaschine. Er nahm fast die gesamte Fläche des kleinen Raums ein; neben ihm war nur Platz für wenige Arbeitstische. Die Kamera über der Tür war auf die Maschine gerichtet, sodass man ungesehen blieb, wenn man direkt vor der Tür stand.

Sie hatten keine Zeit zu verlieren. Die beiden Frauen zogen sich bis auf die Unterwäsche aus, während Colin rot anlief. Wiebke streifte Allies Kleidung über. Der Rock war ein bisschen kurz, aber sie hofften, das würde unter dem Mantel nicht auffallen. Sie setzte sich Allies Mütze auf und nahm ihre Brille ab. Niemanden, der sie kannte, würde sie damit täuschen können. Doch sie hofften, dass es für die Grenzsoldaten ausreichte. Es war schließlich allgemein bekannt, dass niemand seinem Passfoto ähnelte.

Auf dem Boden ihrer Tasche hatte Allie eine dünne, aber reißfeste Schnur verborgen, die sie nun herauszog. Eilig band Wiebke Allies Arme hinter deren Rücken zusammen und fesselte sie auch an den Fußgelenken, anschließend lehnte sie sie gegen die Wand. In Allies Tasche suchte sie nach deren Portemonnaie und schob es ihr in den Hosenbund; sie würde später für die Stasi einen beweiskräftigen Identitätsnachweis brauchen. Schließlich zuckte Wiebke entschuldigend mit den Schultern. »Tut mir leid«, sagte sie und knebelte Allie mit ihrem Schal.

Colin öffnete die Tür und warf einen prüfenden Blick in den Korridor.

»Alles frei«, sagte er.

Die Tür öffnete sich nach außen, sodass sie vor der Kamera, die auf das Flurende gerichtet war, verborgen waren. Schnell riss er die Tür zum Abstellraum auf, und gemeinsam schoben Wiebke und er Allie hinein. Colin legte sie vorsichtig auf den Boden; um Verzeihung bittend, biss er sich auf die Lippen. Mit verzerrtem Gesicht schloss er die Augen. Allie wusste, was jetzt geschehen würde. Sie hatten sich gemeinsam darauf verständigt, dass es notwendig wäre, damit ihre Geschichte glaubhaft wirkte.

Er nahm einen hölzernen Besenstiel und wog ihn halbherzig in der Hand.

»Ich kann das nicht«, meinte er schließlich. »Ich habe noch nie eine Frau geschlagen.«

Wiebke hatte weniger Skrupel – oder mehr zu verlieren. Sie schnappte sich den Besen und schlug ihn Allie gegen die Wange. Bevor die Tür sich schloss und die Dunkelheit allgegenwärtig wurde, war Allies letzter Gedanke, dass ihr Gesicht sich gerade erst von den Schlägen von Little Weed erholt hatte. Vielleicht hatte Bill Mortensen doch recht, und es war heutzutage tatsächlich weniger gefährlich, Privatdetektiv zu sein als Journalistin.

Stöhnend lehnte sich Allie gegen die Wand. Es würde mehr als drei Stunden dauern, bis die Reinigungskräfte auf ihrer Runde vorbeikamen. Pünktlich wie ein Uhrwerk, hatte Wiebke versprochen. Drei lange Stunden eingeengt in einem kleinen Abstellraum, bevor sie die Vorstellung ihres Lebens geben musste. Vieles konnte schiefgehen, Fehler und Fehltritte konnten sie komplett ins Verderben reißen. Würde sie zu sehr über all das nachgrübeln, was schiefgehen konnte, wäre sie ein vor sich hin stammelndes Wrack, wenn die Reinigungskräfte zur Tür hereinkämen.

Allie holte tief Luft und tat das, was sie auch sonst tat, wenn sie sich ablenken wollte von der Warterei und der Grübelei, die ihr Job oft mit sich brachte. In Gedanken begann sie, sich durch die Hits der Eurythmics zu singen, angefangen bei »Love Is a Stranger«. All die langen Autofahrten, auf denen sie mitgesungen hatte, erwiesen sich nun letztendlich doch als nützlich. Wenn sie Glück hatte, würden die Putzleute eintreffen, bevor sie ihr Repertoire durchgespielt hatte.

Wenn nicht, würde sie halt wieder von vorn anfangen.

30

Wenige Kilometer, aber dennoch Lichtjahre entfernt, sah Fredi Schröder Genevieve Lockhart nach, wie diese sich ihren Weg durch die Kneipe zu den Toiletten bahnte. Sie konnte das Begehren, das die attraktive Verlegerin in ihr weckte, fast schmecken. Das war ärgerlich. Allein der Gedanke, ihren Körper an sich zu drücken, ihre Rundungen auf der eigenen Haut zu spüren, ließen ihren Atem schneller gehen. Aber Fredi hatte gelernt, ihre Leidenschaften zu zügeln, um ihren Wunsch nach einem politischen Aufstieg nicht zu gefährden. Die Sache stand an erster Stelle; im Laufe der Jahre hatte sie gelernt, sich dazu zu zwingen, ihre Sehnsucht zu unterdrücken. Sie lebte zwar nicht gerade wie eine Nonne, aber sie achtete stets darauf, niemals den ersten Schritt zu machen. Sonst wäre es zu einfach, sie zur lüsternen Lesbe abzustempeln. Sie hielt sich darum zurück, und statt der eigenen Lust nachzugeben, hatte sie gelernt, das Verlangen in anderen aufzuspüren. Und die Richtung von Genevieve Lockharts Begehren war während der letzten Wochen sehr deutlich geworden.

Darum lehnte sie sich nun vor und sagte zu dem Mann, der mit ihnen in der Nische saß: »Es ist so weit, Hans. Sie hängt am Haken – an dem der Sache und auch an deinem. Wir müssen sie nur noch an Land ziehen, dann können wir uns das Geld ihres Vaters schnappen. Er hat die Leute lang genug ausgebeutet. Es ist an der Zeit, dass wir ihn ausbeuten, um das Leben anderer zu verbessern.«

Hans strich sich das dichte braune Haar aus der Stirn und ließ eine Strähne lässig über dem Ohr herabhängen. Er grinste. »Das sind die Opfer, die wir für die Sache bringen müssen.«

»Sie ist daran gewöhnt, dass alles nach ihrem Kopf geht. Lass ihr das Gefühl, sie hätte die Hosen an. Sie muss glauben, dass die ganzen klugen Ideen von ihr selbst stammen. Du verstehst, was ich meine?«

Hans zuckte mit den Schultern. »Ich habe dich oft genug dabei beobachtet.«

»Sie steht im Schatten ihres Vaters. Klar, er hat ihr ein Unternehmen zum Spielen gegeben, aber sie will etwas, das allein ihr gehört – ob ihr das nun bewusst ist oder nicht. Wir können diese eine Sache sein. Und du bist der Weg dazu.«

»Bist du dir da sicher? Schließlich ist sie von dir besessen.« Er spielte am Henkel seines Bierglases und wirkte weniger selbstsicher, als er ihr glauben machen wollte.

»Sie will sein wie ich«, erwiderte Fredi. »Aber mit dir will sie ins Bett. Sieh zu, dass sie Spaß dabei hat. Falls du irgendwelche Tipps brauchst, frag nur.« Sie zwinkerte ihm zu.

Er lachte auf. »Deine Tipps würden meine Technik bestimmt verbessern, aber ich glaube, ich bekomme es auch so hin.« Er sah, wie Genevieve sich auf den Rückweg zu ihnen machte. »Da kommt sie.«

»In etwa zehn Minuten werde ich mich entschuldigen und gehen. Dann bist du auf dich selbst gestellt.« Leise summte sie die ersten Töne von »Under Pressure« von David Bowie und Queen. »Wir verlassen uns auf dich.«

Allie war gerade inmitten von »You Have Placed a Chill in My Heart« angekommen, als sie meinte, sie hätte Stimmen gehört. Zwischenzeitlich war sie im Album *Revenge* stecken geblieben und hatte ein paar Stücke wiederholen müssen, bis sie zu dem Eurythmics-Album *Savage* kam, aber alles in allem war sie ziemlich beeindruckt von ihrem musikalischen Gedächtnis. Zudem hatte sie es hinbekommen, nur einmal einen Krampfanfall in ihrer linken Wade zu kriegen. Ihr war kalt, ihr Mund war unangenehm trocken, und sie musste aufs Klo. Doch die Musik in ihrem Kopf hatte ihr geholfen, die Angst auf Abstand zu halten.

Aber da waren ganz eindeutig Stimmen. Zwei oder drei verschiedene, und sie kamen näher. Showtime, dachte sie. Die ganze Aktion konnte ganz schrecklich schiefgehen, das war ihr bewusst. Mit den Füßen stieß sie kraftlos gegen die Tür, und die Stimmen verstummten. Sie stieß noch einmal zu, und diesmal war ein kurzer Dialog zu hören, bevor die Tür aufschwang. Allie blinzelte und versuchte, benommen auszusehen – dafür musste sie sich nicht allzu sehr anstrengen. Drei Frauen starrten sie baff vor Überraschung an. Allie ließ sich stöhnend zu Boden fallen.

Mehr Gerede, dann lief eine Frau den Flur hinunter. Zögerlich streckte eine andere die Hand aus und löste den Schal. Allies Mund fühlte sich eng und verkrampft an, doch es gelang ihr, einen kehligen Laut von sich zu geben, der in ein hartes Husten überging. Die Frauen stellten ihr vorsichtig Fragen, doch Allies sowieso schon mageres Deutsch schien völlig verschwunden zu sein. Sie schüttelte den Kopf und ächzte.

Stiefel polterten den Flur herauf, und ohne jede Vorwarnung schubsten zwei Sicherheitsmänner die Frauen beiseite. Einer war groß, der andere kleiner; beide waren sie untersetzt, hatten kurz geschorenes Haar und rochen nach altem Schweiß. Noch mehr Fragen, diesmal weniger freundlich. Die Frau, die den Wachdienst geholt hatte, sagte etwas und ging weg. Weitere Fragen. Sie zogen Allie hoch auf die Füße, doch sobald sie losließen, sackte sie auf die Knie. Die Frau kam mit einem Glas Wasser zurück und stieß die Männer aus dem Weg. Sie setzte Allie das Glas an die Lippen und ließ sie langsam davon trinken. Die kalte Flüssigkeit auf der Zunge und in der Kehle zu spüren war eine Wohltat.

Mit herzzerreißendem Blick schaute Allie auf und krächzte mit geborstenen Lippen auf Deutsch: »Ich kann kein Deutsch.«

Die Wachleute waren von diesem offensichtlichen Paradox verwirrt. Sie fassten sie unter und zogen sie rückwärts den Flur entlang an den Laboren vorbei und die Treppen hinunter ins Erdgeschoss. Dass Allies Füße auf die Stufen schlugen, war ihnen egal. Diese Rücksichtslosigkeit ließ ihre Angst ins Bodenlose wachsen.

Sie landeten schlussendlich in einem kleinen Raum, der auf den Parkplatz hinausblickte. Die Abenddämmerung wurde durch ein paar Scheinwerfer an den Außenwänden der Gebäude zurückgedrängt. Die Wachleute ließen Allie auf einen Bürostuhl fallen, ohne sie von den Fesseln an Händen und Füßen zu befreien, und beratschlagten sich erregt. Schließlich nahm der Kleinere den Telefonhörer ab und führte ein kurzes Gespräch. Nachdem er aufgelegt hatte, betrachteten beide Männer Allie mit finsterem Blick und vor der Brust verschränkten Armen.

»Bitte«, sagte sie auf Deutsch und hob ihre gefesselten Füße, dann wand sie sich, um auf ihre Handgelenke hinzuweisen.

Ungerührt starrten die beiden sie an. Einer beäugte ihre Brüste und sagte etwas aus dem Mundwinkel. Der andere lachte wiehernd auf, doch beide machten keinen Versuch, sie zu belästigen. Es kam ihr vor, als wäre sie eine Kreatur von einem fernen Planeten, die den Männern ohne jede Erklärung vor die Füße gefallen war.

Die Zeit tröpfelte dahin, doch dann ging auf einmal alles sehr schnell. Das Einfahrtstor öffnete sich, um einen kastenförmigen beigen Lieferwagen einzulassen, der direkt vor dem Haupteingang vorfuhr. Sobald der Wagen zu sehen war, stürzte einer der Männer aus dem Zimmer. Allie hörte, wie sich seine Schritte entfernten, dann näherten sich mehrere Stimmen. Der Wachmann kehrte mit zwei Männern in Militäruniform zurück, deren Schirmmützen tief in die Stirn gezogen waren. Sie sahen zerknittert und erschöpft aus, das einzig Frische und Saubere an ihnen war ihr purpurner Uniformkragen. Die Stasi also. Wieder schrien Männer auf sie ein.

»Ich kann kein Deutsch«, wiederholte sie ihren Satz und versuchte, zu klingen, als würde sie gleich in Tränen ausbrechen.

»Englisch«, sagte sie. »Ich bin gekidnappt worden. Bitte, spricht denn niemand von Ihnen Englisch?«

Die beiden Stasi-Offiziere wechselten einen Blick. »Kein Engels«, erwiderte einer von ihnen. Er bedeutete ihr mit dem Kopf, dass sie ihnen folgen solle. Allie wackelte mit ihren gefesselten Sprunggelenken. Wieder warfen die beiden einander einen Blick zu. Dann zog einer ein Taschenmesser hervor und durchschnitt die Schnur; dabei verletzte er Allie am Knöchel.

»Mann!«, schrie Allie und starrte auf das Blut, das auf den Boden tropfte.

Der Offizier zuckte mit den Schultern, verstaute das Messer und zog sie hoch auf die Füße.

Die Luft draußen war ein Schock, sofort war sie durchgefroren. Auch der raue Asphalt war erschreckend, denn er führte ihr vor Augen, wie verletzlich sie war. Die Männer stießen sie in den hinteren Teil des Lieferwagens, der einfach eine dunkle Metallkiste mit einer hölzernen Bank auf einer Seite war. Lärmend ratterte der Wagen durch die Straßen, bei jeder Kurve wurde sie von einer Seite auf die andere geworfen. Ihre Angst wurde nach und nach größer als ihre Entschlossenheit. Niemand wusste, wo sie war. Jetzt konnte alles geschehen.

Allie wurde in einen Raum ohne Fenster geführt. Eine Frau in der gleichen trostlosen Uniform wie die Männer hatte sie von den Fesseln am Handgelenk befreit und eine Hand mit einer Handschelle an den Metallstuhl gekettet, der am Boden verschraubt war. Sie zog Allies Brieftasche aus deren Hosenbund und steckte sie ein. Währenddessen ignorierte sie Allies Versuche, sie anzusprechen, stattdessen warf sie ihr ein grobes graues Laken zu und ließ sie allein. Wieder verging Zeit, doch diesmal konnte sie sich im Geiste nicht in Musik flüchten, dazu war die Anspannung zu groß.

Schließlich öffnete sich die Tür. Diesmal betrat ein Mann den Raum. Er trug einen dunklen Anzug, der so oft getragen worden war, dass er fast schäbig wirkte. Aber sein Hemd war sauber, der Schlips ordentlich geknotet und das Haar sorgfältig gescheitelt. Er trug eine schwarz gerandete Brille mit runden Gläsern, die seine blauen Augen so stark vergrößerten, dass sie an Murmeln erinnerten. Sein Gesicht war blass, die Lippen voll. Er hatte etwas von einem Cartoon-Bösewicht an sich, fand Allie. Aber nicht von einem der lustigen Sorte.

»Sprechen Sie Englisch?«, fragte sie und musste ihre Frustration nicht einmal vorspielen.

Er erwiderte nichts, sondern starrte sie eine gefühlte Ewigkeit an.

»Wo bin ich? Warum bin ich hier? Ich bin das Opfer eines Verbrechens, und Sie alle behandeln mich, als wäre ich eine Kriminelle«, versetzte sie wütend. »Reden Sie mit mir. Oder finden Sie jemanden, der mit mir sprechen kann.«

Der Mann holte Allies Brieftasche aus der Tasche und legte sie auf den Tisch. Dann klappte er sie auf und zog eine der Visitenkarten heraus, die Allie für die Reise hatte herstellen lassen. »Alison Burns, Kommunikationsabteilung, Zabre Pharma«, las er vor. Sein Englisch hatte einen starken Akzent. »Sind Sie das?«

Sie nickte. »Ja. Hören Sie, ich wurde gekidnappt. Ich habe das Labor besichtigt, wir arbeiten bei einem Projekt mit Ihren Leuten hier zusammen. Eine der Wissenschaftlerinnen, Wiebke Neumann, führte mich herum, und dann –«

»*Langsam*«, sagte er auf Deutsch und wiederholte es noch einmal. »Mein Englisch ist nicht gut.«

Allie holte tief Luft. »Jemand hat mich auf den Kopf geschlagen.« Sie berührte ihr Gesicht, das sich heiß und geschwollen anfühlte. »Ich bin ohnmächtig geworden. Bewusstlos.« Sie mimte Bewusstlosigkeit. »Als ich aufwachte, war ich gefesselt und geknebelt.« Wieder verdeutlichte sie dies mimisch und gestisch. »Es war dunkel. Kein Licht. Ich wusste nicht, wo ich war.«

»Jemand hat Sie angegriffen?«

»Ja, genau. Sie haben mich angegriffen. Sie haben mir meine Kleidung gestohlen. Und ich fürchte, sie haben meinen Pass mitgenommen.«

Er richtete sich auf. »Ihren Pass?«

»Meinen britischen Pass.« Sie betonte jedes einzelne Wort. »Ach verdammt noch mal, ich wurde zusammengeschlagen und ausgeraubt, und Sie tun so, als ob nichts geschehen wäre. Ich möchte jemanden von der britischen Botschaft sprechen. Sie können mich hier nicht einfach festhalten.«

»Wir haben nur Ihr Wort, dass es so war.«

Allie musste ihre Ungläubigkeit nicht vorspielen. »Ich war gefesselt. Geknebelt. In einem Abstellraum. Behandeln Sie Ihre Gäste aus dem Ausland immer so?«

Er stand unvermittelt auf. »Sie müssen hier warten.«

»Was anderes kann ich ja auch nicht tun, verdammt noch mal«, erwiderte sie wütend, als er schon auf dem Weg zur Tür war. Diese fiel hinter ihm ins Schloss, und Allie war allein mit ihrer Frustration.

Der nächste Mann, der hereinkam, war etwas jünger. Er war blond, trug ein Sportjackett und dunkelbraune Cordhosen.

»Fräulein Burns«, sagte er, setzte sich und lächelte sie an. »Was für eine merkwürdige Situation.« Sein Englisch war sehr korrekt, ein Akzent kaum auszumachen.

Zeit, in die Offensive zu gehen, dachte Allie. »Was Sie nicht sagen. Ich bin auf einer Geschäftsreise hier, um über die bemerkenswerte Zusammenarbeit zwischen Zabre Pharma und unseren ostdeutschen Kollegen zu schreiben – und dann werde ich verprügelt und ausgeraubt. In meiner Welt gilt das definitiv als merkwürdig.«

»Erzählen Sie mir, was passiert ist.«

Sie erzählte das Gleiche wie zuvor. »Ich habe nicht gesehen, wer auf mich eingeschlagen hat, und bin bewusstlos geworden. Das ist alles, was ich weiß.«

Er nickte. »Und genau das ist das Problem. Denn laut unseren Aufzeichnungen hat Alison Burns die DDR heute um 15.36 Uhr verlassen. Und doch sind Sie noch Stunden später hier in Ostberlin.«

»Sind Sie absichtlich so begriffsstutzig? Es ist doch völlig eindeutig, was geschehen ist. Jemand hat meinen Pass gestohlen und sich für mich ausgegeben. Um in den Westen zu fliehen.« Sie atmete genervt aus. »Ich habe Ihnen doch schon gesagt, dass ich das Opfer bin.«

Er betrachtete sie lange. »Sind Sie das wirklich? Aus meiner Warte kommen Sie mir eher wie eine Mitverschwörerin vor. Was für ein Zufall, dass jemandem, der Ihnen ähnlich genug sieht, um Ihren Pass benutzen zu können, die Gelegenheit geboten wird, Sie anzugreifen und auszurauben. Finden Sie nicht?«

Allie fühlte, wie sich ihr vor Angst die Nackenhaare aufstellten. »Aber es ist kein Zufall, verstehen Sie? Ich war gestern schon mal da. Viele Leute haben mich gesehen. Viele Leute wussten, dass ich heute noch einmal herkommen würde. Sie müssen doch feststellen können, wer heute nicht ausgecheckt hat. Und ob diejenige mir irgendwie ähnelt.«

Er hob die Augenbrauen. »Die müssten ihren Plan dann ziemlich schnell gefasst haben, meinen Sie nicht?«

Sie zuckte mit den Schultern. »Wenn ich mir die Behandlung so ansehe, die Sie mir, der Abgesandten eines ausländischen Investors, angedeihen lassen … würde ich in diesem Land leben, würde ich jede noch so kleine Chance ergreifen, die sich mir bietet.«

Er holte ein Päckchen Zigaretten hervor und zündete sich demonstrativ eine an. »Unsere Aufzeichnungen belegen, dass Alison Burns' Beifahrerin in einem Wagen war, der von Colin Corcoran gefahren wurde. Ihrem Kollegen bei Zabre Pharma.«

Allie tat äußerst schockiert. Die Augen weit aufgerissen, der Mund ebenfalls. »Colin?«, rief sie. »Colin hat sie über die Grenze gebracht?«

»Wie Sie jetzt vielleicht verstehen, Fräulein Burns, fällt es nicht allzu schwer, Sie als Mitverschwörerin zu betrachten. Wir sind nicht dumm.« Er stand abrupt auf. »Wir sprechen uns wieder, wenn Sie bereit sind, die Wahrheit zu sagen.«

»Warten Sie! Ich verlange, jemanden von der britischen Botschaft zu sprechen!«

Seine Antwort war ein leises Lachen, bevor er die Tür fest hinter sich schloss.

31

Die Stille der Nacht um Allie herum wurde nicht einmal durch Glockenschläge zerrissen. Es war gespenstig ruhig in der Zelle, in die man sie gesperrt hatte. Das überraschte sie. Sie hatte sich Gefängnistrakte immer als sehr laut vorgestellt, erfüllt von Rufen und Brüllen, von zuschlagenden Türen und Schlüsselrasseln. Aber hier – wo auch immer »hier« war – war das einzige Geräusch, das sie aufgeschreckt hatte, das Klappern der Sichtblende in der Tür gewesen, durch die kurz ein wenig fahles Licht hereingefallen war und die sich sofort danach wieder schloss.

Es war nicht vollkommen dunkel in der Zelle. Am oberen Ende einer Wand befanden sich Glasbausteine – zu dick, um Details dahinter erkennen zu lassen, doch durchlässig genug, um ein schwaches Leuchten hereindringen zu lassen. Allie konnte das schmale Holzbrett mit dem einfachen Laken erkennen und in der anderen Ecke das Loch im Boden, dessen Gestank samt der Flecken darum herum deutlich machten, wozu es diente. Man hatte ihr ein paar grobe Baumwollhosen und ein dünnes T-Shirt zugeworfen und sie dann sich selbst überlassen. Als das Adrenalin sich verflüchtigt hatte, war sie in einen unruhigen Schlaf gesunken, doch jetzt war sie wach. Wach, durchgefroren, durstig und verängstigt.

Sie wusste nicht, wie lange sie schon hier war. Ihre Uhr war ebenso verloren gegangen wie der türkische Puzzlering aus drei Sorten Gold, den Rona ihr als Liebespfand vor fünf Jahren über den Finger gestreift hatte. Allie versuchte, Rona aus ihren Gedanken zu verbannen; zu schmerzhaft war es, sich vorzustellen, welche Sorgen sie sich nun machen würde – mal ganz abgesehen von der Frage, ob sie sich jemals wiedersehen würden. Wie hatte sie nur so naiv sein können, zu glauben, sie könnte einfach der Stasi erzählen, was geschehen war, und dann unbehelligt hinausspazieren?

Die Wahrheit war, dass sie es selbst nicht wirklich geglaubt hatte. Doch sie hatte es sich schöngeredet, um sich in Sicherheit zu wiegen. Für eine gute Überschrift hatte sie schon so manches Risiko auf sich genommen, aber sie konnte sich nicht erinnern, jemals so wenig die möglichen Konsequenzen bedacht zu haben. Was wollte sie damit beweisen? Wen wollte sie beeindrucken?

Für eines jedoch konnte sie dankbar sein: Man hatte sie nicht gefoltert.

Bis jetzt.

Genevieve Lockharts Nacht hatte nichts Trostloses an sich. Abgesehen vielleicht von Hans Webers Zimmer, das für ihren Geschmack zu sehr nach Studentenbude aussah. Plakate von Massendemonstrationen der Grünen zierten die Wände, an einer Korkwand waren die Albumcover von Kraftwerk in einer Reihe angepinnt, dazu eine Straßenkarte von Berlin, auf der der Verlauf der Mauer mit hellgrünem Textmarker nachgezeichnet war. Aber alles sauber und ordentlich, ganz so wie Hans selbst.

Es war Monate her, dass sie mit jemandem ins Bett gegangen war. Deshalb war sie mehr als bereit für ein Abenteuer gewesen, besonders mit jemandem, der so attraktiv war wie Hans. Ihres Vaters Tochter zu sein hatte auf eine bestimmte Sorte Mann von jeher wie ein Aphrodisiakum gewirkt – bei anderen aber auch wie das exakte Gegenteil. Ace Lockharts Tochter zu vögeln war für einige Männer eine ganz besondere Kerbe im Bettpfosten; schon vor langer Zeit hatte Genevieve gelernt, dies zu durchschauen. Aber das beschränkte auch ihre Wahlmöglichkeiten. Sie hasste den Gedanken, dass ein Mann sie nur wegen ihres Geldes oder ihres Namens wollte; das hatte sie vorsichtig und wählerisch gemacht. Aber Hans schien weder am Geld ihres Vaters noch an dessen Einfluss interessiert zu sein. Wenn sie mit ihm und Fredi zusammen war, drehten sich die Gespräche um aufregende und anregende Dinge; sie malten sich aus, wie die Zukunft in andere Bahnen gelenkt werden könnte. Auch während ihres Studiums war sie solchen Menschen begegnet, aber die waren meist ermüdend ernsthaft und – ehrlich gesagt – unattraktiv gewesen. Diese deutschen Aufrührer waren völlig anders, und die Zukunft, die sie im Blick hatten, war nicht nur an sich sehr erstrebenswert, sondern bot Genevieve auch faszinierende Möglichkeiten, einen völlig neuen Geschäftszweig innerhalb des Lockhart-Imperiums aufzubauen.

Darum hatte sie Hans' Charme nachgegeben und zugelassen, dass er sie vom Rest der Gruppe wegführte. Auf der Straße vor der Kneipe hatte er sie an sich gezogen und geküsst. Nicht aufdringlich, nicht nass und gierig, sondern zart und sanft, als hätte er schon sehr lange darauf gewartet. Es erweckte etwas in Genevieve, das sie lange unterdrückt hatte, etwas, das zu spüren sie sich nur wenige Male in ihrem Leben erlaubt hatte. Ihr Herz raste, und sie spürte, wie das Verlangen ihren Leib beherrschte.

Wie der Abend enden würde, hatte von vornherein festgestanden. Als die beiden Hans' Wohnung erreicht hatten, konnten sie es kaum abwarten. Kleidungsstücke landeten rund um sie herum, die Körper waren heiß und begierig aufeinander, ein unbezähmbares Feuer bis zur Hingabe. Auch ein zweites Mal. Danach erkundeten sie unter leisem Lachen den Körper des anderen mit dem Mund und den Fingerspitzen.

So etwas hatte sie nicht erwartet, als sie nach Deutschland gekommen war. Aber sie war glücklich, dass sie es hier in den Armen dieses schönen und klugen jungen Mannes gefunden hatte.

Genau wie Fredi es erhofft hatte.

Es war elf Uhr abends in Glasgow, und Rona konnte nicht zur Ruhe kommen. Germaine lungerte missgelaunt vor der Hintertür herum, bereit für den letzten Spaziergang des Tages. Aber Rona wollte für den Fall, dass Allie genau dann anrief, das Haus nicht verlassen. Sie wusste, was Allie heute geplant hatte, und den ganzen Tag über hatte die Angst unterschwellig an ihr genagt.

»Magst du mir erzählen, was dich so beunruhigt?«, fragte ihre Mutter, als sie in die Küche kam, um das Betthupferl vorzubereiten, das ihr Mann und sie stets vor dem Schlafengehen zu sich nahmen: zwei weiche Vollkornkekse mit einem Hauch Erdbeermarmelade und einer Scheibe reifem kanadischem Cheddar, dazu ein kleines Glas Milch. Über Jahre hinweg war das auch Ronas Abendritual gewesen; der Gedanke daran brachte sie zum Lächeln. Sie wollte diese Erinnerung jedoch nicht auffrischen. »Du benimmst dich wie ein Kind am Heiligen Abend, seit du hereingekommen bist.«

»Ich hatte gehofft, dass Allie anrufen würde.«

»Ist sie immer noch in Berlin?« Sandra Dunsyre nahm die Keksdose vom Regal und versuchte, ihre Tochter nicht anzusehen.

»Das nehme ich an.«

»Was macht sie da noch mal?«

»Lass gut sein, Mum. Ich habe dir das aus guten Gründen nicht mitgeteilt. Manchmal ist es besser, wenn man nicht weiß, was Allie vorhat. Das gilt auch für mich.«

»Ja, okay. Aber egal, worum es sich handelt, ich seh doch, dass du dir Sorgen machst. Kannst du sie nicht anrufen? Sie ist doch sicherlich schon wieder in ihrem Hotelzimmer. Es ist dort später als hier, nicht wahr?«

»Wenn sie zurück wäre, hätte sie mich schon längst angerufen.« Es auszusprechen war nicht hilfreich.

»Vielleicht traut sie sich nicht, noch anzurufen, weil es so spät ist?«

Rona würdigte das keiner Antwort. »Ich telefonier mal schnell«, sagte sie, griff nach dem Hörer und wählte Jess' Nummer. »Hi, Jess, ich bin's, Rona. … Du hast nicht zufällig die Telefonnummer von deinem Kumpel Colin? … Nein? Es ist nur – ich hab noch nichts von Allie gehört, und ich weiß, dass die beiden heute etwas vorhatten … Nein, ich muss mir bestimmt keine Sorgen machen. Aber du weißt ja, wie sie ist, wenn sie mitten in einer Story steckt …« Sie lachte trocken auf. »Ja, ich weiß, Berlin ist eine Partystadt. Sei so gut und verrat ihr nicht, dass ich angerufen habe.« Sie tauschten noch ein paar belanglose Klatschgeschichten aus, dann legte Rona auf und wandte sich zu ihrer Mutter um.

»Siehst du? Nichts ist passiert. Wenn irgendetwas vorgefallen wäre, hätte Jess davon gehört. Ab mit dir ins Bett und hör auf, dir einen Kopf zu machen.«

»Nur, wenn du es auch so hältst.«

Rona lehnte sich vor und gab ihrer Mutter einen Kuss auf die Wange. »Ich gehe vorher mit dem Hund einmal um den Block. Sollte Allie anrufen, dann sei so gut und frag sie, ob du mir was ausrichten kannst.«

»Bleib nicht zu lange auf.« Sandra umarmte ihre Tochter. »Ihr wird's schon gut gehen. Für dieses Jahr hat sie ja bereits genug Prügel eingesteckt. Und in Berlin wird sie Little Weed wohl kaum über den Weg laufen.«

Aber es gibt viel schlimmere Typen als Little Weed, dachte Rona. Und war sich sehr sicher, dass ein paar von denen in Ostberlin unterwegs waren.

32

Allie vermutete, dass es Morgen war, weil ihre Zelle ein bisschen heller wirkte. Dass sie geschlafen hatte, spürte sie nur an der Steifheit in Rücken und Gliedern. Als die Zellentür aufschwang, wurde ihr bewusst, dass sie vom Geräusch des Aufschließens aufgewacht sein musste. Sie setzte sich abrupt auf, als ein kräftiger Mann in Uniform in der Türöffnung erschien. Er stellte einen Becher aus Blech auf dem Boden ab, obenauf wie ein Deckel eine dicke Scheibe Schwarzbrot. Die Tür schlug zu, und er war wieder weg.

Allie streckte sich, stöhnte und stand auf. Das Brot war feucht, aber das konnte auch vom Dampf des dünnen Tees in dem Becher kommen. Es war ihr egal. Jetzt, da sie wach war, spürte sie, wie sehr ihr Magen knurrte. Sie schlang die Hälfte des Brotes hinunter, dann riss sie sich zusammen. Wer wusste schon, wann sie wieder etwas zu essen bekäme. Andererseits: Das bisschen, das sie bisher gegessen hatte, hatte nicht gereicht, um ihren leeren Magen zu füllen.

»Scheiß drauf«, murmelte sie und aß das Brot ganz auf, aber sie zwang sich, nur kleine Bissen zu nehmen und langsam zu kauen. Der Tee hatte zu lang gezogen, gleichzeitig war er dünn, aber er war wenigstens warm, allein das fühlte sich schon fast wie Luxus an.

Sie setzte sich, lehnte sich mit dem Rücken an die Wand und wartete. Die Eurythmics hatte sie innerlich durchgesungen, nun war Blondie an der Reihe. Allie schloss die Augen und ließ die Ironie von »X Offender« auf sich wirken. Irgendwo da draußen gab es jemanden, der nach ihr suchte.

Colin Corcoran war früh aufgewacht, zwang sich jedoch, sich nicht zu bewegen. Noch niemals hatte er eine derart schöne Aussicht genossen. Nur wenige Zentimeter von ihm entfernt schlief Wiebke; ihr Atmen klang wie ein sanftes Schnurren. Zur Hölle mit Allie Burns' Zweifel an ihren Gefühlen füreinander! Kaum hatten sie die Tür des Zimmers hinter sich geschlossen, das Allie für sie in ihrem Hotel gebucht hatte, lagen sie sich auch schon in den Armen. Die Erleichterung über ihre gelungene Flucht heizte ihre Leidenschaft zusätzlich an.

Noch nie in seinem Leben hatte er so viel Angst gehabt. Jetzt, da er Wiebke nicht mehr Tapferkeit vorspielen musste, konnte er es zugeben. Als sie das Gebäude verlassen hatten, war er so wackelig auf den Beinen gewesen, als hätte er hohes Fieber. Aber die Frau am Empfang hatte ihnen kaum einen zweiten Blick gegönnt, zumal er ihr freundlich zugewinkt und Allies Mantel samt Mütze keine Fragen aufgeworfen hatte.

Am Checkpoint Charlie spürte er, wie stark das Herz in seiner Brust hämmerte, sein Atem ging in kurzen Stößen, als wäre er gerannt. Doch Wiebke war völlig cool und kontrolliert geblieben; als die Grenzbeamten ihre Pässe und Papiere zur Überprüfung mitnahmen, hatte ihre Hand auf seinem Knie gelegen. Trotz der Kühle des späten Nachmittags hatte er den Schweiß in seinen Achselhöhlen wahrgenommen; der einzige Geruch, der zu ihm durchdrang, war der widerwärtige Gestank der Angst.

Und dann war plötzlich alles überstanden. Sie bekamen ihre Papiere zurück, die Schranke hob sich, und Westberlin lag ohne jedes weitere Hindernis vor ihnen. Auf dem ganzen Weg zum Hotel hatten sie gekichert wie Kinder; Wiebke hatte auf alle Embleme des westlichen Kapitalismus gedeutet, die in Sicht kamen.

»Die Farben sind so überwältigend«, hatte sie gerufen. »Die Schaufenster sind voll! Und die Kleidung der Leute sieht so leuchtend bunt und warm aus.«

Ihre ungebremste Begeisterung hatte ihn mit Freude und Stolz erfüllt, denn er hatte es möglich gemacht für sie.

Später, als sie eng umschlungen im sauberen Hotelbett lagen, hatte Colin den Anflug eines schlechten Gewissens verspürt, als er daran dachte, wie sie Allie im Abstellraum zurückgelassen hatten. Inzwischen war sie vermutlich schon entdeckt worden. Wahrscheinlich war sie bereits in den Händen der Stasi und wurde vernommen. Aber sie war keine Bürgerin der DDR, und sie war ganz eindeutig keine Spionin, darum würden sie ihr gegenüber bestimmt nicht so unbarmherzig sein. Er redete sich ein, dass man sie bestimmt innerhalb von vierundzwanzig Stunden freilassen würde. Wenn er bis zum nächsten Morgen nichts von ihr hörte, würde er Kontakt mit der britischen Botschaft in Ostberlin aufnehmen. Und vielleicht auch mit Allies Freundin.

Aber jetzt nutzte er die Zeit, die ihnen blieb, bis die Außenwelt auf sie einstürmte, um zu überlegen, wie seine Beziehung mit Wiebke den bestmöglichen Anfang nehmen konnte. Sie hatte ihre Hingabe an ihn nicht vorgespielt, das wusste er. Ein ganz neues Kapitel in seinem Leben wurde nun aufgeschlagen; die Eintönigkeit lag hinter ihm, vor ihm tat sich ein aufregendes Leben auf.

Okay, er hatte keinen Job mehr. Daran gab es keinen Zweifel. Aber Allies Story würde aus ihm einen tapferen Whistleblower machen, so viel hatte sie ihm bereits verraten. Zusammen mit seiner Erfolgsbilanz im Labor würde ihn das zum idealen Aushängeschild jedes Unternehmens machen, das seine Integrität betonen wollte. Auch Wiebke wäre für jeden Konzern ein richtig guter Fang.

Während er sich noch die hervorragenden Startbedingungen für ihre glorreiche Zukunft ausmalte, öffnete Wiebke wie aufs Stichwort die Augen. Sie blinzelte und runzelte die Stirn, dann drehte sie sich zu ihm um und lächelte. Zum ersten Mal in seinem Leben fühlte sich Colin Corcoran wie ein Held.

Niemand hatte Rona je Geduld vorwerfen können. Sobald sie den Morgenspaziergang mit dem Hund absolviert hatte, war sie mit einem Schlachtplan in ihr Büro im Gebäude des *Clarion* geeilt. Der erste Anruf ging ans Hotel in der Giesebrechtstraße, wo Allie sich eingebucht hatte. Nein, sie war nicht in ihrem Zimmer. Ihr Schlüssel hing immer noch am Brett der Rezeption. Rona solle doch in fünfzehn Minuten noch einmal anrufen, bis dahin hätte der Zimmerservice nachgesehen, ob ihr Bett benutzt worden war.

Sie brachte die Viertelstunde herum, indem sie in die Kantine ging, um sich einen Becher Kaffee zu holen, was aber für ihre Sekretärin einen Affront darstellte, da diese die Alleinzuständigkeit für Ronas Versorgung mit heißen Getränken für sich in Anspruch nahm. Als Rona das zweite Mal im Hotel anrief, teilte man ihr höflich mit, dass das Zimmer von Fräulein Burns seit dem vorhergehenden Morgen unberührt geblieben war. Aber vielleicht wolle Fräulein Dunsyre ja mit den Gästen in dem zweiten Zimmer sprechen, das Fräulein Burns gebucht hatte?

Zur Hölle, ja! Allie hatte nichts von einem zweiten Zimmer gesagt, aber dort würden sich in jedem Fall Antworten finden lassen.

»Ja, bitte«, sagte Rona.

Es klickte ein paarmal in der Leitung, dann war ein lang gezogenes Klingeln zu hören. Als es zum vierten Mal klingelte, wurde abgehoben, und eine männliche Stimme sagte zögerlich: »Corcoran. Guten Tag.«

Zur Hölle-luja noch mal! »Spreche ich mit Colin Corcoran?«

»Wer ist da?«

»Mein Name ist Rona Dunsyre. Ich arbeite mit Allie Burns zusammen. Sie sind der Mann, mit dem sie wegen der Zabre-Pharma-Story sprechen wollte, nicht wahr?«

»Das kann ich weder bestätigen noch dementieren«, stotterte er.

»Ach, verflucht noch mal, wir sind hier nicht in einem James-Bond-Film. Ich weiß genau, was Allie geplant hat, und ich weiß alles über euer wahnsinniges Vorhaben, Ihre Freundin aus Ostberlin herauszuschmuggeln. Und wenn Sie nicht wollen, dass Ihnen der Himmel auf den Kopf fällt, dann müssen Sie mit mir reden. Und zwar jetzt. Klar?« Dieser Ton und das Auftreten hatten schon aus erfahrenen Feature-Autoren kleine Kinder gemacht. Colin Corcoran war kein Gegner für eine kriegerisch gesinnte Rona.

»Tut mir leid, ich wollte nur vorsichtig sein. Ich helfe Allie bei ihrer Story, ja«, erwiderte er hastig.

»Wo ist sie? Ich meine Allie, und nicht Ihre Freundin.«

Er schwieg kurz, bevor er antwortete: »Ich bin mir nicht ganz sicher.«

»Dann fangen Sie da an, wo Sie sich sicher sind, junger Mann.« Am anderen Ende der Leitung konnte Rona leise Stimmen im Hintergrund ausmachen.

Er räusperte sich umständlich. »Sie sagten, Sie wüssten von dem Plan?«

»Ja. Sie wollten so tun, als hätten Sie Allie angegriffen, um sie dann in einem Abstellraum einzusperren. Purer Wahnsinn, aber das hat sie gesagt.«

»Genau das haben wir gemacht. Wiebke hat Allies Kleidung angezogen, und wir haben es über die Grenze geschafft. Allie haben wir im Abstellraum zurückgelassen.«

»Sie haben sie zurückgelassen.« Ronas Stimme klang eiskalt.

»Das war Allies Idee«, erwiderte Colin defensiv.

»Nein, es war Ihre verdammte Idee. Wo ist sie jetzt?«

»Ich weiß es nicht. Ich kann gar nichts wissen. Die Reinigungskräfte werden sie inzwischen gefunden haben.«

»Und sie der Stasi übergeben haben.«

Die Leitung blieb lange stumm. Dann sagte Colin: »Das nehme ich an. Sie wollte an der Version festhalten, auf die wir uns geeinigt haben: dass sie niedergeschlagen und verschleppt worden sei.«

»Sie haben sie im Stich gelassen, Colin. Während Allie Sie nicht hat hängen lassen. Sie hat eine Zuflucht für Sie organisiert, wo Sie erst mal bleiben können. Einen sicheren Ort, nicht wahr?«

Er versuchte, in die Offensive zu gehen: »Darauf hatten wir uns geeinigt. Im Austausch für die Story. Sie weiß, dass das eine richtig große Sache ist.«

Rona hoffte, er käme nie auf die Idee, mit ihr im selben Raum sein zu wollen. »In diesem Fall sollten Sie dafür sorgen, dass sie auch wirklich die große Story schreiben kann. Sie haben sich in Ihrem kleinen Liebesnest mit Ihrer Freundin eingekuschelt, ja?«

»M-hm.«

»Ich weiß, dass Ihre Freundin Allie Dokumente als Beweise für Ihre Behauptungen aushändigen wollte. Haben Sie die Beweise?«

»Ja, wir haben sie mitgebracht.«

»Und Sie haben immer noch Allies Pass?«

»Ja. Wiebke hat ihren eigenen Pass auch dabei, damit sie ihre deutsche Staatsbürgerschaft belegen kann.«

»Wiebke und Sie machen heute Folgendes: Sie schreiben akribisch jedes Detail auf, das Sie über diese zwielichtige Medikamentenstudie wissen. Außerdem übersetzen Sie die Dokumente. Und dann lassen Sie alles zusammen mit Allies Pass im Hotelsafe deponieren. Habe ich mich klar ausgedrückt?«

»Ja, aber –«

»Kein ›Aber‹. Wenn Sie mich bescheißen, das schwöre ich Ihnen, dann rufe ich Zabre Pharma an und sage dort Bescheid, was Sie getan haben und wo Sie zu finden sind. Und ich bin mir sehr sicher, dass das Unternehmen Freunde im Osten hat, die sehr gern nach Westberlin kommen, um ein intensives Gespräch mit Ihnen und der reizenden Wiebke zu führen.«

»Sie können doch nicht –«

»Doch, das kann ich, und das werde ich! Wenn Sie glauben, Allie sei tough, dann machen Sie sich auf was gefasst. Im Vergleich zu mir wirkt Allie wie die Unschuld vom Lande.«

»Es tut mir leid«, murmelte er. »Aber sie war damit einverstanden. Ehrlich, das war sie.«

Oh, Allie. »Dann sorgen Sie dafür, dass es sich für Allie lohnt.«

»Das machen wir.«

Rona legte auf. Sie hatte keine Kraft mehr, andere das Fürchten zu lehren. Dafür hatte sie selbst zu viel Angst.

33

Die vielen Jahre als Journalistin hatten Ronas Einfallsreichtum vergrößert. Wenn es darum ging, Pressesprecher oder Bodyguards auszutricksen, um ein Interview zu führen, war sie eine Klasse für sich. Es gab zwar zahlreiche Konkurrenten, aber nur wenige, die ihr in diesem Metier das Wasser reichen konnten. Allie sagte immer, sie hätte mehr Tricks von Rona gelernt als von ihren Kollegen in der Nachrichtenredaktion. Rona entgegnete dann stets, dass sie verstörend viel über Informationsbeschaffung durch die Hintertür von Allie aufgeschnappt hätte. Ihr Übereinkommen, einander immer zu helfen, machte jede von ihnen noch besser.

Aber dieses Mal war sogar Rona ratlos. Sie hatte in Berlin nur bei Modeschauen gearbeitet und Filmsets besucht. Über ein kleines schwarzes Adressbuch mit den Nummern von Übersetzern, Mittelsmännern oder Journalisten vor Ort verfügte sie nicht. Sie wusste nicht, wo sie einhaken sollte, um jemanden aus dem Griff der Stasi zu befreien – oder um festzustellen, ob dieser jemand überhaupt im Griff der Stasi war. Das Gespräch mit Colin Corcoran hatte sie frustriert, jetzt war ihr ein bisschen schlecht, und sie fühlte sich verdammt nutzlos.

Das Naheliegendste wäre, die britische Botschaft zu kontaktieren. »Haben wir überhaupt eine Botschaft in Ostberlin?«, murmelte sie. Aber egal, ob nun Bonn oder Ostberlin: Sie hatte keine Ahnung, wen sie ansprechen sollte. Und wenn sie die Wahrheit über den Plan auspackte, würde sie zugeben müssen, dass Allie gegen DDR-Recht verstoßen hatte. Würde die Botschaft das als Ausrede nutzen, die Hilfe zu verweigern? Aber andererseits: Wenn Rona sich an die ausgedachte Geschichte hielt, Allie jedoch unter Druck die Wahrheit gesagt hatte, würde es noch auf ganz andere Weise unschön werden.

Es gab nur noch eine einzige andere Möglichkeit. Rona hatte die Idee ein ums andere Mal verdrängt, wenn sie ihr bewusst zu werden drohte. Es fühlte sich wie der allerletzte Ausweg an, wie eine atomare Bedrohung. Aber wenn sie nichts tat, wäre es umso schlimmer. Wie konnte sie Allie je wieder in die Augen sehen, wenn sie sie jetzt im Stich ließ?

Rona nahm den Telefonhörer und wählte die Nummer eines internen Anschlusses. Als dort abgehoben wurde, sagte sie: »Hier ist Rona Dunsyre. Ist er da?«

Die Antwort ließ ihr keine Wahlmöglichkeit. Sie griff sich ihre Handtasche und eilte in die Damentoilette. Dort stellte sie sich so dicht wie möglich vor den Spiegel und frischte ihr Make-up auf. Zum ersten Mal fühlte es sich tatsächlich wie eine Kriegsbemalung an. Dann stieg sie die eine Treppe hinauf in den neunten Stock.

Genevieve wäre zu gern mit Hans im Bett geblieben, aber sie hatte Arbeit zu erledigen. Am Morgen war sie mit Fredi verabredet, und danach musste sie über die Grenze nach Ostberlin, um ein Meeting bei Pythagoras Press zu leiten. Aber zumindest wollte Hans sie zu ihrem Treffen mit Fredi begleiten, sodass sie den Ku'damm Hand in Hand wie verliebte Teenager entlangschlendern konnten, um die wenigen Minuten zu genießen, die ihnen blieben, bis sie sich wieder wie Erwachsene benehmen mussten.

Fredis Wohnung lag an einem kleinen, baumbestandenen dreieckigen Platz, wenige Straßen von den Hauptverkehrswegen entfernt. Draußen auf dem Platz war es immer entspannt und ruhig – ein scharfer Kontrast zu den lebendigen und lauten Diskussionen, die drinnen geführt wurden. Aber an diesem Morgen waren sie nur zu dritt, tranken entsetzlich starken Kaffee und schmiedeten Pläne, wie sie die Demonstranten und Dissidenten schützen konnten, die Probleme hatten, im Osten unter dem Radar zu bleiben. Genevieve konnte ein paar Dinge über den Verlag arrangieren, aber sie betonte, dass sie keine weiteren Ressourcen herbeizaubern konnte.

»Es muss irgendwie finanziert werden«, sagte sie. Das hatte sie ihnen schon mehrfach mitgeteilt, aber nichts hatte sich bislang getan.

»Das wissen wir«, sagte Fredi. »Kannst du deinen Vater nicht überreden, Gelder für die Sache abzuzweigen? Ihm muss doch klar sein, dass das, was wir im Blick haben, die Zukunft ist.«

Genevieve war sich darüber im Klaren, dass niemand etwas von dem finanziellen Engpass des Lockhart-Imperiums ahnte. Es würde sich alles zugunsten von Ace entwickeln – ihrer Erfahrung nach war das stets der Gang der Dinge. Soweit sie wusste, hatte er bereits alles in die richtigen Bahnen gelenkt. Aber wenn derzeit irgendwo überschüssige Gelder in den Lockhart'schen Kassen auftauchen sollten, dann würden sie nicht an Fredi und ihre Unterstützer fließen. Deren Engagement würde Ace nicht besonders gefallen. Nichts davon konnte Genevieve zugeben, und das nicht nur, weil es finanziell sensible Fragen berührte.

»Auf diese Weise möchte er im Augenblick nicht agieren.« Sie zuckte mit den Schultern. »Er möchte, dass ich Kontakte für die Zukunft aufbaue, aber er will nicht mit der Destabilisierung von bestehenden Regierungen in Verbindung gebracht werden.«

»Er betreibt Besitzstandswahrung.« Fredis Ton war beißend. »Wenn wir untergehen, will er unbeschadet bleiben.«

»Aber Genny ist nicht so«, schaltete Hans sich ein. »Nicht wahr, Genny? Du willst dich schon jetzt einbringen.«

»Das will ich, aber ich muss mir überlegen, wie das am besten zu machen ist. Ich kann praktische Hilfe anbieten, aber wir brauchen trotzdem Geld in der Kasse.«

Abrupt stand Fredi auf und trat ans Fenster, den Kaffeebecher fest gegen die Brust gedrückt.

»Wir finden eine Lösung«, sagte sie.

Genevieve hatte keinen Zweifel daran. »Ich denk drüber nach. Aber jetzt muss ich zurück ins Hotel und ein paar Papiere für das Meeting heute Nachmittag holen. Wir sehen uns später.«

Den schnellen Blick, den die beiden austauschten, als sie ihren Mantel anzog, bemerkte sie nicht. Sie sah nur Hans' strahlendes Lächeln, als er sie zum Abschied küsste.

Ace Lockhart ließ Rona zehn Minuten warten. Nicht, weil er etwas erledigen musste, das seine ganze Aufmerksamkeit beansprucht hätte, sondern einfach, weil er es konnte. Sie trat ein, so gut zurechtgemacht wie stets, aber unter ihrem makellosen Make-up konnte er die Anspannung rund um die Augen erkennen und auch die verkrampfte Kiefermuskulatur. Ihm war klar, dass er ihr einen fordernden und vielfältigen Job gegeben hatte, aber er hätte nicht gedacht, dass der Lack so schnell Risse bekommen würde.

»Kommen Sie, nehmen Sie Platz, Rona«, befahl er mit weit ausholender Geste.

»Danke, dass Sie mich empfangen, Chef.« Sie setzte sich und schlug die Beine übereinander.

Er konnte nicht anders, als ihre schlanken Waden zu bewundern, auch wenn dies müßig war.

»Was brauchen Sie von mir?« Denn sie brauchten immer etwas. Selbst dann, wenn sie ihm einen Knochen brachten, war doch immer eine Forderung daran geknüpft.

Sie holte tief Luft. »Ihre Hilfe. In einer persönlichen Angelegenheit.«

Er zog die Augenbrauen hoch. »Fahren Sie fort.«

»Es ist kompliziert.«

»Das pflegen persönliche Angelegenheiten, die meine Hilfe erfordern, in der Regel immer zu sein.«

»Es geht um Allie. Ich fürchte, sie steckt in Schwierigkeiten.«

Einer seiner Mundwinkel verzog sich zu einem düster-ironischen Lächeln. »Miss Burns scheint Schwierigkeiten anzuziehen. Aber seit sie ihre Kündigung eingereicht hat, scheint sie nichts mehr für Ace Media zu schreiben.«

Rona schloss einen Moment lang die Augen. »Sie geht einer Story nach. Einer Investigativstory.«

»Aber nicht für den *Sunday Globe*. Oder für einen anderen Titel von Ace Media. Und für so etwas bekommt sie zudem nicht ihr Gehalt.«

»Sie ist auf eine Story über einen Pharmakonzern gestoßen, der die klinischen Versuche für ein HIV-Medikament von Edinburgh nach Ostdeutschland verlegt hat, damit er Zugriff auf die Versuchsergebnisse hat. Es scheint, als wollten sie die Resultate verfälschen oder zumindest das Ergebnis beschönigen. Darum hat Allie angefangen nachzuforschen.«

»Genau wie Ihr Border Terrier.« Er freute sich über den Anflug von Überraschung bei Rona, dass er so viel über ihr Privatleben wusste. Es war immer sehr unterhaltsam, mit denjenigen unter seinen Angestellten zu spielen, die ein bisschen facettenreicher waren.

Rona sah ihn ausdruckslos an. »Sie hat einen Whistleblower aufgetan, der Zugang zu den Daten der Ostberliner Pharmafirma hat. Um es kurz zu machen: Der Preis für die Story war, die Freundin des Whistleblowers in den Westen zu schmuggeln. Allie konnte die Finger nicht davon lassen.« Sie wirkte jetzt bedrückt und ängstlich.

»Und natürlich ist es schiefgegangen. Wie katastrophal ist es? Sind alle verhaftet worden?« Er nahm seine angerauchte Zigarre aus dem Aschenbecher und zündete sie mit einer schwungvollen Geste erneut an. Das schien interessant zu werden.

»Der Whistleblower und seine Freundin sind in Sicherheit. In Westberlin. Die Freundin hat dafür Allies Pass genutzt. Allie haben sie gefesselt in einem Abstellraum zurückgelassen. Die Geschichte, auf die sie sich geeinigt hatten, war, dass Allie zusammengeschlagen und aus dem Weg geschafft worden war, damit die beiden anderen die Grenze passieren konnten.« Rona schürzte die Lippen. »Allie hat so getan, als würde sie als Pressesprecherin für den Pharmakonzern arbeiten. Deshalb war sie sich sicher, sie würde die Ostdeutschen überzeugen können, dass sie das Opfer wäre, das sie dann freilassen und zurück nach Westberlin schicken würden. Ich habe ihr gesagt, dass sie verrückt ist, wenn sie glaubt, die Stasi so leicht täuschen zu können.«

Lockhart nickte. »Und damit haben Sie recht. Wenn ich Sie richtig verstehe, ist sie noch nicht wieder aufgetaucht.«

»Ich habe nichts von ihr gehört.« Sie biss sich auf die Lippe. »Auch bei dem Whistleblower hat sie sich nicht gemeldet, was sie getan hätte, wenn sie zurück gewesen wäre.«

Er zog an seiner Zigarre und stieß langsam den Rauch aus. »Ich beneide sie nicht. Aber warum kommen Sie damit zu mir?« Er tat unschuldig und naiv. »Es ist ja nicht so, als würde sie noch den Anschein erwecken, für mich zu arbeiten.«

In Ronas Augen flammte etwas auf. Sie straffte sich und stellte beide Füße fest auf den Boden. »Können wir auf diese Spielchen verzichten, Ace? Sie können sich doch eine Alibigeschichte ausdenken. Erzählen Sie denen, dass Sie Allie auf Zabre Pharma angesetzt haben, weil Sie in die Firma investieren wollen. Oder einen anderen halbwegs glaubhaften Blödsinn. Es ist kein Geheimnis, dass Sie viele Geschäfte auf der dunklen Seite des Eisernen Vorhangs machen. Sie haben Verbindungen bis in die allerhöchsten Ränge. Sie haben Hagiografien zu allen Führungsfiguren dort veröffentlicht. Sie haben Zugang zu ihnen. Sie halten Fäden in der Hand, an denen Sie ziehen können. Und alles, was ich von Ihnen will, ist, dass Sie genau das tun. Es geht nicht um irgendeinen Freelancer, der ein bisschen Ärger an der Hacke hat. Es geht um Allie Burns, die immer noch – zumindest auf dem Papier – die zuständige Redakteurin einer Ihrer Zeitungen für den Norden ist. Es würde nicht gut aussehen, wenn Sie sie einfach in einer Stasi-Zelle verrotten lassen würden, nicht wahr?«

Das Gegenteil von emotionaler Erpressung war, die Initiative zu ergreifen und moralische Überlegenheit zu demonstrieren. »Für meine Journalisten setze ich Himmel und Hölle in Bewegung«, sagte er gravitätisch. »Die Leute sollen wissen, dass Ace Lockhart nicht untätig herumsitzt, wenn eine seiner Angestellten in Gefahr ist. Natürlich werde ich den Einfluss, den ich habe, nutzen, um die Freilassung von Miss Burns zu bewirken.«

»Meinen Sie das ernst?«

»Wollen Sie mich der Lüge bezichtigen, Rona? Natürlich meine ich das ernst. Wenn jemand die sichere Rückkehr Ihrer Miss Burns bewerkstelligen kann, dann ich.«

Das Glitzern der Tränen, die sie zurückhielt, war schon beinah Belohnung genug. Und dass sie nun auf ewig in seiner Schuld stand, kam natürlich hinzu.

»Zufälligerweise ist meine Tochter Genevieve gerade in Berlin. Ich werde jemanden anrufen, um den Boden zu bereiten, und sie kann sich dann um die Umsetzung kümmern.«

»Das war's?« Ihr Erstaunen verschaffte ihm zusätzliche Befriedigung. Lockhart liebte es, seine Angestellten durch Großzügigkeit zu überrumpeln, wenn sie eigentlich etwas ganz anderes erwarteten.

»Das war's. Vergessen Sie nicht, mit wem Sie hier sprechen, Rona. Wo ist Miss Burns' Pass zurzeit?«

»In einem Hotel in der Giesebrechtstraße in Westberlin.«

Er zog an seiner Zigarre. »Perfekt. Informieren Sie mich über die Einzelheiten und besprechen Sie mit Genevieve, wo sie den

Pass abholen kann. Dann kann sie Miss Burns in den Westen zurückbringen.«

»Vielen Dank«, sagte Rona leise. »Das werde ich Ihnen niemals vergessen.«

Da war sie nicht die Einzige, dachte Lockhart bei sich. Er verdankte einen großen Teil seines Erfolgs den zahlreichen Gefälligkeiten, die er Einzelnen erwiesen hatte. Die einzigen Schulden, die er selbst machte, waren finanzielle, denn aus denen konnte er sich immer irgendwie herauswinden.

»Ich bin mir sicher, dass der Tag kommen wird, an dem Sie mir Ihrerseits einen Gefallen tun können. Eine meiner Sekretärinnen wird Sie benachrichtigen, wenn es etwas Neues gibt«, sagte er, wendete sich ab und nahm eine dünne Mappe zur Hand, die auf seinem Schreibtisch lag. Bei seinem Versuch, desinteressierte Nonchalance zu zeigen, brachte er jedoch die Papiere durcheinander, die neben der Mappe lagen, sodass eine Ecke des Fotos von dem Denkmal in Poladski zu sehen war. In diesem Moment brach sein Wohlbehagen wie ein Kartenhaus in sich zusammen.

»Ich weiß das wirklich zu schätzen«, sagte Rona. Als er sich mit ausdruckslosem Gesicht zu ihr umdrehte, fügte sie hinzu: »Der Telefonanruf, Ihre Tochter, all das.«

Ihre Worte holten ihn zurück in die Gegenwart.

»Gut. Gehen Sie jetzt und sorgen Sie dafür, dass meine Leute Geld für mich verdienen«, knurrte er und griff nach dem Telefon. Es war Zeit, etwas zu unternehmen, damit es ihn daran erinnerte, dass die Distanz, die er inzwischen zurückgelegt hatte, zugleich auch einen Schutzwall zwischen ihm und diesem elenden kleinen Schtetl errichtet hatte.

34

Das Hotel, in dem Genevieve Lockhart in Berlin untergebracht war, war mehrere Kategorien über Allies Unterkunft angesiedelt. Ein livrierter Page hielt ihr die Tür auf, und die Empfangsdame begrüßte sie mit Namen.

»Hallo, Fräulein Lockhart. Ich habe eine Nachricht für Sie«, verkündete sie und überreichte ihr ein gefaltetes Blatt Papier.

Die Mitteilungen, die ihr Vater hinterließ, konnten unterschiedlich dringlich sein. Das niedrigste Level war: »Ruf mich an, wenn du Gelegenheit dazu hast.« Die nächsten Stufen waren: »Wir müssen reden« und »Es gibt Wichtiges zu bereden«. Alarmstufe Rot herrschte bei der Nachricht: »Ruf mich an, sobald du das hier gelesen hast.« Aber die von heute toppte sogar das noch: »Wo bist du? Ruf mich sofort an!«

Während sie mit dem Fahrstuhl nach oben fuhr, rutschte ihr das Herz in die Hose. Das klang nach einer Krise, und die einzige, die ihr einfiel, war der Pensionsfonds: Was, wenn jemand aus dem Verwaltungsrat des Fonds angefangen hatte, Nachforschungen anzustellen, wo das Geld geblieben war? Sollte es einer von denen sein, die ihr Vater – mit oder ohne Drohung – davon überzeugen konnte, sich zu fügen, konnte alles gut ausgehen. Wenn es jedoch jemand von der Gewerkschaft war, sähe die Sache ganz anders aus.

Genevieve eilte den Flur hinunter und schloss die Tür zu ihrer Suite auf. Sie nahm sich nicht die Zeit, ihren Mantel auszuziehen, sondern schnappte sich sofort das Telefon, ließ sich eine Verbindung nach außerhalb des Hotels geben und wählte die Durchwahl ihres Vaters.

»Ace«, sagte sie, sobald der Hörer auf der anderen Seite abgenommen wurde. »Ich habe gerade deine Nachricht erhalten.«

»Wo warst du? Ich versuche schon den ganzen Vormittag, dich zu erreichen.«

»Ich habe mich mit Leuten vom radikalen Flügel der Umweltbewegung getroffen, die enge Kontakte zur Ostberliner Szene unterhalten.« Sie versuchte, sorglos zu klingen. »Gibt es ein Problem?«

»Die Lage ist dringend, aber nicht ernst«, erwiderte er. Er klang entspannt, ganz anders als sie es aufgrund seiner Nachricht erwartet hatte. »Eigentlich ist es nicht unser Problem, da es nicht um etwas Geschäftliches im engeren Sinn geht. Aber es könnte sich auswachsen, wenn wir nicht zügig handeln.«

»Verstehe«, behauptete sie. »Was ist passiert?«

»Die für den Norden zuständige Nachrichtenredakteurin des *Sunday Globe* ist bei einer unautorisierten Aktion in Schwierigkeiten geraten und hat es geschafft, in Ostberlin verhaftet zu werden.«

»Und du willst von mir jetzt … was genau?« Sie setzte sich aufs Bett, streifte den Ledermantel ab und spürte, wie sich ihre Schultern entspannten.

»Ich habe ein bisschen rumtelefoniert und die Sache bereinigt. Niemand dort wagt es, das zu hinterfragen, was ich sage. Aber du musst dich um die Dinge kümmern, die persönlich erledigt werden müssen. Damit die Stasi sich geschmeichelt fühlt und denkt, wir würden sie ernst nehmen.«

»Ace, ich nehme die Stasi sehr ernst.« Sie legte ein wenig Wärme in ihre Stimme. »Selbst so beliebte Kapitalisten wie wir müssen auf Zehenspitzen um sie herumtanzen.« Während sie sprach, brachte sie die Vorstellung ihres Vaters auf Zehenspitzen fast dazu, vor Lachen loszuprusten.

»Ich will, dass du in die Ruschestraße fährst. Dort wird sie festgehalten. Ich musste mich bis zu General Mielke durchfragen, was äußerst mühselig war. Wenn du Miss Burns in die Finger bekommst, dann mach ihr klar, wie viel sie mir schuldet.«

»Und auch mir, denn ich muss jetzt extra nach Lichtenberg fahren. Sprechen wir hier von Alison Burns?«

»Genau die«, grummelte er. »Ich wünschte, ich hätte sie damals zusammen mit allen anderen gefeuert.«

»Als der Wrestler sie verprügelt hat, war das ein wirklich guter Aufmacher«, kicherte Genevieve. »Was hat sie getan, um sich in diese Lage zu bringen?«

»Irgendeine unausgegorene Story, bei der es um die Mauscheleien eines Pharmakonzerns und um eine vorgespielte Entführung geht. Sie hat so getan, als wäre sie eine PR-Tussi, und hat wohl gedacht, sie könnte das unschuldige Opfer spielen und dann ohne jedes Problem über den Checkpoint Charlie wieder hinausspazieren. Was für eine dumme Göre.«

»Warum holst du sie da raus? Warum lässt du sie nicht schmoren?«

Er lachte laut wiehernd ins Telefon, sodass Genevieve den Hörer für einen Moment vom Ohr nehmen musste. »Dunsyre macht einen deutlich besseren Job, als ich erwartet hatte. Und außerdem ist Burns immer noch bei uns angestellt. Unsere Reporter hängen zu lassen rückt uns in ein schlechtes Licht. Selbst wenn sie auf eigene Faust recherchieren.«

Genevieve seufzte theatralisch. »Okay. Ich muss sowieso heute Nachmittag wegen eines Meetings in den Osten. Dann kann ich auch einen Umweg über das Hauptquartier der bösen Stasi machen.«

»Nimm Dieter mit. Wenn er dabei ist, sieht immer alles sehr seriös aus. Unterwegs musst du noch den Pass von Burns abholen.« Er gab ihr die Adresse des Hotels in der Giesebrechtstraße durch. »Ein Idiot namens Colin Corcoran versteckt sich dort mit seiner ostdeutschen Geliebten. Er hat die Dokumente, um die es geht.«

»Was soll ich mit Burns machen, wenn ich sie zurück in den Westen gebracht habe?«

»Das ist mir total egal, solange sie mir ihren Artikel persönlich aushändigt. Ich will sichergehen, dass sie mich nicht mehr kostet, als sie wert ist. Sag Bescheid, wenn du aus dem Osten zurück bist.«

Genevieve hatte eigentlich das Gefühl, dass es unter ihrer Würde war, Kindermädchen für eine abtrünnige Reporterin zu spielen, aber sie verstand, dass Ace eine derart heikle Mission nur in die vertrauenswürdigsten Hände legen konnte. Vermutlich sollte sie sich geschmeichelt fühlen, dass er sie ausgewählt hatte, obwohl ihm auch viele andere Möglichkeiten offengestanden hätten. Es kam ihr nicht in den Sinn, dass es einfach eine Frage der Zweckdienlichkeit war: Sie war vor Ort, und sie konnte mehr oder weniger ungehindert vom Westen in den Osten und wieder zurück pendeln.

Sie zog ihre Bluse aus und riss die Plastikverpackung eines blitzsauberen weißen T-Shirts auf, das aus der Reinigung gekommen war. Sie schob es in den Bund ihrer maßgeschneiderten Jeans und zog ein Armani-Jackett an, um ihren Look zu vervollständigen. Im Osten würde das alle mit Neid erfüllen. Dazu noch lange goldene Ohrringe, die deutlich prunkvoller waren als das, was sie zu Hause tragen würde. Aber wenn es darum ging, die Bedeutung von Pythagoras Press zu unterstreichen, wollte sie das auch ordentlich machen. Alison Burns sollte nicht einen Moment an den Mächten zweifeln, auf die sie sich verließ.

Diesmal kam der Mann im abgetragenen Anzug in Begleitung einer Frau in Stasi-Uniform. Sie hatte ein wettergegerbtes Gesicht und eine Dauerwelle, die so fest war, dass sie jedem kalten Wind aus dem Ural trotzen konnte. Ihr durchdringender Blick gab Allie das Gefühl, verachtet und verhasst zu sein.

»Sie sind eine Spionin«, sagte sie ohne Umschweife. »Sie sind hier, um die Fortschritte der DDR-Wissenschaft auszukundschaften und an Ihre Auftraggeber zu verraten.«

Allie wurde bewusst, dass sich die Lage zuspitzen würde.

»Ich bin keine Spionin. Was dort in Ihren Laboren vor sich geht, ist keine originäre Forschung. Sie arbeiten für ein westliches Unternehmen. Zabre Pharma. Das sind deren klinische Studien.«

»Es hat keinen Sinn, uns anzulügen. Wir wissen, warum Sie hier sind.«

»Wenn ich eine Spionin wäre, warum bin ich dann gefesselt und geknebelt in einem Abstellraum gelandet?«

Die Frau schnaubte höhnisch.

Der Mann lehnte sich vor und sagte in einem Tonfall, als wäre es absolut logisch: »Sie wurden von Wiebke Neumann betrogen, genau wie wir. Sie dachten, sie stünde auf Ihrer Seite und wäre Ihre Mitverschwörerin bei dem Spionageauftrag. Aber Sie haben sich geirrt. Sie hat Sie hergelockt mit dem Versprechen, Informationen über die Fortschritte zu liefern, die unsere Wissenschaftler in diesem Bereich machen. Aber sie hat Sie ausgetrickst.«

Allie spürte, wie die Angst ihr die Kehle zuschnürte. »Das ist verrückt«, brachte sie hervor. »Ich bin keine Spionin. Ich arbeite für Zabre Pharma. Ich bin hier, um über die herausragende Arbeit zu schreiben, die Ihre Leute bei der Durchführung der Arzneimittelstudie leisten. Ich bin hier, um Ihren Ruf zu festigen, nicht um Geheimnisse zu stehlen, die nicht einmal geheim sind.«

Die Frau runzelte die Stirn und zog die Augen zu Schlitzen zusammen. »Sie sind eine Lügnerin. Unsere Wissenschaftler haben eine Behandlungsmethode entwickelt, mit der Sie im Westen nicht mithalten können. Darum sind Sie hier. Um diese neuen Medikamente zu stehlen und zu behaupten, der Westen hätte sie entdeckt.«

Allie hatte von der verkehrten Logik der Sowjetwelt gehört. Aber nie hätte sie gedacht, sie könnte sich in dem verdrehten Denken verfangen, das hinter solchen Behauptungen steckte. Die Wahrheit wurde auf den Kopf gestellt und dann so geschickt manipuliert, dass sie sich einpasste in das Narrativ von der edlen Brillanz, die von den bösen Kapitalisten unterminiert wurde.

»Sie verstehen das falsch«, sagte sie.

»Für wen arbeiten Sie?«, wollte die Frau wissen.

»Das habe ich Ihnen doch gesagt. Für Zabre Pharma.«

Die Frau schüttelte den Kopf. Triumphierend blickte sie Allie an: »Je mehr Sie lügen, desto länger wird Ihre Haftstrafe sein.«

Allie presste ihre verschwitzten Handflächen gegen die Oberschenkel. Sie musste dringend auf die Toilette, aber sie wagte nicht, darum zu bitten und ihnen einen weiteren Hebel in die Hand zu geben.

»Was meinen Sie mit ›Haftstrafe‹?«

»Sie werden morgen vor Gericht gestellt«, sagte der Mann wie nebenbei. »Wie hat sich Ihr Premierminister Gladstone einmal ausgedrückt? ›Verzögerte Gerechtigkeit ist verweigerte Gerechtigkeit.‹ Hier in der DDR wird zügig Recht gesprochen, nicht wie in Ihrem defekten System im Westen.«

»Es wird einen Prozess geben, und Sie werden zu einer sehr langen Strafe verurteilt werden«, schaltete sich die Frau ein. »Wir mögen hier keine Spione.«

»Das ist Wahnsinn«, protestierte Allie. »Ich habe keinen Anwalt, Sie haben mir nicht mal gesagt, wessen ich beschuldigt werde. Welche Beweise haben Sie, dass ich eine Spionin bin, Himmelherrgott noch mal?« Panik stieg in ihr hoch. Sie war allein hinter den feindlichen Linien, und die anderen waren im alleinigen Besitz der Macht.

»Sie werden vor Gericht von den Beweisen erfahren, wenn wir –«

Die Tür ging auf, und ein uniformierter Offizier rauschte herein. Nach den Abzeichen und Tressen zu urteilen, war er deutlich ranghöher als die Frau. Sie sprang auf und salutierte. Auch der Mann im Anzug stolperte auf die Füße. Er setzte zu einer Erläuterung an, doch der Neuankömmling ließ sich davon nicht beeindrucken. Er sprach schnell; seinen Akzent konnte Allie nicht identifizieren. Er wendete sich an sie und sagte in gebrochenem Englisch: »Mitkommen. Jetzt.« Er umrundete den Tisch und umfasste ihren Oberarm mit einem schmerzhaften Griff.

Allie stand taumelnd auf, sie war verwirrt und verängstigt. Was ging hier vor? War das der Moment, in dem sie in irgendeinem anonymen Höllenloch verschwand?

Der Offizier zerrte sie aus dem Raum und den Flur hinunter, zwei bewaffnete Wachen sekundierten ihm. Würde es so enden? In Schmach und Schande in einem ostdeutschen Gefängnis? Ohne die Möglichkeit, ein letztes Mal mit Rona zu sprechen? Kein Schlupfloch?

Am Ende des Flurs wurde eine Tür geöffnet und Allie so grob hindurchgestoßen, dass sie auf die Knie fiel. Sie fürchtete, in einer weiteren Zelle gelandet zu sein; darum dauerte es einen Moment, bis ihr klar wurde, dass sie ganz woanders gelandet war. Auf dem Boden lag Teppich, die Wände waren mit billigem Holz getäfelt, und der Mann, der sie aus der Befragung herausgerissen hatte, ließ sich in einen Ledersessel fallen, der hinter einem überdimensionierten Schreibtisch stand.

Was die Sache noch befremdlicher machte, war, dass die einzige andere Person im Raum ausgerechnet Genevieve Lockhart war.

35

Genevieve verzog angewidert die Nase, als Allie sich zu ihr in den Fond des lang gestreckten Mercedes setzte, der im Leerlauf vor dem Stasi-Hauptquartier in der Ruschestraße wartete. Passanten starrten ihn aus dem Augenwinkel an, sowohl fasziniert von diesem Luxus als auch äußerst vorsichtig, da ihnen klar war, dass eine solche Faszination als illoyal gegenüber dem Staat gewertet werden könnte. Und es gab immer Augenpaare, die so etwas bemerkten.

»Sagen Sie mir, dass das nicht Ihre eigene Kleidung ist«, nölte Genevieve.

Die Erleichterung machte Allie übermütig. »Ich habe sie extra für Sie ausgesucht. ›Kleide dich, um Eindruck zu machen‹, so lautet mein Motto.« Ihr war es egal, dass der Sarkasmus deutlich durchklang. »Ich war über Stunden in einem Abstellraum und in einer Zelle gefangen. Ich bin mir sicher, dass ich genauso schrecklich rieche, wie ich aussehe. Es tut mir leid, wenn ich Ihre Sinne beleidige. Warum sind Sie überhaupt hier, Ms Lockhart?«

»Ihre Dankbarkeit ist herzerwärmend.«

»Oh, ich bin Ihnen tatsächlich dankbar. Ich habe mich nur gefragt, wie ich zu der Ehre einer derart hochrangigen Intervention komme.«

»Ace Media lässt seine Leute nicht im Stich.« Genevieve öffnete die Klappe der Armlehne zwischen ihnen und nahm sich eine Dose Perrier heraus. »Haben Sie Durst? Es gibt auch Schokolade. Die Ruschestraße ist nicht gerade für die Qualität ihrer Gastronomie bekannt.« Ihr Lächeln wirkte echt.

Von einem so armseligen Zeugnis von Gastfreundschaft ließ Allie sich nicht überzeugen. Hätte Genevieve ihr Wohl tatsächlich am Herzen gelegen, hätte sie sich mehr ins Zeug gelegt und unterwegs Würstchen und Kartoffelsalat besorgt. Aber sie lebte in einer Welt, in der sie sich um so etwas nicht kümmern musste, weil derlei stets von anderen für sie erledigt wurde.

»Woher wusste Ace Media, wo ich bin? Streng genommen bin ich diese Woche im Urlaub. Ich bin auf eigene Kosten hier.«

»Sie können sich bei Ihrer Freundin dafür bedanken. Offensichtlich hält sie Sie an der kurzen Leine. Als Sie nicht zu Hause angerufen haben, ist sie zu meinem Vater gelaufen und hat ihn angebettelt, er möge herausfinden, wo Sie sind, und sie retten. Zufälligerweise war ich wegen Pythagoras zu Geschäftsbesuchen in Berlin, und wie Ace habe ich in dieser gottverlassenen sozialistischen Hölle einigen Einfluss.«

»Jetzt, da ich weiß, dass Sie nicht extra meinetwegen anreisen mussten, geht es mir gleich besser. Es war alles ganz okay, aber es ist doch gut, dass der Prozess abgeblasen wurde.« Allie nahm sich eine Diät-Cola und eine Tafel Milchschokolade. Sie versuchte, sie in Ruhe auszuwickeln, doch der Hunger überwältigte sie. Sie riss die Verpackung ab und schob sich ein Viertel der Tafel auf einmal in den Mund. Der Zuckerflash war wundervoll, genussvoll schloss sie die Augen.

Genevieve seufzte. »Sie sind unglaublich naiv. Die waren kurz davor, Sie in einem Schauprozess zu verurteilen und wegen Spionage einzusperren.«

»Aber wie hätten sie das tun sollen? Es gibt keine Beweise, weil ich nun einmal keine Spionin bin.«

Entnervt sagte Genevieve: »O Himmelherrgott noch mal. Sie sind mit einer falschen Identität in den Sicherheitstrakt einer Forschungseinrichtung eingedrungen. Das heizt deren Paranoia an. Und natürlich können Sie der Spionage überführt werden, wenn es Propagandazwecke erfordern. Das ist ein Spektakel, das die Bürger der DDR davon ablenkt, wie miserabel ihr Leben ist und dass sich nichts ändern wird, egal, wie oft sie von Gorbatschow und seiner *Perestroika* hören, wenn sie heimlich Westfernsehen schauen.«

»Glauben Sie denn, dass die Regierung Großbritanniens einfach tatenlos zugesehen hätte?«

Genevieve starrte Allie an, als wäre sie eine merkwürdige Spezies in einem Museum: »Reden wir von derselben Regierung? Geführt von Margaret Thatcher, die denkt, sie könne Geschäfte mit Gorbatschow machen? Dieselbe Margaret Thatcher, deren Kabinett ein Gesetz verabschiedet hat, laut dem Schulen Lesben wie Sie im Klassenzimmer nicht dulden müssen?« Sie schnaubte höhnisch. »Sie wären ganz weit unten auf der Prioritätenliste des Außenministeriums gelandet. Selbst wenn Ihre Medienfreunde Sturm gelaufen wären, wären Sie für lange Zeit hinter den Gitterstäben von Hohenschönhausen verschwunden. Und glauben Sie mir, das würde Ihnen kein bisschen gefallen. Mein Vater hat die Macht und den Einfluss, all das aus der Welt zu schaffen. Hören Sie also auf, so aggressiv zu reagieren, und danken Sie Ihrer Glücksfee, dass er der Meinung ist, Ihre Freundin leiste so hervorragende Arbeit, dass sich der Aufwand lohnt. Und jetzt bleiben Sie gefälligst ruhig und benehmen sich. Wir sind fast am Checkpoint Charlie, und Ihre Papiere sind nicht in Ordnung.«

Gekränkt gab Allie nach und aß ihre Schokolade auf.

Der Wagen stoppte vor der ostdeutschen Grenze, und Genevieve reichte die Pässe aus dem Fenster. In schnellem und offenbar fließendem Deutsch redete sie auf den Grenzsoldaten ein und zog dann eine Visitenkarte aus ihrer Brieftasche. Auf deren Rückseite schrieb sie einen Namen und eine Telefonnummer und reichte sie lächelnd und ehrerbietig dem Soldaten.

»Worum ging's da?«, fragte Allie.

»Ich habe ihm erklärt, dass er mit jemand Hochrangigem im Ministerium reden soll, weil wir weit über seinem Dienstgrad liegen. Dennoch war ich äußerst freundlich zu ihm. Jetzt warten wir ab.«

Da sie ihren Hahnenkampf hinter sich hatten, wollte Allie die Gelegenheit nutzen und versuchen, aus Genevieve etwas Interessantes herauszuquetschen.

»Warum sind Sie in Berlin?«

Das brachte ihr einen Blick voll amüsierter Ungläubigkeit ein. »Geschäfte. Pythagoras Press hat überall in Europa Niederlassungen.«

»Aber vor allem auf der östlichen Seite des Eisernen Vorhangs.«

»Was für eine wunderlich altmodische Art, sich auszudrücken. Europa steht an einem Kipppunkt. Um Ihnen ein Beispiel zu geben: Ich habe mit Umweltaktivisten auf beiden Seiten der Mauer in Berlin gesprochen. Ich gehe davon aus, dass sich der Umgang des Ostblocks mit der Europäischen Wirtschaftsgemeinschaft deutlich verändern wird.«

»Wäre das nicht ein bisschen merkwürdig, angesichts all der speichelleckerischen Biografien von kommunistischen Führern, die Sie im Laufe der Jahre veröffentlicht haben? Was passiert, wenn einer von denen abgesetzt wird? Stampfen Sie dann die Restexemplare ein und tun so, als hätte es sie nie gegeben? Genauso wie die Mitglieder des Politbüros, die man aus Fotografien herausretuschiert hat?«

Mit offensichtlichem Bedauern schüttelte Genevieve den Kopf. »Spotten kann jeder. Pythagoras veröffentlicht seit Langem sehr erfolgreich die bahnbrechenden Erkenntnisse von Wissenschaftlern aus vielen Ländern. Erkenntnisse, die ohne unsere Unterstützung kein so breites Publikum in der Welt der Wissenschaft erreicht hätten. Um das zu ermöglichen, haben wir in der Tat von Zeit zu Zeit etwas freundlichere Biografien von kommunistischen Staatslenkern veröffentlicht, als man sie im *Guardian* oder in der *New York Times* lesen kann. Aber das ermöglicht den Bürgern wenigstens einen kleinen Einblick in das Leben und die Leistungen ihrer Staatschefs, und dafür werde ich mich nicht entschuldigen.«

»Natürlich nicht. Entschuldigungen sind nicht der Stil von Ace Media.«

»Ich versteh nicht so ganz, wie Sie sich moralisch so aufs hohe Ross schwingen können, Allie. Sie stehen immer noch auf unserer Gehaltsliste.«

»Nicht mehr lange. Ich arbeite nur noch bis zum Ende der Kündigungszeit.«

»Mir wurde gesagt, dass ›arbeiten‹ ein eher euphemistischer Begriff ist für das, was Sie gerade tun.« Wieder lachte sie höhnisch auf. »Und wenn Sie dem *Sunday Globe* den Rücken gekehrt haben, ist da immer noch die liebreizende Rona, die weiterhin ganz in der Nähe der Schaltzentrale unseres Flaggschiffs arbeitet. Sie sind weiterhin von uns abhängig. Pythagoras finanziert auch Ihren Haushalt.«

Das war brutal, aber wahr. Bevor sie eine Antwort darauf finden konnte, kehrte der Grenzsoldat zurück. Er grüßte Genevieve militärisch stramm und gab ihr die Pässe zurück. Erst als sie in Westberlin einfuhren, wurde Allie bewusst, wie angespannt sie gewesen war. Ihre Schultern lösten sich wortwörtlich, und ihre Kiefermuskulatur entspannte sich. Widerwillig musste sie sich selbst eingestehen, dass sie die Mauldheldin nur gespielt hatte, seit die Wachoffiziere sie aus dem Abstellraum in ihr Büro geschleppt hatten. Zwar war sie schon früher einmal in schwierige Situationen geraten, doch noch nie zuvor hatte sie ernsthaft um ihre Freiheit fürchten müssen. Es war keine Erfahrung, die sie je wieder machen wollte. Alles, was jetzt zählte, war, die Story fertig zu schreiben, für die sie so viele Risiken auf sich genommen hatte, und zu Rona zurückzukehren. Vielleicht nicht unbedingt in dieser Reihenfolge.

»Können Sie mich zu meinem Hotel in der Giesebrechtstraße bringen?«

Genevieve nickte. »So ist das geplant. Ihre Mitverschwörer sind noch da. Sie können die Interviews mit ihnen fertigstellen und dann Ihren Beitrag schreiben. Ich rate Ihnen, besonders schnell zu arbeiten. Mein Vater mag es nicht, wenn man ihn warten lässt.«

Das war eine Anmaßung, der Allie sofort Einhalt gebieten musste. »Was hat mein Artikel mit Ihrem Vater zu tun?«

Genevieve verdrehte die Augen. »Sie liefern Ihren Artikel persönlich bei ihm ab.«

»Das werde ich nicht tun.«

»Was soll das denn heißen? Sie arbeiten für Ace Media. Ihr Beitrag gehört uns.«

Allie schüttelte den Kopf. »Nur die Artikel, die ich während der Arbeitszeit verfasse. Aber ich habe Ihnen ja schon gesagt, dass ich diese Woche Urlaub habe. Ich habe meine Reise selbst bezahlt, und ich werde auch die Hotelrechnung und alle anderen Ausgaben selbst begleichen.«

»Und ich habe Sie gerade aus einer Mördergrube herausgeholt, die Sie sich selbst gegraben haben.« Hinter Genevieves gleichmütigem Ton blitzte Eis auf.

»Darum habe ich Sie nicht gebeten. Und obwohl ich Ihnen dankbar bin für Ihre Hilfe, ändert das nichts an der Ausgangslage. Das ist meine Story. Ich habe sie in meiner Freizeit aufgetan, und ich bin ihr in meiner Freizeit und auf eigene Kosten nachgegangen. Sie gehört nicht dem *Sunday Globe* oder einem anderen Ace-Media-Titel.« Allie war nicht bereit, auch nur einen Zentimeter nachzugeben. Jeder, der einmal mit ihr zusammengearbeitet hatte, hätte auch nichts anderes erwartet.

»Mein Vater hat für Sie seinen Hals riskiert. Haben Sie auch nur eine Vorstellung, wie fatal es wäre, wenn Sie eine Story schreiben, die Ostdeutschland in irgendeiner Weise angreift? Mal ganz davon abgesehen, dass es verdammt undankbar wäre.«

Allie seufzte. »Das tut mir leid. Aber was Sie gerade gesagt haben, ist exakt der Grund, warum ich Ace Lockhart meinen Artikel nicht aushändigen werde. Er ist Erich Honecker und dessen Regime sehr viel mehr verpflichtet als mir oder der Wahrheit. Er wird diese Story beerdigen, weil er fürchtet, dass sie ein schlechtes Licht auf seine Kumpane werfen und damit seine Geschäfte beeinträchtigen könnte.« Sie lehnte sich vor und klopfte gegen die Scheibe zwischen Fahrerkabine und Rücksitz. »Lassen Sie das Auto sofort anhalten«, sagte sie zu Genevieve. »Ich gehe von hier aus zu Fuß.« Nicht gerade eine große Geste, denn sie waren soeben auf den Ku'damm eingebogen, und von hier aus kannte sie den Weg.

»Seien Sie doch nicht albern«, rief Genevieve aus. »Ich setze Sie an Ihrem Hotel ab. Ich kann Sie nicht zwingen, Ace Ihren Artikel zu geben, aber Sie machen einen schweren Fehler, wenn Sie ihn gegen sich aufbringen. Er wird Sie auf die schwarze Liste setzen und Sie aus allen Ace-Media-Zeitungen verbannen. Sie schneiden sich damit selbst von einem großen Segment des Marktes ab. Und er wird Ihre Rona deutlich weniger zu schätzen wissen als zuvor. Ich würde sagen, sie kann sich nur noch halb so sicher auf ihrem neuen Lehen fühlen.«

Das war eine machtvolle Drohung. Allie war es egal, was mit ihr geschah, aber der Gedanke, Rona einem Risiko auszusetzen, ließ sie zögern. Allerdings hatte Rona gewusst, dass die Story nicht für Ace Media gedacht war, und hatte dennoch ohne Zögern gehandelt. Und Rona war eine hervorragende Journalistin. Außerdem war Ace Lockhart nicht der einzige Zeitungsverleger im Land, und er war auch garantiert nicht der Einzige, dem Ronas herausragende Fähigkeiten aufgefallen waren.

»Vielleicht. Aber sie wird mich weit weniger lieben, wenn ich meine Prinzipien verrate, nachdem sie für mich in die Schlacht gezogen ist. Und Leute auf die schwarze Liste zu setzen, war noch nie eine gute Idee. Man landet damit immer auf der falschen Seite der Geschichte.«

Genevieve wurde rot. »Sie gehen ganz schön locker mit den Zukunftsaussichten Ihrer Partnerin um. Ich hoffe, sie sieht das ähnlich wie Sie.«

Der Fahrer bog von der Hauptstraße in die Seitenstraße ein und hielt vor dem Hotel.

»Vielen Dank für Ihre Hilfe«, sagte Allie, während sie die Tür öffnete. »Wie gesagt: Ich weiß das wirklich zu schätzen.«

»Sie haben eine merkwürdige Art, das zu zeigen. Ich denke nicht, dass sich unsere Wege noch einmal kreuzen werden. Wenn Sie das nächste Mal so dumm sind, in einen Haufen Scheiße zu treten, werden Sie allein dastehen, das garantiere ich Ihnen.«

Allie stieg aus dem Wagen und drehte sich mit einem Lächeln zu Genevieve um: »Seien Sie sich da nicht so sicher. Vielleicht hat Ihr Vater noch ein paar Überraschungen im Ärmel.« Sie zuckte mit den Schultern. »Aber was weiß ich schon. Viel Glück, Genevieve.«

36

Es fühlte sich merkwürdig an, das Hotel mit nichts als ihrer Brieftasche und dem Pass in den billigen und schlecht sitzenden Baumwollhosen und dem abgetragenen T-Shirt zu betreten, noch dazu mit einem ins Schwarze spielenden Bluterguss auf der einen Wange. Allie tat zwar äußerst selbstbewusst, doch das war von Grund auf gelogen. Noch nie hatte sie sich so unsicher gefühlt. Doch Hotelrezeptionisten haben schon alles gesehen, was es unter der Sonne gibt, selbst im gutbürgerlichen Charlottenburg, darum grüßte sie die Frau am Empfang mit einem freundlichen Lächeln und händigte ihr den Zimmerschlüssel aus, ohne mit der Wimper zu zucken.

Allie riss sich zusammen, bis sie die Zimmertür zweimal hinter sich abgeschlossen hatte. Erst dann sank sie aufs Bett. Vor lauter Erleichterung schluchzte sie auf, Tränen rannen ihr übers Gesicht, und sie heulte Rotz und Wasser, als sie der Angst der letzten Tage freien Lauf ließ. Sobald der Gefühlsansturm vorüber war, taumelte sie ins Bad und sah zum ersten Mal seit Tagen ihr Spiegelbild. Hut ab vor der Rezeptionistin! Wiebke hatte ganze Arbeit geleistet, als sie ihr mit dem Besenstiel eins übergezogen hatte. Allie sah aus wie die Verliererin einer Kneipenschlägerei.

»Das sollte lieber nicht zur Angewohnheit werden«, murmelte sie, als sie die müffelnde Kleidung auszog und in den Mülleimer stopfte.

Es gelang der Dusche annähernd, das übliche Wunder zu bewirken; Allie fühlte sich halbwegs wiederhergestellt. Sie hatte sich weitestgehend wieder im Griff, sodass sie es wagen konnte, Rona anzurufen, ohne Gefahr zu laufen, sich am Telefon in ein Häuflein

Elend zu verwandeln. Sie wickelte sich in das Handtuch, legte sich ins Bett und ließ sich mit Ronas Nummer verbinden.

»Rona Dunsyre am Apparat«, meldete diese sich.

Ronas Stimme zu hören, so hell und vertraut, traf Allie ins Mark.

Sie schluckte trocken und sagte: »Danke, dass du meine Rettung organisiert hast.«

Rona schrie vor Begeisterung auf. »Du bist frei! Bist du in Sicherheit? Bist du okay? Haben sie dir wehgetan? O verdammt, ich liebe dich, Allie«, stieß sie atemlos hervor.

»Ich liebe dich auch. Ich bin okay, Ro. Wirklich.«

»Gott sei Dank! Ich war so fürchterlich in Sorge und hatte eine verdammte Angst!«

»Es tut mir leid, dass du als Bittstellerin vor Lockhart treten musstest, weil ich dir nicht richtig zugehört habe. Ich kann mir vorstellen, wie entsetzlich sich das angefühlt haben muss.«

»Kein Ding, ich hab das nur gemacht, weil ich fürchtete, fünfundzwanzig Jahre lang keinen Sex zu haben, wenn sie dich in einem Gulag wegsperren.«

Unerwartet stieg ein Lachen in Allie auf. »Es gibt keine Gulags in Deutschland, du Trottelchen.« Sie holte tief Luft. »Ich habe trotzdem richtig Angst gehabt. Die haben mir gedroht, sie würden mich wegen Spionage anklagen. Kannst du dir das vorstellen? Ausgerechnet mich, die ich die schlechteste Spionin der Welt wäre. In meinem ganzen Leben konnte ich noch kein Geheimnis für mich behalten.«

Diesmal mussten sie beide lachen.

»Ach, ich weiß nicht«, erwiderte Rona. »Du lässt nie durchblicken, was du mir zum Geburtstag schenken willst. Aber ehrlich, geht es dir wirklich gut? Haben sie dich misshandelt?«

»Nein, aber die ostdeutsche Frau, die wir über die Grenze geschmuggelt haben, hat mir einen richtig üblen Schlag versetzt.«

»Was? Warum?«

»Wir wollten es so aussehen lassen, als ob ich tatsächlich niedergeschlagen und gefesselt im Abstellraum zurückgelassen worden wäre. Sie hat ihre Rolle ein bisschen ernster genommen, als ich es mir gewünscht hätte. Schon das zweite blaue Auge in diesem Jahr, und es ist gerade mal April.«

»Himmel, die Leute werden mich demnächst noch der häuslichen Gewalt bezichtigen«, witzelte Rona. »Wann kommst du nach Hause? Wann höre ich die ganze Geschichte?«

Allie seufzte. »So schnell wie möglich. Ich muss mich aber noch mit Colin und Wiebke zusammensetzen und alles aus den beiden herausholen, was nur geht.«

»Vielleicht habe ich dir die Arbeit in dieser Hinsicht etwas einfacher gemacht.«

»Wie denn?«

»Als ich versucht habe, dich zu finden, habe ich die beiden angewiesen, alles aufzuschreiben, was relevant ist, und alles zusammen mit den Papieren, die die Deutsche rausgeschmuggelt hat, in den Hotelsafe legen zu lassen. Zusammen mit deinem Pass. Hast du den schon zurück?«

»Ja, habe ich. Genevieve Lockhart persönlich hat ihn geholt und mir gebracht.«

»Wow, was für ein zuvorkommender Service.«

»Na ja, nicht so richtig. Ich glaube, sie war ganz schön genervt, dass sie so niedere Botendienste übernehmen musste.« Allie streckte sich und entlastete ihren verspannten Rücken. »Ich fürchte, sie wird mich nicht so schnell zu einer ihrer illustren Partys einladen.« Sie stöhnte auf. »Ich werde vor dem großen alten Mann katzbuckeln müssen, oder?«

»Dieses eine Mal musst du deinen Stolz runterschlucken. Er hätte auch jede Verantwortung für dich ablehnen können.«

»Das hätte aber nicht gut ausgesehen. Schließlich bin ich immer noch bei ihm angestellt, wie Genevieve mich mehrfach erinnert hat.

Ich bin dankbar für seine Hilfe und werde mich auch revanchieren. Aber vor allem bin ich dir dankbar! Und ich möchte dir das gern persönlich beweisen, sobald ich alles aus meinen Quellen herausgeholt und einen Flug gebucht habe. Darum, mein Herz, lass mich jetzt loslegen. Je früher ich anfange, desto schneller bin ich zu Hause.«

Wie angenehm es doch war, die eigene Kleidung zu tragen! Allie hatte sich bislang nie bewusst gemacht, wie vertraut und bequem diese doch war. Als sie den Flur zu dem Zimmer hinunterging, das sie für Colin Corcoran und Wiebke Neumann gebucht hatte, fiel ihr zudem ein gewisser Schwung in ihren Bewegungen auf. So fühlt sich Freiheit an, dachte sie bei sich.

Auf ihr Klopfen hin geschah erst einmal nichts. Darum trat sie ganz nah an die Tür heran und sagte laut: »Colin, ich bin's, Allie. Mach auf.«

Gedämpfte Bewegung war zu hören, dann öffnete sich die Tür wenige Zentimeter und zwang Allie, einen Schritt zurückzutreten. Im Türspalt erschien Colins ängstliches Gesicht.

»Du bist es wirklich«, keuchte er und öffnete die Tür ganz. »Seit wann bist du frei?«

»Seit rund einer Stunde«, erwiderte Allie knapp. »Meine Freundin weiß, wie man die richtigen Strippen zieht.«

»Es ist toll, dich wiederzusehen.«

Wiebke blickte ihm über die Schulter und schlug die Hand vor den Mund.

»*Scheiße*«, fluchte sie sichtlich erschüttert. »War ich das?« Sie deutete auf Allies Gesicht.

»Ja.«

Wiebke wandte sich an Colin und sagte etwas auf Deutsch.

»Sie meint, sie hat dich nicht so schlimm zurichten wollen. Sie schämt sich dafür.«

»Es tut mir leid«, fügte Wiebke hinzu.

»Schon gut. Es ist, wie es ist. Habt ihr vor, in Berlin zu bleiben?«

»Warum?«, wollte Colin wissen.

»Weil ich euch erreichen muss für den Fall, dass Fragen auftauchen, wenn ich die Story anbiete.«

Die beiden wechselten einen Blick.

»Sobald Wiebkes westdeutscher Pass ausgestellt ist, gehen wir nach Großbritannien«, erklärte Colin. »Ich habe schon meine Untermieter gebeten auszuziehen, sodass wir in rund einem Monat mein Haus beziehen können.«

»Wird sie denn bis dahin einen Pass haben?« Allie war skeptisch. Sie konnte sich nicht vorstellen, dass Bürokraten so zügig die Papiere für eine Frau fertig machten, die – zumindest in ihren Augen – illegal eingewandert war.

Colin gluckste nachsichtig. »Vor ein paar Jahren hat die deutsche Regierung ein Gesetz erlassen, dass man Deutscher ist, wenn man in Deutschland geboren wurde, egal, ob im Westen oder im Osten. Wir haben gestern ein paar Behördengänge erledigt, haben die entsprechenden Formulare ausgefüllt und Wiebkes Papiere aus der DDR eingereicht. Bis sie einen neuen Pass hat, wird es nur wenige Tage dauern.«

»Erstaunlich«, sagte Allie ehrlich überrascht. »Gut, dass ihr nach Großbritannien kommt. Was wir aber jetzt machen müssen, ist, alles von Anfang durchzugehen.«

»Wir haben schon eine Menge notiert. Deine Freundin hat uns angewiesen, alles aufzuschreiben, was wir wissen – und genau das haben wir auch gemacht. Wiebke, bist du so gut und gehst zur Rezeption, um dir die Sachen aus dem Safe geben zu lassen?«

Sie nickte und zog los.

»Danke«, sagte Allie. »Colin, während ich im Abstellraum und in der Zelle festsaß, hatte ich Zeit, mir alles durch den Kopf gehen zu lassen –«

»Es tut mir leid, und wir sind dir wirklich dankbar –«

»Ja, ja, das hab ich schon verstanden. Aber mir geht es jetzt darum, diese Story noch ein bisschen größer aufzuziehen. Es ist unfassbar kaltherzig, Leute auszubeuten, die glauben, dass sie nichts mehr zu verlieren haben. Ich brauche darum alle Beweise, die du hast, für die Geschäfte auf dem Schwarzmarkt, die Zabre schon früher getätigt hat. Namen, Orte und die Medikamente, um die es dabei ging.«

»Verstehe. Ich werde meine Aufzeichnungen durchgehen. Ich habe immer eine Kopie behalten. Für den Fall, dass alles mal so richtig schiefgeht.«

»Geht doch nichts über eine weiße Weste.«

Er wurde rot. »Ich war viel zu sehr mit der Forschung beschäftigt.«

»Aber sicher.«

Während sie sprachen, war Wiebke zurückgekehrt. Gemeinsam setzten sie sich an den kleinen Tisch im Hotelzimmer und gingen die Papiere durch, die Wiebke gestohlen hatte. Manche Details verstand Allie nicht; sie ließ sich diese von Colin so oft übersetzen, bis sie davon überzeugt war, alles begriffen zu haben. Dann bat sie die beiden, weiter auszuholen und zu schildern, wie genau Zabre und die Ostdeutschen zusammenarbeiteten. Danach war bei Colin und Wiebke schon fast die Luft raus, doch Allie hatte noch weitere Fragen. Sie versprach Colin und Wiebke, sie im Haus der 100 Biere zum Essen einzuladen, was als Bestechung genügte, um den beiden die Geschichte ihrer Liebe zu entlocken sowie die Details ihrer dramatischen Flucht. Zum Abschluss machte Allie mit ihrer Canon-Kompaktkamera, die sie in ihrer geräumigen Handtasche immer mit sich führte, noch eine Reihe von Fotos vom glücklichen Paar.

Als sie dann später, gut versorgt mit Essen und Getränken, in der Kneipe saßen, prosteten sie einander zu. Allie war überzeugt, dass sie mehr als genug Material für eine wirklich mitreißende

Investigativstory beisammenhatte und es auch noch für einen zusätzlichen Artikel mit dem menschlichen Touch reichen würde, der die Story für die Leserschaft greifbarer machen würde. Diese Story hatte sie an ihre Grenzen gebracht, aber so langsam hatte sie das Gefühl, dass es das wert gewesen war. Sie beendete die Mahlzeit, trank ihr Glas leer und verabschiedete sich.

Sie war so müde, dass sie es kaum noch schaffte, einen Fuß vor den anderen zu setzen. Eigentlich hätte sie anfangen müssen, den Artikel zu schreiben, solange sie die Interviews noch frisch in Erinnerung hatte; doch der Anblick ihres Bettes war einfach zu verlockend. Ihr letzter Gedanke, bevor der Schlaf sie wie ein D-Zug überrollte, war, dass Ace Lockhart nichts davon in die Hände bekommen sollte.

37

Genevieve traf Hans gegen Ende einer Veranstaltung der radikalen Umweltbewegung an der Universität wieder. Fredi hielt gerade eine Rede, die auf ein mitreißendes Schlusswort zulief, was das Publikum zu Jubelrufen hinriss. Genevieve schob sich durch die Menge, bis sie neben Hans stand und sich unterhaken konnte. Überrascht drehte er sich um, und sie sah, wie seine Miene sich aufhellte.

»Genny«, rief er und beugte sich herab, um sie zu küssen. »Ich hab mich schon gefragt, wo du bleibst.«

»Geschäfte im Osten«, erwiderte sie. »Ich musste zweimal rüber – einmal, um ein Problem für meinen Vater zu lösen, und ein zweites Mal, um die Sitzung bei Pythagoras zu leiten. Die Wachen am Checkpoint Charlie werfen inzwischen kaum noch einen Blick auf meinen Pass.«

Fredi kam nun zu einem leidenschaftlichen Schlusswort und reckte die Faust gen Himmel. Der Raum explodierte fast. Nicht zum ersten Mal staunte Genevieve über die Fähigkeit ihrer neuen Freundin, eine Menge in Verzückung zu versetzen. Am Ende einer ihrer Reden gab es keine Zauderer mehr. Auch wenn sich vielleicht einige ihrer Zuhörer am nächsten Morgen fragten, ob die Welt wirklich so war, wie Fredi sie dargestellt hatte. Doch an diesem Abend waren alle hundertprozentige Fans. Genevieve beneidete Fredi um diese Gabe. Sie musste zugeben, dass das ein weitaus besserer Weg war, Leute zu Verbündeten zu machen, als die Methode ihres Vaters, mithilfe von Angst zu herrschen.

Hans zog sie an die Seite des Saals, damit sie den Zuhörern nicht im Weg standen, die nun unter aufgeregtem Geschnatter nach draußen strömten. Nach und nach konnten sie sich weiter nach vorn schieben, wo Fredi umringt war von einer kleinen Gruppe engagierter Gefolgsleute, die noch nicht genug hatten. Sie wechselte einen Blick mit Genevieve und wirkte erleichtert.

»Es tut mir leid, aber ich muss los«, sagte sie, löste sich vorsichtig aus der Gruppe und umarmte Genevieve. »Bring mich schnell hier raus«, flüsterte sie und hakte sich bei ihr unter.

Sie schafften es in den Flur hinaus und in eine Kneipe, die weit genug entfernt lag, um von der ausschwärmenden Zuhörerschaft nicht entdeckt zu werden.

»Das war anstrengend«, sagte Fredi und ließ sich auf eine hölzerne Bank sinken. »Inzwischen kommen so viele Leute, dass es wirklich beängstigend ist, dort vorne zu stehen und das Publikum mitzureißen.«

»Verängstigt? Du?«, meinte Genevieve. »Das kann ich mir kaum vorstellen. Du strahlst Selbstbewusstsein und Selbstsicherheit aus. Niemand zweifelt auch nur ein Wort an, das du sagst.«

»Ganz so einfach ist es nicht«, erwiderte Hans. »Wir müssten einen Weg finden, wie wir Fredis Überzeugungskraft einfangen und breiter einsetzen können. Aber es gibt nur eine Fredi.«

»Ihr könntet Videos machen«, schlug Genevieve vor. »Die könntet ihr sogar in den Osten schmuggeln.«

Er seufzte. »Das könnten wir. Aber damit sie effektiv wären, müssten sie professionell produziert werden, und das ist noch so eine Sache, die Geld verschlingt, das wir nicht haben.« Er stand auf und ging zur Theke.

»Ich habe mir ein paar Gedanken dazu gemacht«, sagte Genevieve. »Und heute ist etwas passiert, das mich auf eine interessante Idee gebracht hat.«

Fredi zog die Augenbrauen hoch. »Das klingt faszinierend. Erzähl mal.«

»Lass uns warten, bis Hans mit den Getränken zurück ist, damit ich es nicht zweimal erzählen muss.«

Fredi runzelte die Stirn. Sie mochte es nicht, wenn man sie warten ließ. Darum warf sie einen Blick über die Schulter, um zu sehen, ob Hans schon bedient wurde, bevor sie sich wieder Genevieve zuwandte.

»Dir ist eingefallen, wie du deinen Vater überreden kannst, uns zu finanzieren?«

Genevieve lächelte. »So etwas Ähnliches.« Sie hob einen Finger. »Geduld, Fredi«, neckte sie die Freundin.

Kaum hatte Hans die drei Biergläser auf den Tisch gestellt, verkündete Fredi schon: »Genny hat eine Idee.«

Genevieve konnte der Versuchung, eine Kunstpause einzulegen, nicht widerstehen und trank erst mal einen Schluck Bier. »Ich sehe ein, dass ihr – ach, verdammt: *wir* –, dass wir Geld brauchen, um diese Kampagne voranzubringen. Dass ich nicht glaube, dass mein Vater einfach so Geld für die Sache herausrücken wird, habe ich schon gesagt. Das ist einfach nichts für ihn. Aber ich glaube, mir ist ein Weg eingefallen, wie wir ihn dazu bringen könnten, aus anderen Gründen Geld für uns lockerzumachen.«

»Kläre uns auf«, forderte Fredi sie auf.

»Vorhin musste ich in den Osten, um die Freilassung einer Journalistin von Ace Media zu bewerkstelligen. Es ist eine komplizierte Geschichte, aber im Grunde ging es darum, einer DDR-Wissenschaftlerin die Flucht in den Westen zu ermöglichen. Ein zentrales Element dabei war, vorzutäuschen, dass die Journalistin niedergeschlagen, gefesselt und in einen Abstellraum gesperrt worden war, während die Wissenschaftlerin mithilfe des fremden Passes entkommen konnte. Natürlich wurde die Journalistin entdeckt. Sie blieb bei der Version, dass sie das Opfer einer Verschleppung gewesen sei, mit dem Ziel, ihr den Pass zu stehlen.«

Fredi lachte. »Hat die Stasi ihr auch nur einen Moment geglaubt?«

»Nein, sie haben sie mit in die Ruschestraße genommen und ihr angedroht, Anklage wegen Spionage zu erheben, weil all dies in einer Forschungseinrichtung geschehen war.«

Hans zog scharf die Luft ein. »Das muss sie höllisch erschreckt haben.«

»Und wie kam's, dass du sie da rausgeholt hast?«, wollte Fredi wissen.

»Ihre Partnerin arbeitet ebenfalls für Ace Media, und zwar in leitender Funktion. Als die Journalistin sich nicht bei ihr gemeldet hat, ist sie zu meinem Vater gegangen und hat ihn gebeten, zu intervenieren. Er hat ein paarmal mit dem Innenministerium telefoniert, und dort waren sie schließlich einverstanden, sie freizulassen. Ich habe ihren Pass geholt und sie eingesammelt.«

»Ein ziemlich dramatischer Tag für dich«, meinte Fredi. »Ich hoffe, sie hat es dir wie einer Heldin gedankt. Aber was hat das mit uns zu tun?«

»Das war eine *vorgespielte* Entführung. Und zwar von jemandem, der meinem Vater nicht besonders nahesteht. Trotzdem hat er nicht lange gezaudert, sondern zugepackt. Um wie viel engagierter wäre er, wenn er glaubte, es wäre real und das Opfer wäre seine geliebte und einzige Tochter?«

Fredi und Hans wechselten einen Blick miteinander und schauten dann schnell wieder Genevieve an.

»Schlägst du gerade vor, dass wir eine Entführung inszenieren sollen?«, fragte Fredi vorsichtig.

»Ganz genau. Wir müssten uns mit der Inszenierung nicht mal besonders viel Mühe machen. Es reicht, wenn ihr mich an einem Ort versteckt, der nicht direkt mit euch in Verbindung gebracht werden kann, um dann Lösegeldforderungen an meinen Vater zu richten. Er wird bezahlen, denn er liebt mich. Ich bin alles, was er hat.« Selbstzufrieden lehnte sie sich zurück.

»Das würdest du deinem Vater antun?«, fragte Hans ungläubig.

Sie zuckte mit den Schultern. »In gewisser Weise ist es auch mein Geld. Na ja, eines Tages. Entweder wenn er stirbt oder schon vorher, wenn ich die Konzernleitung übernehme. Ich leiere ihm nur einen Vorschuss aus der Tasche.«

Sie hatte beschlossen, das zu ignorieren, was ihr Vater ihr vom finanziellen Zustand von Ace Media erzählt hatte, als er auf den Pensionsfonds zugegriffen hatte. Aber sie war ohnehin von den Houdini-gleichen Fähigkeiten ihres Vaters überzeugt. Bisher hatte er es immer geschafft, ein Kaninchen aus dem Hut zu zaubern; sie war sich sicher, dass er das auch diesmal hinbekommen würde. Wenn es hart auf hart käme, gäbe es noch weitere Rentenrücklagen, auf die er zugreifen konnte. Und dann würde er es irgendwie schaffen, die Probleme zu lösen, und das Unternehmen würde besser dastehen als zuvor. Dass es so ausgehen würde, stand für sie außer Frage.

»Er wird zum Äußersten greifen, um eine Lösegeldzahlung zu vermeiden«, sagte Fredi. »Und er wird Angst um dich haben. Kommst du damit zurecht?«

»Es ist idiotensicher. Er wird sich ein paar Tage Sorgen machen, und dann ist alles vorbei, und ihr habt das Geld, das ihr braucht, um die Kampagne für ein vereinigtes grünes Deutschland voranzutreiben.«

»Das ist eine verrückte Idee«, sagte Hans. »Aber auch genial. Es könnte funktionieren, Fredi.«

Diese runzelte die Stirn. »Der Plan könnte aber an so vielen Stellen auch absolut schieflaufen«, sinnierte sie. »Aber wenn wir sorgfältig planen, müssten wir eigentlich erfolgreich sein.« Sie blickte sich um. »Aber das hier ist nicht der richtige Ort, um darüber zu reden. Lasst uns austrinken und in meine Wohnung gehen. Da können wir die Musik aufdrehen und einen Plan ausarbeiten, wie wir deinem Vater das Geld aus der Tasche locken.«

Ace Lockhart betrat Voil House mit einem Gefühl des Triumphes. Er hatte seinen Einfluss auf die Regierung der DDR in einem Maße ausgespielt, das wieder einmal bestätigte, dass er immer noch die Macht besaß, große Dinge in Bewegung zu bringen und die Ergebnisse zu beeinflussen. Und gleichzeitig hatte er Rona Dunsyre an Ace Media gekettet. Er ging in sein Arbeitszimmer, entledigte sich des Jacketts und trat sich die Schuhe von den Füßen. Dann goss er sich ein Glas Rotwein ein, den er nur wegen des Etiketts gekauft hatte, nahm eine Cohiba Esplendido aus dem Humidor und ließ sich auf seinem Sessel nieder.

Als die Zigarre zu seiner Zufriedenheit brannte, fiel ihm der kleine Stapel an Post auf seinem Schreibtisch auf. So gut wie keine Briefe trafen in Voil House ein. Alles, was mit Ace Media zu tun hatte, wurde von seinen Angestellten aussortiert, sodass nur die an Lockhart persönlich adressierten Postkarten und Briefe übrig blieben. Heute Abend befand sich darunter das Schreiben eines Philanthropen, dem er ein paarmal begegnet war und der um eine Spende für seine Wohltätigkeitsorganisation bat, die sich für hungernde Juden in Äthiopien einsetzte. Lockhart zerknüllte den Brief zu einer Kugel und warf ihn in den Mülleimer. Er war wählerisch in der Frage, welche Wohltätigkeitsorganisationen er unterstützte; und solange für ihn nichts dabei heraussprang, sah er keine Notwendigkeit, aktiv zu werden.

Ein anderer Brief war von Camilla, seiner ehemaligen persönlichen Assistentin. Ihr Ältester war auf der Suche nach einem Ferienjob: Ob Ace vielleicht eine untergeordnete Tätigkeit für ihn hätte? Camilla hatte ihren Beruf aufgegeben, nachdem ihre jüngste Tochter bei einem Autounfall schwer verletzt worden war. Sie war die beste Sekretärin gewesen, die Ace je gehabt hatte, darum schrieb er per Hand auf den Brief: *Suchen Sie was für den Jungen.* Dann legte er ihn in den Korb für ausgehende Post.

Der letzte Umschlag war mit Blockbuchstaben beschriftet, was ihn zögern ließ. Es war schwer zu sagen, doch sie ähnelten in verstörender Weise jenen, die er erst vor Kurzem gesehen hatte. Der Poststempel war verschmiert, doch er meinte, »Glasgow« entziffern zu können. Lockhart rieb den Umschlag zwischen Zeigefinger und Daumen. Es fühlte sich an, als wäre nur ein einzelnes Blatt Papier darin. Als würde er plötzlich über einen Röntgenblick verfügen, starrte Lockhart den Brief an. Dann zog er an seiner Zigarre und umhüllte seinen Kopf mit blauem Rauch, bevor er schließlich den Umschlag aufriss und den Inhalt herausschüttelte.

Ein einzelnes Blatt flatterte auf seinen Schreibtisch. Es war das blassblaue oberste Blatt der Durchschlagbögen, die auch seine Journalisten benutzten. In selbstbewussten, groben Buchstaben stand darauf geschrieben:

WIR WISSEN, WER DU BIST. WIR WISSEN, WAS DU GETAN HAST. JETZT IST ZAHLTAG.

Unwillkürlich überlief Lockhart ein Schauer, der seine Massen ins Wackeln brachte. Er rammte seine Zigarre in den Aschenbecher und stieß ein Knurren aus, in dem sich Wut und Schmerz gleichermaßen mischten.

Wie konnten sie es wagen? Wer auch immer das sein mochte, wie, verdammt noch mal, konnten sie es wagen?

38

Weil die einzigen Flüge, die Berlin anfliegen oder verlassen durften, über Westdeutschland gehen mussten, war Allie gezwungen, über Frankfurt nach Manchester zurückzureisen, was bedeutete, dass sie doppelt so lange genervt auf Flughäfen herumsitzen musste. Sie hatte zunächst überlegt, nach Glasgow zu fliegen, aber weil es Freitag war, musste sie eigentlich am nächsten Tag arbeiten. Und Rona konnte zur Mittagszeit das Büro verlassen und nach Manchester fahren, sodass sie das Wochenende zusammen verbringen konnten.

Während Allie darauf wartete, endlich an Bord ihres Flugzeugs gehen zu können, war sie den Frankfurter Flughafen von einem Ende bis zum anderen abgewandert. Sie wollte nur noch die Haustür hinter sich zuziehen und Rona in die Arme schließen. Ihr Beitrag war fertig; sie hatte ihn am vorherigen Abend auf ihrer Reiseschreibmaschine im Berliner Hotelzimmer getippt. Sie hatte die Story schreiben wollen, solange Colin und Wiebke noch auf demselben Flur waren für den Fall, dass sie Fakten überprüfen musste oder weitere Details brauchte.

Sie hatte eine halbe Stunde gebraucht, um einen Einstieg zu finden, der ihr gefiel:

Ein britischer Pharmakonzern umgeht die Zulassungsvorschriften, indem er seine Arzneimitteltests hinter dem Eisernen Vorhang vornehmen lässt. Das Ziel: die Zulassung eines revolutionären Medikaments, das möglicherweise verhindert, dass sich HIV zu Aids weiterentwickelt. Frühere Arzneimittelstudien in Großbritannien waren gestoppt worden, weil unerwünschte Nebenwirkungen aufgetreten waren. Aber verzweifelte HIV-positive Patienten würden alles tun, um nicht dem Killervirus zum Opfer zu fallen, darum konnte Zabre Pharma sicher davon ausgehen, dass sich Abnehmer schon fänden, sobald das Medikament auf dem Markt war.

Das war nicht perfekt, aber gut genug, um in die Gänge zu kommen. Den ganzen Tag hatte sie an ihrem zweiteiligen Beitrag gearbeitet: zunächst die allgemeinen Zusammenhänge und anschließend die Vorgänge »hinter den Kulissen in Ostberlin«. Es war relativ glattgelaufen; die Geschichte erzählte sich quasi von allein. Länger hatte es gedauert, die Geschichte mit menschlichem Touch zu erzählen, ohne in Rührseligkeit abzugleiten. Wie Colin und Wiebke sich ineinander verliebt hatten, ohne auch nur Händchen halten zu können, aus Angst, an die Stasi verraten zu werden; wie ihnen klar geworden war, dass ihr Wissen die Fahrkarte in die Freiheit sein konnte; und schließlich der kühne Plan, Wiebke über die Grenze zu schaffen. Dieser letzte Punkt war knifflig gewesen. Beim spätabendlichen Bier hatten die drei darüber diskutiert, ob sie die Wahrheit über den Fluchtplan erzählen sollten oder an der Geschichte festhalten wollten, die sie den deutschen Behörden erzählt hatten. Allie hatte sich schließlich durchgesetzt; sie fühlte sich dazu berechtigt, weil sie das größte Risiko eingegangen war und als mögliche Spionin vor Gericht hätte enden können.

Jetzt war der Artikel sicher in ihrer Reisetasche verstaut, eine Kopie war per Post unterwegs zu ihrer Adresse in Manchester. Als Erstes musste sie am Montag eine Zeitung finden, die den Artikel veröffentlichen würde. Vielleicht die *Sunday Times* oder der *Observer*. Jede Zeitung, die nicht zu Ace Media gehörte, wäre gut.

Als sie schon keine Lust mehr hatte, im Flughafen umherzulaufen, entdeckte sie in der Haupthalle einen Zeitungsstand, an dem sie eine Ausgabe des *Globe* kaufte. Sie suchte sich eine ruhige Ecke, überflog die Überschriften und las nur die Beiträge, die von den Demonstrationen in Glasgow und Edinburgh berichteten, die sich gegen die neuen kommunalen Steuerbestimmungen richteten, die in Schottland am ersten April in Kraft getreten waren. Das Datum hatte das Fass zum Überlaufen gebracht: Es war schon empörend genug, dass die Verordnung ein Jahr vor dem englischen Gegenstück eingeführt worden war. Die sogenannte Kopfsteuer sollte von jedem in gleicher Höhe gezahlt werden, egal, ob es sich »um einen Grafen oder einen Müllmann« handelte, wie der Beitrag es formulierte. Dies hatte, wie es in dem Artikel beschrieben wurde, sowohl zu Empörung als auch zu finanzieller Not geführt. Allie konnte nicht umhin, einen gewissen Stolz zu empfinden, dass ihre Landsleute umstandslos dagegen auf die Straße gegangen waren. Dieser Mangel an Fügsamkeit war ein weiterer Grund, warum Thatchers Tories Allies schottische Heimat nicht ausstehen konnten.

Doch die Kopfsteuer und die Regierung mit all ihren Vorhaben und Anmaßungen zerstoben wie Rauch im Wind, als Allies Flug aufgerufen wurde. In nur wenigen Stunden würde sie auf dem Rollfeld von Manchester landen, mit einer brisanten Story im Gepäck und der Aussicht auf eine Nacht im eigenen Bett neben der Frau, die sie liebte. Die letzten Spuren, die Angst und Stress in den vergangenen Tagen hinterlassen hatten, fielen von ihr ab; energiegeladen sprang sie auf. Die furchtsame Unruhe wich endlich einer lebhaften Vorfreude.

Genevieve folgte Fredi die steile Treppe hinauf in den vierten Stock eines Mietshauses in einer stillen Seitenstraße in Reinickendorf im früheren französischen Sektor. Ihre Schritte hallten beunruhigend im Treppenhaus wider. Im obersten Stockwerk befanden sich zwei Türen; Fredi schloss die hintere mit einem beeindruckend großen Schlüssel auf, den sie aus ihrer Tasche hervorgeholt hatte. Dann machte sie die Tür weit auf und verbeugte sich ironisch, als sie Genevieve in die Wohnung hineinwinkte.

»Sie betreten nun den Sektor von Tante Liese«, verkündete sie.

Die Wohnung war düster und roch muffig; in der Luft hing der Geruch von Staub und Reiniger mit Lavendel.

»Meine Großtante Liese wohnt hier seit 1928«, sagte Fredi. Sie betrat erst nach Genevieve das Wohnzimmer, eine dunkle Höhle, die von schmalen Lichtstreifen erhellt wurde, die durch die Ritzen der Rollläden drangen. Fredi betätigte den Lichtschalter, und es wurde hell.

»Wo ist sie jetzt?«, fragte Genevieve, während sie durch den Raum wanderte und die gerahmten Familienfotos sowie die verstaubten ledergebundenen Bücher betrachtete, mit denen die hohen Regale vollgestopft waren.

»Bei ihrer Tochter in Kassel. Kurz vor Weihnachten ist sie gestürzt und hat sich die Hüfte gebrochen. Die haben sie überredet, dortzubleiben, bis sie sich erholt hat.« Fredi schnaubte höhnisch. »Als ob sie es je wieder schaffen könnte, hier allein zu leben. Aber sie hat einen alten Mietvertrag, darum ist die Miete so günstig, dass sie die Wohnung noch behalten wollen. Das hier wird dein sicherer Hafen sein, was meinst du?«

Genevieve runzelte die Stirn. »Aber er kann mit dir in Verbindung gebracht werden.«

Fredi schüttelte den Kopf. »Ich habe sie hier nie besucht. Wir haben uns einmal im Monat im Teehaus im Tiergarten zu Kaffee und Kuchen getroffen. Sie hat es geliebt, in der Stadt unterwegs zu sein. Außerdem haben wir nicht denselben Familiennamen, da sie aus der mütterlichen Verwandtschaftslinie stammt. Glaub mir, Genny, hier bist du sicher. Sieh dich nur um, keine Scheu.«

Genevieve verließ den Raum, und Fredi machte es sich in einem Ohrensessel neben dem Kohleofen bequem. Sie hörte, wie Türen geöffnet und wieder geschlossen, wie Wasserhähne aufgedreht wurden und die Toilettenspülung betätigt wurde.

Schließlich kehrte Genevieve zurück. »Alles eingestaubt hier«, murrte sie missmutig

Fredi grinste. »Du wirst genug Zeit haben, deine hausfraulichen Fähigkeiten zu entdecken«, neckte sie sie. »Aber das Klo funktioniert, und wie ich Liese kenne, wird das Bett bequem sein.«

»Ich glaube, ich habe noch nie so viele Kissen auf einem Bett gesehen«, meinte Genevieve. »Wahrscheinlich komme ich hier schon ein paar Tage klar. In der Küche gibt es ein Radio und einen kleinen Fernseher. Aber wie sollen wir es mit dem Essen machen?«

»Hans kommt nach Einbruch der Dunkelheit vorbei.« Fredi sprang auf und ging in die Küche. Sie öffnete eine Tür, hinter der sich die Speisekammer verbarg. Die Regale waren prall gefüllt mit Einmachgläsern. Es gab Sauerkraut, eingelegtes Gemüse und verschiedene Wurstsorten: Bratwurst, Frankfurter Würstchen, Nürnberger Rostbratwürstchen und Knackwurst. Unter dem untersten Regalbrett standen Bierflaschen.

Fredi lacht auf. »Genny, komm her und schau dir das an! Du wirst nicht verhungern!«

Sie drehte sich um und wies auf die Küchenarbeitsfläche. »Das Telefon funktioniert. Tante Liese ist fest davon überzeugt, dass sie wieder herkommt.«

Fredi wendete sich Genevieve zu und nahm ihre Hand. »Na komm, das war deine Idee. Die Wohnung ist perfekt. Zumindest, solange du keine wilden Partys mit Lieses Bier veranstaltest.« Sie zog sie näher zu sich heran, legte ihr einen Arm um die Schulter und umarmte sie. »Du bekommst doch wohl keine kalten Füße?« Ihre Stimme war sanft wie eine Liebkosung.

»Es war alles ein bisschen verrückt in den letzten Tagen, das Plä-neschmieden und die Vorbereitungen. Fast wie ein Spiel, weißt du? Aber jetzt sind wir hier, und nun ist es …« Sie stockte. »Versteh mich nicht falsch, ich suche keine Ausflüchte und hab auch meine Meinung nicht geändert. Es ist nur … wir müssen dafür sorgen, dass es wirklich funktioniert. Wenn es schiefgeht, wird mir mein Vater niemals verzeihen. Er wird mich aus dem Unternehmen wer-fen und mich enterben. Verdammt, vielleicht übergibt er mich so-gar der Polizei.« Sie vergrub ihr Gesicht an Fredis Schulter.

Fredi schaute blicklos, die Miene beherrscht und undurch-dringlich. »Dann sollten wir dafür sorgen, dass alles wie am Schnürchen läuft.« Sie löste sich von Genevieve, ließ ihr Charis-ma spielen und lächelte sanft. »Lass uns den Plan noch einmal durchgehen.«

Sie zog sie ins Wohnzimmer, ohne ihre Hand loszulassen. Dort setzten sie sich einander gegenüber.

»Du musst jetzt hierbleiben.«

»Aber ich habe keine Kleidung zum Wechseln oder Toiletten-artikel dabei«, protestierte Genevieve.

»Ich weiß. Aber all deine Sachen müssen im Hotelzimmer zu-rückbleiben. Es muss so aussehen, als wärst du entführt worden, und nicht so, als wärst du nur übers Wochenende weggefahren. Gib mir eine Liste der Toilettenartikel, die du brauchst. Und wel-ches Make-up. Und auch deine Kleidergröße muss ich wissen. Ich besorge alles für dich.«

Genevieve griff in ihre Tasche, holte das Portemonnaie heraus und drückte Fredi ein Bündel D-Mark-Scheine in die Hand. »Okay, aber nichts Billiges oder Schlechtes. Das Geld sollte für das Nötigste reichen.«

»Danke. Keine Sorge, ich werde deinen Körper verwöhnen«, frotzelte Fredi.

»Etwas anderes hatte ich auch nicht erwartet.«

»Hans wird heute Abend Brot, Milch, Kaffee und etwas Obst vorbeibringen. Außerdem eine Polaroidkamera, um ein paar Fotos von dir zu machen, auf denen du gefesselt und geknebelt bist.« Wieder lächelte sie einnehmend. »Natürlich nicht so fest, dass es wehtut. Per Eilsendung schicken wir die dann nach Glasgow. Dort sollten sie am Montag oder Dienstag eintreffen. Was ich dir noch nicht gesagt hatte: Wir haben einen Freund in Schottland, der versucht, dort eine schottische Grünen-Partei zu gründen. Er wird die Fotos deinem Vater in Voil House bringen und erklären, dass wir dich in Berlin gefangen halten. In dem Brief wird stehen, dass die Rote Armee Fraktion immer noch aktiv ist und diese Entführung eine Aktion zum Gedenken an Andreas Baader und Ulrike Meinhof ist.«

»Das wird ihn garantiert aufwühlen. Die Aktionen der RAF haben ihn wirklich beunruhigt. Ich war im Teenageralter, als sie das Land in Angst und Schrecken versetzt hat, und es war echt eine Demütigung für mich, dass ich überall mit einem Bodyguard hingehen musste. Das hat mein Leben als Jugendliche damals wirklich ruiniert! Als wäre Ace bedeutend genug, um ein Ziel für den internationalen Terrorismus abzugeben.«

Fredi hob die Augenbrauen. »Dann haben wir den perfekten Trigger. Unser Mann in Glasgow wird ihm sagen, wann er mit einem Anruf zu rechnen hat, und ich melde mich dann bei ihm von einem sicheren Telefon aus, um ihm die Lösegeldforderung zu übermitteln. Außerdem schicken wir noch mehr Fotos, damit es so aussieht, als ginge es dir hier wirklich übel. Und wenn du recht hast mit deiner Einschätzung, wird er unseren Anweisungen folgen.«

»Wollt ihr ihn immer noch auf seine Insel schicken?«

»Natürlich. Nach dem, was du erzählt hast, liegt sie fernab von allem, sodass wir die volle Kontrolle über die Geldübergabe haben. Es wird alles gut laufen, Genny, das verspreche ich dir. Es wird funktionieren wie ein Uhrwerk. Und danach haben wir dann das, was wir brauchen, um die notwendigen Veränderungen in Gang zu bringen.«

Erst nachdem Fredi gegangen war, begriff Genevieve, dass sie eingesperrt war.

39

Allie legte die Modebeilage der Samstagszeitung beiseite und streckte sich. »Wir sollten aufstehen«, sagte sie und kuschelte sich an Rona, die nach einem kurzen Gang zum Zeitschriftenladen mit einem Stapel Wochenendausgaben ins Bett zurückgekehrt war.

Sie hatten Kaffee getrunken, die Zeitungen und Magazine auseinandergepflückt und aufgeteilt und alles nachgeholt, was sie wegen Allies Deutschlandreise aufgeschoben hatten. Doch jetzt war es schon nach Mittag, und die Sonne schien verführerisch.

»Wir müssen den Garten in Schuss bringen«, seufzte Allie.

»Außerdem musst du Lockhart anrufen«, sagte Rona. »Du kannst ihn nicht ewig ignorieren.«

Ihr Arbeitgeber hatte am Abend zuvor dreimal und an diesem Vormittag viermal angerufen und jeweils Nachrichten auf dem Anrufbeantworter hinterlassen. Allie hatte sie alle geflissentlich überhört.

»Das mach ich am Montag«, erwiderte Allie. »Eigentlich arbeite ich heute. Ich kann hier nicht stundenlang die Leitung blockieren und mich von Ace Lockhart anranzen lassen. Überdies habe ich die Londoner Redaktion angerufen, nachdem die mich angemorst hatten, ob ich denn im Falle des Weltuntergangs verfügbar wäre.«

»Je länger du es aufschiebst, umso wütender wird er sein.«

Allie zuckte mit den Schultern und kuschelte sich noch mehr an Rona. »Was kann er schlimmstenfalls tun? Feuern kann er mich nicht, ich bringe schließlich nur noch die restliche Arbeitszeit herum.«

»Aber ich nicht.«

»Ich weiß. Darum werde ich Männchen machen. Ihm erzählen, dass ich von den Ereignissen so traumatisiert war, dass ich es nicht ertragen hätte, alles noch einmal zu durchleben. Und bei der Bekundung meiner Dankbarkeit werde ich dick auftragen.«

»Du weißt, dass das nicht reichen wird. Er will die Story.«

Allie seufzte. »Das ist keine *Clarion*-Story, weder für die tägliche Ausgabe noch für die am Sonntag. Sie wäre dort verschwendet. Die würden etwas Sensationslüsternes daraus machen, und in einer Woche wäre alles vergessen. Aber die Geschichte muss Konsequenzen haben, damit Zabre nicht weiterhin Kranke und Sterbende ausbeuten kann.«

Rona legte den Arm um Allie und sagte in verlockendem Ton: »Vielleicht könntest du denen ja die Story deiner waghalsigen Flucht überlassen? Wie die für den Norden zuständige Redakteurin des *Sunday Clarion* selbstlos ihr eigenes Leben für die wahre Liebe aufs Spiel setzte. Du müsstest nicht mal den Skandal wegen der Arzneimitteltests erwähnen.«

Allie dachte darüber nach. Wieder einmal schien Rona einen Weg durch das Dornengestrüpp gefunden zu haben, sodass sich eine Lösung auftat, mit der am Ende vielleicht alle halbwegs glücklich sein konnten. Dadurch würde im Hauptteil ihrer Story der menschelnde Aspekt zwar ein wenig abgespeckt, aber vielleicht konnte sie auf einige der Interviews zurückgreifen, die sie für die Aids-Auswanderungsstory geführt hatte, um das wieder auszugleichen.

»Außerdem würde das natürlich bedeuten, dass ich ihn als edelmütigen Ritter darstellen kann, der zu meiner Rettung herbeieilte.«

»Das würde ihm sehr gefallen.«

Allie küsste sie. »Du bist genial.«

Rona erwiderte die Umarmung. »Ich hatte so eine Angst, dass ich dich nie wiedersehe.«

»Das ging mir genauso. Als die sagten, dass sie mich am nächsten Tag vor Gericht stellen würden ...«

»Lass gut sein. Und, Allie? Bitte, tu mir so etwas nie wieder an. Ich möchte niemals wieder dermaßen krank vor Angst um dich sein.«

Allie zog sie in eine feste Umarmung. »Ich weiß. Ich kann dir nicht versprechen, dass ich nie wieder in Schwierigkeiten gerate, aber ich werde mich niemals wieder so weit aus dem Fenster lehnen.«

»Nicht, wenn du mich liebst.«

»Oh, ich liebe dich. Daran darfst du niemals zweifeln.« Allie zeichnete mit der Hand zart die Linie von Ronas Wirbelsäule auf deren Rücken nach.

»Hör auf, oder wir schaffen es nie, im Garten die verdammten Pflanzen zu beschneiden.« Rona tat so, was würde sie sich echauffieren, löste sich aber trotzdem aus der Umarmung. »Ich geh dann mal als Erste duschen.«

»Wozu? Wir werden uns gleich sowieso schmutzig machen und ganz verschwitzt sein.«

Ronas Lachen hatte einen mehrdeutigen Unterton. »Das hättest du wohl gern.«

Um drei Uhr waren sie mit den großen Staudenbeeten fertig, die den Autostellplatz an der Vorderseite des Hauses säumten, und begaben sich zu den Hochbeeten hinter dem Haus.

»Die verdammten Artischocken haben es nicht geschafft«, beschwerte sich Rona, als sie die schwarzen Strünke herauszog, die Überreste dessen, was im letzten Sommer ihr ganzer Stolz gewesen war.

»Wir sind von den letzten Frostnächten überrascht worden«, sagte Allie. »Und ich hatte vergessen, sie abzudecken. Tut mir leid. Gehen wir heute Abend aus? Mir wäre nach ein paar Runden auf der Tanzfläche.«

Bevor Rona antworten konnte, meldete sich Allies Pager. Mit einem Aufstöhnen löste sie ihn von ihrem Gürtel und las die Nachricht: »Ruf Tim Stannage an. HÖCHSTE DRINGLICH-KEIT.«

Sie runzelte die Stirn. Tim Stannage war der Londoner Fuß-ballexperte des *Sunday Globe*. Sie hatte nicht mal seine Nummer in ihrem Mobiltelefon gespeichert.

»Was ist denn jetzt nun wieder los?«, seufzte sie, rannte ins Haus und ließ unterwegs die Gartenschere fallen.

Monate später sollte sie darüberstolpern – da war die Schere vom Rost ganz unbeweglich und stumpf geworden – und sich an diesen Nachmittag erinnern.

Jetzt jedoch streifte sie die Gummistiefel ab und tappte in ihr Arbeitszimmer. Das Nummernverzeichnis der Redaktion lag in der obersten Schublade ihres Schreibtischs, und sie blätterte es durch, bis sie den Eintrag zu Tim fand. Privat- und Mobilnum-mer. An einem Samstagnachmittag um zehn nach drei war er bestimmt nicht zu Hause. Vermutlich berichtete er über ein Fußballspiel oder so. Warum er ihre Hilfe brauchte, konnte sie sich nicht vorstellen. Vielleicht Probleme in einem Stadion hier im Norden oder eine Schlägerei davor? Sie tippte die Nummer ein, und schon beim ersten Klingeln wurde abgehoben. »Tim, ich bin's, Allie Burns. Ich habe gerade deine Nachricht bekom-men.«

»Heilige Scheiße, danke«, keuchte er. »Hier geht was Fürchter-liches vor. Ich bin beim Halbfinale des FA Cup in Hillsborough, Liverpool gegen Nottingham Forest. Es gibt ein Gedränge an dem Ende des Stadions, das Richtung Leppings Lane liegt. Da versu-chen Leute über den Zaun zu klettern, um auf die Fläche hinter dem Tor zu kommen. Es ist das totale Chaos.«

»Ist das nicht das übliche, völlig haltlose Stürmen des Platzes? Hat jemand ein Tor geschossen?«

»Peter Beardsley hat die Latte getroffen, aber das ist nicht der Grund. Die Leute stürzen auf den Bereich hinter dem Liverpooler Tor; schon vor dem Anpfiff konnten wir sehen, dass die Menge dort dicht gedrängt stand – aber jetzt … So etwas habe ich noch nie gesehen. Manche kommen hier ernsthaft zu Schaden, brechen vor unseren Augen zusammen. Das ist nicht nur eine Fußballstory, Allie. Setz deinen Arsch in Bewegung und komm her, um zu berichten, was hier passiert, verdammt noch mal.«

»Ich brauche ungefähr vierzig Minuten – wenn der Verkehr mitspielt.«

»Komm einfach her. O Gott, die Absperrungen geben nach. Der Schiedsrichter unterbricht das Spiel. Die Spieler verlassen den Platz. Allie, das ist ein Riesending.«

»Bin schon unterwegs, Tim. Halt die Stellung!«

Fassungslos rannte Allie ins Schlafzimmer, zog ihre Gartenkleidung aus, wusch sich eilig die Hände und zog Chinos und einen Pullover an. Ihre Füße schob sie in ein Paar Stiefel, schnappte sich eine Jacke und ihre Arbeitstasche. Auf dem Weg durch den Flur steckte sie ihre Brieftasche und die Autoschlüssel ein und eilte zur Hintertür.

Überrascht schaute Rona auf. »Wo brennt's?«, fragte sie, nur halb im Scherz.

»Beim Fußballspiel in Sheffield passieren schlimme Sachen«, rief Allie, während sie zum Auto rannte.

»Warte!«, brüllte Rona.

Aber Allie konnte nicht. Sie kannte Tim Stannage nicht wirklich gut, doch soweit sie wusste, war er kein Aufschneider, der an jeder Ecke einen Knüller beschrie. Sie würde ihn eher als solide beschreiben. Doch er hatte sich fast hysterisch angehört. Das war kein falscher Alarm.

Sie manövrierte um Ronas Auto herum und erreichte gerade das Grundstückstor, als die Beifahrertür aufgerissen wurde und Rona hineinsprang.

»Ich kann mich nützlich machen«, keuchte sie. »Zumindest kann ich das Telefon für dich bedienen.«

Allie nickte und bog aus der Einfahrt. In Gedanken arbeitete sie die kürzeste Route zum Hillsborough-Stadion in Sheffield aus. Über die Schnellstraße, das übliche Nadelöhr bei Mottram, dann auf den Snake Pass, der sich durch die wunderschöne Landschaft der Pennines schlängelte, die im Hintergrund verschwamm. Allie, die ganz auf die Straße konzentriert war, sah nichts davon; sie fuhr schneller als nötig durch Kurven und überholte andere Autos unbesonnen. Rona war schon oft genug mitgefahren, wenn Allie unter Druck stand. Ein lautes Keuchen konnte sie vermeiden, doch ihre Kiefermuskulatur war verkrampft, und die Hand, die nicht das Telefon hielt, krallte sich an den Griff über der Tür. Sie hatte das Autoradio auf BBC Radio 2 eingestellt, wo die Nachricht, dass etwas in Hillsborough vor sich ging, bereits die normale Fußballberichterstattung erreicht hatte. Zu viele Fans auf zu kleinem Raum; was ausgesehen hatte wie das Erstürmen des Platzes, waren in Wirklichkeit Leute, die im erstickenden Gedränge der Masse nach Luft rangen.

Zahlreiche Telefonanrufe gingen ein. Die Nachrichtenredaktion in London wusste inzwischen, dass etwas wirklich Gravierendes passierte, und Rona vermittelte zwischen Allie und der Redaktion. Tim Stannage berichtete via Telefon von den Ereignissen, die sich vor seinen Augen abspielten, und die Reporter im Londoner Büro telefonierten sich die Finger wund, um herauszufinden, was dort im Einzelnen geschah.

»Sie schicken ein Team aus London hoch«, gab Rona an Allie weiter.

»Klingt, als bräuchten wir das auch. Kannst du die beiden Freelancer anrufen, die ganz oben auf meiner Kontaktliste stehen? Sie sollen so schnell wie möglich anrücken.«

Im Radio wurde über die sich rasch entwickelnde Katastrophe berichtet. Fans, die gegen die Absperrungen zwischen den Zuschauerblöcken gequetscht worden waren, tote und verstümmelte Körper auf dem Spielfeld, die verzögerte Reaktion der Notfalldienste und – fast sofort – die Schuldzuweisung an die Fans. Noch bevor eine halbe Stunde vergangen war, hatte die Polizei bereits erklärt, dass die Fans ein Fluchttor niedergerissen hätten, weshalb Tausende ohne Eintrittskarte in das sowieso schon überfüllte Stadion gestürmt seien.

An der Kreuzung zur Hauptstraße Richtung Norden ging Allie vom Gas, um die bulligen Notfall-Vans der Polizei vorbeizulassen. Es war unglaublich: Sie hatte, von Manchester aus, für die Überquerung der Pennines genauso lange gebraucht wie die South Yorkshire Police, um die Einsatzwagen dorthin zu bringen, wo sie in dieser Notfallsituation dringend erforderlich waren.

Allie bog auf die Straße, die am Hillsborough-Park entlangführte. Normalerweise war in dem Park wenig los, doch nun war er überfüllt mit Scharen von Menschen, überwiegend Männer, die sich nur langsam bewegten oder taumelten wie in schockierter Fassungslosigkeit. Einige lagen in den Armen von Freunden und weinten. Danach fuhren sie am Stadion vorbei, getrennt davon durch den Fluss Don.

»Wir müssen parken«, sagte Allie.

Es war überraschend wenig Verkehr; nur ein paar Busse auf der Straße und plötzlich ein Rettungswagen, der mit schriller Sirene an ihnen vorbeiraste und nach rechts in die Leppings Lane bog, die anschließend von der Polizei sofort wieder abgesperrt wurde.

Allie hielt am Straßenrand. »Such nach einem Parkplatz und sprich mit jedem, der dir sagen kann, was passiert ist«, sagte Allie und stieg aus.

Rona kletterte auf den Fahrersitz und reichte ihr das Telefon hinaus. »Ich ruf dich rechtzeitig vor der Deadline der ersten Ausgabe an«, versprach sie, wendete das Auto und fuhr zurück zum Park.

Allie tippte Tim Stannages Nummer in ihr Telefon ein und betete um ausreichend Netz. Er nahm sofort ab, seine Stimme klang verzerrt, war aber zu verstehen.

»Ich bin's, Allie«, sagte sie. »Ich steh vor dem Stadion, in der Nähe der Leppings Lane. Wo soll ich hin?«

»An der Seite kommst du nicht rein. Es ist ein absolutes Desaster, Allie. Leichen auf dem Spielfeld. Die Hälfte der Bullen steht einfach nur rum; es sind die Fans, die versuchen, Menschenleben zu retten. Geh um das Stadion herum zur Nordtribüne, dort werden die Toten und Sterbenden hingebracht. Es gibt da eine Sporthalle, wurde mir gesagt. Allie, unter den Fans hat es Dutzende von Toten gegeben.« Seine Stimme brach. »Ich habe so was noch nie gesehen.«

»Sag der Redaktion, dass ich vor Ort bin«, erklärte sie. »Außerdem habe ich noch zwei Freelancer herbeordert.«

Sobald sie losgelaufen war, sah sie den Rettungswagen, der in die Leppings Lane eingebogen war, wieder herauskommen und zum anderen Ende des Stadions fahren. Unbehelligt erreichte sie den Stadioneingang an der Nordtribüne; dort sah es aus wie auf einem Abstellplatz für Rettungswagen. Notfallwagen parkten verlassen in den aberwitzigsten Winkeln zueinander, bei manchen standen die Türen sperrangelweit offen, bei anderen waren sie geschlossen. Polizisten und Sanitäter liefen durcheinander. Dazwischen die Verletzten. Einige schleppten sich mit gebrochenen Knochen dahin; andere lagen bewusstlos auf Krankentragen. Das Unheimlichste war, dass kein Blut zu sehen war. Allie war den Anblick von Verkehrsunfällen oder gewalttätigen Auseinandersetzungen gewöhnt, dort floss meistens reichlich Blut. Hier jedoch nicht.

Sie folgte zwei Sanitätern zum Eingang der Sporthalle. Niemand hielt sie auf. Ihr wurde bewusst, dass sie in ihrer saloppen Kleidung nicht wie eine Journalistin aussah. Doch innerlich war sie natürlich im Reportermodus. Sie betrat einen Schauplatz von unfassbarer Desorganisation, dem keinerlei Planung zugrunde lag. Gesichter voller Panik. Leichen auf Tragen, auf Werbetafeln, auf dem nackten Boden. Verzweifelte Menschen versuchten, Sterbende zu retten. Sie wandelte zwischen den Toten umher und versuchte zu begreifen, was sie sah.

Allie nahm alles in sich auf und versuchte, das Geschehen in Gedanken zu ordnen. Der Widerstreit zwischen ihrer allzu menschlichen Reaktion und einer professionellen Haltung zwang sie, sich zu entscheiden: entweder emotionaler Zusammenbruch oder antrainierte Distanziertheit, dank derer sie funktionieren konnte. Sie war zum Arbeiten hier; das Grauen mit einem möglichst leidenschaftslosen Blick wahrzunehmen – darauf kam es jetzt an.

Später, als sie sich dem zu stellen versuchte, was an diesem Nachmittag geschehen war, kehrte die Erinnerung in surrealen Fetzen zurück. Das Chaos in der Sporthalle; der junge Mann in einem Liverpool-Trikot, der zusammengebrochen auf dem Boden lag; der Arzt, der versuchte, eine Triage vorzunehmen, während es keinen Ort gab, wohin er diejenigen verlegen konnte, die womöglich gerettet werden konnten; der Schock auf den Gesichtern derjenigen, die hereinkamen und die Katastrophe in ihrem ganzen Ausmaß wahrnahmen. Und überall Tote, Sterbende und Menschen, die nicht wussten, wie ihnen geschah. Polizisten wanderten zwischen denen umher, die bis vor Kurzem noch gelebt hatten, listeten deren persönlichen Gegenstände auf, zählten das Geld, als ob das noch von Bedeutung wäre.

Die Polizeistation, die nur unzureichend in eine Auffangstation für Freunde und Verwandte umgewandelt worden war. Die Menschen, die das Spiel besucht hatten, und jene, die dem Nervenzusammenbruch nahe die achtzig Meilen von Manchester hergefahren waren, weil sie nicht wussten, ob ihr Vater, ihr Bruder, ihre

Schwester, ihr Sohn, ihre Tochter oder ihr Liebster noch lebte oder tot waren. Das improvisierte Krankenlager in einem Jugendclub auf der anderen Straßenseite, ein feuchtes Gebäude, so deprimierend, dass es schien, als wären gute Nachrichten von dort ausgeschlossen. Die wahre Flut an Sozialarbeitern, Geistlichen und Trauerbegleitern, die den Menschen nur anbieten konnten, sie in ihre Büros zu führen, damit sie von dort aus die Krankenhäuser anrufen konnten, um Informationen über ihre Lieben zu bekommen.

Das Beharren derjenigen, die dabei gewesen waren, dass nicht die Fans das Fluchttor aufgebrochen hätten; die Polizei hätte es getan, sodass Tausende in ein ohnehin schon überfülltes Stadion geströmt wären. Vehement widersprach dem die Polizei, die stattdessen von betrunkenen Massen ohne Tickets berichtete.

Die Gespräche mit Menschen – Allie weigerte sich, sie Interviews zu nennen, denn es waren in erster Linie Gespräche gewesen –, die verzweifelt an Informationen zu kommen suchten. Gespräche mit weinenden Männern mittleren Alters, deren Söhne von ihnen getrennt worden waren, als immer mehr Leute in die überfüllten Tribünenblöcke geströmt waren; mit Eltern, die ihre Kinder am Leben erhalten wollten, indem sie über sie sprachen.

Der unausweichlich brutale Prozess des Identifizierens der Toten; Leichen, die man aus den Krankenhäusern zurückgebracht und neben jene gelegt hatte, die in Hillsborough geblieben waren; vierundneunzig Tote, so die letzte Zählung, festgehalten auf grotesken Polaroidfotos, die im Eingangsbereich der Sporthalle an die Anschlagtafel gepinnt worden waren; verzweifelte Angehörige, die die Leichen ihrer Lieben aus der makabren Reihe der Verstorbenen heraussuchen mussten, um dann an einem Abschiedskuss gehindert zu werden, weil die Toten nun in den Zuständigkeitsbereich der Gerichtsmedizin fielen.

Die durchwachte Nacht in den beiden Krankenhäusern der Stadt; Familien, die zusammengedrängt auf unbequemen Stühlen kauerten und sich an die Hoffnung und aneinanderklammerten. Das Warten auf Neuigkeiten. Die hysterische Erleichterung, wenn unversehens ein Sohn auftauchte, lediglich mit einem verbundenen Arm in der Schlinge, nach Hause entlassen in erdrückende Liebe und bevorstehende Albträume.

All das sah Allie, und sie wusste, dass sie es niemals wieder vergessen würde. Trotzdem erledigte sie ihren Job. Sie gab Artikel an die Redaktion in London weiter, sie vermittelte zwischen ihren Freelancern und dem Reporterteam, das aus London hergeschickt worden war. Sie sprach mit Rona, die eine Reihe von Interviews mit Fans geführt hatte, die vor Ort gewesen waren, darunter auch ein zu Herzen gehendes mit zwei jungen Männern aus Liverpool, die auf der Tribüne oberhalb des fatalen Bereichs gewesen waren. Ihnen war es gelungen, drei Fans in Sicherheit zu bringen, aber sie waren in Tränen aufgelöst, weil sie nicht mehr Menschen hatten retten können.

Als die letzte Ausgabe die Zeitungsdruckerei verlassen hatte, war Allie so erschöpft, dass sie kaum noch in ganzen Sätzen sprechen konnte. Rona und sie verließen das Krankenhaus, wandten sich ab von der Katastrophe. Doch als Allie neben Rona zum Auto ging, bewegte sie sich wie eine alte Frau. Langsam und zögerlich setzte sie einen Fuß vor den anderen. Schweigend saßen sie schließlich im Auto und starrten auf die Lichter der Stadt.

Nach einer Weile sagte Rona: »Ich weiß nicht, wie du das aushältst.«

Allie drehte den Zündschlüssel im Schloss. »Und ich weiß nicht, ob ich so etwas noch einmal durchstehe. Lockerbie, das Flugzeugunglück auf der M 1 und jetzt das. Rona, ich hab wirklich Angst vor dem, was dieser Job aus mir macht.«

40

Hans tauchte mit Einkaufstüten voller Gemüse, Brot und Käse in Tante Lieses Wohnung auf.

Bevor er irgendetwas sagen konnte, deutete Genevieve auf die Tür: »Fredi hat mich eingesperrt. Als wäre ich eine Gefangene.«

Er blickte verlegen drein. »Es gibt nur einen Satz Schlüssel, und wir wollten nicht, dass jemand hier hereinplatzt.« Er lächelte besänftigend. »Aber ich habe sowieso gedacht, ich bleib von nun an hier.« Für einen Moment flackerte Unsicherheit in seinen Augen auf. »Wenn du mich dahaben möchtest.«

Genevieve wartete einen Augenblick, bevor sie ihn von seiner Qual erlöste. »Oh, das könnte mich vielleicht vor der Langeweile retten.«

Er stellte die Tüten ab und küsste sie. »Ich habe auf dem Weg nach oben übrigens eine der Nachbarinnen getroffen. Ihr habe ich erzählt, dass Liese die Tante meiner Mutter wäre und dass ich mich bei ihr einquartiert hätte für die Zeit, in der ich hier in Berlin ein paar Nachforschungen für meine Doktorarbeit in Geschichte anstelle. Das schien ihr nicht merkwürdig vorzukommen.«

»Clever. Das erklärt dein Kommen und Gehen. Nur die Größe deines Appetits könnte sie erstaunen.«

Er schloss sie in die Arme, doch trotz des Begehrens, das in ihr aufflammte, verlor sie ihr Ziel nicht aus den Augen. Sie stieß ihn weg und wedelte mit dem Zeigefinger.

»Zuerst erledigen wir das Geschäftliche, dann haben wir ausreichend Zeit für das Vergnügen. Hast du die Kamera mitgebracht?«

Enttäuscht verdrehte Hans die Augen. »Ja, Madame.«

»Ich sollte mich am besten bis auf die Unterwäsche ausziehen«, überlegte Genevieve. »Für den dramatischen Effekt. Das beweist dann ganz klar, dass ich mich in einer Lage befinde, aus der ich mich nicht befreien kann.« Während sie sprach, streifte sie Pullover und Unterhemd ab.

»Du bist viel zu verführerisch«, beschwerte er sich.

»Such etwas, womit du mich fesseln kannst«, befahl sie ihm und schlüpfte aus Stiefeln und Jeans.

Gehorsam öffnete Hans den Schrank unter der Spüle und suchte darin herum. Genevieve zog einen Küchenstuhl mit gerader Lehne hervor und sah sich suchend nach einer kahlen Wand um.

»Wir werden es im Badezimmer machen müssen«, murrte sie und schleppte den Stuhl über den Flur. »Überall hängen diese verdammten Bilder herum.«

Als Hans schließlich eine Wäscheleine gefunden hatte, hatte Genevieve bereits den Stuhl vor eine gekachelte Wand gestellt. Es gab nichts, woran man die Wohnung hätte erkennen können, dachte sie. Nicht einmal Tante Liese hätte ihre Bleibe auf dem Foto erkannt.

»Okay, und jetzt fessle mich so, dass es fies aussieht. Ich hoffe, du stehst nicht auf Bondage.«

Hans kicherte. »Das ist mir noch gar nicht in den Sinn gekommen.«

»Du musst noch meinen Schal holen, er hängt im Flur. Nimm den als Knebel. Es besteht eine gewisse Chance, dass mein Vater den erkennt. Er hat zwar keinen Blick für modische Details, aber ich habe den Schal schon seit einer ganzen Weile, möglicherweise ist er ihm aufgefallen.«

Hans hantierte mit der Leine herum, fesselte locker Genevieves Hände hinter ihrem Rücken und wickelte die Leine dann um ihren Oberkörper und die Arme. Mit großer Geste verknotete er sie an ihrer Taille. Mit schmerzvoll verzogenem Gesicht knebelte er seine Freundin mit ihrem Seidenschal.

»Es tut mir leid«, sagte er. »Ich hasse es, das zu tun. Wird nicht lange dauern, das verspreche ich.«

Zu guter Letzt platzierte er noch ein Exemplar der Morgenausgabe des *Tagesspiegel* so vor ihrem Bauch, dass das Datum gut zu erkennen war. Schnell machte er drei Fotos mit der Polaroidkamera, und sobald auf diesen etwas zu sehen war, löste er den Knebel.

»Bist du okay? Soll ich dir Wasser holen?«, fragte er ängstlich.

Genevieve schüttelte den Kopf, sodass ihr Haar in einem ausgreifenden Bogen um ihr Gesicht schwang.

»Wirklich kein schönes Gefühl«, murrte sie. »Mach mich los. Ich brauch einen anständigen Drink.«

Hans tat wie geheißen und versuchte dann, sie in eine Umarmung zu ziehen. Doch Genevieve hatte ihr ganzes Leben nach dem Motto »Erst die Arbeit …« gelebt, sodass sie nicht einmal jetzt davon abweichen wollte.

»Später«, sagte sie streng. »Du musst erst noch die Fotos zu Fredi bringen, damit sie die eurem Mann in Glasgow schicken kann. Bis er sie meinem Vater übergeben hat, sind wir hier drin gefangen.«

»Ich könnte mir Schlimmeres vorstellen, Genny«, sagte er sehnsuchtsvoll.

Genevieve wurde ein bisschen milder. »Ich auch, mein schöner Hans. Aber das Wichtigste zuerst«, fügte sie rasch hinzu, kam auf die Füße und streckte sich. »Und je schneller du gehst, umso früher bist du zurück.«

Nachdem er weg war und sie wieder eingeschlossen hatte, streifte sie durch die Wohnung und öffnete die Schranktüren und Schubladen, in die sie noch nicht hineingesehen hatte. Abgesehen von einem hölzernen Kästchen mit schönen Schnitzereien, in dem sich zwei Packen Spielkarten befanden, fesselte nichts ihre Aufmerksamkeit. Sie nahm das Kästchen mit in die Küche und legte dort auf dem Tisch eine Patience. Das würde ihr die Zeit vertreiben, bis Hans zurückkam. Und wenn er erst da war, würden ihnen schon genug Spiele miteinander einfallen.

Genevieve hatte so langsam den Eindruck, dass »entführt« zu werden, gar nicht mal so schlecht war.

Als Allie schließlich im Bett lag, war an Schlaf nicht zu denken. Jedes Mal, wenn sie wegdämmerte, tauchte eine Erinnerung auf und konfrontierte sie mit einem Anblick, den sie unbedingt aus ihrem Gedächtnis löschen wollte. Und jedes Mal war sie dann wieder wach, die Augen weit aufgerissen und trocken. Sie verspürte eine Enge in der Brust, hervorgerufen durch den Stress. Was sie gesehen hatte und was ihr erzählt worden war, hatte sie nicht verarbeiten können. Genauso war es nach Lockerbie gewesen, erinnerte sie sich. Weniger schlimm war es nach dem Flugzeugunglück auf der M 1 gewesen, weil sie dort erst eingetroffen war, als man das Schlimmste schon beseitigt hatte. Dennoch hatte es Wochen gedauert, bis sie wieder hatte schlafen können.

Die Schrecken und der Druck ihres Berufs waren ihr vertraut. Vom Kopf her wusste sie, dass dies kein Job für Feiglinge war; das hatte sie schon nach sechs Monaten in der Ausbildung begriffen. Sie war am Schauplatz eines Mordes eingetroffen, bevor die Polizei den Tatort hatte absperren können. Ein Mann war im Eingang eines Wettbüros erstochen worden. Blutspritzer überzogen die Wand, und auf dem Bürgersteig sammelte sich eine Pfütze. Gaffer standen eng zusammengedrängt daneben, ein Mann hielt seinen Terrier mithilfe der Leine dicht bei sich.

»Es war der Hund, der das gerochen hat«, sagte er immer wieder. »Der kleine Kerl hat mich direkt über die Straße hierhin gezogen.«

Obwohl das an Allies Selbstsicherheit genagt hatte, hatte sie es aufschreiben und nach dem Adrenalin-High den Schlaf der Erschöpften schlafen können.

Aber im Laufe der Jahre drangen die Auswirkungen des Schreckens tiefer ein. Sie hatte es ernst gemeint mit dem, was sie Rona gesagt hatte: Sie hatte Angst vor dem, was die Berichterstattung an vorderster Front mit ihr machte. Während sie das Investigationsressort geleitet hatte, war sie seltener mit so etwas konfrontiert gewesen, und das hatte ihr gutgetan. Aber diese Option stand ihr nicht mehr offen. Wenn sie die Kündigungsfrist hinter sich hatte, musste sie sich einen anderen Job suchen. Sie hatte sich im Kollegenkreis umgesehen und wusste, dass sie mit fünfzig so nicht sein wollte wie sie: entweder emotional erstarrt oder alkoholabhängig, um die Dämonen zum Schweigen zu bringen.

Sie seufzte und drehte sich auf die Seite. Rona brummelte etwas im Schlaf, wachte aber nicht auf. Sie hatte nicht so viel Erfahrung mit Horrorszenarien wie Allie, nur in Hillsborough war sie dabei gewesen, und dort auch nicht an vorderster Front. Oder vielleicht kam sie auch einfach besser damit zurecht. Woran auch immer es lag: Sie schlief tief und fest.

Allie gab den aussichtslosen Kampf auf und glitt vorsichtig aus dem Bett. Sie schlüpfte in ihren Morgenmantel und tappte in ihr Arbeitszimmer. Neben der Tür gab es ein Regal mit Büchern, die sie gern lesen wollte; dort sollte es etwas geben, in das sie sich hineinfallen lassen konnte und das sie in fremde Welten trug. *MacBest* fiel ihr ins Auge; Terry Pratchetts humorvolle Fantasyromane mochte sie seit jeher. Sie überflog den Umschlagtext, sah, dass es um ihre Lieblingsfiguren ging – die Hexen der Scheibenwelt –, und ließ sich auf dem Sofa im Wohnzimmer nieder, um sich in den Absurditäten von Vampiren und anderen Zauberwesen zu verlieren.

Als Rona ein paar Stunden später dazukam, hatte sich Allie schon wieder etwas besser im Griff.

Rona schob sich neben sie und griff nach ihrer Hand. »Konntest du nicht schlafen?«

Allie schüttelte den Kopf. »Mein Gehirn wollte keine Ruhe geben.« Sie hielt Rona das Buch entgegen: »Darum habe ich es mit wunderbarem Blödsinn versucht.«

»Fährst du heute noch mal nach Sheffield? Oder Liverpool?«

»Auf keinen Fall. Beide werden von Presseleuten belagert sein. Keine Chance, einen Satz aufzuschnappen, der bis Sonntag aktuell bleibt. Die Typen, die aus London hergekommen sind, werden sich sowieso auf alles stürzen. Ich behalte es natürlich im Kopf, aber was das Hinfahren betrifft, werde ich es um ein paar Tage verschieben. Auf Mittwoch oder Donnerstag.«

»Klingt sinnvoll. Was hast du wegen Lockhart vor?«

Allie schob sich das zerzauste Haar aus dem Gesicht und seufzte. »Du fährst vermutlich heute zurück, oder?«

Rona verzog das Gesicht. »Ich muss. Man erwartet mich morgen im Büro. Wir besprechen das Layout für die Farbbeilage.«

»Habe ich mir gedacht. Ich möchte deine Arbeitswoche nicht noch mehr kaputt machen, als ich es ohnehin schon getan habe. Wie wäre es, wenn ich mit nach Glasgow käme? Dann kann ich vor Lockhart persönlich katzbuckeln und ihm die menschelnde Story präsentieren. Die Investigativstory bekommt er nicht. Er würde sie nur entschärfen, damit sie seine ostdeutschen Kumpels nicht brüskiert.«

»Das gefällt mir. Begleitung während der Fahrt, und wir haben noch eine zusätzliche Nacht miteinander.«

Allie grinste sardonisch. »Unter dem Dach deiner Mutter?«

Rona lachte. »Oder wir verwöhnen uns und checken in ein Hotel ein? Ein paar Nächte im ›One Devonshire Gardens‹. Und du fühlst dich schon wieder etwas menschlicher?«

»Das wäre ein Anfang.« Allie lehnte sich an Rona. Ihr war bewusst, was für ein Glück sie hatte, mit jemandem zusammen zu sein, der wusste, wie man sich kümmert. »Lass uns das machen.«

41

An diesem Montagmorgen befand sich Peter Thomson nicht an seinem Schreibtisch in der Bibliothek der Glasgow University. Er hatte angerufen und sich krankgemeldet: Ein Magenleiden hätte ihn die ganze Nacht wach gehalten. Natürlich war sein Magen völlig in Ordnung, mal abgesehen von der nervlichen Anspannung, während er auf die Kurierlieferung aus Deutschland wartete. Er fühlte sich ängstlich und eingesperrt. Zwischen seinen billigen Möbeln, den Bücherstapeln und den Flugblättern über die Katastrophe, die den Planeten bedrohte, war in seiner Zweizimmerwohnung in Govan kaum genug Platz, um von einem Raum zum anderen zu gehen, geschweige denn nervös hin und her zu laufen.

Diese verdammte Fredi Schröder und ihr Charisma. Sie hatten sich vor drei Jahren auf einer Konferenz kennengelernt; er war wie gebannt gewesen von ihrer Redekunst. Jemand anderem das zu erklären, hatte ihn häufiger ratlos gemacht, als er zählen konnte. Dennoch baute er langsam, aber sicher einen Stab an Unterstützern auf, die seine Leidenschaft, den Planeten zu retten, mit ihm teilten. Fredi peitschte währenddessen ihren Kreuzzug weiter voran. Er hatte eigentlich nicht in etwas verwickelt werden wollen, das wie eine gemeine Erpressung wirkte, aber irgendwie hatte sie ihn überredet.

Die Stunden krochen dahin, bis endlich die Türklingel schrillte. Peter riss dem Kurier das dünne Päckchen aus der Hand, unterschrieb bewusst unleserlich auf dessen Klemmbrett und schlug dem Mann die Tür vor der Nase zu. Danach ging er zu seinem Arbeitstisch und öffnete das sorgfältig verschlossene Päckchen mit einem Papiermesser. Darin befand sich ein Umschlag, adressiert an Wallace Lockhart, Voil House, Glasgow. *Dringend und persönlich. Eigenhändige Übergabe.* Die Handschrift mit ihren Bögen und Winkeln war ganz eindeutig ausländisch. Peter war froh darum; alles, was von ihm ablenkte, war von Vorteil.

Es fand sich noch ein einzelnes, einmal gefaltetes Blatt Papier im Umschlag. Mit zitternden Fingern nahm er es. »Für die Übergabe, wie besprochen. Bestätigung mittels Telefon. Viel Glück.« Eine Unterschrift gab es nicht, aber er erkannte Fredis Stil und ihre Handschrift.

Peter schob den Umschlag in die Innentasche seiner Regenjacke und zog die Kapuze über den Kopf. Draußen nieselte es, die Art von beständigem Niederschlag, bei dem er jedes Mal das Gefühl hatte, von einer tief hängenden Wolke umgeben zu sein. Noch bevor er das Ende der Straße erreichte hatte, war sein Gesicht klatschnass.

Fünfzehn Minuten später schloss Peter völlig durchweicht sein Fahrrad am Zaun von Voil House an. Er ging die Hauptauffahrt – ein weiter Bogen aus gepflegtem Kies – hinunter, trotz des Schildes, das verkündete: PRIVAT. BETRETEN STRENG VERBOTEN.

Im grauen Licht des Nachmittags wirkte die Villa düster. Noch bevor er sich dem beeindruckenden Portikus auf zehn Meter hatte nähern können, schwang die Tür auf, und ein großer Mann in einem schwarzen Anzug trat heraus.

»Das ist ein Privatgrundstück, Junge«, knurrte er bedrohlich mit starkem Glasgower Akzent. »Dreh einfach um und geh wieder, dann verlieren wir kein Wort mehr darüber.«

Peter wich nicht, auch wenn ihm klar war, dass er keine gute Figur machte. »Ich habe einen dringenden Brief für Mr Lockhart«, sagte er.

»Dann schick ihn mit der Post.«

»Er muss eigenhändig übergeben werden.« Peter klang selbstbewusster, als er sich fühlte. Er zog den Brief hervor. »Wo ich schon mal da bin, können Sie ihn auch annehmen.«

Der Mann starrte ihn lange und unnachgiebig an. Dann winkte er ihn herbei. »Ich habe nur Mitleid mit dir, weil du aussiehst wie eine ersoffene Ratte«, sagte er und streckte die Hand nach dem Umschlag aus. »Und jetzt verpiss dich.« Mit einer Geste scheuchte er Peter weg.

Peter tappte die Einfahrt wieder zurück, dieser triviale Abschluss seiner Mission machte seinen Schritt schleppend. Aber er hatte das Seinige getan. Und zum Glück hatte er seine Kapuze aufgehabt. Wenn alles schiefging, standen die Chancen gut, dass er unter dem Radar blieb.

Verdammte Fredi.

Drinnen, in Voil House, wurden Allie und Rona langsam ungehalten. Früh am Montagmorgen hatte Allie in Lockharts Büro angerufen und erfahren, dass er in London wäre, aber am Nachmittag zurückerwartet wurde. »Wenn Sie um zwei Uhr in Voil House sind, wird er Sie empfangen.«

Die beiden Frauen waren kurz vor zwei eingetroffen und in sein Büro geführt worden. Nun war es nach drei, und bisher, typisch für Lockhart, war noch nichts von ihm zu sehen. Man hatte ihnen lauwarmen Kaffee und die Morgenausgaben der Zeitungen von Ace Media kredenzt, aber Allies Geduld war fast am Ende.

»Lass dich nicht auf die Palme bringen«, riet Rona ihr. »Er macht das nur, um eine Reaktion zu provozieren. Es ist viel befriedigender, freundlich zu lächeln und so auszusehen, als würdest du dich nicht ärgern. Normalerweise habe ich immer ein Buch bei mir, wenn ich zu ihm zitiert werde.«

Allie schluckte ihre Gereiztheit herunter und blätterte zum dritten Mal durch den *Globe*. Hillsborough dominierte immer noch die ersten Seiten, Berichte von Augenzeugen und Überlebenden füllten die Spalten mit herzzerreißenden Geschichten. Zu ihrer Zufriedenheit bemerkte sie, dass die Lockhart-Zeitungen die hinterhältigen Anschuldigungen der Polizei herunterspielten, betrunkene Fans hätten die Toten ausgeraubt und auf sie uriniert. Schändlicherweise hatte die *Sun* damit auf der ersten Seite aufgemacht. Aber keiner der Fans und auch niemand vom Rettungsdienst, mit dem Allie gesprochen hatte, hatte auch nur angedeutet, dass es etwas anderes gegeben hätte als heldenhafte Versuche, Menschen aus dem Stadion zu retten. Sie konnte den Verdacht nicht loswerden, dass das Gerücht von den oberen Rängen der Polizei gestreut worden war, um die Verantwortung für ihren Anteil an dem Desaster abzustreiten. Aber es würde eine Untersuchung geben; und sicherlich würde die Wahrheit ans Licht kommen. Die Verleumdung der Liverpooler Fans würde entlarvt werden.

Es war fast vier, als Ace Lockhart hereinstolzierte, sein Mantel umwogte ihn wie ein Superheldencape. Er zog ihn aus, warf ihn auf einen Beistelltisch und ging zu seinem Schreibtischsessel.

»Ladys«, grüßte er sie beiläufig. »Schön, Sie zu sehen. Rona, ich war erstaunt, bei der Berichterstattung zur Katastrophe von Hillsborough Ihren Namen zwischen all den anderen in der Verfasserzeile im *Sunday Globe* zu sehen.« Er machte eine Pause, als hätte er eine Frage gestellt.

»Ich war mit Allie in Manchester, als der Anruf kam. Das hat mich aus dem Unkrautjäten im Gemüsebeet rausgerissen.«

»Gute Arbeit. Ich hoffe, Sie legen nun nicht häufiger eine zusätzliche Schicht ein.« Alle lächelten höflich. »Sie haben das gut organisiert, Burns. Aber das hatte ich auch nicht anders erwartet. So, wo ist nun mein Bericht aus Berlin?«

Allie zog die gefalteten Blätter aus ihrer Tasche und schob sie über den Schreibtisch. Noch bevor er sie lesen konnte, betrat seine persönliche Assistentin das Zimmer. »Bitte entschuldigen Sie die Unterbrechung, aber das hier wurde für Sie abgegeben. Der Mann, der es gebracht hat, bestand darauf, dass es sehr dringend und persönlich ist.« Sie reichte ihm einen leicht zerknitterten Umschlag.

Lockhart nahm ihn mit einem Aufseufzen an sich. »Noch so ein Spinner. Überzeugt, dass er die Geschichte des Jahrhunderts entdeckt hat.« Beiläufig schlitzte er den Umschlag auf und zog ein gefaltetes Blatt Papier heraus. Drei Polaroidfotos fielen mit dem Gesicht nach unten auf den Schreibtisch. Er griff danach und warf einen flüchtigen Blick darauf. Dann erstarrte er. Sein Gesicht wurde dunkelrot. Schweigend musterte er sie einzeln nacheinander. Er schien die Luft anzuhalten. Dann knallte er sie mit der Vorderseite nach unten auf den Tisch und kniff die Augen zusammen. Bebend atmete er tief ein.

»Geht es Ihnen gut?«, erkundigte sich Allie und fragte sich, ob er eine Art Herzinfarkt erlitten hatte.

Er riss die Augen auf. »Sehe ich aus, als wäre alles in Ordnung?« Er schnappte sich das Blatt Papier, und während er las, verlor sein Gesicht jede Farbe. Er sah aus wie eine schlechte Karikatur seiner selbst, die Falten und Linien auf Wangen und Stirn traten deutlich hervor, die Ringe unter den Augen waren plötzlich das Farbigste in seinem aschfahlen Gesicht. »O. Mein. Gott.« Die Worte waren fast nicht zu hören.

»Was ist los?« Rona lehnte sich vor. »Was ist passiert, Ace?«

Er schluckte schwer. »Genny«, krächzte er.

»Ihre Tochter?« Was zur Hölle war mit der selbstgewissen und arroganten Prinzessin geschehen, die Allie vor wenigen Tagen in Berlin zurückgelassen hatte?

Er sagte nichts, sondern schob ihnen nur die Polaroids hin. Rona nahm sie und hielt sie so, dass auch Allie sie sehen konnte. Das Erste war eine Nahaufnahme des *Tagesspiegel*, auf dem das Datum des vergangenen Freitags gut zu erkennen war. Das Zweite war eine Ganzkörperaufnahme von einer Frau in Unterwäsche, die an einen Stuhl gefesselt war. Die Zeitung befand sich auf ihrem Schoß. Obwohl sie mit einem Schal geknebelt war, war es unverkennbar Genevieve Lockhart. Allie spürte den Schock wie einen Stich in die Brust. Das letzte Foto war eine Aufnahme von Genevieves Kopf, ihr Blick tränenerfüllt und flehend. Es war erkennbar, dass es sich bei dem Knebel um einen seidenen Schal mit einem zarten Muster aus Blättern und Stängeln handelte. Ausnahmsweise hatte es Allie die Sprache verschlagen.

»Ace«, rief Rona, »das ist schrecklich! Was steht in dem Brief?«

Er reichte ihn ihr. Allie bemerkte, dass er immer noch unter Schock stand; unter normalen Umständen hätte er sie längst hinausgeworfen. Über Ronas Schulter gebeugt las sie den Brief. Es war gut zu verstehen, warum er diese Reaktion bei Lockhart ausgelöst hatte.

Die Rote Armee Fraktion ist nicht inaktiv, wir sind immer noch da. Wie viel ist Ihnen Ihre Tochter wert, Mr Lockhart? Wir würden sagen, eine halbe Million Pfund, deponiert auf unserem Schweizer Bankkonto. Sie haben drei Tage, um das Geld zusammenzubekommen. Andernfalls werden Sie Ihre Tochter nie wiedersehen. Die Fotos beweisen, dass es sich nicht um einen Scherz handelt. Gehen Sie nicht zur Polizei. Wenn Sie es tun, werden wir es mitbekommen, glauben Sie uns. Jede Einmischung von offizieller Seite wird das sofortige Ende der Verhandlungen zur Folge haben. Wegen der Übergabebedingungen werden wir Sie am Mittwoch um exakt zwölf Uhr auf Ihrer Privatnummer anrufen. Auf Ihrer Privatinsel, wo Sie nicht abgehört werden können. Und glauben Sie ja nicht, Sie könnten uns hintergehen. Das Leben Ihres einzigen Kindes steht auf dem Spiel.

42

Allie und Rona sahen einander erschrocken an. Kein Wunder, dass Lockhart völlig entgeistert wirkte.

»Was soll ich tun?«, stöhnte er.

»Sie kennen doch sicherlich Leute, die Ihnen helfen können«, sagte Rona. »Immerhin haben Sie Allie aus einem ostdeutschen Gefängnis herausholen können, Ace.«

»Aber Sie müssen vorsichtig sein. Da steht: keine Polizei«, warf Allie ein.

Er vergrub den Kopf in den Händen. Rona blickte Allie an, die hilflos mit den Schultern zuckte. Schweigend warteten sie.

Schließlich hob er den Kopf, Tränen standen ihm in den Augen. Mit dem Finger zeigte er auf Allie: »Sie können helfen.«

»Wie denn? Was kann ich tun?« Allie versuchte, die Panik zu verbergen, die in ihr aufstieg.

»Sie waren mit Genevieve letzte Woche in Berlin, und auf den Fotos ist eine Westberliner Zeitung zu sehen. Sie müssen etwas davon mitgekriegt haben, was sie dort gemacht hat, wen sie getroffen hat.« Das klang wie eine Anschuldigung.

»Wir haben über so etwas nicht gesprochen.«

»Sie haben ihren Chauffeur getroffen. Mit dem können Sie reden. Er wird wissen, dass er Ihnen vertrauen kann.«

»Sie greifen nach Strohhalmen, Ace«, sagte Rona mit möglichst ruhiger Stimme.

»Strohhalme sind alles, was ich habe. Burns, Sie tönen ständig herum, was für eine tolle investigative Journalistin Sie sind, und beschweren sich, ich hätte Ihnen das weggenommen. Ich gebe Ihnen den Job jetzt zurück.«

»Das ist nicht das, was meinen Job ausmacht«, sagte Allie.

»Jetzt ist es das. Rona, wollen Sie hier rumsitzen und zugucken, wie sie sich herauswindet? Wenn jemand Genny finden kann, dann Burns. Sie weiß, wie man undercover arbeitet. Und es ist an der Zeit, sich zu revanchieren«, erwiderte er erregt. »Wenn ich nicht gewesen wäre, würden Sie in einem Gefängnis in Ostdeutschland schmoren, Burns. Sie schulden mir was.«

Ein unbehagliches Schweigen breitete sich aus.

Schließlich sagte Allie: »Ich glaube nicht, dass ich die Richtige dafür bin.«

»Niemand hält dich für eine Polizistin«, meinte Rona nicht gerade hilfreich.

»Ganz genau.« Lockhart stand auf und umrundete seinen Schreibtisch. Er bewegte sich so unbeholfen und ungeschickt, wie sie es bei ihm noch nie erlebt hatten. Er stützte sich mit den Fäusten auf Allies Armlehne und beugte sich vor. Sein Gesicht war nur Zentimeter von ihrem entfernt. Sie konnte seine perfekt gepflegten Augenbrauen sehen, jede Unregelmäßigkeit der Haut, und sie konnte seinen beißenden Zigarrenatem riechen.

»Sie schulden mir was. Wenn das auf den Fotos Ihre Freundin wäre, wären Sie schon längst auf dem Weg zum Flughafen.«

Er hatte recht. Aber das machte sie immer noch nicht zur richtigen Wahl für diesen Auftrag. Aber ihr war klar, dass sie hier nicht herauskamen, bis sie nicht zugesagt hatte.

»Ich werde es versuchen.« Während sie es sagte, dachte sie noch, wie aberwitzig das klang.

Doch Lockharts Augen leuchteten auf, ein wenig Farbe kehrte in sein Gesicht zurück.

Elektrisiert durch die Aussicht auf Action, stieß er sich vom Stuhl ab und gab sie frei.

»Mein Auto steht draußen, Burns, damit werden Sie zum Flughafen gefahren. Da ist mein Flugzeug. Sie fliegen nach Frankfurt. Wir werden einen Weiterflug nach Berlin arrangieren. Dieter, unser Chauffeur, der Sie aus dem Osten zurückgebracht hat, wird Sie am Flughafen abholen. Er fährt Genny immer, wenn sie dort ist. Er wird wissen, wohin sie gegangen ist, wen sie getroffen hat. Finden Sie sie, Burns. Finden Sie sie!« Er wedelte mit den Händen, als wollte er Gänse verscheuchen.

Allie hingegen zuckte mit den Schultern, als wollte sie sagen: ›Das ist Ihre Sache!‹, und stand auf. Als sie sich zur Tür umwandte, erhob sich auch Rona.

»Aber nicht Sie, Rona. Sie bleiben schön hier. Ich brauche Sie«, befahl er.

Allie war sich nicht sicher, wofür er Rona brauchte, aber sie vermutete, dass es eine Art Versicherungspolice sein sollte, damit sie in der Spur blieb. Die beiden wechselten einen Blick.

Rona nickte Allie kurz zu, um ihr zu signalisieren, dass sie damit einverstanden war. »Viel Glück, mein Herz«, sagte sie mit sorgenvollem Blick.

Als Allie den Raum verließ, gab Lockhart seiner Assistentin lautstark Anweisungen. Und mit einem Mal fand sich Allie inmitten der absurdesten Mission ihrer Berufslaufbahn wieder. Lockharts Rolls-Royce hielt an der Vordertreppe, als sie hinaustrat; der Chauffeur beeilte sich, ihr die Tür aufzuhalten. Die luxuriöse Ausstattung erinnerte eher an ein Wohnzimmer als an ein Auto; direkt vor ihr war hinter Glas eine kleine Hausbar. Sie ließ sich in den Rücksitz sinken und fragte sich, wie sie das nur hinbekommen sollte. Zumindest hatte sie die wichtigste Regel des Nachrichtenjournalismus befolgt: Niemals aus dem Haus gehen ohne Pass und Presseausweis.

Als Allie aus dem letzten Flugzeug gestiegen war, das an diesem Tag in Berlin landete, wurde sie von einem breitschultrigen Mann erwartet, der ein Schild mit ihrem Namen in Blockbuchstaben hochhielt. Er trug einen schwarzen Anzug mit schwarzem Rollkragenpullover, sein grau meliertes Haar war militärisch kurz geschnitten. Ein bisschen erinnerte er sie an Maximilian Schell in *Der Assisi-Untergrund*, was sie ein bisschen verstörend fand.

»Frau Burns, mein Name ist Dieter«, sagte er. »Wir wurden einander beim letzten Mal nicht vorgestellt. Willkommen zurück in Berlin.«

Verwirrt über ihre Beförderung vom »Fräulein« zur »Frau« in der deutschen Wahrnehmung erwiderte sie: »Wenn ich Sie Dieter nennen soll, müssen Sie Allie zu mir sagen. Schließlich arbeiten wir beide für Herrn Lockhart.«

Er runzelte kurz die Stirn, nickte dann aber lächelnd. »Haben Sie Gepäck dabei?«

»Nein, dafür hatte ich keine Zeit.«

Ungerührt sagte er: »Allie, ich wurde angewiesen, alle Ihre Fragen zu beantworten und Sie mit allem zu versorgen, worum Sie bitten. Doch als Allererstes soll ich Sie zu Ihrem Hotel fahren. Herr Lockhart hat dort angerufen und erklärt, dass Sie die Suite von Fräulein Lockhart übernehmen. Sie ist noch so, wie sie diese am Freitag zurückgelassen hat, vielleicht finden Sie dort wertvolle Hinweise.«

»Sehr hilfreich.«

Sie folgte ihm durch die Flughafenhalle zum Auto. Um mit seinem forschen Gang Schritt zu halten, musste sie fast in den Trab verfallen.

»Was hat Genevieve in Westberlin gemacht, bevor sie verschwand?«

»Ich weiß nicht über all ihre Aktivitäten Bescheid, weil sie sich nur an mich wandte, wenn sie einen Fahrer brauchte. Sie hat viel Zeit mit politischen Aufrührern verbracht. Mit Umweltaktivisten, Sozialisten, Leute, die gegen Atomkraft protestieren. Sie meinte, es sähe nicht gut aus, wenn sie da in einem Mercedes mit Fahrer auftauchen würde.« Er machte vor genau diesem Auto halt, das

im Licht des Flughafens gepflegt glänzte, und hielt ihr die rück-
wärtige Tür auf.

»Kann ich mich neben Sie auf den Beifahrersitz setzen? Da
würde ich mich wohler fühlen.«

Es war offensichtlich, dass Dieter das nicht gefiel, aber vermutlich arbeitete er schon lange genug für die Lockharts, um zu wissen, dass Widerspruch zwecklos war. Er öffnete ihr die Beifahrertür und schloss diese mit einem sanften Klicken, nachdem Allie
eingestiegen war.

Sobald sie den Flughafen verlassen hatten, fragte Allie: »In was
für einer Stimmung war Genevieve, nachdem sie mich aus dem Osten herausgeholt hatte? War sie fröhlich? Angespannt? Besorgt?«

Er dachte einen Moment nach. »Ich würde sagen, sie war freudig erregt. Sie freute sich darauf, ihre Freunde an diesem Abend
zu treffen.«

»Wissen Sie, welche Freunde genau?«

Er schüttelte den Kopf. »Sie hat mir nicht gesagt, mit wem sie
sich verabredete. Wie Sie, Allie, bin ich nur ein Angestellter und
niemand, dem man sich anvertraut.«

»Kennen Sie einen ihrer Freunde?«

Er warf ihr einen kurzen Blick zu, als er an einer Ampel hielt.
»Es gibt im Fond ein Autotelefon. Manchmal hat sie es benutzt.
Ich habe gehört, wie sie den Namen ›Fredi‹ nannte.«

»Glauben Sie, der Mann war so etwas wie ein Geliebter?«

Dieter grinste. »Jeder, der sich in Berlin für Politik interessiert,
weiß, dass Fredi kein Mann ist. Ihr voller Name ist Frederika
Schröder. Sie ist die charismatische Anführerin der Umweltbewegung hier in Berlin. Nicht die der offiziellen Grünen Partei, sondern der radikalen Aktivisten, die denken, die Partei wäre zu vorsichtig und zu langsam. Vielleicht hat Genevieve sich mit ihr getroffen.« Er kicherte. »Oder vielleicht haben Sie auch recht, und
sie hatte einen Freund mit dem Namen Fredi. Sie hat außerdem

mit jemandem gesprochen, der Bernd heißt. Kurze Anrufe, um sich zu verabreden.«

Das war immerhin ein Anfang, dachte Allie. Vielleicht gab es noch mehr Hinweise in Genevieves Hotelzimmer. Sie hoffte, daraus würden sich weitere Spuren und Fragen ergeben, die sie Dieter stellen konnte. Aber heute Abend war es schon zu spät für ausgiebige Recherchen.

Als sie vor dem imposanten Eingang eines Hotels hielten, sagte sie: »Kommen Sie doch bitte morgen früh her, um mit mir zu frühstücken. Acht Uhr, in Ordnung?«

»Einverstanden«, erwiderte er.

»Oh, und Dieter? Haben Sie vielleicht noch ein anderes Auto?«

»Ein anderes Auto?«

»Dieses hier ist etwas zu auffällig für das, was ich vorhabe.«

Er lächelte vage. »Meine Frau hat einen VW Polo. Niemandem in Berlin fällt so ein Auto auf. Ich werde morgen damit herfahren.«

Zufrieden betrat Allie die Hotellobby. Sie war ausgesprochen underdressed, aber das war ihr egal. Sie hatte einen Auftrag zu erledigen, und Ace Lockhart hielt selbst eine Geisel gefangen, um sicherzustellen, dass sie das auch tat.

Als Allie Dieter am nächsten Morgen zum Frühstück traf, hatte sie bereits zusammengetragen, was sich aus den Überbleibseln von Genevieve Lockhart in ihrem Hotelzimmer schließen ließ. Viel war es nicht. Da weder Pass, Terminkalender, Portemonnaie noch Handtasche aufzufinden waren, war es mehr als wahrscheinlich, dass Genevieve ihre Bleibe nicht gegen ihren Willen verlassen hatte. Wo auch immer man sie gekidnappt hatte: Im Hotel hatte es sich nicht zugetragen.

Ob von ihrer Garderobe etwas fehlte, war nur schwer zu entscheiden. Im Schrank hingen ein paar Kleider, zwei Paar Hosen und eine Jeans, ein schicker Blazer und ein halbes Dutzend Blusen, alle von Marken, die sie sich – wie Allie dank Rona wusste – nicht leisten konnte. Die Schubladen der Kommode enthielten teure Unterwäsche; jedes einzelne Stück sah nicht so aus, als wäre es gekauft worden, weil es so bequem war. Allie hatte kurz darüber nachgedacht, ob sie sich einen sauberen Slip ausleihen sollte, doch nachdem sie Genevieves Unterwäsche gesehen hatte, entschied sie sich für die traditionelle Lösung von Reportern auf Tour: das Auswaschen ihrer Wäsche mit Duschgel, um sie dann auf der Heizung zu trocknen. In diesem Badezimmer mit seinen beheizten Handtuchhaltern bot sich dies erst recht an.

Die Papiere, die sich im Hotelzimmer befanden, hatten alle mit geschäftlichen Angelegenheiten von Pythagoras Press zu tun und waren für Allie weitgehend uninteressant. Frustrierenderweise gab es keine Hinweise auf weitere Interessen von Genevieve.

Sie beendete den Tag, indem sie mit Rona telefonierte, die es ihr ersparte, Lockhart zu fragen, was seine Tochter in Berlin eigentlich vorgehabt hatte.

»Sie hatte einen Auftrag zu erfüllen«, hatte Rona erklärt. »Lockhart glaubt, dass Gorbatschow sein Reich nicht zusammenhalten kann, dass einige Staaten sich von Russland abspalten werden und dass die Sowjetunion zusammenbrechen wird. Pythagoras ist seine Cashcow, und ein großer Teil des Profits entspringt der Veröffentlichung von Werken sowjetischer Wissenschaftler; darum versucht er, Kontakte zu den Dissidentengruppen aufzubauen, von denen er glaubt, sie könnten die Staatsgeschäfte übernehmen, wenn sich der Staub gelegt hat. Und genau das macht Genny seit ein paar Monaten.«

»Klingt logisch«, meinte Allie. »Aber es erklärt nicht, was sie in Westberlin gemacht hat.«

»Lockhart sagt, der Schlüssel zu Ostberlin sind die Dissidentengruppen, die enge Verbindungen zu den radikalen Aktivisten in Westberlin unterhalten. Weil der Osten durchsetzt ist mit Stasi-Spitzeln, ist es einfacher für Genny, die Kontakte über den Westen herzustellen.«

»Und es ist angenehmer, als im Osten untergebracht zu sein, nach dem bisschen, was ich mitbekommen habe«, sagte Allie trocken. »Danke dir. Es fühlt sich total seltsam an, in ihrem Hotelzimmer zu wohnen, mit all ihren Sachen.«

»Das glaube ich sofort. Hat sie schöne Kleidung?«

Allie lachte. »Du bist so oberflächlich. Ich weiß nicht, ob ich alles schön finde, aber die Markennamen sind beeindruckend. Sie wäre eine heftige Konkurrenz für dich.«

»Vielleicht, aber ich wette, dass sie keinen Rabatt bekommt so wie ich. Wo wir gerade dabei sind: Es ist so schade, dass wir die zweite Nacht nicht gemeinsam im One Devonshire Gardens verbringen.«

»Ja, finde ich auch. Ich wäre viel lieber dort bei dir. Doch bleib an Lockhart dran und halt mich weiterhin auf dem Laufenden.«

»Das ist inzwischen ein Problem. Heute früh ist er mit dem Helikopter nach Ranaig geflogen. Er hat all seine Termine abgesagt und will sich dort allein verkriechen, um die Lösegeldübergabe vorzubereiten.«

Allie seufzte. »Dann muss ich hier eben ohne ihn klarkommen.«

»Pass auf dich auf und geh kein Risiko ein, mein Herz.«

Später, als Allie versuchte, in dem großen Bett mit seinen frischen Laken in den Schlaf zu finden, gingen ihr Ronas Worte durch den Kopf. Die Chance, Risiken vermeiden zu können, war genauso groß wie die, Genevieve Lockhart zu finden, bevor es zu spät war.

43

Dieter wartete bereits auf Allie, als sie den Speisesaal betrat. Er hatte sich etwas legerer gekleidet, passend zu dem kleineren Auto: gebügelte Jeans und ein schwarzes Poloshirt. Sie fanden einen ruhigen Tisch, bestellten Kaffee und Brötchen und bedienten sich am Büfett mit Käse und Aufschnitt.

»Ich würde gern einen Blick auf Frederika Schröder werfen. Wissen Sie, wo sie wohnt?«

»Nein, aber ich weiß, wo das Büro ihrer Organisation ist. Wir können das Gebäude observieren, dann kann ich sie Ihnen zeigen. Anschließend folgen wir ihr. Mal sehen, wohin sie uns führt.«

Das war kein umwerfender Plan, aber besser als nichts. Ihr Ziel lag nur wenige Minuten entfernt, doch es gab an der Straße keinen freien Parkplatz, der einen Blick auf das Ladengeschäft erlaubte, in dem die radikalen Umweltaktivisten ihr Hauptquartier hatten. Dieter fuhr ein paarmal um den Block, vergebens. Zum Glück lag an einer Ecke ein Café, von dem aus man schräg über die Straße die Tür des Büros gut im Blick hatte, darum richteten sie sich dort ein.

»Sobald es einen freien Parkplatz gibt, hole ich das Auto«, sagte Dieter.

Allie trank gerade die zweite Tasse des höllisch starken Kaffees, als Dieter den Körper anspannte wie ein Jagdhund, der einen Beutevogel, vom Schuss getroffen, zu Boden stürzen sieht.

»Das ist sie«, sagte er. »Die Blonde mit dem schwarzen Ledermantel.«

Sie sahen sie zunächst nur von hinten, doch als sie das Gebäude betrat, war ihr Profil deutlich zu erkennen, sodass es keinen Zweifel mehr gab.

»Das ist Fredi«, sagte Dieter mit Bestimmtheit.

Allie Schultern entspannten sich ein bisschen. Nun wusste sie wenigstens, wie ihre Zielperson aussah.

Eine halbe Stunde später wurde ein Parkplatz frei, darum verließen sie das Café und hockten sich in den Polo. Lange Zeit passierte nichts. Kurz nach zwölf verließ Fredi das Büro und ging zu Fuß die Straße hinunter. Allie sprang aus dem Auto und folgte ihr; zum Glück waren genügend Passanten auf der Straße. Wie besprochen, hielt sich Dieter hinter Allie. Fredi ging weiterhin die Straße entlang, ganz offenkundig völlig ahnungslos. Schließlich betrat sie einen Buchladen. Allie drosselte ihr Tempo und blieb vor dem Schaufenster einer Bäckerei stehen, deren Auslage sie studierte. Dieter lehnte sich an eine Wand und las Zeitung.

Wenige Minuten später tauchte Fredi mit einer braunen Papiertüte in Buchgröße wieder auf, und die kleine Prozession setzte sich wieder in Bewegung. Über einen Platz, um eine Ecke herum und hinein in eine volle Kneipe. Dieter zog seine Mütze tief ins Gesicht, und gemeinsam traten sie ein.

Fredi hatte sich zu einem Mann an der Theke gesellt. Sie begrüßte ihn mit Küsschen auf beide Wangen. Der Mann winkte der Bedienung, und kurze Zeit später stand Bier vor ihnen.

Allie und Dieter fanden einen Platz, von dem sie einen guten Blick auf die Theke hatten. Allie prägte sich den Mann ein, der das Bier bestellte: vermutlich Anfang dreißig; mittelgroß, strubbeliges braunes Haar, ein offenes, attraktives Gesicht mit weit auseinanderstehenden blauen Augen. Jeans, Arbeitsschuhe und -jacke; doch nichts davon wirkte, als wäre es je mit körperlicher Arbeit in Berührung gekommen. Zu seinen Füßen stand ein Einkaufsbeutel aus Leinen, ein Laib Brot und ein Kohlkopf lugten heraus. Fredi zog ein gebundenes Buch aus der Papiertüte und hielt es dem Mann hin. Sie saßen nah genug, sodass Allie das Cover erkennen konnte. Welch Überraschung: *Spy Hook* von Len Deighton.

Der Mann nahm das Buch und schob es in die Einkaufstasche.

Allie stieß Dieter an. »Das Buch, das sie dem Typen gegeben hat, ist auf Englisch. Vielleicht ist das ja Bernd. Sollten die beiden gehen, folgen Sie Fredi, und ich hefte mich an seine Fersen. Eventuell ist es nur ein verrückter Zufall, aber wer weiß, vielleicht ist das Buch für Genevieve. Damit sie sich nicht langweilt und schwierig wird.«

Er zuckte mit den Schultern. »Wenn Sie meinen. Haben Sie einen Stift?«

Allie gab ihm einen.

Er schrieb etwas auf einen Bierdeckel. »Das ist meine Telefonnummer. Meine Frau ist zu Hause. Rufen Sie sie an und sagen Sie ihr, wo Sie sind. Wenn ich eine Nachricht für Sie habe, hinterlasse ich sie dort. Sprechen Sie langsam. Meine Frau versteht Englisch, aber nicht, wenn Sie zu schnell sprechen.«

Schweigend tranken sie ihr Bier und warteten darauf, dass Fredi und ihr Freund aufbrachen. Die beiden an der Theke waren ins Gespräch vertieft; es sah aus, als würde Fredi dem Mann Anweisungen erteilen, auf die er reagierte. Schließlich trank sie aus, klopfte ihm auf die Schulter und lächelte ihn strahlend an. Dieter ließ ihr einen Moment Vorsprung, dann folgte er ihr. Der Mann an der Theke blieb noch ein paar Minuten, leerte langsam sein Glas, nahm dann stirnrunzelnd seine Einkaufstasche und ging.

Allie folgte ihm bis zum Ende der Straße, wo diese auf einen breiten Boulevard stieß. Er ging zu einer Bushaltestelle und richtete sich dort auf Wartezeit ein. Allie wusste nicht recht, was sie nun machen sollte. Sollte sie ebenfalls dorthin gehen oder lieber Abstand halten und dadurch riskieren, dass sie den Bus verpasste? Die Entscheidung wurde ihr abgenommen, weil der Bis kam. Sie rannte los und konnte im letzten Moment noch einsteigen. Zum Glück stand der Mann weiter hinten und hatte ihr den Rücken zugekehrt. Waren Fredi und dieser Mann tatsächlich in die

Entführung verwickelt, hatten sie entweder Vorsichtsmaßnahmen getroffen oder waren auf geradezu groteske Weise von sich selbst überzeugt. Aus ihrer Zeit als Investigativjournalistin wusste Allie nur zu gut, dass Kriminelle oftmals glaubten, sie wären weitaus klüger als diejenigen, die ihnen auf der Spur waren.

Fünf Haltestellen weiter stand der Mann auf und trat zur Tür. Sein Blick streifte Allie nicht einmal, als er an ihr vorbeiging. Als der Bus hielt, sprang Allie auf und stieg hinter ihm aus. Immer noch achtete er nicht auf die Welt um sich herum. Er bog in eine kleine Straße mit hohen Wohnhäusern ein und ging diese bis ungefähr zur Mitte hinunter. Allie spazierte ohne zu zögern an ihm vorbei, während er seine Tasche abstellte und sich mit der Haustür abmühte. Sie merkte sich die Hausnummer und schlenderte weiter bis zum Ende der Straße.

Dort machte sie halt und sondierte die Lage. Die Häuser schienen je acht Wohnungen zu beherbergen, zwei pro Stockwerk. Sie hatte keine Chance herauszufinden, welche Wohnung er betreten hatte. Es gab keinen offen zugänglichen Beobachtungsposten, von dem aus sie das Haus im Auge behalten und einen Blick in die Fenster werfen konnte. Frustriert beschloss Allie, Dieters Frau anzurufen. Sie musste nur noch eine Telefonzelle finden.

Ace Lockhart war schon immer gut darin gewesen, jede Chance zu nutzen, die sich ihm bot, um sich aus Unbill zu befreien. Er sah sich selbst als Gewinnertyp, sogar dann, wenn sich das Schicksal gegen ihn verschworen zu haben schien. Und dank purer Willenskraft oder Charakterstärke hatte er bisher alle Widrigkeiten und Hindernisse des Lebens überwinden und seine derzeitige Machtstellung festigen können. Manchmal hatte er dazu heiße Luft einsetzen und Nebelkerzen werfen müssen, aber bislang war es ihm immer geglückt, diese schließlich gegen etwas mit deutlich mehr Substanz einzutauschen.

Diesmal allerdings verpuffte die heiße Luft vor seinen Augen, und der Nebel verzog sich. Es würde niemals einen guten Zeitpunkt für die Entführung seiner Tochter geben, doch dieser war der denkbar schlechteste. Eine Situation war von Grund auf katastrophal, wenn die einzige Möglichkeit, sich daraus zu retten, in den Händen von Allie Burns lag.

Es musste einen anderen Ausweg geben.

Um ungestört von dem Grundrauschen, das die Leitung von Ace Media mit sich brachte, darüber nachdenken zu können, war er nach Ranaig gekommen. Nicht einmal seinen Mitarbeiterstab hatte er herbeordert. In Gefriertruhe und Speisekammer lagerte ausreichend Essen; es gab genug Brennholz, um durch einen bitterkalten Winter zu kommen, und das Fenster, das diese verdammte Möwe kaputt gemacht hatte, war auch längst repariert. Dank des Satellitentelefons konnte er hier problemlos allein zurechtkommen.

Als der Hubschrauber gelandet war, hatte es geregnet, aber das war ihm kaum aufgefallen. Er war zu diesem Zeitpunkt schon passend für Ranaig gekleidet gewesen: Breitcord-Knickerbocker, die in Gamaschen steckten, dazu robuste Schuhe mit genagelten Sohlen, ein Fischerpullover sowie ein übergroßer Wachsmantel, abgerundet durch eine Sherlock–Holmes-Mütze aus Tweed. Damit sah er zwar aus wie die Karikatur eines Gutsherrn in den Highlands, aber niemand hatte bisher zu lachen gewagt. Zumindest nicht in seiner Gegenwart.

Das Haus nahm Lockhart in sich auf wie eine warme Wolldecke. Es war der einzige Ort, dem er mit Respekt begegnete. Hier hängte er seine Kleidung auf, befüllte die Spülmaschine und leerte sogar eigenhändig die Aschenbecher. Nun ging er ins Wohnzimmer, goss sich einen ungewöhnlich großen Whisky ein und ließ sich vor dem breiten Panoramafenster nieder, um hinaus auf die See zu starren. Hohe Wellen aus stahlgrauem Wasser bauten sich auf und brachen an den Felsen, zerstoben zu tausend Tropfen. Zwischen Himmel und Meer gab es keine erkennbare Trennlinie, der Horizont verlor sich in grauem Dunst. Das passte perfekt zu seiner Stimmung.

Er holte die Polaroidfotos aus der Tasche. Während er sie betrachtete, fühlte er sich elend. Er starrte darauf, als könnte er sie mit Willenskraft dazu bringen, etwas anderes zu zeigen. Tränen stiegen in ihm auf bei dem Gedanken an die schlimme Lage, in der sich seine geliebte Genny befand. Und das nur, weil er Wallace Lockhart war, ein Medienmogul und Multimillionär.

Genau das war die schreckliche Ironie daran. In den Augen der Welt war er reicher, als jede Habgier sich erträumen konnte. Die Wahrheit war jedoch eine ganz andere, und er hatte nicht mehr genug Zeit, um das zu ändern und sich dem Traumbild wieder anzunähern. Seine Tochter war in Gefahr. Doch seine Taschen waren leer.

Stets hatte er das Leben bezwungen, hatte alles getan, was notwendig war, um zu überleben. Doch wenn Genny zu retten bedeutete, die Bühne zu verlassen, war es vielleicht Zeit für eine letzte Verbeugung. Es fragte sich nur, ob ihm seine Tochter lieber war als sein eigenes Leben.

44

Es dauerte länger als eine Stunde, bis Dieter eintraf. Sie sah ihn von dem Eckcafé aus, in dem sie einen Fensterplatz ergattert hatte. Schnell lief sie hinaus, ihm entgegen. Erneut hatte er die Kleidung gewechselt: Nun trug er eine graue Cordhose und einen cremefarbenen Rundhalspullover. In ihren Klamotten vom Vortrag fühlte sich Allie neben ihm schmuddelig.

»Kein Lebenszeichen bislang«, sagte sie, als sie ins Auto stieg. »Er ist nicht wieder herausgekommen. Vielleicht ist es einfach ein Typ, der damit gar nichts zu tun hat und gern englische Spionageromane liest.«

»Vielleicht verbirgt sich dahinter aber auch mehr.«

»Wohin hat Fredi Sie geführt?«, fragte sie.

»Ich bin ihr zu einem Wohnblock in der Nähe des Ku'damms gefolgt. Ihr Name steht auf einem der Briefkästen, also wohnt sie dort wohl. Es ist ein typisch Berliner Wohnhaus.«

»Was, wenn Genevieve in Fredis Wohnung ist?«

Er schüttelte den Kopf. »Ich kenne den Grundriss solcher Wohnungen. Das Wohnzimmer ist riesig, aber das Bad ist zu klein, um solche Fotos zu machen. Vor dem Haus ist ein kleiner Park, von dort konnte ich ganz gut in Fredis Wohnzimmer hineinschauen. Ich hatte das Fernglas dabei – «

»Alle Achtung, Dieter, das ist echt clever.«

Er zuckte mit den Schultern. »Ich habe es immer dabei. Mitunter geht Fräulein Lockhart mit den Leuten spazieren, mit denen sie ein Meeting hat. Herr Lockhart möchte, dass ich sie im Auge behalte.« Er verzog das Gesicht. »Um genau das zu vermeiden, was nun geschehen ist.«

»Und was haben Sie gesehen?«

»Fredi hat sich was zu essen gemacht«, sagte er versonnen. »Aber es war keine weiße Wand zu erkennen, vor der die Fotos von Genevieve hätten gemacht werden können. Wenn sie sie nicht woanders gefangen halten, ist sie vermutlich in der Wohnung, die der Mann aufgesucht hat.«

»Erst mal müssen wir herausfinden, in welcher Wohnung er überhaupt ist. Das ist leichter gesagt als getan … Durch die Fenster zu schauen ist unmöglich, selbst das Hochparterre liegt zu hoch.«

»Ich hab eine Idee.« Er sah selbstzufrieden aus. »Meine Frau spielt Klavier für den Kinderchor der Kirche. Sie haben nie genug Geld, darum ziehen sie manchmal von Tür zu Tür, um zu sammeln. Sie kann mit dem Fahrrad herkommen. Irgendjemand wird ihr schon aufmachen, und dann kann sie an jede Tür klopfen und um Spenden bitten. Die meisten werden nichts geben, aber es ist eine gute Möglichkeit, herauszufinden, wo der Mann steckt, oder?«

Allie grinste. Ihr wurde allmählich klar, warum Ace Lockhart so viel von diesem Mann hielt.

»Das ist brillant«, sagte sie und tätschelte ihm die Schulter. »Ich kann ihr den Hintergrund auf den Fotos beschreiben, und mit etwas Glück kann sie vielleicht erkennen, ob die Fotos in einer der Wohnungen gemacht worden sind.«

Dieter blickte skeptisch drein. »Das ist ganz schön viel verlangt.«

Allie wusste, wann sie sich zurückhalten musste. Es war immer besser, die anderen von selbst auf Ideen kommen zu lassen.

»Um die Ecke von dem Café ist eine Telefonzelle.«

Er nickte und ging.

Nachdem er zurückgekehrt war, saßen sie schweigend da und beobachteten das Wohnhaus. Rund zwanzig Minuten später hielt eine Frau auf einem Hollandrad auf sie zu. Sie trug einen dunklen

Regenmantel, unter dem Allie ein geblümtes Kleid erkennen konnte. Das blonde Haar war unter einem Kopftuch mit Anemonenmuster verborgen. Sie hielt neben dem Auto und lehnte das Fahrrad an die Wand. Dann winkte sie Dieter zu und stieg in den Fond des Wagens. Sie hatte einen Weidenkorb mit Deckel bei sich.

»Das ist meine Frau Helga«, sagte Dieter stolz. »Helga, darf ich dir Frau Burns vorstellen?«

»Bitte nennen Sie mich Allie«, protestierte Allie und reichte Dieters Frau die Hand.

Helga erwiderte den Gruß mit festem Händedruck und wurde rot. »Hallo. Ich freue mich, Sie kennenzulernen«, sagte sie radebrechend auf Englisch.

»Und ich bin froh, dass Sie uns helfen wollen«, erwiderte Allie. »Wir sind Ihnen sehr dankbar dafür.«

Dieter übersetzte dies, was Helga noch stärker erröten ließ.

»*Gerne*«, sagte sie auf Deutsch und nickte übereifrig.

Er erklärte ihr etwas auf Deutsch, und am Ende war an seinem Tonfall zu erkennen, dass er ihr offenbar eine Frage stellte. Er drehte sich zu Allie um.

»Ich habe ihr gesagt, was wir in Erfahrung bringen wollen, und sie gebeten, wenn möglich einen Blick in die Wohnungen zu werfen. Sie weiß, worum es geht. *Alles klar, ja, Helga?*«

»*Ja, alles klar*«, antwortete sie auf Deutsch. Allie verstand genug, um nachvollziehen zu können, worum es bei dem kurzen Austausch gegangen war.

Helga hob den Deckel des Korbs an und reichte jedem ein in Butterbrotpapier gewickeltes Brötchen. Darunter war ein Stoß linkisch gestalteter Flyer für den *Kinderchor der Kirche* und ein Notizbuch zu sehen, auf das sie mit schwarzem Filzstift *Spenden* geschrieben hatte. Sie klappte den Deckel wieder zu und wechselte ein paar Worte mit Dieter. Dann winkte sie Allie zu, stieg aus dem Auto und überquerte die Straße mit festem Schritt.

»Sie ist gut«, stellte Allie fest, als Helga eine Klingel nach der anderen drückte, um eingelassen zu werden. Beim dritten Mal klappte es, und sie verschwand im Hauseingang.

»Sie macht auch tolle Brötchen mit Sülze«, sagte Dieter mit Blick auf seines.

»Was ist das?« Misstrauisch beäugte Allie den Belag, der aussah wie kleine Fleischstücke in Aspik. In der Mitte befand sich eine in Scheiben geschnittene Gewürzgurke.

»Ich weiß nicht, wie es auf Englisch heißt«, erwiderte Dieter. »Aber wenn Sie es nicht mögen, esse ich es.«

Ein Bissen, und Allie war überzeugt.

»Keine Chance«, sagte sie.

Es war gut, dass etwas so Leckeres ihnen die nervöse Wartezeit verkürzte.

Was Dieter zu erwähnen vergessen hatte, war, dass Helga der Star einer Amateur-Opernbühne war. Eine Rolle zu spielen war ihr nicht fremd. An vier von fünf Türen, an die sie zunächst klopfte, gab man ihr ein paar Pfennige. Auf das Klopfen an der sechsten Tür reagierte niemand, aber in der siebten Wohnung spendete man ihr eine ganze Mark. Es war nun nur noch die zweite Tür auf dem obersten Stock übrig.

Helga klopfte an und wartete. Leises Murmeln war zu hören, doch die Stimmen näherten sich nicht der Tür. Sie klopfte erneut, fordernder diesmal. Jetzt waren zögerliche Schritte auszumachen, und eine Männerstimme wollte wissen, wer da sei.

Sie erklärte der Tür laut, dass sie Spenden für den Kirchenkinderchor sammelte und alle anderen Parteien im Haus sehr großzügig gewesen wären. Sie warf einen Blick auf das Namensschild über der Klingel und versuchte ihr Glück, indem sie erklärte, Frau Braun wäre immer eine sehr freigiebige Unterstützerin gewesen, und dass sie den Gesang der Kinder sehr liebe.

Durch die Tür hindurch war Gemurmel zu hören. Dann klapperten die Schlösser, und die Tür öffnete sich wenige Zentimeter. Sie konnte die Hälfte eines Gesichts und ein paar Haarsträhnen auf der Stirn erkennen. Helga setzte ihr strahlendstes Lächeln auf und drängte dem Mann einen Flyer auf. Überrumpelt wich dieser etwas zurück, während Helga einen Schritt nach vorne machte. Die Tür schwang etwas auf, sodass sie den Flur hinunter auf einen Esstisch blicken konnte. Sie bemerkte zwei Gläser und zwei Teller, bevor der Mann ihr einen Fünfmarkschein in den Korb warf und sie regelrecht hinausdrängte.

Zufrieden mit sich hüpfte Helga beinah die Treppe hinunter. Sie hatte den Kerl aufgespürt, den ihr Mann ihr beschrieben hatte. Und man musste kein Polizist sein, um zu bemerken, dass nicht ganz koscher war, was in dieser Wohnung vor sich ging.

Als sie wieder im Auto saß, schilderte sie die Begegnung in allen Einzelheiten, und Dieter übersetzte alles gewissenhaft. Je mehr Allie hörte, umso konfuser fand sie das alles. Helga sprach ganz eindeutig von demselben Mann. Aber was die Wohnung anging, war das letzte Wort noch nicht gesprochen, denn die Wände, die sie gesehen hatte, hingen voll mit gerahmten Fotografien und Gemälden. Das seltsame Verhalten des Mannes wies in die eine Richtung, das Gemurmel in die andere. Denn sollte Genevieve die andere Person dort gewesen sein, warum hatte sie dann nicht um Hilfe gerufen oder einen Ausbruchsversuch unternommen? Dieter wies darauf hin, dass sich durchaus auch zwei Entführer in der Wohnung befinden könnten und Genevieve in einem anderen Raum festgehalten wurde.

Allie stöhnte. »Sie haben recht. Aber jemand, der in Verbindung steht mit der einzigen Person, von der wir genau wissen, dass Genevieve sie getroffen hat, benimmt sich äußerst seltsam. Und es handelt sich definitiv nicht um Frau Braun.«

»Aber sie könnte die andere Person in der Wohnung sein«, entgegnete Dieter.

»Aber warum hat sie dann die Tür nicht selbst geöffnet? Und richtiggestellt, dass sie noch nie für den Kinderchor gespendet hat?«

Das waren gute Argumente, aber sie brachten sie nicht weiter.

Allie seufzte. »Eine Sache wissen wir mit Sicherheit: Die Entführer werden morgen um zwölf Uhr Ace Lockhart anrufen. Wahrscheinlich britische Zeit. Nach dem, was Sie mir über Fredi Schröder erzählt haben, wird sie diesen Anruf nicht jemand anders überlassen. Sie ist zu klug, um das Telefon in ihrer Wohnung oder im Büro der Umweltaktivisten zu benutzen – vielleicht fürchtet sie auch, abgehört zu werden. Darum werden wir uns morgen Vormittag an ihre Fersen heften. Sollte sie den Anruf machen, können wir ziemlich sicher sein, dass wir auf der richtigen Spur sind.«

»Und wenn sie in einem Café sitzt, Mokka trinkt und einen Berliner Pfannkuchen dazu isst, können wir wieder von vorn anfangen.« Dieter starrte düster vor sich hin.

»Ja, schon, aber dann kann ich direkt mit ihr reden und sie fragen, mit wem Genevieve sich sonst noch getroffen hat, als sie in Westberlin war. Wenn sie nicht bis zum Hals mit drinsteckt, wird sie ihre Leute von jedem Verdacht freisprechen wollen.«

»Müssen wir hier noch länger warten?«, wollte Dieter wissen. »Es ist nur, dass Helga wegen der Kinder langsam nach Hause muss.«

Allie sah hinüber zu der Wohnung. Es würde noch ein paar Stunden lang hell sein. Noch wollte sie nicht aufgeben. »Helga, kann ich mir Ihr Fahrrad ausleihen?«

Dieter und Helga wechselten ein paar schnelle Sätze. »Sie wollen mit dem Fahrrad hierbleiben?«

»Ja«, erwiderte Allie auf Deutsch.

Er musste lachen. »Es dauert nicht mehr lange, und Sie sprechen fließend Deutsch. Meinen Sie, das ist eine gute Idee?«

»Doch, schon. Und Sie können auf Ihrem Weg nach Hause im Büro der Umweltbewegung vorbeischauen und nachsehen, ob vielleicht irgendein Papierkram zu finden ist –«

»Papierkram? Was meinen Sie damit?«

Allie gluckste. »Na ja, Flugblätter, Broschüren … irgendetwas, auf dem die Aktivisten mit Foto und Namen abgebildet sind. Wir müssen herausfinden, wie der Typ heißt und ob er vielleicht Bernd ist.«

»Alles klar. Ja, das kann ich machen. Aber sind Sie hier denn sicher?«

»Ich kann wieder ins Café gehen und was essen. Sollte unser geheimnisvoller Mann auftauchen, hänge ich mich an ihn dran. Und wenn Fredi Schröder auftaucht …« Allie zuckte mit den Schultern. »Vielleicht ist er ihr Freund.«

Dieter lachte wiehernd auf. »Das ist unmöglich. Sie ist … Ich weiß das entsprechende Wort auf Englisch nicht. *Eine homosexuelle Frau*«, fügte er auf Deutsch hinzu.

Allie lächelte gequält. »Lesbisch. Ich hab schon verstanden. In diesem Fall ist er wahrscheinlich nicht ihr Freund. Also, wie steht's, kann ich mir das Rad ausleihen?«

Auf der anderen Straßenseite machte sich Genevieve im vierten Stock noch immer lustig über Hans.

»Ich kann nicht glauben, dass du ausflippst wegen einer alten Frau, die für einen Kinderchor Geld sammelt.« Sie kicherte.

»So alt war sie nun auch wieder nicht«, protestierte er. »Woher sollte ich denn wissen, wer da anklopft? Es hätte ja auch die Polizei sein können.«

»Ich hab dir doch gesagt, dass mein Vater nicht die Polizei rufen wird«, spöttelte Genevieve.

»Es hätte auch ein Nachbar sein können, der weiß, dass Tante Liese weg ist. Jemand, der glaubt, wir wären Hausbesetzer. Das ist nicht so ungewöhnlich in dieser Stadt.«

Genevieve nahm sich eine weitere Scheibe Brot und bestrich sie dick mit Leberpastete. »Aber es war nicht die Polizei. Hans, du musst runterkommen. Alles läuft nach Plan. Du hast es mir selbst erzählt. Euer Mann in Glasgow hat den Brief überbracht. Wenn Fredi morgen mit meinem Vater spricht, wird sie ihm Anweisungen geben, und er wird sie befolgen.«

»Bist du sicher? Er ist ein derart skrupelloser Geschäftsmann, dass ich mir nicht vorstellen kann, dass er einfach einknickt. Und selbst wenn – dann wird er sich doch bestimmt rächen wollen, oder?«

Genevieve knabberte an einer Gewürzgurke. »Wenn Fredi ihm die Kassettenaufnahme vorspielt, die wir vorhin gemacht haben, dann wird er sofort einknicken. Und er wird so dankbar sein, mich zurückzuhaben, dass es ein Leichtes sein wird, ihn davon zu überzeugen, dass Rache ein unnötiges Risiko wäre. Dass ihr mich erneut entführen könntet, und dann nicht wegen Geld. Du musst dir vor Augen führen, dass es hier nicht ums Geschäft geht, Hans. Hier geht es um Familie, um Liebe.«

»Ich kann trotzdem kaum glauben, dass er so einfach die Niederlage hinnehmen wird, Lösegeld zahlen zu müssen. Alles, was du von ihm erzählst, zeigt, wie unbarmherzig er ist.«

»Im Geschäftsleben, ja. Aber er ist sehr viel mehr als nur Geschäftsmann. Im Krieg wurde die gesamte Familie meines Vaters von den Nazis ermordet. Ich bin die einzige Verwandte, die er hat. Er wird das Risiko nicht eingehen, mich auch noch zu verlieren. Er wird durch das Haus stampfen wie ein verwundeter Bär, innerlich aufgefressen von Angst und Verdrossenheit. Aber er wird mein Leben nicht aufs Spiel setzen. Das musst du Fredi einschärfen. Aber sie muss natürlich gefährlich klingen, wenn sie ihn davon überzeugen will, dass er sonst mein Leben riskiert.«

Hans' Miene war undurchdringlich. Er fragte sich nicht zum ersten Mal, warum Genny das eigentlich nicht in den Sinn kam.

Wäre er an ihrer Stelle, hätte er die ganze Nacht kein Auge zuge-
macht. Weil er befürchten müsste, dass Fredi Schröder auch diese
Option in Erwägung ziehen würde, wenn die Alternative der Verlust ihrer eigenen Freiheit war.

Genny schob den Teller weg. »Komm, lass uns was trinken gehen.«

Er blickte so erschrocken drein, dass sie lachen musste. »Warum nicht? Hier weiß niemand, wer ich bin. Oder wer du bist,
wenn wir schon davon sprechen. Es ist langweilig, die ganze Zeit
hier rumzuhängen.« Er wollte ihr widersprechen, doch sie legte
ihm einen Finger auf die Lippen, um ihn daran zu hindern. »Auch
wenn du eine wundervolle Abwechslung bist. Na komm, Hans.
Lass uns ein bisschen das Leben genießen.«

»Nein, Genny. Du musst das ernst nehmen. Du könntest gesehen werden. Dein Vater hat vielleicht nicht die Polizei informiert,
aber er wird Leute haben, die nach dir suchen.«

»Was? In diesem obskuren Viertel von Berlin? Und wer denn
überhaupt? Dieter, mein Fahrer? Er hat mich nie mit dir zusammen gesehen. Oder mit Fredi.«

»Jeder weiß, wer Fredi ist. Wenn er weiß, dass du dich mit uns
getroffen hast, dann weiß er von Fredi. Darum bin ich hier und
nicht sie. Wir müssen an Ort und Stelle bleiben.«

Er löste sich von ihr und eilte den Flur hinunter, um den
Schlüssel aus der Tür zu ziehen und ihn in seine Hosentasche zu
stecken. Dann sah er sie ernst an.

»Du kannst nicht rausgehen, Genny. Du musst dir vorstellen,
du wärst wirklich eine Gefangene.«

Wütend zog sie die Augenbrauen zusammen. »Das muss ich
mir gar nicht erst vorstellen, oder? Denn ich bin ja tatsächlich
eingesperrt, verdammt noch mal.«

Ihr Glas traf die Tür an der Stelle, an der einen Moment zuvor
noch Hans gestanden hatte. Der Rotwein ergoss sich über den

gebohnerten Fußboden und mischte sich mit den Scherben. Ohne eine Antwort abzuwarten, stolzierte sie aus dem Flur. Laut wie ein Pistolenschuss schlug die Schlafzimmertür hinter ihr ins Schloss.

Hans blieb noch einen Moment mit zitternden Händen an seinem Platz stehen. Genny war nicht die einzige Gefangene hier. Langsam begann er, die größeren Scherben zusammenzusammeln. Fredi würde ausrasten, wenn sie davon erfuhr.

45

Allie nahm sich Zeit für eine Portion Ochsenschwanzragout mit Klößen. Als sie ihr Mahl mit Kaffee und Kuchen abrundete, setzte gerade die Abenddämmerung ein. Immer noch war von dem Mann aus dem obersten Stockwerk nichts zu sehen. Das Café füllte sich inzwischen, und die Kellnerin warf ihr giftige Blicke zu, die denen in Glasgows East End in nichts nachstanden. Allie bezahlte die Rechnung und schauderte, als sie die dunstige Wärme des Cafés gegen die Kühle des Zwielichts tauschte. Der Regen hatte aufgehört, und in der untergehenden Sonne nahmen die Wolken die Farbe eines alten Blutergusses an.

Langsam schob sie das Rad die Straße hinunter, die Augen auf die Fenster von Frau Brauns Wohnung geheftet. Die Lampen dahinter waren erleuchtet; darum lehnte sie das Fahrrad gegen einen Laternenmast, löste die Luftpumpe vom Rahmen und tat so, als müsste sie ihr Vorderrad aufpumpen. Auf den Fensterbrettern standen Blumentöpfe; und noch während sie hinaufschaute, tauchte der Mann am Fenster auf. Den Kopf hielt er gesenkt. Ein Teller kam in Sicht und verschwand wieder. Ihr Blickwinkel war sehr begrenzt, doch soweit sie erkennen konnte, machte er gerade den Abwasch. Ein zweiter Teller, dann offenbar mehrere flache Servierplatten. Aber keine weiteren Teller. Also zwei Leute?

Was aber immer noch nicht bedeutete, dass dort niemand festgehalten wurde.

Dann tauchte ein zweiter Kopf auf. Alles, was Allie erkennen konnte, war ein dunkler Haarschopf, der in eine breite Stirn fiel. Ihr Herz machte einen Sprung. Das könnte Genevieve Lockhart sein. Doch sogleich kam die Ernüchterung hinterher. Ja, klar, es könnte Genevieve sein. Es konnten aber auch Hunderte, wenn nicht Tausende x-beliebige Berlinerinnen sein.

»Verdammte Scheiße, Burns«, murmelte sie leise.

Dann bewegte sich die Frau und küsste den Mann auf die Wange. Er drehte sich zu ihr um, sie umarmten sich und entfernten sich schnell vom Fenster.

Was war das denn gewesen? Wenn das da oben Genevieve gewesen war, dann wirkte es nicht so, als würde sie gefangen gehalten. War das ein groß angelegter Betrug, den sie gegenüber ihrem Vater inszenierte, um von ihm Geld für die politische Bewegung zu erpressen, die sie sich als Spielzeug ausgesucht hatte? Gegen den Vater, der sie vergötterte und der ihr das Geld vermutlich auch gegeben hätte, wenn sie ihn einfach gefragt hätte? Oder war das nur irgendeine Frau, die gemeinsam mit ihrem zottelhaarigen Freund die Wohnung von Frau Braun besetzt hatte?

Nichts davon ergab einen Sinn. Und unter einer deutschen Laterne zu stehen, als wollte sie den Geist von Marlene Dietrich heraufbeschwören, half auch nicht wirklich. Es blieb nur noch eine Spur. Wenn Fredi Schröder morgen Vormittag nicht telefonieren ging, dann war sie mit ihrem Latein am Ende, auch wenn sie Dieter das Gegenteil versichert hatte.

Sie wusste, wie sich eine Niederlage anfühlte. Aber sie wollte verdammt sein, wenn sie sich wegen Ace Lockhart erneut geschlagen geben musste.

Genevieve kam aus dem Schlafzimmer, als Hans mit dem Aufräumen fertig war. Er hatte Handfeger und Schaufel gefunden, um die Glasscherben aufzukehren, hatte sämtliche Weinflecken weggewischt, die er sehen konnte, und hatte nun angefangen, das Geschirr abzuwaschen. Er war ein durch und durch domestiziertes Wesen, dachte Genevieve bei sich. Er hatte nicht einmal im Zorn die Hand gegen sie erhoben; das war kein Kerkermeister, vor dem sie Angst haben musste.

Über die Schulter warf er ihr einen deutlich verunsicherten Blick zu. Sie senkte den Kopf und blickte ihn in einer Imitation des Lächelns an, das Diana, die Prinzessin von Wales, immer so erfolgreich einsetzte.

»Es tut mir leid«, sagte sie vorbildlich zerknirscht. »Ich habe mich von meiner Frustration mitreißen lassen. Ich bin es gewohnt, die Initiative zu ergreifen, Hans – von Natur aus, aber auch von Haus aus. Untätig herumzusitzen, fällt mir schwer. Das ist so ungewohnt für mich.« Sie stellte sich hinter ihn und schlang die Arme um ihn. »Aber ich verspreche, mich von nun an zusammenzureißen.«

»Es tut mir leid, dass du solche Probleme mit der Situation hast. Ich hab gedacht, wir hätten Spaß miteinander.«

»Den haben wir ja auch.« Sie beugte sich vor und küsste ihn auf die Wange. »Und da es deine Aufgabe ist, dafür zu sorgen, dass ich mich nicht langweile, sollten wir lieber noch ein bisschen mehr Spaß haben.«

Hans drehte sich zu ihr um, wischte sich die Hände an der Hose trocken und umarmte sie. Sie konnte die Konturen des Schlüssels an ihrem Oberschenkel spüren. Alles, was sie nun tun musste, war, ihn im Bett auszupowern, und dann zu warten, bis er eingeschlafen war. Dann konnte sie die Schlüssel an sich nehmen und gehen. Sie wollte nicht flüchten; sie würde später zurückkommen. Sie wollte nur ein paar Stunden lang das tun, wonach ihr war. Vielleicht fand sie einen Jazzclub oder eine Kneipe, die bis in die Morgenstunden geöffnet war. Was genau, war egal, solange eben sie darüber entschied.

Fredi kannte sie nicht so gut, wie sie glaubte, dachte Genevieve, als sie Hans ins Schlafzimmer zog. Es war niemals eine gute Idee, einen Lockhart in seiner Freiheit zu beschränken.

Genevieve hatte es bis zur Wohnungstür geschafft. Sie kämpfte mit dem Doppelschloss, als Hans angerannt kam. Er packte sie an der Taille und versuchte, sie zu Fall zu bringen. Aber ihre Instinkte befahlen ihr, niemals kampflos aufzugeben. Sie wand sich, boxte ihn, trat ihn und stieß ihm den Schlüsselbund in die Rippen. Sie biss ihn sogar in den Arm, während er versuchte, sie niederzuringen, ohne ihr wehzutun. Am Ende gewann er dank seines größeren Gewichts die Oberhand und konnte sie zu Boden drücken.

»Was machst du denn?«, brüllte er sie an.

»Ich will nur ein bisschen raus«, stieß sie wütend hervor.

»Ich hab dir doch gesagt, dass du drinbleiben musst«, keuchte er. »Du musst hierbleiben. Morgen – nein, heute – präsentieren wir deinem Vater die Lösegeldforderung. Das ist ernst, kein Spiel. Jetzt gib mir die Schlüssel.«

»Verpiss dich.« Ihre Stimme war leise und bedrohlich. Sie war am Boden, aber nicht am Ende. Sie bäumte sich unter ihm auf, und fast hätte er die Balance verloren. Was er aber tatsächlich verlor, war die Beherrschung. Er ließ einen ihrer Arme los und schlug sie so heftig, dass sie Sterne sah. Während sie noch benommen war, zerrte er sie über den Teppich und warf sie bäuchlings aufs Sofa. Bevor sie reagieren konnte, hatte er schon die Seile gegriffen, mit denen er sie für die Polaroidfotos zum Schein gefesselt hatte.

Genevieve bemerkte zu spät, was er vorhatte. Sie versuchte, ihn aufzuhalten, aber er drückte ihr sein Knie ins Kreuz und verschränkte ihre Arme auf dem Rücken. Der Schmerz war unerträglich. Sie hatte das Gefühl, ihre Oberarme müssten aus den Gelenken springen. Mit einer Mischung aus Schmerz und Wut schrie sie auf, als er ihre Handgelenke fest zusammenband. Dann stieß er sie mit dem Gesicht in die Kissen.

»Halt's Maul«, zischte er. »Wenn du nicht ruhig bist, knebele ich dich wieder.«

Sie gab nach, ihre Muskeln erschlafften. Für den Moment war sie geschlagen. Aber sobald Fredi auftauchte, würde sie dafür sorgen, dass dieses kleine Stück Scheiße für das bezahlte, was es ihr angetan hatte. Wie konnte er es wagen, sie so zu behandeln, wo es doch ihr und nicht deren Plan war? Er würde derjenige unter den radikalen Umweltaktivisten sein, den sie den Wölfen zum Fraß vorwerfen würde.

Dieter wartete bereits vor dem Hotel in dem Polo, als Allie am nächsten Morgen um sieben Uhr auf die Straße trat. Ihr direkt auf den Fersen folgte ein Portier mit Helgas Fahrrad. Nachdem dieses mehr schlecht als recht im Kofferraum des Wagens verstaut war, gab Allie ihm ein Trinkgeld und ließ sich auf dem Beifahrersitz nieder.

»Wie war Ihr Abendessen?«, erkundigte sich Dieter.

»Angenehmer, als einen Abend lang im Regen eine Wohnung zu beobachten.«

»Ist irgendetwas passiert?«

»Es war eine Frau bei ihm. Ich hab ihren Kopf im Küchenfenster gesehen.«

Dieter setzte sich gerade hin. »War es Fräulein Lockhart?«

»Das konnte ich nicht erkennen. Könnte sein, aber ich habe ihr Gesicht nicht gesehen. Nur das Haar und die Stirn von der anderen Straßenseite, vier Stockwerke weiter unten.«

»Aber warum sollte sie es auch sein? Wenn man jemanden gekidnappt hat, lässt man ihn doch nicht frei herumspazieren.«

»Wohl wahr. Trotzdem habe ich da so eine Idee. Aber die ist verrückt.«

Dieter ließ den Motor an und fädelte sich in den Verkehr ein. »Wollen Sie's mir sagen?«

»Nein. Das ist einfach zu verrückt. Womöglich rufen Sie dann Ihren Boss an und berichten ihm, dass er eine völlig durchgeknallte Frau losgeschickt hat, um seine Tochter zu suchen, und wir wissen beide, wie das enden würde.«

Ein paar Minuten lang fuhren sie schweigend durch die Stadt.

»Sie sind nicht die Einzige, die komische Ideen hat«, sagte er schließlich.

Dieter wuchs ihr allmählich ans Herz.

»Wenn Sie mir Ihre erzählen, erzähle ich Ihnen meine.«

Unsicher wedelte er mit der Hand. »Ich habe überlegt, ob sie sich vielleicht in Fredi verliebt hat. So eine Sache aufzuziehen, würde sie beeindrucken, oder?«

Verblüfft fragte Allie: »Genny ist lesbisch?« Das hatte ihr Homosexuellen-Radar gar nicht registriert, als sie zusammen in Ostberlin gewesen waren. Aber Rona hatte schon mehrfach spöttisch bemerkt, dass Allie die Letzte war, der so etwas auffiel.

»Keine Ahnung. Aber es hieß immer ›Fredi hier, Fredi da‹. Als ob sie für Fredi geschwärmt hätte.«

Jetzt ergab das, was Allie gesehen hatte, allerdings noch weniger Sinn. »Ich hab gedacht, sie hätte gestern Abend den Typen in der Wohnung geküsst. Ich könnte schwören, dass es das war, was ich gesehen habe.«

»Vielleicht ist sie einfach nur unersättlich«, sagte er mit einem Lachen. Er bog in die Straße ein, in der Fredi wohnte.

»Ich glaube, das Wort, das Sie suchen, ist ›bisexuell‹.« Allie grinste. »Über Fredi und Genny hatte ich überhaupt nicht nachgedacht. Ich hatte eher überlegt, ob Genny ihren Vater über den Tisch zieht, damit er blecht und eine politische Sache finanziert, die er eigentlich nicht unterstützt. Weil sie die zukünftige Bedeutung dieses Engagements für Pythagoras Press auf eine Weise versteht, die er nicht erkennt.«

»Blechen? Wieso?«

»Da schwingt Widerwillen mit. Blechen heißt schließlich unfreiwillig zahlen. Lockhart würde es ganz sicher widerstreben, einer Gruppe von radikalen Umweltschützern einen Haufen Geld in die Hand zu drücken. Das ist nicht die Art von postsowjetischer Ära, die ihm vorschwebt.«

Dieter fand einen Parkplatz, und sie richteten sich auf eine längere Wartezeit ein. Allie stöpselte die Kopfhörer in ihren Walkman ein und spielte ihr persönliches Mixtape von Everything but the Girl ab. Tracey Thorns volle Stimme erklang in ihrem Kopf, als wäre sie ein zusätzliches Instrument. »Don't Let the Teardrops Rust Your Shining Heart« – wie wahr! Dank der Musik verging die Zeit, ohne dass sie noch nervöser wurde, als sie ohnehin schon war. Dieter deutete mit einer Geste die Frage an, ob sie etwas trinken wolle, doch Allie schüttelte den Kopf. Lange Stunden der Observierung hatten sie gelehrt, vorsichtig mit der Flüssigkeitsmenge zu sein, die sie zu sich nahm.

Die Straße war recht belebt, da es eine Stichstraße zwischen zwei Durchgangsstraßen war; aber auch wenn so einige Leute in Fredi Schröders Wohnhaus ein und aus gingen, würde Allie niemals jemanden übersehen, der so auffällig war wie die Aktivistin.

Um Viertel nach zehn wurde ihre Geduld belohnt. Allie zog mitten in »The Night I Heard Caruso Sing« den Kopfhörer ab und rief: »Da ist sie!«

»Ja, sehe ich«, erwiderte Dieter, ohne sich in seiner lässigen Sitzposition zu rühren.

Fredi ging zur Bordsteinkante und blickte die Straße hinauf und hinunter; an dem verzogenen Mund war ihre Missbilligung zu erkennen. Während sie Fredi dabei zusahen, fuhr ein 2CV an ihnen vorbei, eine Ente, auf deren Heckklappe *Atomkraft, nein danke* stand. Sie bremste und hielt an; Fredi stieg sofort ein. Begleitet von einer Abgaswolke fuhr der Wagen an, der Motor tuckerte wie eine Nähmaschine. Dieter wartete, bis ein anderes Auto an ihnen vorbeigefahren war, bevor er die Verfolgung aufnahm.

»Haben Sie gesehen, wer am Steuer saß?«, fragte Allie aufgeregt. »Der geheimnisvolle Mann aus der Wohnung.«

»Ich hab ihn gesehen.« Mit gerunzelter Stirn versuchte Dieter hoch konzentriert, den anderen auf den Fersen zu bleiben, ohne entdeckt zu werden. Sie fuhren Richtung Süden. Auf den Straßen war viel los, darum war es gar nicht einfach, den kleinen Citroën im Blick zu behalten. Am Anfang hatte Dieter mehrere Autos zwischen sich und ihr Zielobjekt gelassen, doch da sie mehrfach die Fahrbahn gewechselt hatten, war die Ente nun direkt vor ihnen, als sie in die Clayallee bog. Sie fuhren entlang des Grunewalds, der grünen Lunge der Stadt, als der Kleinwagen, ohne zu blinken, quer über die Gegenfahrbahn schoss, um links abzubiegen.

»*Scheiße*!«, fluchte Dieter. Er bremste abrupt, was ihm ein Hupkonzert von den Autos hinter ihm eintrug, dann machte er kehrt und bog ebenfalls ab.

»Gut reagiert«, keuchte Allie. »Aber ehrlich, können wir uns noch verdächtiger machen? Was meinen Sie, wohin fahren die?«

»Vielleicht zur Freien Universität. Fredi Schröder ist dort Wissenschaftliche Assistentin. Sie wird ein Büro mit Telefon haben und kann über die Telefonzentrale Gespräche nach draußen führen.«

Mit anderen Worten: nicht zurückzuverfolgen.

Vor ihnen tauchte die verdächtige Ente wieder auf. Sie bog gerade auf einen Parkplatz vor dem Haupteingang eines niedrigen, U-förmigen Gebäudes ab.

»Halten Sie direkt nach der Einfahrt«, sagte Allie. »Ich gehe rein. Sobald die anderen aussteigen, suchen Sie sich einen Parkplatz ganz in der Nähe.«

Sie sprang aus dem Auto, sobald Dieter anhielt. Während sie über die Asphaltfläche auf das Gebäude zuging, schaute sie sich nach Fredi und ihrem Fahrer um und entdeckte sie am anderen Ende, wo sie auf einen der Gebäudeflügel zuhielten. Allies Adrenalinspiegel schoss in die Höhe. Sie änderte die Richtung und beschleunigte ihren Schritt, sodass sie nur wenige Meter hinter den beiden anderen das Gebäude betrat. Sie spürte kalten Angstschweiß in den Achselhöhlen und zwang sich, langsamer zu gehen.

Fredi und der Mann hielten auf eine Treppe zu. Allie ließ sich etwas zurückfallen, bis die beiden den ersten Stock erreicht hatten, dann folgte sie ihnen. Sie erreichte gerade noch rechtzeitig den Flur, um zu sehen, wie die beiden vor einer Tür anhielten. Allie drehte sich hastig um und schlug die entgegengesetzte Richtung ein. Als sie hörte, wie hinter ihr eine Tür ins Schloss fiel, machte sie auf dem Absatz kehrt und drängte sich an drei Studierenden vorbei, die in eine Diskussion vertieft waren. Sie war sich zunächst nicht sicher, hinter welcher Tür Fredi und ihr Begleiter verschwunden waren, bemerkte aber sofort, dass die Namensschilder ihr die richtige verraten würden. Genau wie Allie vermutet hatte, stand neben der dritten Tür: *Wiss. Ass. Dr. F. von B. Schröder.*

Ihr Mund war trocken, die Handflächen waren schweißnass. Sie legte das Ohr an die Holztür, doch dahinter war nichts zu hören. Hinter der nächsten Tür vernahm sie jedoch Stimmengewirr und lauschte konzentriert. Sie konnte keine einzelnen Worte ausmachen, aber sie war sich ziemlich sicher, dass es die Stimmen einer Frau und eines Mannes waren. Offenbar fürchteten die beiden, dass Fredis Telefon abgehört wurde, weshalb sie den Anruf vom Apparat eines Kollegen machen wollten. Fredi war eindeutig ziemlich gewieft.

Allie sah auf ihre Armbanduhr. Es war fast elf, in Großbritannien also fast zwölf. Sie hoffte, dass jeder, der vorbeikam, davon ausging, dass sie einen Termin hatte und darauf wartete, eingelassen zu werden. *Nie im Leben!*, dachte sie. Sie presste das Ohr an die Tür und hörte, wie der Mann etwas auf Deutsch sagte. Dann erklang das Geräusch einer Wählscheibe.

Es folgte Fredis Stimme, klar und durchdringend: »Guten Tag, Herr Lockhart.«

46

Ace Lockhart hatte eine unruhige, von Albträumen zerhackte Nacht hinter sich, was sowohl mit der Familienpackung Vanilleeis, die er nach dem Abendessen verdrückt hatte, als auch mit der Notlage seiner Tochter zusammenhing. Wie so viele Menschen, die mit einem Mangel an Essen und emotionaler Zuwendung aufgewachsen waren, nahm er stets Zuflucht zu Süßigkeiten, wenn ihm das Herz schwer war. Als es zu dämmern begann, hatte er den Versuch, schlafen zu wollen, aufgegeben.

Weil es Standards einzuhalten galt, war er geduscht, rasiert und vollständig angezogen, als er in den ruhigen Morgen hinaustrat. Ausnahmeweise wehte kein Wind, das Meer plätscherte sanft in der sandigen Bucht, die von zwei felsigen Landzungen eingerahmt wurde. Alles sah harmlos aus, doch von den Bootsführern wusste Lockhart, dass nur ein Dummkopf versuchen würde, auf dieser Seite auf der Insel anzulanden. Das war in seinen Augen eine passende Metapher für so viele Dinge im Leben.

Er umrundete sein Reich, was weniger als neunzig Minuten in Anspruch nahm. Außer ihm gab es nur die Seevögel, die an die Gesellschaft von Menschen nicht gewöhnt waren. Sie behandelten ihn wie einen Teil der Landschaft, beachteten ihn kaum und hatten keine Angst vor ihm. Als er das letzte Mal rund um seine Insel gegangen war, hatte Genny ihn begleitet, so lebendig und fest davon überzeugt, dass sie die Zukunft ihrem Willen unterwerfen konnte. Pythagoras würde nicht nur überleben, sondern aufblühen, hatte sie ihm versichert.

Und jetzt? Jetzt wurde sie gefangen gehalten, weil er sein Unternehmen gegen eine unsichere Zukunft absichern wollte. Und sie würde womöglich sterben, weil er nicht mal die Gegenwart absichern konnte. Die Millionen, die er aus dem Pensionsfonds entnommen hatte – in seinen Augen war das immer noch ein Darlehen –, waren bereits versenkt in dem Fass ohne Boden, als das sich der New Yorker *Globe* erwiesen hatte. Er würde die Zeitung aus der Krise führen, er wusste, dass er das schaffte, und dann würde er die Gelder zurückerstatten. Aber im Augenblick waren ihm die Hände gebunden. Die Banken waren ihm auf den Fersen, und es würde nicht mehr lange dauern, bis sich die Treuhänder des Pensionsfonds ihnen anschlössen. Niemand würde es glauben – insbesondere nicht die Entführer –, aber in nächster Zeit konnte Ace Lockhart keine halbe Million lockermachen.

Aber die Kidnapper – ganz gleich, wer sie waren – würden Genny doch sicherlich nicht umbringen, oder? Ihnen musste doch klar sein, dass sie damit niemals davonkämen. Die deutsche Polizei hatte aufgrund ihrer Erfahrungen mit der Baader-Meinhof-Bande eine Menge dazugelernt; es wäre einfacher, Genny freizulassen, als sich einer Fahndung zu entziehen. Es war nicht gerade leicht, aus Westberlin herauszukommen, wenn die Behörden einen auf dem Kieker hatten. Nein, er würde sie ganz bestimmt überreden können, seine Tochter laufen zu lassen. Während der letzten fünfzig Jahre hatte er die unterschiedlichsten Leute zu allem Möglichen überredet.

Es würde gut gehen. Er würde dafür sorgen.

Zurück im Cottage brühte er sich einen Becher Kaffee, toastete einen halben Laib Brot, bestrich die Scheiben mit ungesalzener Butter aus der Normandie und belegte sie mit geräuchertem Lachs. Er aß sie, während er düster auf die Telexe starrte, die im Laufe der Nacht eingetroffen waren. Die Vitaminkapseln, die extra für ihn angefertigt worden waren und von denen er nun eine Handvoll schluckte, änderten nichts an seiner Stimmung. Er war dermaßen außer sich, dass er sich nicht einmal dazu durchringen konnte, die eingetroffenen Fernschreiben zur Kenntnis zu nehmen. Alles, was er wollte, war Genny: sicher, wohlauf und an seiner Seite.

Um fünf vor zwölf ging er schweren Schrittes in seinen Wohnraum. Er zwang sich, sich aufrecht hinzusetzen und die Schultern zu straffen. Das ließ seine Stimme voller klingen, auf diese Weise würde er eine Autorität verströmen, die er an diesem Mittag nicht verspürte. Beim zweiten Klingeln hob er den Hörer ab. Eine kraftvolle weibliche Stimme mit einem leichten deutschen Akzent begrüßte ihn: »Guten Tag, Herr Lockhart.«

»Sie sind mir gegenüber im Vorteil, gute Frau. Ich kenne Ihren Namen nicht.«

»Und das wird auch so bleiben«, gab sie zurück. »Wir werden jetzt die Bedingungen besprechen, unter denen Sie das Lösegeld für die unversehrte Rückkehr Ihrer Tochter zahlen.«

»Bevor wir damit anfangen, brauche ich einen Beweis, dass meine Tochter noch am Leben ist.«

»Einen Moment.« Ein Klicken war zu hören. Dann eine Stimme. Lockhart erkannte die seiner Tochter, obwohl sie durch die Bandaufnahme und die Telefonleitung verzerrt war.

»Daddy, ich bin's. Du musst mich hier rausholen. Die werden mich töten, wenn du nicht zahlst. Sie meinen es ernst.« Ihre Stimme wurde schrill vor Angst. Er konnte hören, wie sie nach Luft schnappte, bevor sie weitersprach. »Sie haben gesagt, dass du einen Beweis brauchst, dass ich noch lebe. Gestern war der Aufmacher des *Clarion* das Urteil in einem Prozess wegen Brandstiftung in Glasgow. Vielleicht hast du das sogar persönlich freigegeben. Daddy – diese Leute jagen mir Angst ein.«

Wieder ein Klicken, dann war erneut die Frau mit dem deutschen Akzent zu hören. »Zufrieden?«

»Fürs Erste, ja. Sie haben meine Tochter. Aber ich habe keine halbe Million Pfund.«

Hohngelächter auf der anderen Seite. »Sie besitzen eines der größten Medienimperien der Welt, sind Multimillionär. Wie sollte das wohl gehen?«

»Alles, was ich habe, steckt im Geschäft. Ich besitze nicht mal mein Haus. Ich habe es von der Glasgower Stadtverwaltung gemietet. Mein Geld ist nicht frei verfügbar.«

»Dann leihen Sie sich was. Sie haben Unternehmen, die Sie als Sicherheit angeben können.«

Unternehmen, die vollständig mit Hypotheken belastet sind. Manche sogar mehrfach. »Das geht nicht. Ich liebe meine Tochter, aber ich kann Ihnen nicht geben, was ich nicht habe. Lassen Sie sie frei, und wir vergessen, was geschehen ist. Wenn Sie ihr aber auch nur ein Haar krümmen, dann schwöre ich Ihnen, dass Sie Ihr Lebtag keine ruhige Stunde mehr haben werden.«

»Wirklich? Sie können es sich nicht leisten, Ihre Tochter zu retten, aber Sie haben genug Geld, um einen Rachefeldzug zu finanzieren? Mr Lockhart, mir scheint, Ihre Prioritäten sind echt für den Arsch, wie wir in Berlin sagen.«

»Es ist eine Frage des Zeitpunkts. In sechs Monaten sieht das alles schon ganz anders aus, aber jetzt –«

»Wollen Sie damit vorschlagen, dass wir Genevieve jetzt freilassen und sie dann in sechs Monaten noch mal kidnappen sollen?« Ihre Ungläubigkeit schlug in Gelächter um. »Sie ist Ihnen tatsächlich egal, was?«

»Ich liebe meine Tochter. Wenn ich das Geld zur Hand hätte, würde ich Ihnen das Doppelte zahlen, um sie in Sicherheit zu wissen. Aber ich habe es nicht. Ich weiß nicht, wer Sie sind, aber Sie werden doch auch Eltern haben. Würden Sie ihnen diesen Schmerz zufügen wollen, nur für Geld?«

»Hier geht es nicht um mich. Hier geht es darum, wie sehr Sie Ihre Tochter lieben. Ihr einziges Kind. Ihre einzige lebende Verwandte.«

In ihm rastete etwas aus. »Ja, meine einzige lebende Verwandte. Dank dessen, was Ihre Landsleute während des Kriegs verbrochen haben. Sie haben offenbar nichts dazugelernt. Lassen Sie meine Tochter frei, wenn Sie noch einen Funken Anstand besitzen.«

Kurz herrschte Stille.

Dann sagte die Frau mit eiskalter Stimme: »Sie haben Zeit bis Freitag. Ich rufe um die gleiche Zeit wieder an. Das ist Ihre letzte Chance.« Dann war die Leitung tot.

Er warf den Hörer auf die Gabel, sein Kopf sank in die Hände, und er weinte.

47

Das ist Ihre letzte Chance«, hörte Allie. Dann wurde aufgelegt. Die Stimme des Mannes erklang. Er wirkte enthusiastisch, als würde er voller Begeisterung gratulieren. Zeit, sich aus dem Staub zu machen. Noch ganz unter dem Eindruck dessen, was sie gerade gehört hatte, eilte Allie den Flur entlang und lief die Treppe hinunter. Dieter wartete im Foyer; er saß auf einer Bank und tat so, als würde er eine Zeitschrift lesen. Allie nickte mit dem Kopf Richtung Tür. Draußen schloss er zu ihr auf.

»Wo ist das Auto?«

»Zwei Reihen weiter. Ich kann die französische Schrottkarre von hier aus sehen.«

»Lassen Sie uns gehen.«

»Was ist passiert?« Er musste größere Schritte machen, um mit ihr mitzuhalten.

Sobald sie im Auto saßen, berichtete sie, was sie gehört hatte.

»Offenbar versucht er, sich auf Armut herauszureden«, sagte sie. »Das ist nicht besonders glaubwürdig. In der Öffentlichkeit gibt er den erfolgreichen Medienmogul. Sein Leben ist von außerordentlichem Luxus geprägt – ein Privatjet, der Helikopter, die Hebrideninsel und all die anderen Statussymbole des Reichtums. Er hat vielleicht kein Bargeld zur Verfügung, aber das ist für jemanden, der nicht in seiner Welt lebt, kein überzeugendes Argument.«

»Ich würde ihm nicht glauben«, sagte Dieter. »Er will immer das Beste von allem – aber stets mit Rabatt.«

»Bei Lösegeld gibt es keinen Rabatt.«

Während sie sprach, verließen Fredi und ihr Begleiter das Gebäude und stiegen in ihr Auto.

»Wollen Sie, dass ich ihnen folge?«

»Ja, aber es macht nichts, wenn Sie sie aus den Augen verlieren. Ich denke, ich weiß, wohin sie fahren.«

Zwanzig Minuten später sahen sie, wie die Ente in die Straße einbog, in der Frau Brauns Wohnung lag. Dieter hielt am Bordstein, und sie warteten, bis ihre Zielpersonen im Haus verschwunden waren. Dann parkte er das Auto in einer Seitenstraße.

»Hatten Sie damit gerechnet?«

»O ja«, bestätigte Allie und löste den Sicherheitsgurt.

»Was haben Sie vor?«

»Im Investigativjournalismus wird das Showdown genannt. Ich will rauf in die Wohnung, um sie mit meinen Rechercheergebnissen zu konfrontieren.«

Alarmiert wandte sich Dieter zu ihr um. »Das ist zu gefährlich.«

»Ich habe keine Angst vor einer Wissenschaftlichen Assistentin und ihrem Handlanger. Das hier ist nicht *Stirb langsam*. Die sind eher von der mauschelnden Art als von der mordenden.«

»Das heißt aber nicht, dass sie sich nicht doch gegen Sie wenden. Ich komme mit.«

Allie wog das ab. *Sei ehrlich zu dir, deine Erfolgsbilanz verheißt für den nächsten Showdown nicht gerade Gutes.* Es würde ihr kein Zacken aus der Krone fallen, wenn jemand dabei war, der über Muskeln verfügte. Und der die Sprache sprach. »Okay. Aber überlassen Sie mir die Initiative. Fredis Englisch ist sehr gut. Und wenn ich recht habe, dann gibt es da noch eine Person, die Englisch spricht wie eine Muttersprachlerin. Weil sie eine ist.«

»Warum sind Sie da so sicher?«

»Weil wir wissen, dass Fredi die Person ist, die das Lösegeld verlangt hat, und ihr Handlanger hält sich in einer Wohnung auf, die nicht seine ist, mit einer Frau, die nicht Fredi ist, die aber Genny sein könnte. Das ist nicht gerade höhere Mathematik, Dieter.« Sie öffnete die Tür und stieg aus, drehte sich um und steckte noch einmal den Kopf in den Wagen. »Kommen Sie, lassen Sie uns gehen, bevor Fredi womöglich zu Mittag essen will.«

Während sie die Straße hinuntereilten, versuchte Allie ein wenig Selbstbewusstsein in ihren Gang zu legen; allerdings wünschte sie sich, nicht die gleiche Kleidung schon den dritten Tag hintereinander zu tragen. Rona würde dazu so einiges zu sagen haben.

Als sie vor dem Klingelbrett standen, bedeutete Allie Dieter mit einer Geste, dass das sein Fachgebiet war. Schon beim zweiten Versuch hatte er Erfolg. Man ließ sie ohne jeden weiteren Kommentar ein.

»Was haben Sie gesagt?«, wollte sie wissen.

Er zuckte mit den Schultern und trat voran in den Flur. »Dass die Klingel in einer der anderen Wohnungen offenbar nicht funktioniere, ich wüsste aber, dass meine Freunde zu Hause wären. Das hier ist eine freundliche Gegend. Die Menschen hier rechnen nicht damit, dass ihnen etwas Schlimmes zustößt.«

Er hielt vor dem eisernen Käfig des Fahrstuhls und hob fragend die Augenbrauen.

Sie grinste. »Wir fahren bis zum zweiten Stock und gehen den Rest zu Fuß. Auf diese Weise bekommen sie nicht mit, was los ist. Und ich stehe nicht schwitzend und mit hochrotem Kopf vor der Tür.«

Als sie die Wohnung von Frau Braun erreichten, atmeten sie tief durch und konzentrierten sich. Allie spürte die vertraute Mischung widersprüchlicher Gefühle: die Angst zu versagen, den elektrisierenden Adrenalinkick und dazu das Wissen, dass es so gefährlich werden könnte wie ihr Zusammenstoß mit Little Weed. Aber zumindest hatte sie diesmal Dieter als Verstärkung dabei. Es würde alles gut gehen. Das musste es. Sie hob die Hand und klopfte an die Tür.

Nichts.

Sie klopfte erneut, aggressiver diesmal. Wieder nichts.

Sie wechselten einen Blick.

»Ein letzter Versuch.« Allie schlug mit der Faust gegen die Tür. Dann trat sie zurück und bedeutete Dieter mit einer Geste, es seinerseits zu versuchen.

Er überraschte sie, indem er gegen die Tür schlug und »Aufmachen! Polizei!« rief.

Dieses Mal gab es eine Reaktion. Schritte auf Holzdielen, dann wurde die Tür geöffnet, und Fredi erschien. Sie blickte grimmig und gebieterisch.

»Was gibt es?«, wollte sie wissen.

Allie machte einen Schritt vorwärts. »Lassen Sie uns ins Englische wechseln, ja? Ich weiß, dass Genny hervorragend Deutsch spricht, aber *ich kann kein Deutsch*«, fügte sie auf Deutsch hinzu.

»Wovon reden Sie?« Fredi gab keinen Zentimeter nach.

Allie schüttelte den Kopf und setzte eine betrübte Miene auf. »Die Sache ist aufgeflogen, Fredi, das Spiel ist aus.« Sie hob ihre Stimme. »Genny? Ich bin's, Allie Burns. Es ist Zeit, nach Hause zu fahren. Dieter und ich werden Sie sicher hier rausbringen.«

Fredi versuchte, die Tür zuzuschlagen, wurde jedoch durch Dieters Fuß daran gehindert. Er zuckte zusammen, wich aber nicht zurück.

»Nehmen Sie Ihren Fuß aus meiner Wohnung«, knurrte sie.

»Guter Versuch, Fredi. Ich weiß zwar nicht, was Sie mit Frau Braun gemacht haben, aber das hier ist nicht Ihre Wohnung. Sie leben auf der anderen Seite der Stadt. Hübsche Gegend, schöner Blick auf den kleinen Park. Wollen Sie das wirklich gegen eine Gefängniszelle tauschen?«, fragte Allie im Plauderton.

Das brachte ihr zumindest einen stechenden Blick ein. »Ich weiß nicht, wovon Sie sprechen.«

Allie setzte ein erstauntes Gesicht auf. »Wie zum Teufel haben Sie es nur geschafft, Wissenschaftliche Assistentin zu werden? Bislang legen Sie hier eine Intelligenz an den Tag, wie sie eher jemandem am unteren Ende der kriminellen Hierarchie eigen ist.«

Sie hob erneut die Stimme. »Genny? Die Zeit mit den Losern ist um. Es gibt hier nur ein Siegerteam, und Sie gehören gerade nicht dazu. Lassen Sie uns nach Hause fahren, bevor aus der Wut Ihres Vaters Raserei wird.«

Fredi warf einen schnellen Blick über die Schulter. Diese kleine Unkonzentriertheit reichte Dieter. Er preschte vor, warf sich gegen die Tür und schob Fredi beiseite. Die Tür war nun weit genug offen, sodass Allie und er in die Wohnung gelangen konnten. Als Fredi sich wieder gefangen hatte, ließ sie eine Serie von Schlägen auf Dieters Kopf und Schultern niederprasseln. Aber dieser wartete nur den richtigen Moment ab, um ihre Hände an den Handgelenken zu packen.

»Es reicht«, knurrte er.

Fredi wirkte fassungslos. Noch nie hatte jemand gewagt, sie so zu behandeln.

»Das hier ist Privateigentum«, stammelte sie.

»Aber nicht Ihres«, entgegnete Allie, schob sich an ihr vorbei und beförderte die Tür mit einem Tritt ins Schloss. In der Küche und im Wohnzimmer war niemand. Sie ging weiter den Flur entlang. Das Bad. Ein Gästezimmer. Dann die letzte Tür. Dahinter musste sie sein. Allie drückte die Klinke herunter, aber die Tür bewegte sich nicht.

»Genny? Ich bin's, Allie. Das hier ist Ihre letzte Chance, das Verhältnis zu Ihrem Vater zu retten. Ich habe keine Ahnung, was für ein Spiel Sie hier spielen, aber ich weiß, dass Sie ihn lieben.«

Sie hörte ein unterdrücktes Geräusch, dann nichts mehr.

»Dieter«, rief sie. »Ich brauche hier ein weiteres Mal Ihre Schulter.«

Er sagte mit fester Stimme etwas zu Fredi, das sehr deutsch klang, und kam dann zu Allie.

»Ich glaube, sie sind hier drin.«

Er nahm ein paar Schritte Anlauf und warf sich dann mit der Schulter voran gegen die Tür, die schon beim ersten Versuch splitterte und krachend gegen ein schweres Möbelstück schwang. Was Allie im Raum erblickte, war nicht das, was sie erwartet hatte. Genevieve Lockhart war ausgehbereit angezogen, lag jedoch gefesselt und geknebelt auf dem Fußboden und gab leise animalische Laute von sich. Der Mann, dessen Gesichtszüge ihr inzwischen recht vertraut waren, stürzte Allie entgegen, brachte sie aus dem Gleichgewicht und lief weiter in den Flur. Dort hatten seine Genitalien jedoch ein unerwartetes Zusammentreffen mit Dieters Knie. Mit einem Aufschrei krümmte sich der Mann zusammen und fiel stöhnend zu Boden.

Konsterniert fluchte Allie: »Was zur Hölle ist hier los?«

Genevieve gelang es, den Kopf zu drehen und Allie anzuschauen. Die Töne, die durch den Seidenschal drangen, hätten jeder dreisilbige Ausdruck sein können, doch Allie vermutete, dass sie »Mach mich los« bedeuteten.

»Alles zu seiner Zeit«, sagte Allie. »Dieter, bringen Sie Fredi hier rein. Dann versuchen wir, die ganze Sache aufzuklären.«

Dieter eilte zurück in den Flur.

»Scheiße«, brüllte er. »Sie ist weg.«

Natürlich ist sie weg, dachte Allie. »Über alle Berge.«

»Ich geh ihr nach«, rief Dieter.

»Lassen Sie es gut sein. Wir wissen, wo wir sie finden, wenn es so weit ist.«

Der Mann auf dem Boden versuchte wegzukriechen, doch Allie trat ihn heftig in die Gegend, in der schon Dieter ordentlich Schaden angerichtet hatte.

Alle Farbe wich aus seinem Gesicht, und er rollte sich zu einem kleinen Ball zusammen. »Es reicht«, ächzte er.

Allie richtete ihre Aufmerksamkeit wieder auf Genevieve, in deren Augen Wut loderte. Zuerst befreite Allie ihre Füße, dann die Hände. Genevieve versuchte aufzustehen, schaffte es aber nur auf das zerwühlte Bett. Sie schlug die Hand weg, die Allie ihr reichte, und zerrte am Knoten ihres Knebels.

»Sie haben sich ganz schön Zeit gelassen«, schimpfte sie. »Was hat Sie aufgehalten?«

So sollte es also laufen. Allie reagierte mit mildem Amüsement: »Sie wurden also entführt?«

»Ja, ganz offensichtlich. Sie haben doch gesehen, dass ich gefesselt und geknebelt war.«

»In den Fängen Ihrer Kidnapper«, entgegnete sie rundheraus und blickte Genevieve ins Gesicht.

Diese runzelte die Stirn. »Ja. Genau.«

Allie wies auf den Mann am Boden: »Normalerweise knutschen Leute nicht mit ihren Entführern, während sie gemeinsam den Abwasch erledigen. Oder machen Sie hier einen auf Patty Hearst und leiden am Stockholm-Syndrom?«

»Ich habe keine Ahnung, was Sie gesehen haben wollen, aber Sie könnten nicht stärker falschliegen. Ich bin hier das verdammte Opfer.«

»Wir wissen genug von Fredi. Aber wie lautet der Name Ihres Kumpels hier?«

»Woher soll ich das wissen? Sie hat ihn nie namentlich angesprochen.«

»Ach, kommen Sie. Ich wurde nicht mit dem Klammerbeutel gepudert. Er gehört zu der Gruppe radikaler Umweltaktivisten, mit der Sie Kontakt hatten. Entweder sagen Sie's mir, oder Dieter wird es auf die harte Tour herausfinden.«

»Hans Weber«, krächzte der Mann am Boden. »Mein Name ist Hans Weber. Das war alles Gennys Idee.«

»Fallen Sie nicht auf seinen Blödsinn herein. Aber wir werden sowieso von einer Anzeige absehen, also können Sie ihn einfach gehen lassen«, erklärte Genevieve, als hätte sie das Recht, Anweisungen zu geben.

Allie schüttelte mit einem übertriebenen Ausdruck des Bedauerns den Kopf. Sie hatte kein Interesse daran, Genevieve zu schützen. »Der Einzige, der hier zu entscheiden hat, was mit den beiden passiert, ist Ihr Vater. Er ist derjenige, dem Unrecht getan wurde. Von diesen beiden Superentführern. Und vielleicht auch von Ihnen, Genny. Ace hat die Fäden in der Hand, er bestimmt, was geschieht: ob die beiden freikommen, ob ich die Polizei rufe oder sie an Händen und Füßen gefesselt in die Spree werfe –« Sie legte eine Kunstpause ein und freute sich über Genevieves schockierten Gesichtsausdruck. »Das Letzte war ein Witz.«

Genevieve seufzte. »Ich bin hier das Opfer. Schieben Sie mir das nicht alles in die Schuhe.«

»Klar.«

Allie ging zu dem altmodischen Telefon, das an die Wand des Wohnzimmers montiert war. Sie schlug ihr Adressbuch auf und wählte die Nummer von Ace Lockharts Privatbüro. Es schien ewig zu dauern, bis die Verbindung zustande kam, doch schließlich hörte sie den Klingelton.

»Mr Lockharts Büro«, erklang die vertraute Stimme seiner persönlichen Assistentin.

»Hier ist Allie Burns. Können Sie mich zu ihm durchstellen?«

»Er ist nicht da«, sagte sie mit einem säuerlichen Unterton. »Er ist auf Ranaig, aber er nimmt das Telefon nicht ab. Vor einer halben Stunde hatte er einen Telefontermin mit dem Innenminister, aber er hat sich nicht gemeldet. Ich hatte Mr Hurds Büro am Apparat, die waren sehr verärgert. Ich habe ein Fax und ein Telex geschickt, aber er hat nicht reagiert.«

»Glauben Sie, dass ihm etwas zugestoßen ist?«

»Davon hätten wir gehört. Es gibt Hausangestellte dort.« Nun klang sie ein bisschen eingeschnappt.

Damit wäre die Binsenweisheit widerlegt, dass kein Mann Geheimnisse vor seiner Privatsekretärin hat.

»Wenn er sich bei Ihnen meldet, könnten Sie ihm dann diese Nummer geben und ihm sagen, dass es dringend ist?« Allie las die Nummer auf der Wählscheibe vor. »Das ist in Berlin. In Deutschland.«

»Ich weiß, wo Berlin ist.« Das klang jetzt eindeutig frostig. »Ich werde es ihm mitteilen, wenn er auftaucht.«

Allie drückte ein paarmal auf die Gabel und wählte dann eine Nummer, die sie auswendig kannte. Als auf der anderen Seite abgehoben wurde, sagte sie: »Ich bin's.«

»Ich hatte schon befürchtet, du hättest dich ebenso in Luft aufgelöst wie Ace.«

Selten hatte sie sich so über Ronas Stimme gefreut.

»Ich musste ein paar Dinge klären.«

»Und? Hast du?«

»Könnte man so sagen. Ja. Aber ich muss mit dem Boss sprechen.«

»Da bist du nicht die Einzige. Soweit ich weiß, hat er mit niemandem mehr gesprochen, seit er den besagten Anruf angenommen hat. Wenn er ihn angenommen hat.«

»Oh, das hat er, das kann ich bestätigen. Erinnere ich mich richtig, dass du gesagt hattest, er hätte dem Personal auf Ranaig mitgeteilt, es solle wegbleiben?«

»Das stimmt. Er wollte nicht gestört werden. Was ist los, Allie? Hast du Genny gefunden.«

Allie lachte. »O ja! Hör mal, Ro, du musst dafür sorgen, dass die Hausangestellten nach Ranaig fahren. Es passt nicht zu Ace, einfach so abzutauchen. Sie können ihm ja sagen, dass Genny nicht mehr in den Händen der Entführer ist und dass er diese Nummer anrufen soll. Dann kann er mit ihr sprechen.« Allie nannte Rona die Telefonnummer. »Ich ruf dich später noch mal an«, versprach Allie. »Aber erst muss ich mit Ace reden.«

Sie legte den Hörer auf die Gabel und ging zurück zu Genevieve.

»Lassen Sie ihn gehen, Allie. Niemand wird es Ihnen danken, wenn Sie Fredi und Hans festnageln wollen. Ich werde mich weigern, gegen die beiden auszusagen.«

Hans bewegte sich.

»Dieter, lässt sich das andere Schlafzimmer abschließen?«, wollte Allie wissen.

Das war möglich, darum bat sie ihn, Hans bis auf Weiteres dort einzusperren.

»Und wir gehen ins Wohnzimmer und versuchen Stück für Stück zusammenzusetzen, was hier vorgefallen ist.«

Sie behielt Genevieve im Blick, während sie ins andere Zimmer wechselten. Wie selbstverständlich ließ sich Genny im bequemsten Sessel nieder und begann, ihre Beine zu reiben, damit die Blutzirkulation wieder in Gang kam. Allie holte sich einen Stuhl aus der Küche und setzte sich ihr gegenüber.

»Warum sollte sich jemand weigern, gegen seine Geiselnehmer auszusagen? Doch nur, wenn man mit ihnen unter einer Decke steckt.«

Genevieve lächelte herablassend. »Weil die Person, die sie zu Fall bringt, die gesamte grüne Bewegung zu Fall bringen wird, und zwar auf beiden Seiten der Mauer. Die Leute sind zu dumm, um zwischen dem radikalen und dem gemäßigten Flügel zu unterscheiden. Die ganze Bewegung wird dadurch in den Dreck gezogen.«

»Wirklich? Glauben Sie nicht, dass sie zu heroischen Märtyrern werden, die radikal gehandelt haben?«

Genevieve schnaubte höhnisch. »Sie haben keine Ahnung, was? Deutsche sind so konservativ. Noch vor gar nicht allzu langer Zeit hat die Baader-Meinhof-Bande das gesamte Land in Angst und Schrecken versetzt. Viele Menschen, die jetzt für eine Veränderung sind, würden sich abschrecken lassen von einem Fall wie diesem. Und für die gute Sache bin ich bereit, von meinen eigenen Ängsten und Unannehmlichkeiten abzusehen.« Sie lächelte triumphierend.

»Sich für die Gemeinschaft aufzuopfern klingt so gar nicht nach Ihnen, Genny.«

Ärger loderte in Genevieves Augen auf. »Die Dinge ändern sich, Allie. Ihr Nachrichtenjournalisten steckt immer so im Hier und Jetzt fest, dass ihr das große Ganze nicht im Blick habt. Die Erde ist in Gefahr, und wir müssen das aufhalten. Das Ende der Welt wird nicht eine singuläre Nuklearkatastrophe sein wie Tschernobyl. Sondern unser Lebensraum wird langsam zerstört werden durch die globale Erwärmung, ohne dass wir es mitbekommen. Wie ein Frosch, der langsam durchgekocht wird. Fredi gehört zu den Leuten, die das aufzuhalten versuchen. Die solch dämliche Hindernisse wie die Mauer oder den Eisernen Vorhang überwinden wollen.«

»Aber diese Veränderungen brauchen Zeit, nicht wahr? Zeit und Geld.«

»Ganz offensichtlich.«

»Also haben Sie zu dritt beschlossen, die Sache ein bisschen zu beschleunigen, indem Sie Ihrem Vater Geld abpressen. Nette Idee.«

Sie verzog die Lippen. »Sie haben keine Beweise dafür. Nicht ein Fitzelchen. Weil es nie geschehen ist. Wer wird denn der größten tickenden Zeitbombe in der Ace Media Group glauben, statt der Chefin von Pythagoras Press, die auch noch Ace Lockharts einzige Tochter und Erbin ist? Und außerdem müssen Sie sich gar nicht so auf das hohe Ross schwingen. Wenn Sie es wagen, das publik zu machen, werde ich klarstellen, dass ich diese Idee von Ihnen habe.«

»Von mir?« Allie lachte. »Wie kommen Sie denn darauf?«

»Sie haben ein ganz schlechtes Erinnerungsvermögen. Erst letzte Woche musste ich Sie vor der Stasi retten. Nachdem Sie einen Menschenraub vorgetäuscht hatten, um das zu bekommen, was Sie wollten.«

Allie konnte nicht glauben, was sie da hörte. »Ich habe das getan, um eine kriminelle Verschwörung aufzudecken, die Menschen das Leben kosten wird.«

»Und wie unterscheidet sich das davon, wenn ich Geld eintreibe, um unser aller Überleben zu sichern?«

»Na, zunächst einmal habe ich niemanden betrogen, der mich liebt. Wenn Ace herausfindet, dass Sie dahinterstecken – und lassen wir die Kindereien beiseite, wir beide kennen die Wahrheit –, dann wird es ihm das Herz brechen. Immer vorausgesetzt, er hat eines.« Sie seufzte. »Warum haben Sie ihn nicht einfach gefragt?«

»Weil er Nein gesagt hätte. Für ihn springt dabei nichts heraus. Darum interessiert er sich nicht dafür.«

»Aber zumindest hätte er doch zugehört, oder? Eines Tages wird Ihnen der Konzern doch sowieso gehören. Er hätte Ihnen einen Vorschuss auszahlen können.«

Mit dem Zeigefinger malte Genevieve Muster auf die Tischplatte. »Das ist aber nicht seine Weltsicht. Er lebt in der Gegenwart. Nicht in der Vergangenheit, nicht in der Zukunft. Für ihn zählt nur das Hier und Jetzt.«

»Das rechtfertigt aber nicht Ihre Taten, Genny.«

»Lassen Sie Hans gehen, Allie. Und versuchen Sie nicht, Fredi festzunageln. Das sind keine schlechten Menschen. Sie wurden nur von ihrer Liebe zur Sache mitgerissen. Sie können hier die Rolle der Heldin einnehmen, Allie. Wir beide überlegen uns eine gute Geschichte.« Sie lachte leise. »Mein Vater wird auf ewig in Ihrer Schuld stehen. Und Ihre Rona wird für den Rest ihres Lebens einen tollen Job haben.«

»Dafür braucht Rona keine Gefälligkeiten anzunehmen.«

Genevieve zuckte mit den Schultern. »Es schadet nie, Freunde in einflussreichen Positionen zu haben. Kommen Sie, Allie. Wer kommt zu Schaden, wenn wir es auf meine Art machen? Mein Vater behält sein Geld, ich bleibe Fredis Gruppe verbunden, und Sie kommen mit blütenweißer Weste da raus.«

Allie fiel keine Alternative zu Genevieves Vorschlag ein. Es machte sie wütend, aber sie steckte wirklich in einer Zwickmühle.

Sie schüttelte den Kopf. »Sie sind vielleicht 'ne Type, Genny. Ganz die Tochter Ihres Vaters.«

Sie stand auf und nickte Dieter zu. »Lassen Sie den Mistkerl gehen. Notfalls wissen wir, wo wir ihn und Fredi Schröder finden.«

Die beiden Frauen beobachteten schweigend, wie Dieter das Gästezimmer aufschloss und Hans Weber aus der Tür zog.

»Du kannst gehen«, sagte Genevieve zuckersüß. »Tut mir leid, dass man dir wehgetan hat. Sag Fredi, dass ich mich in Kürze melden werde.«

Er sah nicht so aus, als klänge diese Vorstellung besonders verlockend. Aber er sagte nichts, sondern stolperte hinter Dieter her zur Wohnungstür.

»Wollen wir dann auch mal los?«, fragte Genevieve.

»Wir müssen hier warten«, erwiderte Allie. »Ich habe Ace die Nummer von diesem Anschluss gegeben, damit er uns anruft. Und ich lasse Sie nicht aus den Augen, bis wir mit ihm gesprochen haben.«

Genevieve machte den Mund auf, doch Allie ließ sie nicht zu Wort kommen.

»Das ist nicht verhandelbar, Genny. Genauso wird es gemacht. Sie sind nicht diejenige, die hier etwas zu bestimmen hat. Dieses eine Mal müssen Sie tun, was Ihnen gesagt wird.«

»Sie können mich nicht festhalten«, schnappte Genevieve und hielt auf die Wohnungstür zu. Dieter folgte ihr auf den Fersen. »Geben Sie mir die Schlüssel, Dieter.«

Er schüttelte den Kopf. »Das kann ich nicht machen, Fräulein Lockhart. Ihr Vater ist mein Arbeitgeber, und er hat mich angewiesen, mich nach dem zu richten, was Frau Burns sagt.«

Er verschränkte die Arme vor der Brust und stellte sich vor die Tür. Genevieve würde nirgendwohin gehen. Nicht, bis Ace Lockhart es sagte.

48

Fiona und Calum Stuart waren überzeugt, dass sie es nicht besser hätten treffen können. Sich um Ace Lockhart und sein kleines Lehen in den Weiten des Atlantik zu kümmern, gehörte nicht gerade zu den aufwendigsten Jobs der Welt. Er war pro Monat nur wenige Male für ein oder zwei Nächte da; zweimal im Jahr blieb er etwas länger, meist mit seiner Tochter. Diese war – wenn man ehrlich sein wollte – ein bisschen prinzessinnenhaft launisch. Mr Lockhart hingegen wusste, was er wollte, und solange er gut bekocht wurde und alles im Haus so funktionierte, wie es sollte, kamen Fiona und Calum gut mit ihm zurecht.

Weil sie nur dann auf der Insel sein mussten, wenn auch Mr Lockhart anwesend war, verbrachten sie die meiste Zeit in ihrem Cottage auf der Insel Coll, ganz in der Nähe von Ranaig, wo es so schöne Abwechslungen wie andere Menschen und ein Pub gab. Meist fuhren sie einmal pro Woche mit ihrem schnellen Festrumpfschlauchboot nach Ranaig, um nach dem Rechten zu sehen und die üblichen Instandhaltungsarbeiten sowie kleinere Reparaturen auszuführen. Sie schoben, wie ihre Freunde auf Coll sie in regelmäßigen Abständen erinnerten, eine ganz schön ruhige Kugel.

Darum waren sie erstaunt, dass bei ihrer Rückkehr aus dem Pub das Licht des Anrufbeantworters blinkte. Calum drückte auf den Knopf und wartete. Die Stimme, die nun erklang, war ihnen unbekannt.

»Hier spricht Rona Dunsyre von Ace Media. Vor ein paar Tagen ist Mr Lockhart nach Ranaig gefahren, aber wir können ihn nicht mehr erreichen. Können Sie hinfahren und nachsehen, ob alles okay ist?«

Die Nachricht endete mit einer Telefonnummer, die – wie Calum erkannte – zu einem Mobiltelefon gehörte.

Er verdrehte die Augen und spielte die Nachricht noch einmal ab, um sich die Nummer zu notieren und sie anschließend zu wählen.

»Ein Mobiltelefon anzurufen, kostet ein Vermögen«, grummelte er.

»Rona Dunsyre am Apparat«, meldete sich eine Stimme am anderen Ende der knisternden Leitung.

»Hier ist Calum Stuart. Wir sind gerade nach Hause gekommen und haben Ihre Nachricht gehört.«

»Danke, dass Sie mich zurückrufen. Es tut mir leid, dass ich Sie stören muss, aber wir machen uns ein bisschen Sorgen wegen Ace. Er ist am Montag mit dem Hubschrauber nach Ranaig geflogen. Er meinte, er bräuchte ein bisschen Ruhe zum Nachdenken. Bis heute Mittag war er noch erreichbar, aber seitdem … nichts. Er geht nicht ans Telefon und reagiert nicht auf Faxe.«

Zögernd sagte Calum: »Könnte es sein, dass er einfach ein bisschen Ruhe und Frieden will?«

»Normalerweise würde ich Ihnen zustimmen. Aber wir stecken mitten in einer wirklich wichtigen Sache, und es ist beunruhigend, dass er wie vom Erdboden verschluckt ist. Es müssen ein paar weitreichende Entscheidungen getroffen werden, die nur er fällen kann.«

»Sie wollen, dass wir rüberfahren und nachgucken, ja?«

»Genau das.«

»Okay, kein Problem. An Ihrer Stelle würde ich mir keine Gedanken machen. Der Boss ist gern für sich. Wenn er vor Ort ist, sehen wir ihn mitunter kaum.«

»Ich dachte, Sie sind sein Bodyguard?«

Er lachte. »Das bedeutet aber nicht, sein Babysitter zu sein. Auf Ranaig können Sie den Ärger schon lange im Voraus herankommen sehen. Ich werde ihn bitten, Sie anzurufen, wenn wir ihn sehen.«

Das Meer kräuselte sich sanft unter einer zarten Brise, als Calum das Boot fertig machte. Fiona näherte sich vom Cottage her und brachte einen Korb mit Milch und einem Beutel Langusten, die gemächlich an den Wänden ihres Plastikgefängnisses schabten.

»Scheint ein schöner Nachmittag für einen Ausflug zu sein«, sagte sie.

»Laut Wettervorhersage soll der Wind nachher auffrischen«, meinte Calum abwesend, der größte Teil seiner Aufmerksamkeit galt dem Zustand des Motors. Sobald Fiona an Bord war, drehte er den Zündschlüssel, der Motor heulte auf, und sie ließen den Anleger in einer Wolke aus Meeresschaum hinter sich.

Es war eine wunderbare Art, den Nachmittag herumzubringen, dachte Calum. Selbst nach all den Jahren, die er bei jedem Wetter auf diesen Gewässern verbracht hatte, war er immer noch begeistert, wenn er spürte, wie sich das Boot unter seinen Füßen bewegte.

Er fuhr nach Augenmaß und hielt auf die Spitze von Ranaig zu, hinter der er in die Bucht mit dem Meeresströmungskraftwerk und dem Landesteg einbog.

Sie legten an und gingen von Bord, etwas Ungewöhnliches fiel ihnen nicht auf. Calum machte sich innerlich eine Notiz, dass er eine der Planken auswechseln musste, die vor vierzehn Tagen zerbrochen war, als er eine Gasflasche darauf hatte fallen lassen. Sie schritten über den Pfad auf das Haus zu, doch sobald sie die Anhöhe erreicht hatten, wussten sie, dass etwas nicht stimmte.

»Es kommt kein Rauch aus dem Holzofen«, sagte Fiona. »Auf keinen Fall hätte er den ausgehen lassen, dafür ist es noch zu kalt.«

»Könnte er einfach vergessen haben nachzulegen, bevor er zu einem Spaziergang aufgebrochen ist?« Noch während er sprach, wusste Calum, dass das unwahrscheinlich war. Der Boss liebte jegliche Annehmlichkeit. Calum legte an Tempo zu und strebte mit großen Schritten auf das Haus zu. Die Hintertür war nicht abgeschlossen; das war nicht ungewöhnlich. Sie betraten die ausgekühlte Küche, und Fiona legte ihre Hand auf den Wasserkessel und die Kaffeemaschine. Keine Spur von Wärme.

»Hier stimmt etwas nicht«, sagte sie.

Beide warfen sie einen Blick auf die geschlossene Tür, die in das Wohnzimmer führte.

Calum machte den ersten Schritt. Beide bemerkten sie einen unangenehmen Geruch, aber es war niemand in dem lang gestreckten Wohnzimmer, auch nicht in Lockharts Arbeitszimmer oder auf der Veranda, die zum Meer hinausging. Calum schaute die Treppe hinauf, schürzte die Lippen und begann hochzusteigen. Als er den ersten Treppenabsatz erreichte, keuchte er auf.

»O Scheiße«, fluchte er.

»Was ist los?«

Fiona befand sich nun hinter ihm und blickte um ihn herum, um zu sehen, was ihren Mann so erschreckt hatte. Ein bestrumpfter Fuß, Sprunggelenk, Unterschenkel. Das einzigartige Fair-Isle-Muster hätte sie überall erkannt. Sie schob sich an Calum vorbei und ging bis in den ersten Stock hinauf, wo Wallace Lockhart in wenig vorteilhafter Weise auf dem Boden ausgestreckt lag. Der Gestank war hier deutlich stärker; was auch immer ihm zugestoßen war, hatte dazu geführt, dass er die Kontrolle über seine Eingeweide verloren hatte. Seine Augen waren offen, die dunkelbraune Iris stumpf. Die Wangen waren kirschrot gefleckt mit dunkleren Stellen dazwischen. Sie ging in die Hocke und berührte seine Haut. Sie war kalt.

Mit offenem Mund drehte sie sich zu Calum um.

»Er ist tot. Was machen wir jetzt?«

49

Diese Wohnungen müssen verdammt gut schallisoliert sein. Ich kann nicht glauben, dass sich niemand beschwert wegen des ganzen Lärms, den wir gemacht haben«, sagte Allie im Plauderton, als sie zusammen um den Tisch saßen, um Aufschnitt und Schwarzbrot zu essen.

»Wann rufen die endlich an?«, fragte Genevieve. »Wir warten seit Stunden. Ich muss endlich mit Ace sprechen, um diesen Wirrwarr aufzuklären.«

»Rona wird anrufen, sobald es etwas Neues gibt«, sagte Allie kurz angebunden.

»Was hat Rona eigentlich damit zu tun? Sie ist nur Feature-Redakteurin, niemand mit Entscheidungsgewalt. Seit wann hat sie da das Sagen?«

Allie wünschte sich, sie würde immer noch rauchen. »Sie war zufällig gemeinsam mit mir im selben Raum, als Ihr Vater die Lösegeldforderung erhielt. Wir sind die Einzigen, die wissen, dass Sie angeblich entführt worden sind. Und Rona ist immer noch die einzige Person außerhalb dieser vier Wände, die weiß, was geschieht. Sie wird uns anrufen, wenn sie etwas zu berichten hat.«

Als hätte sie damit den Anruf aus dem Nichts heraufbeschworen, läutete das Telefon genau in diesem Moment. Genevieve wollte danach greifen, doch Allie war schneller.

»Sprechen Sie, es ist Ihr Geld«, sagte sie und wehrte Genevieves zupackende Hände ab.

»Allie, ich bin's.«

Was für ein Glück, es war Rona.

Allie wehrte Genevieve erneut ab. »Einen kleinen Augenblick, bitte … Dieter, könnten Sie sie bitte ins Schlafzimmer bringen?«

Er schob einen Arm um Genevieve und führte sie im Polizeigriff weg.

»Nach der Sache hier habt ihr die längste Zeit für meinen Vater gearbeitet«, kreischte Genevieve, bevor die Tür hinter ihr zuschlug.

»Das ist ein Tollhaus«, sagte Allie ins Telefon. »Erzähl, wie steht's? Wo ist der alte Mistkerl.«

»Kann sie uns hören?«

»Nur wenn sie Ohren wie eine Fledermaus hat. Sag schon, Rona. Was ist los? Sind wir alle gefeuert?«

»Er ist tot, Allie.«

Allie brauchte eine ganze Weile, um Ronas Worte zu verarbeiten und das Gespräch wieder aufzunehmen.

»Wie?«

»Laut Bodyguard sieht es aus wie ein Herzinfarkt. Oder ein heftiger Schlaganfall. Die Polizei macht sich auf den Weg, sobald sie ihren Hubschrauber in die Luft bekommen.«

»Warum die Polizei?«

Rona lachte kurz hart auf. »Weil es sich um Ace Lockhart handelt, einen Mann mit tausend Feinden und einer Menge politischer Freunde.«

»Ist denn etwas verdächtig an dem Tod?«

»Ich weiß auch nur, was der Bodyguard mir erzählt hat. Er lag am Kopf der Treppe, Wunden oder Blutergüsse waren nicht zu sehen, und er war schon kalt. Bis jetzt habe ich im Büro noch niemandem davon erzählt.«

Allie vermutete, dass sie genauso gehandelt hätte. »Ich weiß nicht, wie ich ihr das beibringen soll«, sagte sie leise.

Rona, die immer sehr einfühlsam war, sagte: »Du bist klug, Allie. Und hast viel Herz. Ich wünschte, ich könnte dir helfen, aber du wirst schon einen Weg finden. Ich weiß, dass du das kannst.«

Allie senkte ihre Stimme: »Arrangiere bitte alles, damit wir aus Berlin rauskommen. Wir brauchen Flüge nach Frankfurt und dann den Privatjet.«

»Ist schon so gut wie erledigt, mein Herz. Ich fahre jetzt ins Büro und kümmere mich dort um alles Weitere.«

»Ich ruf dich an, sobald ich kann. Ich liebe dich.«

Vorsichtig legte Allie den Hörer auf die Gabel und legte die Stirn an die Wand. Sie war noch nie in einer vergleichbaren Situation gewesen. Das versetzte dem Gedanken, stets böten sich grenzenlose Möglichkeiten, den Todesstoß. Innerhalb von Minuten war aus ihrer Posse eine griechische Tragödie geworden. Und nun war es an ihr, Genevieve Lockhart mitzuteilen, dass ihr Vater, den sie zu betrügen versucht hatte, gestorben war. Womöglich aufgrund des Schwindels, den sie aufgezogen hatte.

Allie ging ins Schlafzimmer, wo Genevieve ausgestreckt auf dem Bett lag. Dieter stand mit verschränkten Armen neben dem Fenster.

»Wann kann ich endlich mit meinem Vater sprechen?«, fragte Genevieve herrisch.

»Ich habe ihn auch noch nicht sprechen können, aber es gibt eine Planänderung«, sagte Allie und wünschte sich, sie hätte eine bessere Formulierung gefunden. »Sie müssen mit mir und Dieter in Ihr Hotel fahren.«

»Warum? Ist das irgendein Trick?«

»Kein Trick. Wir müssen alles zusammenpacken, um nach Großbritannien zurückzukehren. Und wir sollten aufbrechen, bevor Fredi es sich in den Kopf setzt, noch einmal herzukommen.«

Genevieve sah Dieter unsicher an. »Ich weiß nicht, wem ich trauen soll.« Wehleidig blickte sie wieder zu Allie hinüber. »Und Ihnen vertraue ich ganz sicher nicht.«

Allie spreizte die Hände. »Im Augenblick haben Sie nur uns. Ich verspreche Ihnen, dass ich Sie nicht in irgendeiner Weise hereinlegen werde.«

»Sie ist auf Ihrer Seite«, bekräftigte Dieter. »Genau wie ich.«

Genevieve verzog schmollend das Gesicht und ging ins Wohnzimmer. Dort steckte sie den Roman von Len Deighton und ein Päckchen Kaugummi in ihre Handtasche.

»Dann lassen Sie uns gehen. Das hier ist vermutlich der letzte Auftrag, den Sie für uns erledigen, Dieter, also legen Sie sich ins Zeug.« Genevieve zog ihren Mantel an und stellte sich abwartend an die Tür.

Allie trat neben sie. »Und bitte, Genny: Versuchen Sie gar nicht erst, wegzulaufen. Wir müssen reden.«

Etwas in Tonfall und Miene musste Genevieve überzeugt haben, denn sie zuckte nur mit den Schultern und meinte: »Und versuchen Sie nicht, mich zu bescheißen. Denken Sie daran, dass ich Ihre Karriere mit einer Handbewegung zerstören kann. Und die Ihrer Freundin gleich mit.«

Sobald sie die Hotelsuite betreten hatten, strebte Genevieve auf das Telefon zu. Allie hechtete vor, um sie davon abzuhalten.

»Nein. Bitte warten Sie.«

»Wie oft soll ich es Ihnen denn noch sagen: Ich muss mit meinem Vater sprechen.«

Allie packte sie an den Schultern und führte sie vom Telefon weg.

»Es gibt keinen sanften Weg, Ihnen das mitzuteilen, Genny. Ihr Vater ist tot.«

Unverständnis prägte Genevieves Blick. Dann lachte sie nervös auf. »Himmel! Ist das schon wieder eines Ihrer verrückten Spielchen? Das ist krank.«

Allie schluckte. »Es tut mir leid, aber es ist kein Scherz. Ace ist tot, Genny.«

Genevieves Beine gaben unter ihr nach; sie wäre zu Boden gefallen, wenn Dieter nicht vorgesprungen wäre und sie aufgefangen hätte. Er trug sie zum Sofa und legte sie dort vorsichtig nieder.

Kläglich schaute sie ihn an. »Sie macht das nur, weil sie mich hasst«, sagte sie mit unsicherer Stimme.

»Sie hasst Sie nicht. Ihr Vater hat sie damit beauftragt, Sie zu retten. Das hat er mir selbst gesagt. Er wollte Sie in Sicherheit bringen lassen, und er hat mir erzählt, er hätte Frau Burns geschickt, weil sie die beste Ermittlerin ist, die er hätte.«

Allie seufzte. »Es tut mir furchtbar leid, Genny.«

Ihr Gesichtsausdruck war leer vor Schock. Noch kamen keine Tränen, noch verleugnete sie alles.

»Was ist passiert? Wo ist es passiert? Wann?«

»Er war auf Ranaig. Hat das Telefon nicht abgenommen, Faxe ignoriert. Rona war die Einzige im Büro, die wusste, was vor sich ging, darum bat sie seine Hausangestellten, zur Insel zu fahren und nachzusehen, ob es ihm gut ginge. Sie haben ihn am Kopf der Treppe gefunden.« Für einen Mann mit einem derart legendären Leben war es eine sehr prosaische Art zu sterben.

Schließlich kamen Genevieve doch die Tränen. Lautes Schluchzen, so wie Kinder weinen, wenn sie begreifen, dass ihre Welt in Scherben liegt. Für Kinder gibt es stets neue Spielzeuge, neue Freunde, neue Möglichkeiten. Genevieve Lockhart blieb jetzt aufgrund des Verlusts jedoch nur die Untröstlichkeit.

50

Zwei Wochen später

Mit ihrem täglichen Packen an Zeitungen verließ Allie den Zeitschriftenladen. Schon ein flüchtiger Blick hatte ihr bestätigt, dass Ace Lockhart immer noch in den Schlagzeilen war. Zunächst hatte es Lobpreisungen auf ihn als Titan der Medienwelt gegeben, viele davon stammten von Leuten, die es eigentlich besser hätten wissen müssen. Dann kamen Gerüchte auf wegen der Todesursache, die jedoch zum Verstummen gebracht worden waren durch die Autopsie und den toxikologischen Bericht.

Dass er an Zyanid gestorben war, hatte jedoch mehr Fragen aufgeworfen als beantwortet. Selbstmord oder – die Schlagzeile war das journalistische Äquivalent zu einem Aufkeuchen – Mord? Diejenigen, die von sich behaupteten, sie hätten Ace am nächsten gestanden, erklärten, niemals hätte er sich umgebracht. Niemals hätte er resigniert, verkündeten sie. Sein Ego hätte das nicht zugelassen. Und wer sollte ihn überhaupt ermordet haben? Und wie? Und warum? Es gab keinerlei Spuren oder Ähnliches auf Ranaig – keine Fingerabdrücke, nichts auf den Überwachungskameras.

Die Verschwörungsideologen hatten gerade erst losgelegt, als nach und nach die Wahrheit über den gefährlich desolaten Zustand der Unternehmensfinanzen ans Licht kam. Ace Media, so hieß es, hätte am Rande des Bankrotts gestanden aufgrund von Lockharts völlig überteuerter New Yorker Investition. Ein Selbstmord gewann wieder an Wahrscheinlichkeit, denn alle waren sich einig, dass Lockhart die Demütigung, sein Unternehmen auseinanderbrechen zu sehen, niemals ertragen hätte.

Dann die Mega-Enthüllung: Ace Lockhart hatte in die Kasse des Pensionsfonds gegriffen. Es klaffte ein riesiges Loch darin, und es war nicht klar, ob ehemalige Mitarbeiter mit aktuellen Rentenansprüchen weiterhin ihre Zahlungen erhalten würden, ganz abgesehen von denjenigen, die noch arbeiteten und monatlich einen Abschlag zahlten. Irgendjemand hatte dazu einen Kommentar von Genevieve Lockhart ergattern können, die ansonsten nach anfänglichen Trauerbekundungen geschwiegen hatte:

Genevieve Lockhart, Treuhänderin des Fonds und Alleinerbin von Ace Media, sagte: »Soweit ich weiß, sollte es ein temporäres Darlehen aus den Überschüssen des Fonds sein. Ich hatte keine Ahnung, dass dieses Darlehen viel höher war als die Überschüsse.«

Ja, klar, hatte Allie gedacht. Zum ersten Mal in ihrer journalistischen Laufbahn war sie froh und erleichtert, dass sie in der Gladiatorenarena der Eilmeldungen nicht in der ersten Reihe saß. Sie hatte die trauernde Genevieve aus Berlin zurück nach Großbritannien gebracht und sich dann von dem ganzen traurigen Chaos zurückgezogen. Rona hatte ihr vorgeschlagen, sie solle an Genevieves Seite bleiben, doch Allie hatte das abgelehnt.

»Sie ist nicht meine Freundin, Ro. Ich mag sie nicht mal«, hatte sie erklärt. »Außerdem wird sie selbst Freunde haben. Ständig taucht sie in den Klatschkolumnen auf, weil sie auf dieser oder jener Party war. Es ist nicht meine Aufgabe, ihr eine Schulter zum Ausweinen zu bieten. Oder ihre Probleme zu lösen. Ich habe die Kündigungsfrist nun fast hinter mir, in Kürze bin ich frei von Ace Media. Genevieve Lockhart gehört nicht zu meinem Verantwortungsbereich.«

Rona hatte mit den Schultern gezuckt. »Stimmt schon. Ich für meinen Teil halte mich lieber bedeckt, bis der Staub sich gelegt hat, und hoffe, dass ich dann noch einen Job habe. Aber wenn ich nach Manchester zurückkommen muss, um mein altes Leben wieder aufzunehmen, würde mich das nicht stören. Ich vermisse das ganze Alltagsleben mit dir.«

»Ich auch. Ich hab jetzt etwas mehr Freiraum, um mich nach neuen Investigativstorys umzuschauen. Und um vielleicht etwas gemeinsam mit Bill Mortensen auf die Beine zu stellen. Es gibt wirklich Überschneidungen, was die Berufe des Privatdetektivs und der Investigativjournalistin angeht.«

Allie gab sich damit zufrieden, zuzuschauen, wie Ace Media im Fegefeuer der Eitelkeiten in Rauch aufging. Und sie erinnerte sich an einen Satz von Bill Mortensen über die Arbeit als Privatermittler: »Du überbringst dem Klienten die Informationen und trittst dann in den Hintergrund, um zu beobachten, wie der Blitz bei jemand anderem einschlägt.«

Als sie wieder zu Hause war, ließ sie sich nieder, um einen genauen Blick in die Zeitungen zu werfen. Da sie nun eigenständig nach Storys suchte, musste sie über die Schlagzeilen hinausgehen, um zu sehen, ob es in einem Bericht offene Fragen gab, denen sie nachgehen konnte. Sie hatte gerade die *Times* durchgearbeitet, als es an der Tür klingelte. Verwundert eilte sie zur Haustür. Sie erwartete weder einen Besucher noch eine Lieferung.

Und ganz sicher hatte sie nicht die Person erwartet, die sie vor der Tür vorfand. Blass und irgendwie geschrumpft, aber immer noch von Kopf bis Fuß in Designerkleidung gewandet, stand da Genevieve Lockhart und blickte ihr herausfordernd in die Augen.

»Genny«, sagte Allie cool mit ausdrucksloser Stimme.

»Bitten Sie mich rein, nachdem ich schon den weiten Weg zu Ihnen auf mich genommen habe?«

»Ich dachte, Sie wollten nur kurz vorbeischauen.«

Allie machte einen Schritt zurück und bedeutete ihrer Besucherin einzutreten. »Den Flur hinunter und dann links, wir setzen uns in die Küche.«

Sie folgte Genevieve in den hellen und durchdacht eingerichteten Raum. Genevieve ließ sich auf dem Stuhl nieder, der ihr den besten Blick auf die Küche und den dahinter liegenden Garten bot.

»Hübsch hier«, sagte sie.

Allie lehnte sich gegen die Kücheninsel und verschränkte die Arme vor der Brust. »Wahrscheinlich sind Sie nicht ›den weiten Weg‹ hergekommen, um unsere Küche zu bewundern.«

Genevieve seufzte. »Allie, könnten Sie mich bitte nicht so feindlich behandeln? Ich bin hergekommen, um Sie um einen Gefallen zu bitten, und nicht, um mich zu streiten.«

Das kam so überraschend, dass Allie, ohne weiter nachzudenken, einen Küchenstuhl heranzog und sich Genevieve gegenübersetzte.

»Ich kann nur wiederholen, was ich schon vor einer Weile gesagt habe: Ihr Verlust tut mir leid. Es war ein fürchterlicher Schock, das weiß ich. Und seitdem ist es nicht gerade leichter geworden. Aber ich habe keine Ahnung, wie ich Ihnen helfen soll.«

»Es war eine ganze Abfolge von Schocks.« Genevieves Augen waren verhangen vor Schmerz. »Es gibt keinen Grund, warum Sie mir glauben sollten, aber es ist wirklich so, dass ich keine Ahnung vom desaströsen Zustand des Unternehmens hatte. Ace war immer geschickt darin, Dinge zu verbergen. Wenn wir über das Geschäft gesprochen haben, hatte er auf jede meiner Fragen eine Antwort. Und ich war nicht schlau genug, um die Nebelwand zu durchblicken. Was den Pensionsfonds anging, hat er mir ins Gesicht gelogen, und ich habe nie hinterfragt, ob auch stimmte, was er mir gesagt hat. Aber es gibt eine Sache, der ich mir völlig sicher bin. Mein Vater hätte niemals Selbstmord begangen.«

Mitleid füllte Allies Herz. »Das können Sie nicht mit Sicherheit sagen. Er hätte sich der Scham und dem Ruin stellen müssen. Ich glaube nicht, dass er damit hätte leben können.«

Genevieve lächelte dünn. »Sie verstehen nicht ganz. Er hätte sich den Gedanken niemals erlaubt, dass es keinen Ausweg gab.

Er hat in seinem Leben so viele Hindernisse überwunden. Seine ganze Familie ist durch die Nachbarn zu Tode gekommen. Er hat die Wirren des Krieges überlebt, aus dem Nichts einen internationalen Konzern aufgebaut. Ace war überzeugt, dass er niemals tief fallen könnte. ›Die Hoffnung stirbt zuletzt‹, ist ein Motto, das Ace wie auf den Leib geschneidert zu sein schien.«

Allie bewunderte Genevieves unzerstörbaren Glauben schon beinah. Aber die Fakten standen dem entgegen.

»Wenn es kein Suizid war, was ist dann geschehen? Es gibt keinen Beweis, dass jemand außer ihm auf Ranaig war.«

»Das weiß ich«, sagte Genevieve ungeduldig. »Aber mithilfe von Gift lässt sich eine Falle stellen. Man muss nicht im selben Raum sein wie das Opfer, nicht mal im selben Land. Man platziert das Gift und muss dann nur noch abwarten.«

»Bitte? Man versetzt eine Flasche Wein oder Schokolade mit Zyanid? Finden Sie nicht, dass das ein bisschen zu sehr nach Agatha Christie klingt? Und nach dem, was ich gehört habe, hat Ace jedes Geschenk, das seinen Ansprüchen nicht genügte, an den nächsten Schleimer weitergereicht.«

»Das stimmt alles.« Ein Funken ihres früheren Selbst war in Genevieves Augen zurückgekehrt. »Aber was, wenn es etwas war, das speziell für ihn konzipiert wurde?«

Trotz ihrer angeborenen Skepsis war Allie fasziniert von der Idee. »Was denn zum Beispiel?«

Genevieve ließ ihre große Tote Bag von Cartier auf den Tisch fallen und kramte darin herum. Schließlich holte sie ein Arzneifläschchen aus braunem Glas hervor und hielt es Allie entgegen.

»Lesen Sie das Etikett«, sagte sie. »Bitte.«

Allie tat, worum sie gebeten worden war: *Wallace Lockhart. Supervitamin-Ergänzungsmittel. Ausschließlich für den Gebrauch des Patienten.* Zusätzlich war ein Logo auf dem bedruckten Etikett: *Hygieia Health, Genf.* Sie schraubte die Flasche auf und schüttelte ein paar dunkelgrüne Kapseln auf ihre Handfläche. Es handelte sich nicht um abgedichtete Gelkapseln, sondern um solche, die aus zwei separaten Hälften bestanden, die einander überlappten. Es wäre nicht schwer, sie auseinanderzuziehen; die Farbe würde verbergen, wodurch der Originalinhalt ersetzt worden war.

»Das wäre eine geschmacksneutrale Möglichkeit, das Zyanid zu verabreichen«, überlegte Allie. »Sehr praktisch. Dann muss es jemand aus seiner nächsten Umgebung gewesen sein. Wer sonst sollte von den Tabletten wissen? Und wer hätte Zugang zu ihnen?«

Genevieve schnaubte verächtlich. »Jeder mit ein bisschen Recherchekompetenz könnte das herausfinden. Das *Traveller Magazin* hat eine Rubrik, die heißt: ›Die wichtigsten Reisebegleiter: Was ich auf Reisen immer dabeihabe‹. In der Ausgabe von Januar 1988 hat mein Vater dort von den Tabletten erzählt, und außerdem gab es sogar noch ein Foto von ihnen.«

»Das wäre aber eine ganz schön lange Zeit, um einen Plan zu entwickeln.«

»Ach, kommen Sie, Allie. Der Artikel ist öffentlich zugänglich. Ich hab's überprüft – er ist sogar im Artikelarchiv des *Clarion*. Für jemanden, der gründlich sucht, ist er nicht allzu schwer zu finden. Jeder im Gebäude, der ihn hätte loswerden wollen, hätte von den Tabletten wissen können.«

»Aber wie sollte derjenige es dann schaffen, an den Vorrat in Ranaig zu gelangen?«

»Mein Vater hatte Fläschchen voller Tabletten in den persönlichen Badezimmern seiner Büros in Glasgow und London stehen. Und in Voil House wie auch der Londoner Wohnung. Wenn er eine Flasche brauchte, hat er sie von überallher mitgenommen. Das Gift hätte überall hinzugefügt werden können.«

»Aber glauben Sie, das ist wirklich ein Beweis dafür, dass er ermordet wurde?«

»Die Flasche stand in der Küche.«

Allie schüttelte den Kopf. »Sie greifen nach jedem Strohhalm, weil Sie nicht zugeben können, dass Ace nicht der Mann war, für den Sie ihn gehalten haben«, sagte sie freundlich.

»Er hat mich geliebt. Er hätte mich nie mit diesem Chaos alleingelassen«, erwiderte sie mit bebender Stimme. »Allie, wir wissen, dass er als Letztes mit Fredi Schröder telefoniert hat. Das weiß ich, weil Rona mir davon erzählt hat. Er hat versucht, meine Freilassung herauszuhandeln. Warum sollte er sich damit abmühen, wenn er sowieso vorhatte, mich mit dem ganzen Scheiß alleinzulassen?«

Das war ein Argument. Allie tat die Kapseln zurück ins Glas und schraubte es sorgfältig zu.

»Okay, um dem Gedanken mal Rechnung zu tragen: Angenommen, Sie haben recht – wie sollte jemand denn an die Vitamintabletten herankommen?«

Genevieve seufzte. »Wie ich schon gesagt habe: Sie sind überall. Wahrscheinlich inzwischen auch in New York. Auf Ranaig. In der Bordküche des Flugzeugs. Sie wissen, wie es um die Sicherheit in Bürogebäuden bestellt ist: Jeder kann nachts dort eindringen. Und da es sich um Zeitungsredaktionen handelt, achtet niemand auf die Menschen, die darin unterwegs sind.«

»Aber dieses Fläschchen war auf Ranaig, nicht wahr?«

»Die Tabletten werden alle ans Londoner Büro geliefert. Er steckt dann immer –« Sie unterbrach sich selbst. »Steckte dann immer eine neue Flasche ein, wenn irgendwo eine zur Neige ging. Ich glaube nicht, dass der Zugang zu den Tabletten der Schlüssel zur Aufklärung des Geschehens ist.«

Allie schüttelte den Kopf. »Ich kläre hier gar nichts auf, Genny. Das geht mich alles nichts an.«

Dieses Mal war das Seufzen eher ein heftiges Schaudern. »Könnte ich ein Glas Wasser haben?«

»Natürlich. Möchten Sie auch einen Kaffee? Oder einen Tee?«

»Wasser genügt.«

Allie holte ein Glas und stellte es ihr hin. »Entschuldigung, ich bin eine schlechte Gastgeberin.«

Genevieve nahm einen langen Schluck und tupfte sich dann die Lippen mit den Fingern ab.

»Ich bin hergekommen, weil mein Vater Ihnen vertraut hat. Aufgrund der Art und Weise, wie Sie mich behandelt haben, weiß ich, dass Sie mich eindeutig nicht mögen, aber mir ist klar, dass Sie trotzdem Ihr Bestes für mich gegeben haben.« Sie blickte in den Garten. »Nach allem, was passiert ist, habe ich keine Ahnung, wem ich vertrauen kann. Ich fühle mich wie ein Goldfisch im Haifischbecken. Alle sind nur damit beschäftigt, ihren eigenen Hintern zu retten. Eingeschnappte Unschuld, das ist alles, was ich um mich herum sehe. Wenn man bedenkt, wie wenig jeder angeblich über die Geschäfte weiß, ist es ein verdammtes Wunder, dass wir es überhaupt schaffen, Zeitungen herauszubringen.«

Die giftigen Bemerkungen, die Genevieve machte, überzeugten Allie mehr als ihre Trauer. Warum auch immer Genevieve zu ihr gekommen sein mochte, sie hatte nicht vor, Allie über den Tisch zu ziehen.

»Wenn es sich um Mord handelt, wer steckt dann dahinter?«

Genevieve lächelte schief. »Mein erster Gedanke war Fredi. Durch den Tod meines Vaters stehen ihre Chancen besser, noch mehr vom Lockhart-Vermögen einzusacken als durch die Entführung. Aber das ergibt keinen Sinn. Ich hatte nicht lang genug mit ihr zu tun, als dass sie einen so komplexen Plan hätte entwerfen und durchführen können.«

»Es scheint mir auch nicht ihr Stil zu sein. Und ich kann mir nicht vorstellen, dass sie die notwendigen Ressourcen dafür hätte. Damit kommen wir zur klassischen Frage: Wer profitiert davon?«

»Auf dem Papier bin ich das. Ich bin die Alleinerbin. Nicht mal seine liebsten Wohltätigkeitsorganisationen bekommen eine Zuwendung. Und ich habe selbst zugegeben, dass ich keinen blassen Schimmer vom tatsächlichen Zustand des Unternehmens hatte. Ich bin die Hauptverdächtige – aber zwei Dinge sprechen dagegen.«

»Welche?«

»Ich habe meinen Vater geliebt. Ich werde jetzt nicht so etwas Abgedroschenes sagen wie: ›Er war mein bester Freund‹, denn ich habe mehrere sehr gute Freunde. Aber er war immer da, wenn ich ihn brauchte. Als ich auf dem Internat war, haben die meisten Mädchen ihre Eltern während des Schuljahres kaum zu Gesicht bekommen. Aber Ace schneite immer wieder unangemeldet herein, um uns einen Kinobesuch oder einen Nachmittagstee zu ermöglichen. Er hat die Lehrer, die uns wie Drachen bewacht haben, so lange umgarnt, bis er mich auf einen Wochenendtrip nach Paris oder Wien mitnehmen durfte. Trotz seines unfassbar geschäftigen Lebens hat er sich Zeit für mich genommen. Und es hat Spaß gebracht mit ihm. Diese Seite haben Sie vermutlich an ihm nie kennengelernt. Ich weiß, dass er herrisch sein konnte, aber das lag immer daran, dass er Perfektion wollte. Er konnte es nicht aushalten, wenn Leute seine Erwartungen nicht erfüllten.«

So konnte man das abscheuliche Verhalten natürlich auch sehen. »Und der andere Grund?«

»Ich hätte doch sowieso alles geerbt. Und ich hatte keine Ahnung, dass alles den Bach runtergeht. Warum hätte ich dann die Person beseitigen sollen, von der ich annahm, dass sie mein Erbe vergrößerte?«

»Vielleicht wussten Sie ja doch, wie schlecht die Dinge standen?«

Sie schüttelte den Kopf. »Ich war damit ausgelastet, Pythagoras zu führen. Der Verlag ist immer noch ein enorm erfolgreicher Teil des Unternehmens. Ich habe gerade erst eine Charmeoffensive gestartet, um abzusichern, dass wir auch dann im Sattel bleiben, wenn sich die Machtverhältnisse im Ostblock ändern. Ich hatte keine Ahnung, wie der Mutterkonzern im Einzelnen geführt wird, oder von den Jonglierkünsten, die Ace hinter den Kulissen benötigte.« Frustriert warf sie die Hände in die Luft. »Aber das ist doch alles nebensächlich.« Wieder durchsuchte sie ihre Tasche. Diesmal zog sie einen Briefumschlag in der Größe B5 mit karton-verstärktem Rücken hervor; er war von der gleichen Art wie die Umschläge, in denen die Bildredaktion Fotomaterial verschickte. Sie schob ihn über den Tisch Allie zu. »Vergessen Sie die Frage, wer profitiert. Wie wäre es mit: ›Wer hat Ace den Tod ange-droht?‹«

51

Allie kippte den Inhalt des Briefumschlags auf den Tisch. Unter anderem fand sich darunter das Schwarz-Weiß-Foto eines Granitsteins, dessen eine Seite geglättet war, um dort Namen und Daten einzugravieren. Darunter stand *Poladski 1941–44* gemeißelt. Mit schwarzem Filzstift war auf das Foto geschrieben:

ALLES, WAS ÜBRIG GEBLIEBEN IST

Allie zog die Augenbrauen hoch. »Haben Sie eine Idee, was das bedeutet?«

»Poladski ist das Schtetl, aus dem Ace stammt. Damals, als er noch Chaim Barak war. Ich denke, das ist ein Gedenkstein.«

»Ein Kriegsdenkmal?«, wollte Allie mit Blick auf die Daten wissen.

»Eher ein Grabstein.« Genevieves Gesichtsausdruck war düster. »Die Nazis haben alle Juden des Dorfes getötet. Ein Pogrom eigens für den Ort. Sie haben ihn niedergebrannt, und die Bewohner gleich mit. Ace hat seine ganze Familie verloren.«

»Ich habe die Geschichte gelesen. Er hat sich in einem Misthaufen versteckt.«

»Schon damals war er sehr einfallsreich. Er war der einzige überlebende Jude von Poladski.«

»Aber aus welchem Grund sollte ihn jemand daran erinnern wollen?«

Genevieve schnaubte. »Werfen Sie einen Blick auf die Sachen im Umschlag.«

Allie zog eine Postkarte von Białystok und ein einzelnes Blatt Papier heraus, auf dem stand:

*WIR WISSEN, WER DU BIST. WIR WISSEN, WAS DU
GETAN HAST. JETZT IST ZAHLTAG.*

Sie drehte die Postkarte um und las:

DU BIST NICHT DER EINZIGE, DER ÜBERLEBT HAT.

Fragend blickte sie auf.

»Für mich klingt das wie eine Todesdrohung«, sagte Genevieve. »Und die Buchstaben sind gleich. Sehen Sie, wie das A geschrieben ist? Der Aufstrich links verläuft in einem Winkel von
annähernd fünfundvierzig Grad, und der rechte geht fast senk-
recht nach unten.«

Allie schüttelte den Kopf. »Eine Übereinstimmung können Sie
anhand von Blockbuchstaben nicht feststellen. Besonders dann
nicht, wenn sie mit Filzstift geschrieben sind, da man auf dem
Papier keine Spuren des aufgewendeten Drucks erkennen kann.«

»Ich sollte die Papiere zu einem Grafologen bringen.«

»Der wird Ihnen dasselbe sagen. Aber wenn man die Schrift-
stücke alle zusammennimmt, klingen sie wirklich wie eine Todesdrohung.« Sie schob alles Genevieve zu, die die Papiere sofort
zurückschubste.

»Behalten Sie die. Sie werden sie noch brauchen.«

»Ich unternehme in dieser Sache nichts.«

Sie starrten einander über den Tisch hinweg an. »Sie begreifen
es nicht, oder?«, fragte Genevieve genervt. »Jemand hat meinen
Vater aus Gründen ermordet, die ich nicht verstehe, die aber an-
scheinend etwas mit der Vergangenheit zu tun haben. So was
macht man nicht, wenn man klar im Kopf ist. Und wenn jemand
verrückt genug ist, meinen Vater aus solchen Gründen umzubringen, wer sagt denn, dass es damit getan ist? Weil er nicht der Einzige ist, der überlebt hat, nicht wahr? Es gibt noch mich. Was,

wenn die erst zufrieden sind, wenn die ganze Familienlinie ausgerottet ist? Was, wenn ich die Nächste bin, Allie? Wie würden Sie sich dann fühlen?«

Obwohl die manipulative Absicht nicht zu übersehen war, trafen die Worte sie dennoch. Allie holte tief Luft.

»Laut Aussage der Behörden hat Ihr Vater Suizid begangen. Ich kann mir vorstellen, dass er eine Menge Hassbriefe bekommen hat, nur aufgrund dessen, wer er war.« Sie wies auf die Mitteilungen. »Das beweist nichts, Genny. Sie bilden sich das nur ein.«

Tränen glänzten in Genevieves Augen. »Ich dachte, Sie wären anders. Ich dachte, Sie wären klug genug, um den Unterschied zwischen den Irren zu erkennen, die nur auf Papier die Luft ablassen, und dem einen, der es wirklich so meint.«

»Es gibt keinen Hinweis, von wem diese Sachen stammen«, protestierte Allie.

»Abgesehen vom Inhalt. Die Verbindung liegt in dem Ort, aus dem mein Vater kommt. Ich habe so ein Foto noch nie gesehen. Mein Vater besitzt jedes Buch über den Zweiten Weltkrieg, in dem die Gegend erwähnt wird, in der sein Dorf gelegen hat. Und ich habe diesen Gedenkstein noch nirgendwo erwähnt gesehen. Bitte, Allie! Sie wären nicht so gleichgültig, wenn es um Ihren Vater ginge.«

Da wäre ich mir nicht so sicher. »Was stellen Sie sich denn vor, was ich tun soll?«

»Fahren Sie nach Poladski. Sprechen Sie mit den Leuten dort. Finden Sie heraus, ob jemand sich nach Chaim Barak erkundigt hat. Ob sich jemand an die Familie Barak erinnert.«

Allie spürte, wie sie ins Wanken geriet, und versuchte, diese Empfindung zu unterdrücken. Aber Genevieve war wegen ihres Vaters geübt darin, jedes Anzeichen von Schwäche zu erkennen.

»Im Grunde genommen bin ich immer noch Ihre Chefin, oder etwa nicht?«

»Vermutlich ja. Wahrscheinlich müssen wir für diese Erkenntnis nicht bis zur Testamentseröffnung warten.«

»Theoretisch könnte ich Sie also nach Poladski schicken, um für einen Artikel über meinen Vater die Hintergrundrecherche zu machen.«

»Gerry Richardson würde da vermutlich ein Wörtchen mitreden wollen. Er ist immer noch sauer, dass Ace mich nach Berlin geschickt hat, ohne vorher mit ihm zu sprechen. Beziehungsweise: ohne ihm zu sagen, worum es überhaupt ging. Und er ist noch wütender auf mich, weil ich mich weigere, ihm Einzelheiten zu verraten.«

Zum ersten Mal, seit sie hergekommen war, lächelte Genevieve wirklich gut gelaunt. »Ich denke, Gerry können Sie getrost mir überlassen.« Sie schwieg kurz, dann wurde ihr Lächeln breiter. »Und wer weiß? Wenn Sie zurückkommen aus Polen, brauchen wir womöglich jemand Neues für die Leitung der Nachrichtenredaktion in London.«

Allie lachte. »Wenn das ein Bestechungsversuch sein soll, dann wird er gründlich schiefgehen. Ich würde mir lieber die Augen mit einem Teelöffel ausstechen, als eine Nachrichtenredaktion in London zu leiten. Außerdem fürchte ich, dass sich die Geier, die über dem *Globe* und dem *Clarion* kreisen, bis dahin auf diese gestürzt haben. Ihnen ist klar, dass Sie verkaufen müssen, oder? Sie können von Glück sagen, wenn Ihnen am Ende noch Pythagoras Press gehört.«

»Touché. Aber im Augenblick bin ich immer noch die Besitzerin der Zeitung, für die Sie arbeiten. Morgen früh steht der Privatjet auf dem Flughafen in Manchester bereit. Ich gehe davon aus, dass Sie abends in Poladski sein werden.«

Allie musste erneut auflachen. »Sie sind wie geschaffen dafür, Chefin zu sein, was? Aber was, wenn ich sage, Sie können mich mal, und morgen den ganzen Tag im Bett bleibe? So richtig viel können Sie mir deswegen nicht anhaben, oder?«

»Ihnen nicht, nein, das stimmt. Aber der liebreizenden Rona, wie mein Vater sie zu nennen pflegte. Denn sie befindet sich im Grunde immer noch in der Probezeit. Und sie liebt ihren neuen Job. Sie liebt ihn sogar so sehr, dass sie dafür vier bis fünf Nächte pro Woche auf Ihre Nähe verzichtet. Wie begeistert wäre sie wohl, wenn sie erfahren würde, dass Sie sie den Job gekostet haben?«

Lass das nicht an dich ran. Allie schüttelte den Kopf. »Ich glaube nicht, dass Sie das tun würden. Wenn ich einwillige – und es ist ein großes Wenn –, dann nur, weil ich im Grunde meines Herzens immer eine Investigativjournalistin bin.«

»Und wenn ich Ihnen anbieten würde, das Investigativressort unter Ihrer Leitung wieder einzurichten? Wäre das ein Anreiz für Sie?«

Allie seufzte. Es war nicht diese Aussicht an sich, die sie reizte, es war die Chance – so gering sie auch erschien –, eine verborgene Wahrheit zu enthüllen. »Sie geben einfach nicht auf, was?«

»Sie hat mir direkt in die Augen gesehen und gesagt: ›Sie wollen doch gar nicht, dass ich aufgebe, nicht wahr?‹ Ich sag dir, Rona, sie hat von Trauer auf Flirten so schnell umgeschaltet, wie ich beim Autofahren von null auf hundert komme.« Allie hatte sich mit dem Telefon am Ohr aufs Sofa gefläzt. Wie sehr wünschte sie sich, Rona wäre hier bei ihr und nicht dreihundertfünfundfünfzig Kilometer entfernt.

»Du hast wirklich ein Händchen für Frauen, was? Ich vermute, du hast ›Ja‹ gesagt?«

»Ich habe ›Vielleicht‹ gesagt. Ich muss mich erst noch etwas schlaumachen. Brauche ich zum Beispiel ein Visum? Ist noch irgendetwas übrig von Poladski außer dem Granitbrocken? Wird der reizende Allan Little mir den Namen seines Kontaktmannes in Polen geben? Außerdem spreche ich kein Wort Polnisch.«

»Ich denke mal, ›Wodka‹ würde verstanden werden. Du wirst fahren, Allie. Ich kenne dich. Und vermutlich ist es sowieso hilfreich, dass im Augenblick viel internationale Presse vor Ort ist.«

»Wirklich? Warum?«

»Da kann ich ja wirklich nur die Augen verdrehen ob deiner Unkenntnis. Selbst Germaine verdreht ja schon die Augen! Du bist doch eigentlich eine gut informierte Journalistin, keine Schaumschlägerin – wie kann dir das denn entgangen sein? Die Regierung hat gerade beschlossen, Solidarność zu legalisieren. Im Juni gibt es außerdem freie Wahlen. Alle Experten sind überzeugt davon, dass Solidarność einen Erdrutschsieg erringen wird.«

»Das ist tatsächlich an mir vorbeigegangen. Wie kommt es, dass du auf einmal so viel über Polen weißt?«

Rona gluckste. »Ich habe spätabends nichts anderes mehr zu tun, als *Newsnight* zu gucken. Du wärst erstaunt, was ich inzwischen alles weiß. Wenn du fährst, sei vorsichtig.«

»Das verspreche ich dir. So riskant kann es schließlich nicht sein, an der polnisch-litauischen Grenze herumzuschnüffeln.«

Rona stöhnte auf. »Du forderst das Schicksal schon wieder heraus, Allie. Verlier nicht aus dem Blick, dass du einem Killer auf der Spur sein könntest.«

Allie schnaubte. »Das ist alles Einbildung. Genevieve hat da einfach einen Spleen, und bis ich ihr das Gegenteil beweise, wird sie mir keine Ruhe lassen. Obwohl ihr ja eigentlich ganz Ace Media gehört, scheinen ihr keine anderen Reporter einzufallen außer mir, die sie dazu bringen könnte, nach ihrer Pfeife zu tanzen. Wird schon gut gehen.«

Rona seufzte. »Ich hoffe, du hast recht, mein Herz. Ich hoffe wirklich, du hast recht.«

52

Genevieve Lockhart mochte vielleicht glauben, sie sei direkt in die Fußstapfen ihres Vaters getreten, aber für Allie war schon wenige Stunden nach ihrem Treffen offensichtlich, dass sie noch einiges dazulernen musste, bis alle Welt ihr so zu Gebote stand, wie sie es forderte. Schlussendlich dauerte es drei Tage, um die Reise vorzubereiten. Allie verbrachte die meiste Zeit davon in der Zentralbibliothek von Manchester, um so viel wie möglich über Poladski und den Mord an den polnischen Juden während der Besatzung durch Nazideutschland zu erfahren. Als Ostpolen in die Fänge der Nazis geriet, lernten die Einheimischen in kürzester Zeit, dass es mit dem Tod bestraft wurde, wenn sie Juden schützten. Das legitimierte einen unterschwellig ohnehin vorhandenen Antisemitismus, mit entsetzlichen Konsequenzen. Drei Millionen polnische Juden starben entweder in Konzentrationslagern oder durch die Hände ihrer Nachbarn überall im Land. Das entsprach mehr als der sechsfachen Bevölkerungszahl von Manchester, überschlug Allie. Es war unbegreiflich.

In einem Buch, das auch die kleineren Pogrome auflistete, die sonst in der Geschichtsschreibung wenig Beachtung fanden, entdeckte sie schließlich mehrere Seiten über Poladski. Es war ein kleines Örtchen vierzig Kilometer nordöstlich von Białystok gewesen, ein Fleckchen recht fruchtbaren Ackerlandes, an drei Seiten von dichten Wäldern umgeben, an der vierten Seite von einem See. Die dreihundertsiebenundvierzig Einwohner hatten sich mühsam mit Landwirtschaft durchgeschlagen, mit Gemüse- und Getreideanbau, Fischerei und Rinderzucht. Obwohl die meisten jüdischen Glaubens waren, hatte es auch eine Handvoll

Schweine gegeben, die auf den verschlammten Wegen nach Futter gesucht hatten. Juden und Katholiken hatten dicht beieinandergewohnt; das war nicht immer einfach gewesen, aber doch weitgehend friedlich. Bis der Krieg ausbrach.

Als die Deutschen das Land besetzten, waren alle voller Angst vor dem, was passieren würde. An einem Nachmittag tauchten zwei Nazi-Offiziere in einem Kübelwagen, begleitet von mehreren Infanteristen auf Motorrädern mit Beiwagen, in Poladski auf. Sie verkündeten den Dorfbewohnern, dass die Juden ihre Feinde wären, und jeder Ort, der Juden schützte, dem Erdboden gleichgemacht würde. Im Schutz der nächtlichen Dunkelheit verließen daraufhin fünfzig Juden das Dorf und versteckten sich in einer Scheune auf der anderen Seite des Waldes.

Als die verängstigten Dorfbewohner bemerkten, was geschehen war, wandten sie sich gegen die verbliebenen Juden und ermordeten sie. Männer, Frauen, Kinder. Es wurde eine Grube ausgehoben, die Leichen hineingeworfen und dann verbrannt. Als die Deutschen zwei Tage später wiederkamen, waren sie zunächst zufrieden mit dem Ergebnis. Doch irgendwie entdeckten sie die Juden, die sich in der Scheune versteckt hielten. Die Soldaten setzten diese in Brand und erschossen jeden, der zu fliehen versuchte. Danach brannten sie das Dorf nieder, weil die Dorfbewohner sie angelogen hätten. Poladski wurde von der Landkarte getilgt.

Das war alles, was Allie über dieses Dorf herausfinden konnte. Am zweiten Tag ihrer Recherche suchte sie den Buchladen auf dem St Ann's Square auf und kaufte die beste Karte Polens, die sie finden konnte. Dazu erwarb sie noch ein Buch über Solidarność, das von einem Journalisten, den sie dem Namen nach kannte, schnell zusammengeschrieben worden war. Mit etwas Glück würde es ihr einen gewissen Eindruck von dem vermitteln können, was sie dort erwartete.

Als sie wieder in der Bibliothek war, breitete sie die Karte aus. Poladski war nicht darauf vermerkt, aber dank der Beschreibungen aus dem Buch und der Reproduktion einer Karte aus dem Jahr 1939 konnte sie ungefähr ausmachen, wo sich das Dorf befunden haben musste. Der See war dabei der beste Hinweis. Sie kreiste die Gegend ein und faltete die Karte so zusammen, dass ihr Reiseziel zuoberst zu sehen war.

Wieder zu Hause sendete sie per Fax eine Kopie dieses Ausschnitts an Ronas Assistentin, damit diese sie weiterleiten konnte an die Kontaktperson, die man ihr in Polen zur Seite stellen würde.

»Da ungefähr müssen wir hin. Wir brauchen ein Auto. Und wahrscheinlich ein Hotel in Białystok«, schrieb sie dazu.

Die Antwort kam umgehend: »Alles vorbereitet. Das Visum kostet zwanzig Pfund, du kannst es vor Ort mit Mastercard bezahlen. Alles sehr unkompliziert. Genauere Informationen zur Mittelsperson kommen morgen früh von Allan Little.«

Dem Himmel sei Dank für die Kameradschaft unter Auslandskorrespondenten, dachte Allie. Man hockte einen Abend lang in einer Bar zusammen, tauschte Anekdoten und Visitenkarten aus und war schließlich quasi verbrüdert. Selbst wenn die Bar nur in Soho lag und nicht in einem kriegsumtobten Stützpunkt im Land des einen oder anderen verdammenswerten Diktators. Sie war vorbereitet.

Am frühen Abend landeten sie auf dem Flughafen Okęcie am Rande von Warschau. Aber selbst die privilegierten Einreisebedingungen, die eine Anreise mit einem Privatjet mit sich brachten, verhinderten nicht, dass sie in einer Schlange mit starken Rauchern anstehen musste, die alle darauf warteten, ihre Visa zu bezahlen. Doch als Allie die Länge der anderen Schlangen sah, verspürte sie eine Erleichterung wegen ihres Privilegs, die ihr peinlich war.

Als sie die Gepäckhalle verließ, war es schon dunkel. Doch wie versprochen, wartete Olga Nowak, ihre bestätigte Kontaktperson und Dolmetscherin, auf sie. Lässig lehnte sie an einer Säule, in der einen Hand eine Zigarette, in der anderem ein schlaffes Blatt Papier, auf dem in großen schwarzen Buchstaben »BURNS« stand. Allie schleppte ihren Koffer zu ihr hin und stellte sich vor. Olga löste sich von der Säule und lächelte schief. Sie trug Jeans und einen braunen gegürteten Regenmantel, dem sie einigen Schick abgerungen hatte. Ihr dunkles Haar war zu einem präzisen Bob geschnitten, ihr Mund auffällig scharlachrot geschminkt. Auf dem Kopf saß in einem verwegenen Winkel ein olivgrünes Barett.

»Schön, dich kennenzulernen«, sagte sie. »Ich hoffe, wir können Freunde sein. Folge mir bitte.«

Sie streckte die Hand nach Allies Koffer aus.

»Ist schon okay, ich komm zurecht.«

Olga lächelte, ließ aber nicht locker. »Ich bin mir sicher, dass du klarkommst, aber es würde von schlechten Manieren zeugen, wenn ich einfach vornewegliefe, während du dich mit Umhängetasche und Koffer abmühst.«

Es war einfacher, nachzugeben. Sie traten in die milde Abendluft hinaus, die schwer war vom Geruch nach Abgasen, Tabakrauch und gebratenen Zwiebeln, und gingen zum Parkplatz. Olga hielt auf einen kackbraunen Lada Niva zu.

»Er ist nicht gerade hübsch, aber prima, um aufs Land zu fahren«, erklärte sie, öffnete die Heckklappe und verstaute Allies Gepäck. »Man bezeichnet ihn auch als das missratene Kind der Liaison zwischen einem Renault 5 und einem Landrover.«

»Nur zu verständlich.« Allie stieg ein.

Es roch nach dem allgegenwärtigen schalen Rauch mit einer leichten Basisnote von Knoblauchwurst.

»Wir haben zwei Möglichkeiten. Białystok liegt circa zweieinhalb Stunden entfernt. Wenn wir jetzt losfahren, sind wir ungefähr um zehn Uhr da. Oder wir bleiben hier in Warschau, gehen nett essen und fahren morgen früh.«

»So verlockend ein nettes Abendessen ist, ich würde doch lieber so früh wie möglich mit der Arbeit anfangen.«

Olga nickte zustimmend. »Das habe ich mir gedacht. Deine Leute haben uns in einem angenehmen Hotel in Białystok eingebucht, und ich habe ein paar belegte Brote dabei, falls du Hunger hast.«

Sie öffnete das Handschuhfach und wies auf eine Papiertüte. »Salami und Käse auf Schwarzbrot.«

Allie grinste. »Ich denke, wir werden gute Freundinnen werden, Olga.«

Das Hotel wirkte wie das Überbleibsel einer vergangenen Epoche. Die Möbel waren zu schwer und zu üppig verziert für die Zimmer. Alles war ein bisschen schäbig, vom Brokat auf den Stühlen bis hin zu den abgewetzten Teppichen. Die Matratze war weich und die Kopfkissen hart. Aber Allie hatte schon Schlimmeres erlebt zwischen Dundee und Doncaster. Olga und sie trafen sich im Erdgeschoss in einem großen Raum, der vermutlich als Speisesaal diente. Dort aßen sie die belegten Brote und tranken den Wodka, den der Nachtportier mit großer Geste ausschenkte.

»Reicht das so?«, fragte Olga.

Allie nickte. »Ist ja nicht so, als wären wir im Urlaub.« Sie entfaltete ihre Landkarte und erklärte, wohin sie fahren mussten. »Ich weiß, dass es sehr vage ist, aber ich suche jemanden – irgendjemanden –, der zu Zeiten des Massakers in Poladski gelebt hat. Mir geht es nicht darum, jemanden an den Pranger zu stellen, und ich möchte auch nicht, dass jemand sich selbst belastet. Alles, was ich will, ist, dass man uns soweit vertraut, dass wir die Wahrheit erfahren.«

Olga kippte ihren zweiten Wodka und zuckte mit den Schultern. »Keine große Sache also, hm?«

»Genau, keine große Sache.«

»Wonach genau suchst du? Es würde helfen, wenn ich eine ungefähre Vorstellung davon hätte.«

Allie holte eine Kopie des Fotos des Gedenksteins hervor. »Für den Anfang möchte ich den hier finden. Und ich möchte wissen, wer ihn hat errichten lassen und wann. Und warum. Außerdem würde ich gern mit jemandem sprechen, der Chaim Barak gekannt hat. Den einen, der entkommen ist.«

»Ich bin da nicht sonderlich zuversichtlich, aber wir können's probieren.«

»Ich bin ein kleines bisschen zuversichtlicher als du. Denn wahrscheinlich war schon jemand vor uns da, um in der Vergangenheit zu graben. Und zwar vor nicht allzu langer Zeit. Ich glaube, der- oder diejenige hat jemanden gefunden, der eine bislang unbekannte Geschichte zu erzählen hatte über das, was in Poladski geschehen ist.«

»Und deine Chefin bei Ace Media will, dass du genau das herausfindest?«

»Das könnte schon sein. Allerdings könnte auch etwas völlig anderes dabei herauskommen. Aber egal, was: Es ist eine Story, und wir beide werden dafür bezahlt.« Allie stieß mit ihrem Glas gegen das von Olga. »Auf das Graben in der Vergangenheit. Ohne Wenn und Aber.«

53

Laut Olga hatte Białystok eine wunderschöne Altstadt, sogar inklusive eines Schlosses. »Aber wir werden davon heute nichts zu sehen bekommen«, sagte sie. »Gestern Abend sind wir außen herumgefahren, um möglichst schnell unser Ziel zu erreichen.«

»Mach dir keine Gedanken darum. In Schottland haben wir ausreichend Schlösser. Dein Englisch ist übrigens hervorragend.«

»Meine Mutter stammt aus England. Sie hat meinen Vater kennengelernt, als er Pilot im polnischen Geschwader der Royal Air Force war. Nach dem Krieg haben sie geheiratet, sind nach Polen gegangen und haben lauter kleine Polen herangezogen. Ich bin das fünfte und jüngste Kind. Wir alle sind mindestens zweisprachig. Ich spreche zudem noch Russisch und Französisch.«

Olgas Fahrstil war so unkonventionell wie sie selbst. Er beinhaltete eine Menge Ausweichmanöver und den großzügigen Gebrauch der Hupe. Doch niemals unterbrach dies ihren Redefluss.

»Du beschämst mich«, gab Allie zu. »Ich kann einzelne Wörter auf Französisch oder Deutsch, aber ich könnte in keiner der Sprachen ein Gespräch führen.«

»Inzwischen ist es auch zu spät dafür. Man muss das Gehirn darauf trainieren, zwischen Sprachen hin und her zu springen, solange man noch ein kleines Kind ist. Jetzt ist dein Gehirn längst zu eingefahren. Aber du hast Glück. Englisch wird überall gesprochen. Sogar der polnische Papst spricht Englisch.«

Sie hatten die Stadt und deren Straßenverkehr innerhalb von Minuten hinter sich gelassen und fuhren nun auf einer baumgesäumten Straße, auf der ihnen nur selten ein weiteres Fahrzeug begegnete. Alle paar Minuten tat sich zwischen den Bäumen eine Lichtung auf, an deren Rand ein Bauernhaus. Nach ein paar Kilometern bog Olga auf eine einspurige Straße ab, die weiterhin zwischen Bäumen entlangführte.

»Bist du sicher, dass das die richtige Straße ist? Ich habe kein Straßenschild gesehen.«

Olga nickte. »So ist es auf der Karte verzeichnet. Ich habe mir das heute Morgen noch mal angesehen, bevor wir gefahren sind.« Sie deutete auf den Kilometerzähler. »In drei Kilometern müssen wir links abbiegen.«

Die Wälder gaben den Blick frei auf eine Reihe von flachen Feldern, in deren Mitte eine Anhäufung von Bauernhäusern stand; danach tauchte auch schon ihre Abzweigung auf. Nach wenigen Hundert Metern endete die Asphaltierung, und sie fuhren über festgefahrene Erde, die mit Schotter durchsetzt war. Die Federung des Lada rüttelte sie kräftig durch, und Allie klammerte sich am Armaturenbrett fest. Sie passierten zwei Bauernhöfe auf der linken Seite, fuhren um eine Biegung, und auf einmal lag der See vor ihnen.

»Das hier müsste die Ortsgrenze von Poladski sein.« Olga bremste ab, bis der Wagen stand.

Beide schauten sie durch die Windschutzscheibe auf das Panorama vor ihnen. Das Sonnenlicht wurde durch hohe Wolken gefiltert, was der glatten Oberfläche des Sees einen metallischen Schimmer verlieh. Er war wie eine Kidneybohne geformt; an beiden Enden spiegelten sich hohe Koniferen in ihm. Dahinter lag eine Fläche, die von struppigem Gebüsch überdeckt war, aus dem Steinformationen herausschauten. Sogar aus der Entfernung war zu erkennen, dass diese zu regelmäßig waren, als dass sie natürlichen Ursprungs sein konnten. Der Weg zog sich rund um den See, aber er war in schlechtem Zustand: Die Fahrrinnen waren stark zerfurcht, in der Mitte wuchsen büschelweise grobe Gräser.

»Möchtest du, dass ich weiterfahre?«, fragte Olga.

»Ich würde lieber zu Fuß gehen«, erwiderte Allie und stieg aus. Sie war froh, dass sie die leichten Wanderschuhe mitgenommen hatte, die sie für ihren Italienurlaub im letzten Herbst gekauft hatte. Nebeneinander umrundeten sie die Spitze des Sees, vom Lärmen der Vögel im Wald begleitet. Als sie näher kamen, konnten sie auf Bodenhöhe die undeutlichen Umrisse von Gebäuden erkennen, Steine, die von Moos überwachsen waren, jene Arten von Pflanzen, die sich wider alle Vernunft auf festem Fels behaupteten. Die Anordnung der Steine erinnerte an das Gekritzel von Kindern in Schreibheften; dass diese Unschuld eine Lüge war, war nur für diejenigen zu durchschauen, die mit der Geschichte des Ortes vertraut waren. Es lag nichts Unheilvolles in der Luft, kein Anzeichen, dass hier etwas Schreckliches geschehen war. Wäre Allie auf einem Spaziergang vorbeigekommen, hätte sie es für ein Dorf gehalten, das im unsteten Wandel der Zeiten verlassen worden war. Sie hatte so etwas häufig in den Highlands gesehen, Überreste des sogenannten Clearings, der Vertreibung der dort ansässigen Bevölkerung im neunzehnten Jahrhundert. Ein solcher Ort hatte immer etwas Trostloses an sich, aber nichts, das ihn zwangsläufig mit etwas Unheilvollem in Verbindung brachte.

Sie ging weiter und suchte die Überreste ab. Dann entdeckte sie, wonach sie Ausschau gehalten hatte. Ein bisschen oberhalb der anderen Steine war das Aufblitzen von Granit zu sehen. Sie überquerte den unebenen Untergrund, angezogen von dem Felsbrocken, bis sie vor dem Denkmal stand. Beide Seiten waren mit langen Listen von Namen bedeckt. Die Vorderseite, die zum See hin lag, war jene, die auf dem Foto abgebildet war.

Auf der Rückseite jedoch befand sich unter den Namen einer, der dort nicht hätte sein sollen. Für einen Moment setzte ihr Herz aus. Wie konnte Chaim Barak unter den Toten von Poladski aufgelistet sein, wenn er doch entkommen war, um ein hochdekorierter Kriegsheld zu werden und schließlich seinen Namen in

Wallace Lockhart zu ändern? Das war doch gewiss ein Fehler, oder? Alles andere ergab keinen Sinn. Aber dennoch war es ein merkwürdiger Fehler.

Irritiert zählte sie die Namen. Neunundvierzig, darunter acht weitere Baraks. Waren das die Juden, die in der Scheune ermordet worden waren? Sie holte ihre Kamera heraus und fotografierte den Stein von jedem Winkel aus, dann ging sie zum Ufer des Sees und machte Fotos von den Überbleibseln von Poladski.

Olga trat zu ihr. »Was jetzt?«

»Wir nehmen die Nachbarn unter die Lupe«, sagte Allie mit ironischem Unterton. »Die vermutlich in den beiden Höfen leben, an denen wir vorbeigekommen sind.«

Eine dünne Säule aus duftendem Holzrauch stieg aus dem Schornstein des ersten der beiden Höfe auf. Auf Olgas Klopfen an der Vordertür reagierte jedoch niemand. Sie zuckte mit den Schultern und wies zur Seite des Hauses.

»Lass uns zur Rückseite gehen.«

Ein schmaler Pfad führte zwischen dem Haus und einem dichten Wildrosenbusch hindurch. Der Strauch war mit Blütenknospen übersät. Sie betraten einen gut gepflegten Gemüsegarten. Ein Mann und eine Frau kümmerten sich gerade um ein Beet neben dem Haus. Er grub die Erde um, während sie Dünger ausbrachte. Olga rief einen Gruß, und die beiden wandten sich um; in ihren Gesichtern war Überraschung wie auch Neugier zu erkennen. Olga sagte noch etwas, und die beiden nickten und kamen zögerlich näher.

»Ich habe ihnen gesagt, dass wir mit ihnen sprechen möchten«, erklärte sie. »Wahrscheinlich denken sie, dass wir von den Steuerbehörden kommen oder so etwas.«

Das Paar hielt eine Distanz von wenigen Metern zu ihnen. Beide trugen zueinanderpassende, geflickte Overalls, die Gesichter wettergegerbt und zerfurcht. Allie schätzte, dass beide Mitte sechzig waren, was bedeutete, dass sie sich eventuell an das damalige Poladski erinnern konnten.

Olga sprach eine Weile, dann hielt sie eine Hand hoch, um sich Allie zuzuwenden.

»Ich habe Ihnen erzählt, dass du eine Schriftstellerin bist und dass du herausfinden möchtest, was in der Gegend von Białystok geschehen ist, als die Deutschen das Land besetzt hatten.«

Damit begann ein ungelenkes Interview über Bande. Olga stellte Fragen, das Paar antwortete, Olga übersetzte, Allie formulierte die nächste Frage, Olga übersetzte wieder, und die Runde begann wieder von vorn. Nein, sie hatten hier noch nicht gelebt, als das Dorf dem Erdboden gleichgemacht wurde. Sie hatten ihr Haus hier erst gebaut, nachdem sie 1959 geheiratet hatten. Niemand hatte sich darum geschert, es war ein Stück Land, das niemand haben wollte.

Ja, sie wussten von dem Gedenkstein. Der Rabbi der Juden von Poladski war am Tag des Massakers bei einem Termin in Grodno gewesen. Als er zurückkam, stand er vor den rauchenden Trümmern des Dorfes; er landete zunächst im Getto von Białystok und überlebte dann das Vernichtungslager Treblinka. Nach dem Krieg hatte er jahrelang Spenden für das Denkmal gesammelt. Nein, er lebte nicht mehr, er war vor zehn Jahren bei einem Verkehrsunfall ums Leben gekommen.

Eine Sackgasse, dachte Allie.

Ja, sie hatten davon gehört, dass ein paar Leute aus Poladski hatten entkommen können. Aber niemand von den Juden, dafür hatten die Nazis gesorgt. Einige der anderen Dorfbewohner hatten sich tief im Wald versteckt gehalten. Später war eine Familie ins Haus nebenan eingezogen; zunächst war es nur eine Ruine gewesen, aber sie hatten es mit den Steinen von Poladski wieder aufgebaut.

Ja, einer aus der Familie lebte noch da, aber er wäre keine große Hilfe, weil er erst nach dem Krieg geboren worden war. Außerdem war er seltsam. Er mochte seine Nachbarn nicht, und Fremde schon mal gar nicht. Der Rest der Familie war tot oder in alle Winde verstreut. Einer war sogar in Amerika gelandet. Oder war es Kanada gewesen?

Hier gab es keine Spur, die sich hätte weiterverfolgen lassen, dachte Allie. Hilfreich wäre es außerdem, wenn sie genauer wüsste, wonach sie suchte. Ihre etwas unsystematische Herangehensweise trug zu wenig Früchte. Sie wandte sich an Olga.

»In dem Bericht, den ich gelesen habe, stand, dass die Nazis die Juden in der Scheune entdeckten. Frag sie mal, ob sie etwas darüber wissen.«

Olga übersetzte die Frage. Das Paar wechselte unbehaglich einen Blick. Der Mann wollte etwas sagen, doch die Frau unterbrach ihn; ein misstrauisches Stirnrunzeln zeichnete sich ab.

»Warum wollen Sie darüber etwas wissen?«, übersetzte Olga. »All die Jahre über hat sich niemand um Poladski geschert, und jetzt kommen innerhalb von sechs Monaten gleich zwei Leute und stellen Fragen.«

Allie fühlte, wie ihr Herz einen Sprung machte. So war es immer, wenn eine Story sich vor ihr zu entfalten begann wie eine Blüte.

»Wer ist hergekommen, um Fragen zu stellen?«

Während Olga die Frage übersetzte und die Frau antwortete, konnte Allie ihre Ungeduld kaum zügeln. Für eine so schlichte Frage ging es ganz schön hin und her.

Schließlich sagte Olga. »Ein Mann ist hergekommen – einer mit einer ungewöhnlichen Geschichte. Seine Mutter ist letztes Jahr an Krebs verschieden. Als feststand, dass sie bald sterben würde, sagte sie ihm, dass er die Wahrheit über seine Herkunft erfahren müsse. Sie war in eine jüdische Familie hineingeboren worden, genau an dem Tag, an dem die Nazis kamen. Weil ihre Mutter voller Angst war vor dem, was nun geschehen könnte, überredete sie die nichtjüdischen Nachbarn, sich um das Baby zu kümmern. Dann ging sie mit der restlichen Familie zur Scheune. Mit allen Familienmitgliedern. Doch das neugeborene Mädchen überlebte.« Sie unterbrach sich, um etwas nachzufragen, dann fuhr sie fort: »Die Familie zog Richtung Westen und wechselte mehrfach den Wohnort. Schließlich ließen sie sich in Westdeutschland nieder. Als das Mädchen eine junge Frau war, ging sie als Au-pair nach England, wurde dort schwanger, heiratete den Vater ihres Sohnes und blieb dort. Sein ganzes Leben lang dachte ihr Sohn, sie wäre Deutsche gewesen. Er hatte keine Ahnung, dass er ein polnischer Jude war, bis sie es ihm auf ihrem Sterbebett erzählte. Darum kam er her, um nach seiner Familie zu suchen, doch alles, was er herausfand, war, dass seine Familie aufgrund eines Verrats ermordet worden war.«

Allie stand vor Verblüffung der Mund offen. »Verrat? Was meint sie damit? In den Büchern, die ich gelesen habe, war nicht die Rede davon. Es klang, als hätten die Nazis den Wald abgesucht und die Scheune gefunden.« Ungeduldig wartete sie darauf, dass Olga nachfragte.

Doch die Frau schüttelte energisch den Kopf und sprach mit Nachdruck. Olga hörte zu und sagte: »Nein, sie ist sich dessen absolut sicher. Jemand – einer von ihren eigenen Leuten – hat sie verraten. Hat seine Freiheit gegen deren Leben eingetauscht, sagt sie.«

»Himmel! So was kann man sich nicht ausdenken, oder? Was ist danach passiert? Mit dem jungen Mann?«

Wieder ging es hin und her. »Sie konnten ihm nicht besonders viel erzählen. Sie haben zwar von dem Verrat gehört, kennen aber keine Einzelheiten. Aber sie kennen eine Überlebende des Massakers. Ihr Name ist Anna Mikolaska. Jedes Jahr kommt sie zum

Gedenktag her, obwohl sie schon über siebzig ist. Inzwischen fährt ihr Sohn sie her. Die beiden hier laden sie immer auf eine Tasse Tee ein.«

Allie atmete tief ein. »Haben sie ihre Adresse?«

Olga fragte nach, aber die Antwort war ein Kopfschütteln. Allie brauchte dafür keine Übersetzung. Dann wandte sich die Frau an ihren Mann und fragte ihn offenbar etwas. Er nickte. Danach sprach sie wieder mit Olga.

»Sie sagen, sie lebt in Krynki. Das ist ein kleiner Ort an der Grenze zu Belarus.«

Die beiden Frauen wechselten einen Blick.

»Sie wird nicht allzu schwer zu finden sein, oder?«

Olga nickte. »Das bekommen wir schon hin.«

»Frag sie noch nach dem Mann, der hergekommen ist. Hat er seinen Namen genannt? Können sie ihn beschreiben?«

Wieder musste sie warten.

»Er heißt Thomas, aber die beiden können sich nicht an den Nachnamen erinnern, weil er sehr englisch war und in ihren Ohren seltsam klang. Er schien Mitte zwanzig zu sein. Dunkles Haar, dunkle Augen, eher schlank. Recht groß gewachsen.« Olga verzog den Mund. »Das könnte jeder sein.«

»Es könnte ein Mörder sein, Olga. Eine letzte Frage noch: Sagt ihnen der Name Chaim Barak etwas?«

Olga übersetzte die Frage. Das Ehepaar schüttelte den Kopf, ohne länger darüber nachzudenken.

»Danke ihnen in meinem Namen, Olga«, bat Allie, drehte sich um und schaute über den See. »Wenn ich hier irgendwas verstehen will, müssen wir unbedingt Anna Mikolaska finden.«

54

Als sie wieder in dem Lada saßen, fragte Allie: »Was meinst du, wird es schwer werden, Anna Mikolaska in Krynki aufzuspüren?«

»Eine alte Frau in einem kleinen Ort? Ich denke, das wird nicht allzu schwierig sein. Wir sind locker in einer Stunde da. Dann kann ich anfangen, mich umzuhören. Das ist eine merkwürdige Geschichte, oder?«

»Absolut merkwürdig. Aber ich fürchte, sie entwickelt sich in eine Richtung, die meiner Chefin nicht besonders gefallen wird.«

»Ich mache diesen Job seit fast zehn Jahren, und nach meiner Erfahrung ist es den Herausgebern ziemlich egal, was für eine Geschichte es ist, solange sie die Leser erreicht und mitnimmt.«

»Schon, aber normalerweise haben die auch kein Eisen im Feuer.«

Olga warf ihr einen kurzen fragenden Blick zu. »Was heißt das? Ich meine den Ausdruck.«

»Entschuldigung.«

»Nein, das ist prima, um meine Sprachkenntnisse zu verbessern.«

»Das bedeutet, dass sie ein persönliches Interesse daran haben.«

Olga überdachte diese Erklärung. »Wie kommt es, dass deine Chefin da ein Eisen im Feuer hat?«

Allie seufzte. »Das ist kompliziert. Ich möchte dir die Antwort nicht vorenthalten, aber ich glaube, sobald ich mit Anna gesprochen habe, ist es etwas einfacher zu erklären.«

Olga hob eine perfekt gezupfte Augenbraue. »Okay. Du musst mir auch nichts von dem merkwürdigen Zeug erzählen. Ich bin nur von Natur aus neugierig, dagegen kann ich nichts machen.«

»Ich auch. Darum bin ich so gut in meinem Job.«

Olga lachte. »Ich mag es, wenn Frauen selbstsicher sind.«

Allie blickte aus dem Fenster, wo Bäume und Häuser an ihnen vorbeizogen, manchmal ein Bauernhof. »Ich glaube, ich bin gut in meinem Job, gerade weil ich nicht übermäßig selbstsicher bin. Jedes Mal, wenn ich eine gute Story vorlege, spüre ich den Erwartungsdruck im Nacken. Wenn ich dann mit dem nächsten Artikel beginne, spüre ich vor allem die Angst, zu versagen. Mir ist sehr bewusst, dass es Leute gibt, die es fantastisch fänden, wenn ich lang hinschlüge.« Sie lächelte ironisch. »Vor allem Männer, aber auch deprimierend viele Frauen.«

»Ich kenne das Gefühl«, sagte Olga. »Als ich 1981 in Danzig anfing, mit Auslandskorrespondenten zusammenzuarbeiten, ist mir sehr viel Feindschaft von Männern entgegengeschlagen. Sie haben mich eine Hure genannt und mir vorgeworfen, ich würde Männern die Jobs wegnehmen. Ich hab ihnen den Stinkefinger gezeigt und bewiesen, dass ich besser bin als sie. Heutzutage ignorieren sie mich ganz offen. Ich weiß, dass sie hinter meinem Rücken über mich reden, aber das ist mir egal, weil ich inzwischen einen guten Ruf habe. Und ich bekomme die besten Jobs, so wie diesen hier.« Sie nahm eine Hand vom Steuer und boxte Allie freundschaftlich gegen die Schulter. »Wie die Amerikaner sagen: *Sisterhood is powerful.*«

Während ihres Gesprächs hatte sich die Landschaft allmählich verändert. Die Häuser standen nun enger zusammen; sie waren immer noch von Ackerland umgeben, aber es sah eher nach landwirtschaftlichem Nebenerwerb als nach Großbauernbetrieben aus. Die Häuser selbst waren oftmals mit Zement verputzt, häufig mit einem Wellblechdach versehen. Doch es gab auch Fachwerk- und Steinhäuser. Schließlich kamen sie an ein oder zwei modernen Gebäuden vorbei, die wie Bürohäuser oder Schulen wirkten. Sie passierten die Stadtgrenze. Nur wenige Menschen waren auf den Straßen unterwegs, und der Ort sah nicht besonders wohlhabend aus. Schnell hatten sie das Zentrum erreicht – einen baumumstandenen Platz, von dem Straßen abgingen wie von einer Radnabe.

Olga hielt vor einem kleinen Gemischtwarenladen und sagte: »Das Beste ist vermutlich, wenn du hier wartest. Wenn in einer kleinen Stadt wie dieser eine Fremde Fragen stellt, werden die Leute schnell misstrauisch und sind nicht mehr so hilfsbereit. Ich hingegen kann die freundlich lächelnde Polin sein, die eine alte Freundin ihrer Großmutter sucht.«

Allie sah das ein. »Du hast recht. Kannst du mir bitte einen Schokoriegel mitbringen?«

Olga verschwand im Laden. Als sie fünf Minuten später wieder auftauchte, war sie beladen mit Schokolade, einer Flasche, die vermutlich Orangenlimonade enthielt, einer großen Tüte Kartoffelchips und einer Salami. Allie lehnte sich hinüber, um die Fahrertür zu öffnen, und Olga reichte ihr die Einkäufe.

»Ein Schokoriegel hat nicht gereicht, um ins Gespräch zu kommen«, sagte sie. »So viel zu freundlichen Ladenbesitzern. Das war der griesgrämigste Mann, den ich in den letzten Jahren getroffen habe, und glaub mir, ich hätte gedacht, niemand kann meinen Onkel Pavel in dieser Hinsicht schlagen.«

Allie riss die Tüte mit den Chips auf. »Konnte er dir weiterhelfen?«

Olga stieg ein und nahm sich eine Handvoll aus der Chipstüte, die Allie ihr hinhielt. »Nicht wirklich. Er kennt seine Kunden nicht mit Namen, warum sollte er auch. Sie geben nicht mehr Geld aus, wenn er sie namentlich anspricht. Aber ich habe trotzdem etwas erfahren. Erinnerst du dich an die große Kirche, an der wir vorbeigekommen sind? Daneben ist ein Café, in dem einige der älteren Einwohner nachmittags Karten spielen.«

»Das ist einen Versuch wert. Aber gibt es vielleicht so etwas wie ein Wählerregister? Es wird doch bald gewählt, nicht wahr? Sicherlich existieren dann doch Listen mit den Menschen, die wählen dürfen, oder?«

Olga schnaubte. »Selbst wenn es mir als Nichteinwohnerin erlaubt wäre, da reinzuschauen, wäre es doch unvollständig. Es ist noch überhaupt nichts fertig für die Wahl. Alle sind noch etwas verblüfft angesichts der Tatsache, dass sie überhaupt stattfindet. Als ich anfing, mit Journalisten zu arbeiten, die über Solidarność berichteten, hätte ich nie gedacht, dass sie so weit kommen würde. Ich hatte erwartet, dass Jaruzelski sie mit einem Stiefeltritt auslöscht. Darum ist es im Augenblick so aufregend. Es fühlt sich an, als stünden wir vor etwas Neuem, aber ich wage kaum, daran zu glauben. Darum: keine Liste, die uns weiterhilft.«

Die Kirche St. Anna war das bei Weitem spektakulärste Gebäude in Krynki. Der blasse Stein schimmerte im schwachen Sonnenlicht, und die beiden neogotischen Turmspitzen waren das einzig Wolkenkratzerähnliche, das die Stadt zu bieten hatte. Olga fuhr daran vorbei und fand das Café ohne Probleme. Wie Allie feststellte, war es der einzige Laden weit und breit. Die Front bestand aus einer großen Glasscheibe, die von innen mit Notizzetteln behängt war. Durch die Zwischenräume konnten sie den größten Teil des hell erleuchteten Inneren sehen. Mehrere Tische waren besetzt mit Quartetten aus Männern, die Spielkarten in der Hand hielten; auf den Tischen vor ihnen standen Teetassen. Drei weitere Tische sahen aus, als fände an ihnen eine Kopftuchkonferenz statt. Allie und Olga beobachteten die Frauen eine Weile. Sie schienen quer über alle Tische hinweg miteinander zu reden, nickten weise, schüttelten den Kopf und neckten einander, lachten und stupsten sich gegenseitig in die Rippen. Sie schienen sich sehr wohlzufühlen. Drei Frauen strickten, und zwar vermutlich Schals in tristen Braun- und Beigetönen.

»Sieht gut aus«, sagte Allie. »Wie willst du diesmal vorgehen?«

»Großmutters Freundin funktioniert hier nicht. Wenn Anna eine von den Frauen ist, dann wird es nicht möglich sein, sie von den anderen loszueisen. Und wenn ich Poladski erwähne, wird sie sich fragen, was los ist – schon die zweite Person, die innerhalb von wenigen Monaten etwas über das historische Ereignis wissen will. Ich hätte da aber eine Idee, wie ich es angehen könnte. Ich könnte sagen, ich wäre von der Bezirksverwaltung und dass es eine Unregelmäßigkeit gibt bei ihren Wahlunterlagen. Ich müsste Dokumente einsehen, die beweisen, dass sie in Polen geboren ist. Dann würde sie mich hoffentlich mit zu sich nach Hause nehmen. Und dort könnten wir ihr dann die Wahrheit sagen.«

Allie kratzte sich am Kopf. »Meinst du, das funktioniert? Wird sie nicht total erschreckt sein, wenn wir ihr mitteilen, worüber wir tatsächlich mit ihr sprechen wollen? Ich wäre jedenfalls ziemlich verängstigt, wenn ich von jemandem in mein Haus gelockt würde, der behauptet, für die Bezirksverwaltung zu arbeiten.«

Es war offensichtlich, dass Olga Widerspruch nicht mochte. »Möglicherweise. Hast du denn eine bessere Idee?«

»Eventuell schon«, erwiderte Allie. »Wie wäre es damit: Wir warten, bis eine der Frauen allein aufbricht, lassen sie ein Stück die Straße runtergehen, und dann sprichst du sie an mit: ›Entschuldigung, mir wurde gesagt, die Freundin meiner Großmutter würde sich im Café befinden, es soll eine Überraschung sein, können Sie mir zeigen, wer es ist?‹ Meinst du, das könnte klappen?«

Olga dachte drüber nach. »Ja«, sagte sie schließlich und zog das Wort so in die Länge, das es vier Silben zu haben schien. »Aber was, wenn die Frau, die wir ansprechen, selbst Anna Mikolaska ist?«

Allie zuckte mit den Schultern. »Die Chancen stehen eins zu zehn. Darum würd ich das Risiko eingehen. Und wenn es Anna ist, können wir ihr gleich die Wahrheit sagen. Ihr mitteilen, dass wir von Thomas' Besuch bei ihr wissen und dass wir sie nicht vor ihren Freundinnen erschrecken wollten.«

Nachdem sie sich über die Strategie geeinigt hatten, warteten sie im Lada, aßen Chips und Schokolade und tranken Orangenli-

monade. Allie konnte kaum glauben, dass sie eine Limonaden-
marke entdeckt hatte, die noch süßer war als alle Marken in
Schottland, der Heimat der kaputten Zähne und des ungesunden
Essens. Eine halbe Stunde ging vorbei, doch niemand kam oder
ging. Dann kam schwankend ein alter Mann in Sicht, der sich auf
zwei Gehstöcke stützte, die er mit arthritischen Fäusten umklam-
merte. Er betrat das Café und tippte einem der Kartenspieler auf
die Schulter. Der Angestupste schaute auf und lächelte breit, als er
den Neuankömmling sah. Er stand auf und lud den Neuen umständlich ein, sich auf seinem Stuhl niederzulassen. Dann schob
er ihm einen Stapel Münzen in die Hand, sagte etwas zu den Spie-
lern am Tisch und humpelte durch den Raum, um im Gehen ein
abgetragenes Leinenjackett mitzunehmen.

»Was meinst du?«, fragte Allie.

»Mit ihm könnte es sogar noch einfacher sein als mit einer der
Frauen.«

»Und zumindest können wir sicher sein, dass er nicht Anna ist.«

Olga ließ ihn ein paar Meter die Straße hinuntergehen, schloss
dann zu ihm auf und begann zu reden. Die beiden hielten an, und
selbst aus der Distanz konnte Allie erkennen, dass Olga ihren
Charme mächtig aufgedreht hatte. Der Mann nickte und drehte
sich dann um, um ein paar Schritte zurück in Richtung Café zu
gehen. Er deutete auf jemanden, und die beiden wechselten noch
ein paar Worte. Olga zeigte sich nun äußerst dankbar und lehnte
sich sogar vor, um den Mann auf beide Wangen zu küssen. Dieser
lächelte wie ein glückliches Kind und ging seiner Wege.

»Siehst du die mit dem roten Kopftuch mit dem gelben Muster
drauf? Das ist Anna Mikolaska«, verkündete Olga triumphierend.
Dann bot sie Allie die Hand. »Du hattest recht. Das war die bessere Strategie.«

»Jetzt müssen wir ihr nur noch nach Hause folgen«, meinte Allie. »Und hoffen, dass sie nicht die Polizei ruft.«

55

Zur Vorsicht parkte Olga den Lada ein paar Meter weiter auf der anderen Straßenseite.

»Wir sollten ihr am besten zu Fuß folgen«, sagte Allie. »Es sind so wenige Autos auf den Straßen unterwegs, dass wir ganz schön auffallen würden.«

»Glaubst du denn, zu Fuß sind wir unsichtbar?« Olga lachte spöttisch. »Ich sehe nach Großstadt aus, und du wirkst wie eine Deutsche auf Wandertour. Wir können nur hoffen, dass Anna eine Sehschwäche hat und nicht zu Misstrauen neigt.«

Eine halbe Stunde verging ereignislos. Dann tauchten drei Frauen auf, unter ihnen Anna. Gemeinsam setzten sie sich in Bewegung und füllten dabei den Bürgersteig in ganzer Breite aus. Sie gingen in die Richtung des Lada, aber auf der anderen Straßenseite, und zum Glück waren sie so in ihre Unterhaltung vertieft, dass sie Olgas Auto kaum mehr als einen flüchtigen Blick schenkten.

Allie wartete, bis die Frauen zwanzig Meter die Straße hinuntergegangen waren, und sagte dann: »Okay, los geht's.«

Sie setzten sich in die gleiche Richtung in Bewegung, blieben aber auf ihrer Straßenseite. An der ersten Kreuzung hielten die drei Frauen an. Eine von ihnen küsste die beiden anderen auf die Wangen und bog links ab. Allie und Olga blieben stehen, doch Anna und die andere Frau gingen weiter.

An einer der nächsten Kreuzungen gab es die nächste Verabschiedung. Dieses Mal war es Anna, die in eine schmale Straße auf der rechten Seite bog. Allie beeilte sich, zur Ecke zu kommen für den Fall, dass Annas Haus ganz in der Nähe lag. Es wäre echt fies, sie jetzt aus den Augen zu verlieren. Olga schloss zu ihr auf, als Anna gerade auf ein einstöckiges Haus auf halber Höhe der

Straße zuging. Allie merkte sich das Aussehen des Hauses und trat einen Schritt zurück; dabei hätte sie fast Olga umgerissen.

»Nur für den Fall, dass sie sich umschaut. Das mache ich oft, bevor ich die Haustür aufschließe«, erklärte sie Olga, die versuchte, das Gleichgewicht zu halten. »Geben wir ihr ein paar Minuten, um anzukommen.« Sie schaute sich um. »Sprich bitte mit mir, als wären wir uns gerade erst hier über den Weg gelaufen. Ich möchte nicht, dass neugierige Nachbarn sich fragen, was hier vor sich geht. Fremde Frauen verfolgen eine alte Dame auf offener Straße – da muss doch etwas Kriminelles dahinterstecken. Erzähl mir von der Wahl.«

Fünf Minuten lang gab Olga eine Einführung in die polnische Politik, mitunter unterbrochen durch Fragen von zweifelhaftem Wert.

»Okay, das reicht«, sagte Allie schließlich. »Lass uns loslegen. Ich verlass mich auf dich, dass wir es ins Haus schaffen. Erzähl ihr, dass es um Poladski geht und um den Mann, der hergekommen ist, um mit ihr zu reden. Erzähl ihr, ich würde ein Buch schreiben und wäre der Auffassung, dass er darin zu Wort kommen müsse.«

Olga wirkte wenig überzeugt. »Okay. Aber was, wenn sie Nein sagt, wenn sie nicht mit uns reden will?«

»Dann frag sie, ob ich ihre Toilette benutzen darf.«

»Was?«

»Das funktioniert oft bei Frauen. Männer sagen dir dann, du sollst dir die nächste Hecke suchen; aber Frauen haben in der Regel Mitleid.«

Olga schüttelte grinsend den Kopf. »Von dir kann man interessante Dinge lernen, Allie.«

Anna Mikolaskas Haus war ein kleiner Ziegelbungalow, der aussah wie die Kinderzeichnung eines Hauses. Die Haustür war von zwei identischen Fenstern eingerahmt, darüber befand sich ein Dachfenster, das wegen seines geschwungenen Fenstersturzes wie ein Auge wirkte. Das Haus hätte einen neuen Anstrich vertragen können, aber der Garten war gepflegt und ordentlich. Primeln und Veilchen waren abwechselnd entlang der Gartengrenzen gepflanzt. Eine hochgewachsene Forsythie bedeckte wie ein gelber Wasserfall eine Seite des Hauses.

»Schöner Garten«, meinte Allie, während sie darauf warteten, dass jemand auf ihr Klingeln reagierte.

Als sich die Tür öffnete, war Olga bereit für eine herzliche Begrüßung. Anna Mikolaska hatte die leuchtend braunen Augen einer Amsel, umgeben von vielen Lachfältchen. Ihre Wangen waren füllig, und das graue Haar war zu einem flachen Dutt frisiert. Dass mehrere Zähne fehlten, war erst zu erkennen, als sie Olga antwortete.

Allie versuchte, nicht wie eine Wahnsinnige zu lächeln. Sie hörte mehrfach das Wort »Poladski« und sah, wie Anna die Stirn runzelte.

»Sag ihr, sie ist meine letzte Chance, eine äußerst wichtige Wahrheit zu enthüllen«, drängte Allie.

»Hab ich schon«, zischte Olga, bevor sie das Gespräch wieder aufnahm.

Allie hasste es, nicht zu wissen, was geschah. Dies war vermutlich der wichtigste Moment der ganzen Unternehmung, und sie hatte keine Ahnung, was gesagt wurde. Das lief allem zuwider, was sie sonst oft über ihre Arbeit sagte: »Mein Geld bekomme ich nicht dafür, dass ich sechs Tage die Woche arbeite. Ich bekomme mein üppiges Gehalt für die fünf Minuten, die ich brauche, um mich über Türschwellen zu quatschen, an denen die meisten anderen scheitern.« Diesmal war sie nicht diejenige, auf die es ankam, und das machte sie ganz verrückt.

Nach einem kurzen Moment, der sich wie eine Ewigkeit anfühlte, legte Anna den Kopf leicht schräg und zuckte mit Schultern und Armen. Sie trat zurück und bedeutete den beiden Frauen, einzutreten.

Allie neigte dankend den Kopf und probierte, das einzige Wort auszusprechen, das sie auf Polnisch kannte: »*Dzięki.*«

Anna sagte etwas, und Olga lachte. »Sie meint, man merkt, dass du keine Polin bist.«

»Hey, das war ein Versuch. Ich wollte nur höflich sein.«

Sie folgten Anna in die Küche. Diese war gerade groß genug für einen Tisch mit drei Stühlen vor einer fürchterlichen Tapete, die mit gemaltem Gemüse bedruckt war, einer schweren Eichenanrichte sowie mehreren Geschirrschränken. Die Spüle stand vor dem Fenster zum rückwärtigen Garten, der mit der üblichen Auswahl an Gemüse in frühen Wachstumsstadien bestückt war.

»Sie möchte, dass wir uns setzen, während sie Tee kocht«, übersetzte Olga.

Allie tat wie geheißen und versuchte, sich nicht die Haare auszureißen, während Anna herumtappte, um die exakt richtigen Tassen und Untertassen zu finden sowie den Tee zu kochen. Schließlich waren alle versorgt.

»Hast du ihr erzählt, dass ich über Poladski schreibe?«, fragte Anna.

Olga nickte.

»Okay, dann sag ihr bitte, ich weiß von dem Mann namens Thomas, der hergekommen ist, um seine Familie zu finden. Frag sie, was sie ihm erzählt hat. Unterstreich dabei, dass niemand irgendwas Falsches getan hat, dass es mir nur um Details geht, die ich für meinen Text brauche. Und sag ihr, ich weiß, wie schwer es für sie sein muss. Und frag sie, ob es okay wäre, wenn ich alles aufzeichne.« Sie holte ihren Rekorder aus der Tasche und zeigte ihn Anna.

Olga sprach verbindlich und beruhigend. Anna hörte zu, nickte und wartete, bis Allie ihren Rekorder eingeschaltet hatte. Dann brachen die Worte regelrecht aus ihr hervor. Olga versuchte, beim

Dolmetschen mit Anna Schritt zu halten, doch Allie konnte sehen, dass es ihr schwerfiel.

»Sie sagt, es sei gut, dass endlich jemand erzählt, was damals in ihrem Dorf geschehen ist. Was die Nazis getan haben, war ein Frevel, ein Kriegsverbrechen, doch niemand schert sich um ein kleines polnisches Dorf mitten in den Wäldern. Sie sagt, sie kannte die Familie, die das jüdische Baby aufgenommen hatte. Es waren gute Menschen. Der Mann war Müller. Die Leute kamen aus den umliegenden Ortschaften, um bei ihm ihr Getreide mahlen zu lassen. Die Ehefrau war die Heilkräuterkundige des Dorfes, sie konnte mit medizinischen Pflanzen wahre Wunder bewirken. Anna hatte mal einen fürchterlichen Hautausschlag, und die Frau stellte für sie einen Balsam aus Salbei und Ringelblumenblüten her, der ihre Haut in kürzester Zeit heilte.«

Sie atmete tief ein.

»Sie hatten keine eigenen Kinder, die Frau hatte mehrere Fehlgeburten gehabt. Darum waren sie sehr glücklich, dass sie dem kleinen Mädchen das Leben retten konnten. Sie packten zusammen und brachen noch in derselben Nacht auf. Anna wusste nicht, wie es ihnen ergangen war, bis der Mann hier auftauchte, um mit ihr zu sprechen. Sie war traurig, dass seine Mutter gestorben war, aber es war ihr eine Freude, den jungen Mann zu sehen. Er sah genauso aus wie sein richtiger Großvater, sein jüdischer Großvater. Sie erzählte ihm alles über seine jüdische Familie, die ein gutes, ruhiges Leben geführt hatte; gläubig, rechtschaffen und immer bereit, den Nachbarn zu helfen, auch wenn diese nicht jüdischen Glaubens waren. Das ist der Grund, warum der Müller und seine Frau das Mädchen aufnahmen.«

Allie schaltete sich ein. »Frag sie, ob er irgendwas über Chaim Barak gesagt hat.«

Olga unterbrach Annas Redefluss und stellte die Frage.

»Er hat Anna erzählt, dass er herausgefunden hätte, dass es einen Überlebenden gab, nämlich Chaim Barak. Er hatte versucht,

Kontakt mit ihm aufzunehmen, doch der andere hatte nicht reagiert. Als er dann nach Poladski kam, war er verwirrt, weil Chaim Baraks Name auf dem Gedenkstein steht. Anna erzählte, das wäre der Fall, weil er tot wäre, ums Leben gekommen mit den übrigen Mitgliedern seiner Familie in der Scheune. Der junge Mann widersprach. Er erklärte, Chaim Barak würde leben, es gehe ihm gut und er wäre Multimillionär. Er hatte Fotokopien bei sich, einen ganzen Packen. Unter anderem einen Artikel, in dem es um Chaim Barak und Poladski ging, ein großer Beitrag in einer Zeitschrift. In diesem hieß es, Chaim hätte entkommen können, indem er sich in einem Misthaufen versteckt hielt. Außerdem war dort ein Foto abgebildet von dem Mann, der sich Chaim Barak nannte; auf dem Foto trug er Uniform und nahm von einem General einen Orden entgegen.«

Anna machte eine Pause, um des dramatischen Effekts willen, und als Olga ebenfalls verstummte, brach sie in Lachen aus. Danach ging es weiter; Olga hatte Probleme, mitzukommen.

»Anna sagte dem jungen Mann, dass ein Misthaufen der beste Platz für den Mann gewesen wäre, der nicht Chaim Barak war. Es handelte sich in Wirklichkeit um Szeloma Michnik. Den hätte sie überall erkannt. Er war mit ihr in einer Schulklasse gewesen. Auf dem Bild mit dem General war ohne jeden Zweifel Michnik abgebildet, erkennbar am hübschen Gesicht und an den Augenbrauen wie ein Filmstar. Diesen Mann würde sie so schnell nicht vergessen. Denn er war der Verräter. Derjenige, der seine Freiheit ausgehandelt hatte, indem er im Gegenzug den Nazis verriet, wo sich die Juden versteckten. Er hat sie zur Scheune geführt. Und die haben sie dann niedergebrannt mit allen Menschen, die darin waren. Inklusive der Mitglieder seiner eigenen Familie: seiner Mutter und seiner beiden Schwestern. Er hat sich immer nur um sich selbst geschert. Hat immer das große Wort geführt, wie wichtig er eines Tages sein würde. Er hat sich einen feuchten Kehricht um andere gekümmert.«

Tränen traten ihr in die Augen. »Das war der Grund, warum die Nazis das ganze Dorf niedergebrannt und so viele von uns ermordet haben. Wenn sie nichts von den Juden in der Scheune gewusst hätten, hätten sie es bei dem belassen, was sie sonst auch immer taten. Sie hätten das Dorf nach Juden durchkämmt und diejenigen ermordet, die ihnen in die Hände fielen. Das wäre schon entsetzlich genug gewesen. Doch sie hätten die anderen am Leben gelassen und nicht jedes Haus dem Erdboden gleichgemacht. Michnik hat damit nicht nur die Juden verraten, die sich versteckt hielten. Er hat mit seiner Tat noch viele weitere Leben zerstört. Anna gehörte zu den wenigen Dorfbewohnern, die entkommen konnten, weil sie sich im Wald besser auskannten als die Deutschen. Doch auch Anna hat an dem Tag Menschen verloren, die sie liebte. Ihren Bruder. Den Mann, den sie hatte heiraten wollen. Ihre beiden besten Freundinnen.

Der junge Mann, der hier war, hat ihr erzählt, dass Michnik inzwischen ein reicher Mann wäre, der mehrere Zeitungen und Zeitschriften besitzen und mit Politikern und Filmstars zu Abend essen würde.« Anna rieb sich die Augen und putzte sich die Nase, während Olga sprach. »Und die Leute würden von ihm sagen, er wäre ein Held.«

»Was hat der junge Mann dazu gesagt?«

Anna seufzte und trank ausgiebig von ihrem auskühlenden Tee.

»Er war schockiert«, übersetzte Olga. »Er sagte, er hätte nur etwas über seine Eltern erfahren wollen. Darum war es ihm so wichtig gewesen, den Mann zu treffen, der sich Chaim Barak nannte. Er dachte, Barak würde nur deshalb nicht reagieren, weil er ein gieriger Mann wäre, der nur Sachen machte, die ihm etwas einbrachten. Nie hätte er sich vorstellen können, dass er der Mann war, der seine ganze Familie an die Nazis verraten hatte. Anna hat ihn gefragt, ob er deswegen etwas unternehmen könne.

Ob er die Wahrheit über den Verrat öffentlich machen könne. Er hat gesagt, er wisse es nicht, er hätte nicht so viel Einfluss. Aber er schwor, dass er einen Weg finden würde, den anderen büßen zu lassen.«

Das war Gold wert. »Kannst du sie bitten, das zu wiederholen, nur um sicherzugehen?«

Olga übersetzte das, und Anna nickte energisch. »Sie sagt, er hätte versprochen, einen Weg zu finden, um Michnik für seinen Verrat bezahlen zu lassen.«

Es gab nur noch eine Frage, auf die Allie eine Antwort brauchte: »Kennt sie den Nachnamen von Thomas? Hat sie seine Kontaktdaten?«

Olga stellte die Frage. Und Allie hielt die Luft an.

»Ich hab schon geahnt, dass alles viel zu gut lief«, seufzte Allie, als sie auf dem Rückweg nach Białystok waren. »Wie zur Hölle sollen wir bloß einen Engländer finden, der Thomas heißt?«

»Das ist leicht«, meinte Olga. »Vertrau mir. Wir haben seinen Vornamen. Wir wissen, dass er Engländer ist, und wir wissen, wann er hier war. Und wir wissen, wo er in Białystok gewohnt hat. Man hat dort bestimmt verlangt, dass er sich mit seinem Pass ausweist, und das Hotel wird es dokumentiert haben.«

Allie schnaubte verächtlich. »Wir *glauben* zu wissen, wo er gewohnt hat.«

In Gedanken durchlebte sie noch einmal die angespannten Minuten, als Olga die Namen der Hotels in Białystok nannte, an die sie sich erinnern konnte. Schließlich hellte sich Annas Gesicht bei der Erwähnung des Hotels Branicki auf. Sie war sich *ziemlich* sicher, dass er gesagt hätte, er würde dort wohnen, als sie am Anfang des Gesprächs Small Talk gemacht hätten. Sie erinnerte sich daran, weil das Hotel in der Altstadt lag und sie gehofft hatte, ihr Mann würde sie an ihrem fünfundzwanzigsten Hochzeitstag dorthin ausführen. Aber das hatte er nicht getan. Stattdessen waren sie in eine Jagdhütte gefahren.

»Es ist interessant, dass er anfangs ganz unbefangen persönliche Details ausgeplaudert hat«, sinnierte Allie. »Später aber, nachdem sie ihm die Wahrheit über Chaim Barak und Szeloma Michnik erzählt hatte, wurde er sehr schmallippig. Ich frage mich, ob er da schon angefangen hat, einen Plan zu entwerfen wegen des Tributs, den er von Michnik einfordern wollte.«

»Meinst du nicht Wallace Lockhart? Den Mann, der dein Boss war, bis er angeblich Suizid begangen hat?«

»Ich bin froh, dass du ›angeblich‹ gesagt hast. Als seine Tochter mir erzählte, dass sie überzeugt sei, er wäre ermordet worden, hab ich ihr gesagt, dass sie verrückt sei. Dass er der Schande nicht ins Gesicht hätte sehen können, dass sein Imperium ihm um die Ohren flog und dass alle erfahren würden, was für ein Betrüger er gewesen war. Und jetzt stellt sich heraus, dass sie recht hat.« Sie verdrehte die Augen. »Gott, ich hasse es, falschzuliegen.«

Olga gluckste. »Aber falschzuliegen bedeutet in diesem Fall die bessere Story, oder?«

»Ausnahmsweise ja.«

Als sie den Stadtrand von Białystok erreichten, hatte Olga Mitleid mit Allie.

»Ich lass dich beim Hotel raus, okay? Du kannst im Branicki nichts ausrichten, und mit zwei Leuten dort aufzutreten macht es mir wahrscheinlich schwerer, an die Informationen zu kommen, die wir brauchen.« Sie lächelte verschmitzt. »Es ist nie gut, einen Zeugen zu haben, wenn Bestechung und Korruption notwendig sind.«

56

Es fühlte sich an, als würde das Stück Papier mit Thomas Raventhorpes Adresse ein Loch in Allies Herz brennen. Während ihres Fluges von Warschau nach Großbritannien hatte sie den Zettel mehrfach hervorgeholt und auf Olgas ordentliche Handschrift gestarrt, als könnte diese ihr endlich verraten, was sie als Nächstes tun sollte.

Sie hatte bereits beschlossen, heimlich nach Manchester zurückzukehren, indem sie einen Flug nach Heathrow buchte und von dort aus mit dem Zug weiterfuhr, statt mit Genevieve wegen der Rückreise mit dem Privatjet Kontakt aufzunehmen. Sie war noch nicht bereit, mit ihr zu sprechen. Rona würde an diesem Abend ebenfalls nach Manchester fahren. So hätten sie das Wochenende, um gemeinsam zu überlegen, was Allie jetzt machen sollte.

In der U-Bahn vom Flughafen zum Bahnhof dachte Allie kurz daran, einfach auszusteigen und sich ein Taxi zu Thomas Raventhorpes Adresse auf der Südseite des Flusses zu nehmen. Aber auch für ein Gespräch – oder gar eine Konfrontation – mit ihm war sie noch nicht bereit. Sie musste sich erst über einiges klar werden.

Es war eine Erleichterung, endlich zu Hause zu sein nach einer Woche in verschiedenen Hotels mit völlig unvorhersagbarem Kaffee. Allie machte sich einen Espresso und nahm diesen mit in den Garten, um sich anzusehen, was sich in ihrer Abwesenheit getan hatte. Die Schattenglöckchen zeigten sich in all ihrer roten, cremefarbenen und grünen Pracht; an der Sternmagnolie wiegten sich noch die letzten schmalen Blätter in der leichten Brise; der Rhabarber und der Salbei sprießten; und alles musste gewässert werden. Sie setzte sich auf die Bank am Ende des Gartens und versuchte sich abzulenken, indem sie darüber nachdachte, ob sie den Garten noch für den Herbst vorbereiten sollte, denn der Makler hatte eine Nachricht hinterlassen, dass es einen potenziellen Käufer gab.

Doch es funktionierte nicht. Annas Bericht ging ihr unablässig durch den Kopf; sie konnte sich immer noch nicht entscheiden, wie sie damit umgehen sollte. Jedes Mal, wenn sie dachte, jetzt hätte sie eine Lösung gefunden, meldete sich eine Stimme in ihrem Kopf zu Wort, die einwandte: »Ja, aber ...« Welchen Weg sie auch immer einschlagen würde: Jeder würde in der einen oder anderen Weise aus ihr eine Richterin, eine Geschworene und eine Scharfrichterin machen. Nichts davon fühlte sich gut an.

Die Kühle des frühen Abends trieb sie wieder ins Haus; sie ging noch schnell zu den Geschäften in der Beech Road, um frisches Gemüse, Käse und Räucherhuhn im Feinkostgeschäft zu erstehen. Schon dieser kurze Spaziergang löste den Knoten im Kopf ein wenig, sodass sie sich nach ihrer Rückkehr an ihre Schreibmaschine setzte und die Story so niederzuschreiben begann, wie es ihr am sinnvollsten erschien. Während ihre Finger wie von selbst die Tasten anschlugen, wusste sie zugleich, dass dies ein provisorischer Text war. Aber es war eine Möglichkeit, die Dinge in eine Reihenfolge zu bringen, die half, zu verstehen, was Vorrang hatte und wie sie diese Punkte miteinander verbinden sollte.

Als Rona kurz nach acht eintraf, fühlte Allie sich schon ruhiger, wenn sie auch immer noch nicht recht wusste, wie sie vorgehen sollte. Sobald Rona das Zimmer betreten hatte, umschlangen sie einander wortlos. Den vertrauten und einzigartigen Duft von Ronas Haar einzuatmen war für Allie, wie endgültig nach Hause zu kommen.

Als sie sich schließlich voneinander lösten, sagte Rona: »Ich hole kurz Germaine. Ich habe sie im Auto gelassen, weil ich dich einen Moment ganz für mich haben wollte.«

Schließlich machten sie es sich auf dem großen Sofa bequem, jede mit einem Glas Wein, Germaine zwischen ihnen.

»Erzähl mir einfach alles«, bat Rona.

Und das tat Allie.

»Doch was mache ich jetzt damit?«, schloss sie ihren Bericht.

Rona streckte die Hand aus und strich ihr über den Nacken. »Lass uns die Möglichkeiten mal durchgehen«, schlug sie vor.

»Da ist die grundlegende Geschichte, die ich ganz schlicht erzählen könnte – die Wahrheit über Ace Lockhart, und was er in Poladski getan hat. Ich könnte Thomas Raventhorpe einfach außen vor lassen. Es würde Genevieve zur Weißglut treiben.«

Rona lachte leise. »Das hätte auch sein Gutes. Sie macht alle verrückt, indem sie durch die Büros stürmt und so tut, als wäre sie nun Ace. Sie führt sich auf, als gäbe es keinen massiven Finanzbetrug, der alles verändert. Ich bin erstaunt, dass das Betrugsdezernat noch nicht sämtliche Büros des Pensionsfonds durchwühlt hat, ganz zu schweigen vom Rest des Unternehmens.«

»Ja, schon, aber ich möchte mit der Geschichte eben nicht von alldem ablenken.«

»Da hast du recht. Okay, nächste Möglichkeit.«

Allie füllte ihre Gläser nach. »Eventuell hat Thomas Raventhorpe Ace Lockhart umgebracht.«

»Das ist eine schwere Anschuldigung. Wie hat er das gemacht?«

»Irgendwie hat er eine mit Gift gefüllte Kapsel unter die Vitamintabletten von Ace Lockhart gemischt und es dann einfach ausgesessen. Er musste dafür noch nicht mal nach Ranaig fahren, er hätte sich auch in eines von Ace' Büros schleichen können. Obwohl Ace Media vermutlich besser bewacht ist als Ranaig. Wenn er so vorgegangen ist, dann hat er das perfekte Alibi für den Moment, als Lockhart gestorben ist. Außerdem konnte ihm egal sein, wann es passieren würde, solange es überhaupt passierte.«

»Aber hätte das funktioniert?«

»Klar. Die Magensäure löst die Gelatinekapsel auf, und das Zyanid wird von der Magenschleimhaut aufgenommen. Der Tod folgt dann sehr schnell. Innerhalb von höchstens einer Stunde. Habe ich mir von dieser netten forensischen Chemikerin an der Uni Strathclyde erklären lassen.«

»Wow. Ganz schön abgebrüht. Aber wie hätte er da hinkommen sollen?«

»Er ist Sportlehrer, Rona. Sollte er vorher noch nicht gewusst haben, wie man ein Boot steuert, hätte er keine Probleme gehabt, jemanden zu finden, der es ihm beibringt. Wenn er auf Ranaig war, wird es Nachweise geben, dass er irgendwo ein Boot gemietet hat zwischen dem Zeitpunkt, als er aus Polen zurückgekehrt ist, und dem Tag, als Lockhart starb.«

»Aber wie soll er ins Haus gekommen sein? Lockhart war paranoid. Er hatte doch bestimmt Sicherheitskameras und ein Alarmsystem, oder?«

»Vielleicht. Oder vielleicht dachte er, Ranaig wäre an sich schon sicher genug, da es so weit weg mitten im Atlantik liegt. Wenn ich die Sache in dieser Richtung weiterverfolge, muss ich mit dem Paar sprechen, das auf der Insel nach dem Rechten sieht.«

»Und woher hatte er das Zyanid?«

Allie zuckte mit den Schultern. »Das lässt sich schon organisieren. Zyanide werden in der Goldgewinnung eingesetzt und in anderen industriellen Prozessen. Man kann es auch aus den Kernen von Steinobst wie Pfirsichen oder Aprikosen destillieren. Offenbar auch aus Lorbeerblättern. Man kommt nicht ganz leicht ran, aber es ist nicht unmöglich. Vielleicht wollte er das Gift nutzen, das auch die Nazis angewendet haben, um Millionen von Juden umzubringen. Als eine Art poetischer Gerechtigkeit.«

»Das wird verdammt schwer zu beweisen sein.«

»Das ist nicht die Frage, Rona. Die entscheidende Frage ist, ob es richtig wäre, das öffentlich zu machen. Ace Lockhart war ein furchtbarer Mensch.«

»Er hat dich aus den Fängen der Stasi befreit«, sagte Rona sanft.

»Aber nur, weil er einen Vorteil davon hatte. Er wollte dich nicht verlieren. Rona, soweit wir wissen, hat er seine Freunde und seine Familie verraten, um seine Haut zu retten. Er war ein skrupelloser Tyrann, ein ausbeuterischer Arbeitgeber, der das Leben von Menschen auf eine weniger auffällige Art zerstört hat als die Nazis mit ihren Todeslagern. Das letzte Verbrechen, von dem wir wissen, war die Veruntreuung des Pensionsfonds, sodass die Rentner jetzt mittellos dastehen. Ich bin mir nicht sicher, ob ich dem Mann, der die Welt von Ace Lockhart befreit hat, die Justizbehörden auf den Hals hetzen möchte.«

»Mal ganz abgesehen von Genevieves heiligem Zorn. Sie würde ihm das Leben zur Hölle machen, um ihren Vater reinzuwaschen. Auch das Leben von Anna Mikolaska würde sie zerstören. Genevieve würde das Gewicht von Ace Media in die Waagschale werfen, sie aller möglichen Lügen und Täuschungen beschuldigen. Im Augenblick ist sie verzweifelt. Auf gar keinen Fall würde sie zulassen, dass ihr Vater als Verbrecher dasteht, der den Tod verdient hatte.« Rona schubste Germaine von der Couch und zog Allie in eine Umarmung. »Die zentrale Frage ist, wem es in die Hände spielt, wenn Thomas Raventhorpe angeklagt wird. Wer profitiert davon?«

»Ich bin mir nicht sicher, ob das die richtige Frage ist. Wir sagen doch nicht etwa, dass Mord okay wäre, oder? Wer sind wir, dass wir darüber entscheiden können, welche Mörder mit ihrer Tat davonkommen.«

»Allie, mach mal einen Schritt zurück. Wir wissen nicht mit Sicherheit, dass Raventhorpe ein Mörder ist. Vielleicht war es wirklich Suizid. Oder durchaus Mord, hat aber nichts mit Thomas

Raventhorpe zu tun. Vielleicht war derjenige, der Lockhart diese Nachrichten geschickt hat, einfach ein anderer Irrer, der versucht hat, ihn aus der Fassung zu bringen.«

Da war was dran. Insbesondere, da sie sich selbst gefragt hatte, was sie an Thomas Raventhorpes Stelle wohl gemacht hätte. Die verborgene Wahrheit über die eigene Herkunft zu erfahren, nur um dann festzustellen, dass der Mann, der für den Tod der eigenen Eltern verantwortlich war, ein dekorierter Kriegsheld war sowie jemand, der im alltäglichen Leben seines Landes über eine immense Macht verfügte … Was macht das mit dir? Sie wusste, dass sie Mordgelüste gehabt hätte, diese aber nicht umgesetzt hätte – allerdings nicht wegen moralischer Bedenken, sondern wegen der praktischen Aspekte. Jeden Tag Ace-Media-Produkte in den Zeitungsständern zu sehen, zu beobachten, wie Ace Lockhart durch das öffentliche Leben Großbritanniens stolzierte – der fleischgewordene Beleg von William Faulkners Aussage: »Das Vergangene ist nicht tot, es ist nicht einmal vergangen.«

Wie konnte sie ihn wegen etwas verurteilen, das ihre eigene unwillkürliche Reaktion gewesen wäre? Trotz des Grabens, der sich zwischen ihr und ihren Eltern aufgetan hatte, würde sie sich an jedem rächen, der sie kaltblütig umbrachte. Wie viel elender würde sie sich fühlen, wenn Ace Lockhart ihre gesamte Familie ausgerottet hätte?

Das einzige Mal, das sie mit einem Mord in Berührung gebracht hatte, war alles sehr eindeutig gewesen. Obwohl die Entlarvung des Killers das Leben anderer in Mitleidenschaft gezogen hatte, lagen dennoch keine mildernden Umstände vor, die Allie auch nur einen Moment hätten zögern lassen. Diesmal war es anders.

Allie stieß einen Seufzer aus. »Das Einzige, was ich tun kann, ist, mich auf das zu beziehen, was ich weiß. Ich muss mit ihm reden. Bis ich nicht seine Sicht der Dinge gehört habe, kann ich nicht wissen, was ich tun soll. Und ich werde ihn bei dem Gespräch in all den Punkten unter Druck setzen, die mir seltsam vorkommen.«

»Das ist das, was du am besten kannst, mein Herz. Und du hast hervorragende Instinkte in dieser Hinsicht. Verdammt, schließlich hast du mich als Partnerin ausgewählt«, sagte Rona, um dem Moment die Schwere zu nehmen.

Allie gluckste. »Ich kann mich nicht erinnern, in irgendeiner Hinsicht eine Wahl getroffen zu haben. Es war eher so, dass du mir einfach zugestoßen bist, unausweichlich wie das Wetter. Es hat keinen Sinn, das zu bestreiten.« Sie seufzte noch einmal. »Lass uns das Wochenende genießen. Die Sache ruhen lassen, es überschlafen.« Sie setzte sich so abrupt auf, dass beinah die Weingläser übergeschwappt wären. »Lass uns tanzen gehen. Die Stadt erwacht gerade erst. Wir können die ältesten Nachtschwärmer der Stadt sein.«

Rona stand auf und zog Allie auf die Füße. »Wir werden tanzen, als wäre uns das alles scheißegal«, rief sie.

Der Hund floh in die Küche, und die beiden Frauen fielen einander lachend in die Arme.

»Völlig scheißegal«, flüsterte Rona Allie ins Ohr. »Wir werden die Königinnen der Welt sein.«

Allie umarmte sie fester. »Wenigstens für eine Nacht.«

57

Thomas Raventhorpe wohnte im mittleren Stock einer umgebauten edwardianischen Doppelhaushälfte in Streatham. Das Haus sah solide und gepflegt aus. Der Vorgarten war einer asphaltierten Parkfläche geopfert worden, auf der Platz für zwei Kleinwagen war. Am späten Montagnachmittag saß Allie auf dem Mäuerchen neben einer Bushaltestelle auf der gegenüberliegenden Seite. Sie hatte eine ungefähre Vorstellung davon, wie Raventhorpe aussah, aber sie wusste nichts Genaues. Sie wusste nicht, wann er von der Schule nach Hause kommen würde, aber zumindest würde ein Sportlehrer keine Hausaufgaben im Lehrerzimmer korrigieren müssen, wenn der Unterricht zu Ende war.

Busse hielten und fuhren wieder weiter; dass sie nicht einsteigen wollte, brachte ihr ein paar irritierte Blicke ein. Rona und sie hatten das Wochenende genauso verbracht, wie sie es für gewöhnlich taten: Sie waren durch die Clubs gezogen, über die Hügel von Derbyshire gewandert, hatten gegärtnert, gut gegessen, hatten sich einen Schwips angetrunken und die Gegenwart der anderen genossen. Das war das beste Gegenmittel für Allies verdrießlichen Gemütszustand gewesen. Sich dessen bewusst zu werden, was ihr wichtig war, war genau das, was sie gebraucht hatte.

Kurz nach sechs Uhr bog ein Mann von der High Road in die Straße ein, der eine Sporttasche über die Schulter geschlungen hatte. Er passte zu der groben Beschreibung, die sie von Raventhorpe hatte, aber das traf auf rund ein Sechstel aller Männer zu, die in der letzten Stunde vorbeigegangen waren. Der Unterschied war jedoch, dass dieser auf die Haustür von Thomas Raventhorpes Wohnhaus zuging.

Allie sprang auf und bahnte sich ihren Weg durch den Verkehr. Sie erreichte die andere Straßenseite, als der Mann gerade im Begriff war, die Tür hinter sich zu schließen.

Sie lief die Treppen hinauf, setzte ihr strahlendstes Lächeln auf und sagte: »Thomas? Thomas Raventhorpe?«

Mit einem fragenden Gesichtsausdruck drehte er sich zu ihr um. Er hatte ein angenehmes Äußeres: regelmäßige Gesichtszüge, tief liegende Augen, einen dichten Schopf braunen Haars.

»Es tut mir leid, ich …«

»Wir kennen uns nicht. Mein Name ist Allie Burns. In den letzten Tagen habe ich viel mit Anna Mikolaska gesprochen, und sie hat mir geraten, mit Ihnen zu sprechen.« *Erwähne Annas Namen, baue eine Verbindung zu ihm auf, eine Brücke.*

»Ich verstehe nicht. Worüber sollen Sie mit mir reden?«

»Entschuldigen Sie, ich hätte das erklären sollen. Ich bin Journalistin und schreibe einen Artikel über das Massaker in Poladski. Anna sagte, ich solle Sie ansprechen, weil Sie dort Ihre ganze Familie verloren hätten.«

Betrete die Brücke, lächle weiterhin verbindlich.

»Ich weiß nicht …«

»Wenn es gerade nicht passt, kann ich ein anderes Mal wiederkommen. Ich denke nur, es ist wichtig, dass die Schuldigen beim Namen genannt werden. Und dass wir uns daran erinnern, wie dünn der Firnis der Zivilisation ist. Wenn wir die Vergangenheit vergessen, wird sie sich nur allzu leicht wiederholen. Und niemand möchte ein zweites Poladski. Oder überhaupt ein Massaker.« *Dazu einen Schuss Schuldgefühl und einen Appell ans Pflichtgefühl, das ergibt immer eine gute Mischung.*

»Ich glaube …«

»Sie können mir helfen, den Artikel so zu gestalten, dass er die Leser berührt. Es wird nicht lange dauern, das verspreche ich.« Eine Lüge, aber wer sollte ihr die schon vorhalten.

Er gab seinen Widerstand auf. »Okay, dann kommen Sie doch besser mal rein.«

Er ging voran in den ersten Stock und schloss dort eine Tür auf. Einen Flur gab es nicht, sondern sie betraten direkt das Wohnzimmer. Ein Sofa, ein Esstisch mit vier Stühlen, eine Stereoanlage mit Lautsprechern in der Größe von kleinen Kühlschränken. In einer Ecke lagerte Sportausrüstung: ein Hockeyschläger; mehrere Schläger für Tennis, Badminton und Squash; ein langer Lacrosse-Schläger; ein Surfbrett. An der Wand hing ein gerahmtes Trikot der englischen Rugby-Mannschaft mit einem unlesbaren Autogramm. Eine Jogginghose war auf einen der Stühle geworfen worden; neben der Tür standen mehrere Paare Sportschuhe nebeneinander. Aber es war sauber, nirgendwo stapelte sich der Müll, wie sie es bei den meisten Männern ihres Bekanntenkreises gesehen hatte: keine Bierdosen oder Pizzaschachteln, keine übervollen Aschenbecher oder Aluschalen von Take-aways.

Er warf ihr ein entschuldigendes Lächeln zu. »Tut mir leid, nicht gerade einladend, ich weiß.«

»Das ist völlig okay. Sie sollten mal mein Zuhause sehen, wenn ich keinen Besuch erwarte. Beziehungsweise, Sie sollten es lieber nicht sehen.«

»Wollen Sie am Tisch sitzen? Das ist vielleicht einfacher, wenn Sie sich Notizen machen wollen, oder?« Nervös wuselte er herum, zog einen Stuhl für sie unter dem Tisch hervor und stand dann mit baumelnden Armen daneben.

»Möchten Sie vielleicht einen Tee oder so?« Dass sie nun in seinem Zuhause waren, machte ihn zusehends angespannter.

»Nein, danke. Lassen Sie uns einfach nur reden. Stört es Sie, wenn ich unser Gespräch aufzeichne? Nur der Genauigkeit wegen. Meine Kurzschrift löst bei meinen Kollegen immer unweigerlich Lachstürme aus.«

»Ich denke, das ist schon okay.« Er ließ sich ihr gegenüber nieder. »Ich bin mir nicht sicher, was Sie von mir für Ihren Artikel erwarten. Poladski ist immerhin mehr als zwanzig Jahre vor meiner Geburt gewesen, ich kenne keinen einzigen Menschen, der dort gestorben ist.«

»Das weiß ich. Anna hat mir gesagt, wie Sie von Ihrer Verbindung zu Poladski erfahren haben, aber können Sie es mir in Ihren eigenen Worten noch einmal erzählen?«

Er verschränkte die Finger und legte die Hände auf den Tisch. »Meine Mutter ist an Krebs gestorben, letzten November. Kurz zuvor sagte sie mir, sie müsse mir etwas wegen meiner Herkunft sagen. Ich hatte keine Ahnung, was sie damit meinte. Ich kannte die Geschichte, wie ihre Familie vor den Nazis geflohen war, wie sie sich ein Leben in Westdeutschland aufgebaut hatten. Aber sie sagte mir, dass sie nicht deren leibliche Tochter war. Dass ihre Familie jüdisch gewesen wäre und dass sie gewusst hätten, von Glück sagen zu können, wenn sie sich in Sicherheit bringen konnten angesichts dessen, was den Juden in Polen angetan wurde. Darum hätten ihre Eltern sie fortgegeben.«

»Das muss sehr schwer für sie gewesen sein.«

»Sie wollten, dass sie am Leben bleibt. Das war wichtiger, als sie im jüdischen Glauben zu erziehen. Nach dem Krieg, viele Jahre nach dem Krieg, wollte sie herausfinden, ob unsere Herkunftsfamilie überlebt hatte. Sie recherchierte ein wenig und erfuhr von dem Massaker. Darum wusste sie, dass ihre Eltern tot waren, denn sie waren in der Scheune gewesen.« Er stockte. »Sie wissen von der Scheune?«

»Ja, es ist entsetzlich. Wusste sie noch mehr?«

Er nickte und stand auf. »Einen kleinen Moment.« Er ging aus dem Raum und kam mit einem braunen Briefumschlag in DIN-A4-Größe wieder. »Zufällig war sie in einer Zeitschrift auf einen Artikel über Ace Lockhart gestoßen. Sie wurde nur wegen der Überschrift darauf aufmerksam.«

Er zog einen kleinen Stapel Zeitungsausschnitte hervor und reichte den obersten Allie.

»*Von einem Massaker in Polen zum Medientycoon*«, las sie.

Der Beitrag wiederholte Ace Lockharts Lebenslüge: Chaim Barak, der sich in einem Misthaufen verbirgt, um den Nazis zu entkommen, sich dann der polnischen Armee anschließt und wegen Heldenmuts bei Monte Cassino ausgezeichnet wird. Und so weiter. Außerdem gab es Fotos: Wie Lockhart seine Tapferkeitsmedaille erhält, wie er die Gründung von Pythagoras verkündet, Lockhart mit seiner Frau und der neugeborenen Genevieve.

Sie blickte Raventhorpe über den Tisch hinweg an: »Kein Wunder, dass Sie mit ihm sprechen wollten.«

»Ja. Ich dachte, er wäre der Einzige, der mir etwas über meine Familie sagen könnte. Wie sie gelebt haben. Vielleicht auch, wie sie gestorben sind. Darum schrieb ich Mr Wallace Lockhart.« Verachtung mischte sich in seinen Tonfall. »Ich habe jede seiner Adressen angeschrieben. In London, Glasgow, sogar die auf der kleinen albernen Insel. Dreimal habe ich geschrieben, aber kein einziges Mal eine Antwort erhalten.«

»Das muss frustrierend gewesen sein.«

»Das war es. Darum beschloss ich, nach Poladski zu fahren und selbst herauszufinden, ob noch jemand aus jener Zeit überlebt hat.« Schmerzvoll verzog sich sein Gesicht. »Ich wollte nur jemanden finden, der mir etwas von meinen Großeltern erzählen konnte, wissen Sie.«

»Was geschah dann?«

»Waren Sie da? Haben Sie den Gedenkstein gesehen?«

»Ja. Ich weiß, was Sie gesehen haben.«

»Ich habe es nicht verstanden. Der Name von Chaim Barak, eingraviert auf dem Denkmal. Inmitten all der Toten. Ich dachte, das muss ein Fehler sein. Und dass er korrigiert werden müsse.« Er schüttelte den Kopf. »Es gibt ein paar kleine Höfe die Straße hinunter. Ich engagierte einen Lehrer von dort, der für mich dolmetschte. Er fragte das Paar, das dort lebt, ob es aus dem Dorf stamme, aber die beiden kamen von außerhalb und hatten noch nie von Chaim Barak gehört. Doch sie berichteten ihm von Anna. Darum sind wir nach Krynki gefahren, und er fragte herum, bis wir sie gefunden hatten.«

»Sie ist eine so liebenswerte Frau. Ich weiß nicht, wie sie es geschafft hat, sich ein Leben einzurichten nach alldem, was passiert ist.«

»Geht mir genauso. Wir haben sie nach Chaim Barak gefragt, und sie sagte, er sei in der Scheune ums Leben gekommen. Darum habe ich ihr den Artikel über Lockhart gezeigt. Sie konnte ihn natürlich nicht lesen, aber sie sagte sofort, dass Lockhart nicht Barak sei. Zuerst dachte ich, beim Dolmetschen wäre etwas schiefgelaufen, darum sind wir alles noch einmal durchgegangen. Und danach gab es keinen Zweifel mehr: Der Mann auf dem Foto war nicht Chaim Barak, sondern ein gewisser Szeloma Michnik. Das ist bizarr, oder? Aber dann wurde es erst recht absurd, wirklich unglaublich absurd. Sie erzählte mir, dass Szeloma Michnik nicht nur dem Massaker entkommen, sondern außerdem derjenige gewesen war, der die Nazi zur Scheune geführt hatte. Dieses … dieses miese Schwein hatte meine Familie getötet. Und sich außerdem den Namen eines Toten angeeignet, um nicht dafür zur Verantwortung gezogen zu werden.«

Das Mitgefühl in Allies Stimme war nicht vorgespielt. »Ich kann mir denken, dass Sie völlig entsetzt waren.«

»Ich war außer mir. Michnik wurde nicht nur nicht zur Rechenschaft gezogen für das, was er getan hatte, er nutzte die Ereignisse in Poladski zudem noch als Sprungbrett für seinen Erfolg. Ich war angewidert.« Seine Stimme brach.

»Und deshalb beschlossen Sie, ihn dafür zu bestrafen.« Keine Frage, nur tiefe Empathie.

Er blickte zur Seite. »Ich bin Sportlehrer, kein Ninja. Wie hätte ich das tun sollen?«

»Ich weiß es nicht mit Sicherheit. Und handfeste Beweise liegen vermutlich nicht vor.«

Nun war es ausgesprochen.

Raventhorpe war völlig perplex. Zu perplex, um ihr zu sagen, sie solle das Aufnahmegerät ausschalten.

Allie legte maximales Verständnis in ihren Ton, als sie sagte: »Thomas, ich glaube, Sie haben die ersten Schritte schon unternommen, als Sie noch mit Anna sprachen. Warum sonst haben Sie ihr Ihre Kontaktdaten nicht gegeben? Sie ist die einzige Verbindung zu Ihrer Vergangenheit, und Sie haben ihr die Möglichkeit verweigert, sich an Sie zu wenden? Das ergibt für mich keinen Sinn.«

Er machte den Mund auf, dann wieder zu und sagte dann: »Ich war völlig sprachlos in dem Moment, ich konnte nicht klar denken. Ich … ich wollte ihr immer schreiben, aber ich hab so viel zu tun.«

Allie stellte umständlich ihren Rekorder aus. Zumindest den auf dem Tisch. Den zweiten in ihrer Tasche ließ sie weiterlaufen.

»Hier sind nur Sie und ich, Thomas. Ich denke, Sie haben beschlossen, dass Wallace Lockhart den Preis zahlen musste für das, was er Ihrer Familie angetan hat. Und den anderen Juden von Poladski. Ich glaube, Sie sind nach Ranaig gefahren und haben es irgendwie geschafft, eine Kapsel mit Zyanid unter seine Vitaminpillen zu mischen. Und dann haben Sie einfach abgewartet.«

Sein verächtliches Schnauben war nicht besonders überzeugend. Schweißtropfen hatten sich auf seinem Gesicht gebildet, obwohl es kühl im Zimmer war. Seine Finger waren in einer zwanghaften Verklammerung gefangen.

»Wie können Sie es wagen? Das ist verrückt.«

»Da stimme ich Ihnen zu, aber es hat funktioniert. Und wie ich schon sagte: Handfeste Beweise gibt es nicht, nur Indizien. Ich vermute, Sie haben irgendwo an der Westküste ein Boot gemietet, aber das beweist nichts, außer dass Sie einer von den Irren sind, die es lieben, im Frühjahr in den rauen Wassern des Atlantik zu segeln. Woher das Zyanid stammt, weiß ich nicht, aber Sie sind ganz offensichtlich sehr gut organisiert, und die Polizei hätte große Probleme, dieser Spur nachzugehen. Wie mache ich mich bisher?«

Raventhorpe schüttelte den Kopf: »Alles reine Erfindung«, schnappte er. »Ich weiß nicht, warum Sie mich dessen beschuldigen! Ich könnte Sie wegen Verleumdung verklagen.«

»Viel Glück dabei! Ohne Zeugen ist das unmöglich zu beweisen. Aber Sie müssen mich auch gar nicht bedrohen.« Allie wurde klar, dass sie sich bereits entschieden hatte. »Ich will ehrlich zu Ihnen sein. Als ich herkam, wusste ich nicht, wie ich mit der ganzen Sache umgehen sollte. Ich bin seit etlichen Jahren Journalistin, und ich denke, ich habe eine ganz gute Menschenkenntnis entwickelt. Ich hatte mir vorgenommen, mich erst zu entscheiden, wie ich den Artikel schreibe, wenn ich mit Ihnen gesprochen habe. Und das Ergebnis ist, dass ich nicht mehr vorhabe, einen Beitrag zu verfassen, in dem Sie als Mordverdächtiger dastehen. Die Kommission zur Untersuchung von Lockharts Tod ist zu dem Ergebnis gekommen, dass er Suizid begangen hat. Wollte man sie umstimmen, wären zwingende Beweise notwendig. Und ich werde nicht einmal den leisesten Hinweis geben, dass es etwas gibt, das sich die Polizei mal näher anschauen sollte.«

Er starrte sie an. »Warum sollten Sie das tun? Ich dachte, ihr Journalisten seid ganz wild auf reißerische Überschriften und das Bloßstellen von Leuten.«

»Die Wahrheit über Ace Lockhart zu veröffentlichen wird Headlines produzieren, die reißerisch genug sind, glauben Sie mir. Ich heiße nicht gut, was Sie getan haben. Aber es gibt das Sprichwort: ›Rache ist eine Art ursprünglicher Gerechtigkeit.‹ Und manchmal denke ich, wenn das Gesetz einen im Stich lässt, ist Rache alles, was einem bleibt.«

Sie blickten einander an und machten sich die Bedeutung des Moments bewusst.

Raventhorpe brach das Schweigen: »Meinen Sie das ernst?«

Allie nickte. »Vorausgesetzt, ich kann Ihre Geschichte und die Ihrer Familie für meine Story nutzen. Ich werde sie in einer Weise schildern, die keinerlei Gefahr für Sie bedeutet. Darauf gebe ich Ihnen mein Wort.«

Er sah weg. Sie vermutete, dass er Optionen gegeneinander abwog, die nicht existierten. Sie hatte ihn in eine Ecke gedrängt, aber wie das mit Ecken nun mal so ist: Manche sind bequem genug, um sich ein Leben darin einzurichten.

»Woher weiß ich, dass Sie Ihr Wort halten?«, sagte er in Richtung Wand.

»Gar nicht. Aber ich habe fünf Jahre lang für Ace Lockhart gearbeitet. Ich habe ihn gut genug kennengelernt, um zu wissen, dass die Welt ohne ihn besser dran ist. Ich gehöre zu den Leuten, deren Rentenrücklagen er veruntreut hat. Zu dem Zeitpunkt, als er den *Sunday Globe* gekauft hat, hatte ich den Job, von dem ich immer geträumt hatte. Im Laufe der Jahre hat er diesen Job kaputt gemacht. Alles, was mir Freude bereitet hat und worauf ich stolz war, ist zerstört worden. Darum schulde ich seinem Andenken nicht das Geringste.«

»Also gut«, sagte er langsam. »Ich kenne mich mit Journalismus nicht gut aus, aber ich vermute, Sie werden mich noch mehr zu meiner Reise nach Poladski befragen müssen und zu dem, was das alles für mich bedeutet, oder?«

»Ja«, sagte Allie. »Aber nicht heute, denn heute haben wir beide schon genug zu verdauen. Doch in Kürze dann.«

»Geben Sie mir einen Monat. Wenn in der Zeit niemand an meine Tür hämmert und etwas von Mord schreit, weiß ich, dass Sie Ihr Wort gehalten haben. Dann arbeite ich mit Ihnen zusammen. Ist das ein Deal?«

Sie mochte ihn immer mehr. »Es ist ja nicht so, dass die Leute so bald das Interesse an Ace Lockhart verlieren dürften. Darum: Ja, das ist ein Deal.«

Er streckte ihr die Hand entgegen, und sie schlug ein.

Sie hatte nicht damit gerechnet, dass der Tag damit enden würde, dass sie einem Mörder die Hand reichte. Aber zu ihrer Überraschung hatte sie kein Problem damit.

58

Allie erwischte den letzten Zug nach Manchester. Weil unterwegs das Netz nicht stabil genug war, konnte sie Rona nicht über das Mobiltelefon anrufen. Außerdem wollte sie auf keinen Fall, dass jemand im Zug mitbekam, was sie zu erzählen hatte.

Sobald sie das leere Haus betreten hatte, goss sie sich einen großen Ardbeg ein, um sich dann mit dem Telefon auf das Sofa zu verkrümeln.

Rona hob beim ersten Klingeln ab. »Ich habe versucht, keine Angst zu haben«, sagte sie. »Man sollte meinen, ich hätte mich inzwischen so weit an Funkstille gewöhnt, dass ich nicht mehr nervös werde.«

»Ich hasse es, dir Angst einzujagen, aber ich liebe es, dass du dir immer noch Sorgen um mich machst. Es tut mir leid, dass ich nicht angerufen habe, bevor ich in den Zug gestiegen bin, aber ich habe ihn gerade noch rechtzeitig erwischt.«

»Wie lief es?«

»Ich glaube, er war es, und ich denke, niemandem wäre damit gedient, es ihm nachzuweisen.«

»Wow. Du klingst sehr entschieden, meine Liebste.«

»Das bin ich. Ich werde aus dem Material eine grandiose Story schreiben können: die Demaskierung von Lockhart als das widerwärtige Wesen, das er war. Ich verstehe die Beweggründe von Thomas Raventhorpe, darum kann ich ihn letztlich nicht dafür verurteilen, dass er als ein Ein-Mann-Nürnberger-Gerichtshof agiert hat. Er gibt der Story einen menschlichen Anstrich, ohne jedoch den Anschein zu erwecken, als hätte er irgendetwas mit Lockharts Tod zu tun. Genevieve wird darüber nicht glücklich sein, aber nicht einmal sie kann die Entscheidung der Untersuchungskommission, es habe sich um Suizid gehandelt, durch reine Willenskraft außer Kraft setzen.«

Rona gluckste. »Genevieve hatte sowieso schon einen sehr schlechten Tag. Ein weiteres Störfeuer wird ihr kaum auffallen.«

»Was hab ich verpasst?«

»Eine Menge. Eine riesige Menge«, sagte Rona und kostete es aus.

»Hör auf, mich hinzuhalten, und sag's mir.«

»Es war ein höllischer Tag im Büro. Zuerst wurde bekannt, dass die Banken Ace Media unter Zwangsverwaltung gestellt haben, bis ein Käufer gefunden ist. Um zehn Uhr wimmelte es dann von kleinen Männern in grauen Anzügen, die Erbsen zählten sowie alle und jeden peinlich befragten. Danach wurde eine Dringlichkeitssitzung des Vorstands einberufen. Wie ich hörte, war es ein sehr turbulentes Treffen.«

»Wie hätte es auch anders sein können. Was ist passiert?«

»Nach der Version, die ich gehört habe, haben sie Genevieve unmissverständlich klargemacht, dass niemand über die Anteile von Ace verfügen kann, bis das Nachlassverfahren abgeschlossen ist. Und dann haben sie sie aus dem Vorstand hinausgewählt *und* aus der Geschäftsführung von Pythagoras.«

»Himmel, das muss gesessen haben. Pythagoras war ihr Baby. Als ich mit ihr in Berlin war, hat sie immer darauf herumgeritten, wie sehr Ace Media auf die Einkünfte von Pythagoras angewiesen ist.«

»Sie haben ihr alle ihre Spielzeuge weggenommen.«

»Wie hat sie das verkraftet?«

»Meine Quelle hat den Ausdruck ›wie ausgekotzt‹ verwendet. Sie hat dem Vorstand vorgeworfen, er sei nur ein Haufen nutzloser alter Flachwichser und eine Verschwendung von Biomasse. Unter anderem. Aber man muss dem Vorstand zugutehalten, dass er sich nicht hat irritieren lassen. Security-Leute standen direkt neben ihr, als sie ihren Schreibtisch leer räumen musste, und haben sie dann aus dem Gebäude eskortiert. Und als sie gefragt hat, wo ihr Auto sei, wurde ihr klargemacht, dass das Auto Eigentum der Firma ist. Sie musste in der Auffahrt herumstehen, während Fat Bob in seinem Pförtnerhäuschen ihr ein Taxi gerufen hat. Die halbe Redaktion musste plötzlich aus dringenden Gründen runter zur Auffahrt.«

»Vermutlich um zur Feier des Tages im Pub einen heben zu gehen.«

»Niemandem hier ist nach Feiern zumute, Allie. Die Leute haben Angst, dass sie ihren Job verlieren. Einen Käufer zu finden, wird nicht einfach. Der Einzige, der es sich leisten könnte, den Konzern zu kaufen, ist Rupert Murdoch, und nicht mal Thatchers korrupter Klüngel könnte das an der Kartellbehörde vorbeimogeln. Sehr viele Leute fürchten um ihre Verfasserzeile und ihre Spesenabrechnung. Formal gesehen, bin ich immer noch in der Probezeit. Auch ich könnte jeden Tag meine Taschen packen müssen und zu dir zurückkommen.«

»Das wäre nicht das Schlechteste, oder?« Allie wechselte in den Flirtmodus, um eine aufwallende Unsicherheit zu überspielen.

»Ich wäre überglücklich, wenn ich wieder mit dir in unserem wunderschönen Haus leben könnte, aber ich muss auch zugeben, dass ich traurig wäre, diesen Job zu verlieren. Ich habe mich gerade erst eingearbeitet. Aber wir werden nicht verhungern, Allie. Wir sind zu gut, um komplett pleitezugehen.«

Allie überschlug ihr Einkommen und ihre Ausgaben und sah die Sache nicht ganz so optimistisch wie Rona. »Ja, irgendwie bekämen wir es schon hin.«

»Für Genevieve wird's sehr viel schwerer werden. Denn während sie noch auf das Taxi wartete, traf ein Team des Betrugsdezernats der Starthclyde Police ein und nahm sie zu Befragungen in die Pitt Street mit.«

»Machst du Witze? Die haben sie verhaftet?«

»Noch nicht. Sie ›hilft nur bei den Ermittlungen‹. Aber es wird beim *Clarion* nicht an skrupellosen Typen mangeln, die geradezu darauf brennen, ihr die Schuld in die Kehle zu schaufeln, um den eigenen Arsch zu retten.«

»Das ist ein interessanter Sprachbildermix.« Allie prustete vor Lachen.

»Ach, halt die Klappe, Margaret Atwood. Oh, und ich habe ganz vergessen, dir das Beste zu erzählen. Die *Evening Times*, die einen besseren Draht zum Stadtrat hat als wir, hat als Seitenaufmacher gebracht, dass der Rat heute Abend eine Zwangsräumung von Voil House in die Wege leiten wird. Sie ist also nicht nur arbeits-, sondern auch obdachlos.«

»Ach, sie wird schon wieder auf die Füße fallen. Das bekommen solche wie die immer hin. Sie wird einen Sugardaddy finden, der ihr den echten Daddy ersetzt.«

»Wahrscheinlich. Allie?« Rona klang zögerlich. »Weißt du noch, was du nach Hillsborough gesagt hast? Dass du das alles nicht mehr aushältst? Hast du das wirklich so gemeint? Auch nachdem du eine so grandiose Story wie die aktuelle aufgetan hast? Denn schließlich gibt es nichts Besseres, als eine Bombenstory aufzutun.«

»Ich habe das ernst gemeint, Rona.«

»Und was willst du dann künftig machen?«

Allie lächelte. »Das weiß ich noch nicht. Aber was auch immer es sein wird, es wird ein Volltreffer werden.«

PROFIT AUF KOSTEN DER BEDÜRFTIGEN

Wie ein Pharmaunternehmen das Leben von Patienten aufs Spiel setzt, um mehr Gewinn zu machen

Von Alison Burns

Ein Pharmaunternehmen hat einen umstrittenen Arzneimitteltest hinter den Eisernen Vorhang verlegt, um den britischen Kontrollbehörden zu entgehen.

Zabre Pharma hat mit Zarovir ein Medikament getestet, das die Hoffnung weckt, es könne die Entwicklung von HIV in das tödliche Aids-Virus verzögern.

Verzweifelte Opfer dieser Krankheit wären bereit, große Summen für jedes Heilmittel zu zahlen, das eine effektive Behandlungsmethode zu sein verspricht. Wenn also bewiesen werden kann, daß ein Medikament wie Zarovir tatsächlich wirkt, wäre dies eine Goldmine für die Hersteller.

Die Medikamententests wurden ursprünglich in Edinburgh durchgeführt – die Stadt ist dafür bekannt, die Aids-Hauptstadt Europas zu sein –, doch Insider berichten, daß mehrere der Patienten in deren Verlauf gestorben sind.

Einer der Ärzte, der an den Versuchsreihen beteiligt war und namentlich nicht genannt werden möchte, sagte: »Zabre hat erklärt, daß damit zu rechnen war, weil HIV/Aids dem Körper stark zusetzt. Und daß die Patienten sich nicht ausreichend an die festgelegten Regeln gehalten hätten. Ich habe der Firma gesagt, daß die Versuche eingestellt werden müssen, und meine Patienten aus der Studie herausgenommen.«

Aber die Versuche wurden nicht gestoppt. Im Gegenteil: Sie wurden nach Ostdeutschland verlegt, wo die Regierung die Probanden in Krankenhäusern streng kontrolliert.

Wiebke Neumann ist eine der Forscherinnen auf ostdeutscher Seite. Sie hat ihr Leben riskiert, um wichtige Dokumente, die ihre Aussage belegen, an der Stasi (dem ostdeutschen Geheimdienst) vorbeizuschmuggeln. Sie hat enthüllt: Wenn Patienten an Nebenwirkungen litten, wurden sie durch neue Kandidaten ersetzt.

(Fortsetzung auf Seite 4)

ACE LOCKHARTS DUNKELSTES GEHEIMNIS

Von Alison Burns

Der tief gefallene Medientycoon Wallace »Ace« Lockhart hat ein Geheimnis vor der Welt verborgen, das weitaus entsetzlicher ist als die Veruntreuung der Pensionsgelder seiner Angestellten.

Er hat die Identität eines toten Mannes geraubt und lebte rund fünfzig Jahre eine Lüge, um die folgende schockierende Wahrheit zu verbergen.

Lockhart behauptete, er wäre einem Hinrichtungskommando der Nazis entkommen, indem er sich in einem Misthaufen verbarg und später floh, um sich der polnischen Armee anzuschließen und für seine Beteiligung an den Kämpfen in Monte Cassino mit einem Orden ausgezeichnet zu werden. Aber die Wahrheit könnte nicht gegensätzlicher sein.

Als bekannt wurde, daß die Nazis auf dem Weg zu dem kleinen polnischen Dörfchen Poladski waren, versteckten sich neunundvierzig Juden, die dort lebten, in einer Scheune inmitten der umliegenden Wälder.

Einer ihrer Glaubensbrüder, ein junger Mann mit Namen Szeloma Michnik, führte die Nazis zu dieser Scheune, um im Gegenzug die Freiheit zu erlangen. Die deutschen Invasoren brannten die Scheune mit allen Menschen, die darin Zuflucht gesucht hatten, nieder.

Die wenigen, die es schafften, aus den Flammen zu flüchten, wurden mit Maschinengewehrsalven niedergestreckt.

Anschließend kehrten die Nazis ins Dorf zurück und schlachteten zur Vergeltung die restliche Bevölkerung ab, danach machten sie Poladski dem Erdboden gleich.

Um den Konsequenzen seines Verrats zu entgehen, nahm Michnik den Namen von Chaim Barak an, einem der Jugendlichen, die in der Scheune ums Leben gekommen waren. Später änderte er seinen Namen in Wallace Lockhart.

Thomas Raventhorpe (27) hat an jenem Tag seine Großeltern verloren. Er sagt: »Michnik hat mir meine Familiengeschichte gestohlen. Meine Mutter konnte dem Pogrom entkommen, weil sie gerade erst geboren worden war. Meine Großmutter gab sie in die Obhut eines katholischen Paares, das flüchten und sich in Deutschland niederlassen konnte.

Ich verdanke der Freundlichkeit dieses Paares alles, aber die Verbindung zu meinen tatsächlichen Wurzeln habe ich verloren. Michnik – oder Lockhart, wenn Sie so wollen – hätte für seine Taten zur Rechenschaft gezogen werden müssen. Ich bin wütend, daß er sich das Leben genommen hat, als seine Verbrechen ans Licht zu kommen drohten. Meine Großeltern hatten seinetwegen nicht einmal die Chance dazu.«

Eine der wenigen Überlebenden des Massakers von Poladski ist die 72-jährige Anna Mikolaska, die anschaulich den Tag schildert, an dem die Deutschen kamen.

(Fortsetzung auf Seite 2)

LOCKHART-ERBIN DES BETRUGS ANGEKLAGT

Genevieve Lockhart ist laut Polizei in mehrere Straftaten verwickelt

Das einzige Kind des gefallenen Medienmoguls Wallace »Ace« Lockhart wurde des Betrugs in mehreren Fällen angeklagt.

Lockhart hatte sich im April das Leben genommen, um nicht mit dem desaströsen Zusammenbruch seines Imperiums konfrontiert zu werden. Er hat aus dem konzerneigenen Pensionsfonds 400 Millionen Pfund veruntreut und zudem mehrfach weitere unautorisierte »Darlehen« aus dem Vermögen des Unternehmens aufgenommen.

Jüngste Enthüllungen, daß er Juden an Nazimörder verraten hatte, haben seinen Ruf weiter geschädigt.

Genevieve Lockhart, 31, war Geschäftsführerin von Pythagoras Press, dem Wissenschaftsverlag des Unternehmens. Wie nach Lockharts Tod bekannt geworden ist, wurde der Verlag mit Forschungsergebnissen gegründet, die Lockhart in

Deutschland geraubt hatte. Der Verlag hat außerdem schmeichelhafte Biografien zahlreicher Sowjetgrößen veröffentlicht, in denen deren unappetitliche Vergangenheit geschönt wurde.

Genevieve Lockhart muß morgen zu einer ersten Anhörung vor dem Glasgow Sheriff Court erscheinen.

10. November 1989

FREIHEIT!

Die Berliner Mauer ist gefallen
Tausende flüchten aus der DDR-Diktatur

Bewohner Ostdeutschlands strömten gestern zu Tausenden durch die Berliner Mauer, die die Stadt seit 1961 geteilt hatte.

In den Straßen wurde jubelnd gefeiert, daß die Ostdeutschen ihrem trostlosen Leben unter der Vorherrschaft der Sowjetunion entkommen konnten.

Die Menschenmenge setzte sich in Bewegung, nachdem Günter Schabowski, ein ostdeutscher Regierungsbeamter, verkündet hatte, daß mit sofortiger Wirkung die Ausreise aus der DDR erlaubt sei.

Die Behörden waren nicht eingerichtet auf die Masse an Menschen, die zur Mauer strömte, nachdem sie davon über einen westdeutschen Nachrichtensender erfahren hatte, der in beiden Hälften der Stadt zu empfangen ist.

Um 23 Uhr waren alle Kontrollpunkte entlang der 155 Kilometer langen, mit Graffiti besprühten Mauer geöffnet. Die Menschen tanzten und sangen, Fremde lagen sich in den Armen, und in der Luft hing die Verheißung von Freiheit.

(Fotos auf den Seiten 4, 5, 6)

Danksagung

Mit dem Erinnern ist das so eine Sache. Wir alle verklären unsere Vergangenheit mystisch, und je älter wir werden, umso weniger Leute gibt es, die uns widersprechen könnten. Einen Roman zu schreiben, der in der jüngsten Vergangenheit spielt, war eine lehrreiche Mahnung, wie lückenhaft meine eigene Erinnerung ist. Mehr als für die meisten meiner anderen Romane muss ich für die Allie-Burns-Serie auf Bücher und Zeitungsarchive, aber vor allem auf die Erinnerung anderer zurückgreifen.

Ich habe Zeitungsausschnitte von vielen Freunden erhalten, mein besonderer Dank gilt jedoch Dame Mariot Leslie, der früheren britischen Botschafterin bei der NATO; Bridget Kendell, Master of Peterhouse College, Cambridge, und ehemalige Diplomatische Korrespondentin der BBC; Allan Little, Journalist, Rundfunksprecher und früherer Sonderberichterstatter der BBC; und Professor Niamh Nic Daeid, Professorin für forensische Wissenschaften an der Universität Dundee. Sie alle schenkten mir großzügig ihre Zeit und ihre Erinnerungen. Die BBC-Dokumentation *Choose Life: Edinburgh's Battle Against AIDS* war eine unschätzbare Hilfe, ebenso die Zeitungssammlung der National Library of Scotland, deren Belegschaft sich immer äußerst viel Mühe gibt.

Alle Fehler gehen allein auf meine Kappe.

Zu meinem Glück habe ich ein großartiges Team, das mich unterstützt. Jane Gregory, die Agentin für sechsunddreißig meiner siebenunddreißig Bücher, und ihre Kolleginnen und Kollegen bei DHA kümmern sich bestmöglich um meine Werke. Meine Lektorinnen – Lucy Malagoni bei Little, Brown, unterstützt von Amy Hundley bei Grove Atlantic und Stephanie Glencross bei DHA – sorgen immer dafür, dass die Bücher besser werden. Anne O'Brien mit ihren herausragenden Fähigkeiten und einem guten Sinn für

Humor ist weiterhin für die redaktionelle Bearbeitung zuständig. Von der Gestaltung der Bücher bis hin zu Marketing und Vertrieb – alles, was Little, Brown unternimmt, stimmt mich zuversichtlich, dass *1989 – Wahrheit oder Tod* den bestmöglichen Rückenwind erhalten wird. Meine Presseagentin, die unvergleichliche Laura Sherlock, sorgt dafür, dass meine Termine wie am Schnürchen laufen, und meine Familie ist ihr dankbar dafür!

Auch möchte ich an dieser Stelle Thalia Proctor würdigen, die bei diesem Buch mitgeholfen hätte, wenn sie nicht Anfang April 2022 viel zu früh gestorben wäre. Ich habe Thal mehr als fünfundzwanzig Jahre gekannt, zunächst als begeisterte Buchhändlerin und später als Kollegin im Lektorat. Sie war von einer einzigartigen Präsenz, erhellte jeden Raum, und alle, die sie kannten, werden sie als lebenssprühendes Mitglied unserer Krimigemeinschaft vermissen.

Mit meinen Bandkollegen von den Fun Lovin' Crime Writers – Luca Veste, Stuart Neville, Doug Johnstone, Chris Brookmyre und Mark Billingham – Musik zu machen und Zeit zu verbringen, hat mir einige der schönsten Erinnerungen der letzten Jahre beschert. Auf euch, Jungs!

Nicht zuletzt gilt mein Dank meiner Partnerin Jo Sharp. Sie steht nicht nur unerschütterlich an meiner Seite, sondern bringt mich darüber hinaus zum Nachdenken, zum Lachen – und sie macht mich stolz: Gerade wurde sie zur Geographer Royal of Scotland ernannt. Man stelle sich das vor! Wie cool ist das denn? Vielleicht findet sie mich darum immer, wenn ich auf Abwege gerate.

Meine vierzig Lieblingssongs
für *1989 – Wahrheit oder Tod*

In keiner wertenden Reihenfolge sind hier die vierzig Titel aufge-listet, die ich während des Schreibens gehört habe, um mich in die Welt von *1989 – Wahrheit oder Tod* hineinzudenken. Aber es sind in erster Linie Allies Lieblingsstücke, nicht unbedingt meine, und sie umspannen mehr als nur dieses einzelne Jahr und reichen zu-rück in die Achtzigerjahre.

Ich hoffe, die Musik bringt Sie in die richtige Stimmung für Allies Geschichte.

1 *Yazz & the Plastic Population:* »The Only Way Is Up«
2 *Erasure:* »A Little Respect«
3 *Eurythmics:* »Love Is a Stranger«
4 *Enya:* »Orinoco Flow«
5 *Aztec Camera:* »Somewhere in My Heart«
6 *New Order:* »Blue Monday«
7 *Morrissey:* »Every Day Is Like Sunday«
8 *Transvision Vamp:* »I Want Your Love«
9 *Tracey Chapman:* »Fast Car«
10 *Everything But The Girl:* »I Don't Want to Talk About It«
11 *Eurythmics & Aretha Franklin:* »Sisters Are Doin' It for Them-selves«
12 *Deacon Blue:* »Real Gone Kid«
13 *Black Box:* »Ride on Time«
14 *Cyndi Lauper:* »I Drove All Night«
15 *808 State:* »Cubik«
16 *Fine Young Cannibals:* »Suspicious Minds«
17 *The Police:* »Wrapped Around Your Finger«